KB153220

최충과 신유학

崔冲과 新儒學

.

● 　최충崔沖과 신유학新儒學

● 찍은날 / 2014년 5월 28일
● 펴낸날 / 2014년 5월 30일
● 지은이 / 이성호
● 펴낸이 / 김경현

● 펴낸곳 / 도서출판 역사문화
● 서울시 종로구 신영동 103-1 현대빌리지 101호
● 등록번호 / 제 6-297호

● 전　화 / 02) 942-9717
● 팩　스 / 02) 942-9716
● 홈페이지 / http://www.ihc21.com
● 찍은곳 / 한영문화사

ISBN 978-89-88096-69-7(93910)

값　20,000원

# 최충과 신유학
# 崔冲과 新儒學

이 성 호 지음

도서출판 역사문화

# 일러두기

▶ 다음과 같은 부호를 사용하였다
   ( ) :　　　음과 뜻이 같은 한자를 묶는다
   〔 〕 :　　　한문 뜻의 해석, 저자의 해석에 사용하였다.
   " " :　　　대화 등의 인용문을 묶는다
   ' ' :　　　재인용이나 강조 부분을 묶는다
   「 」 :　　　작품명이나 논문을 묶는다
   『 』 :　　　책명을 묶는다

▶ 고려 및 조선 국왕 연대는 왕명과 연대를 병기하는 것을 원칙으
   로 하였다
   예) 성종 11년(992)

▶ 이 책에 나오는 『삼국사기』와 『삼국유사』는 동방미디어주식회사
   (http://www.koreaa2z.com)에서 제작하여 제공한 것을 사용하였다.

▶ 이 책에 나오는 문집류와 『고려사절요』 인용문의 출전은 한국고
   전번역원(http://www.itkc.or.kr)에서 제공하는 번역본이다

▶ 이 책에 나오는 『고려사』 인용문의 출전은 북한사회과학원 고전연
   구소가 역주하고 누리미디어(http://www.krpia.co.kr)에서 제공하는 번역본과
   동아대학교에서 국역하고 동방미디어주식회사(http://www.koreaa2z.com)에
   서 제작하여 제공한 것을 동시에 사용하였다.

▶ 이 책에 나오는 『조선왕조실록』 인용문의 출전은 국사편찬위원
   회(http://sillok.history.go.kr)에서 제공하는 번역본이다

▶ 이 책에 나오는 『二十五史』는 臺灣의 中央研究院漢籍電子文獻
   (http://hanji.sinica.edu.tw/)에서 제공하는 원문을 사용하였다.

▶ 이 책에 나오는 중국 經典은 中國哲學書電子化計劃(http://ctext.org/zh)
   에서 제공하는 원문을 사용하였다.
   이 책에 나오는 중국 관련 문집류는 文淵閣 四庫全書 電子版 CD
   의 원문을 사용하였다.

# 서 문

이 책은 최충崔冲의 사상을 신유학新儒學의 입장에서 재조명한 것이다. 최충은 학문적 업적에 비해서 상대적으로 많은 조명을 받지 못하고 있었다. 특히 사상사의 입장에서는 더욱 그렇다. 그래서 이 책에서는 최충의 사상을 좀더 적극적으로 해석하고자 하였다. 필자가 사상사를 공부하게 된 것은 대학에 입학하였을 당시의 분위기와 무관치 않다. 부산대 사학과의 채상식蔡尙植 선생님, 지두환池斗煥 선생님께서 모두 사상사를 전공하셨던 영향이 컸다고 할 수 있다.

박사과정에서 성균관의 『태학지太學誌』를 정독하던 중에 학규學規·학령學令이라는 흥미로운 주제를 발견하게 된 것은 전혀 뜻밖이었다. 특히 학규를 추적하던 중에 최초의 학규는 송宋의 호원胡瑗이 저술한 것을 알게 되었다. 그는 또 분재교학법을 창시하였는데 공교롭게도 이는 최충崔冲과 연결되고 있었다.

그래서 「최충과 호원의 분재교학법 비교 – 체용론을 중심으로」를 발표하게 되었다. 이는 최충과 호원을 신유학자로 비교한 논문이었다. 이어서 최충의 문묘종사를 다룬 「최충에 대한 역대 인식 변화와 문묘종사 논의의 이해」를 발표하였다. 또 신유학은 사대부의 대간 활동을 중심으로 전개된다는 논지를 바탕으로 최충의 대간 활동을 다룬 「김심언과 최충의 '六正六邪' 및 '刺史六條' 비교」를 발표하였다. 최충의 분재교학법에 영향을 받은 무학武學이 설치되는 과정을 다룬 「고려 중기 북송의 武學 제도 수용」을 발표하게 된다. 그런데 이 논문들은 의헌儀軒 지두환池斗煥 선생님의 논문인 「崔冲의 新儒學 思想」에 영향을 받은 바가 크다.

박사과정의 지도를 맡아 주신 윤용출尹用出 선생님은 입학해서 논문이 통과되기 까지 매주 직접 공부를 지도해 주셨고, 심사위원장을 맡아 주신 채상식蔡尙植 선생님은 논문의 큰 틀과 세부 사항을 모두 점검해주셨다. 함께 심사를 맡아 주신 마종락馬宗樂, 전기웅全基雄, 이종봉李宗峯 교수님의 지도를 받아『崔冲의 政治·敎育活動과 儒敎思想』을 제출하게 되었다. 이를 보완하여 부끄러움을 무릅쓰고 한 권의 책으로 만들어 보았다.

그동안 학문을 할 수 있는 기초를 마련해 주시고 지도 편달을 아낌없이 해주신 대학의 은사님들, 채상식 선생님, 지두환 선생님, 윤용출 선생님께 충심으로 감사를 드린다. 부경역사연구소 중세1분과의 이정희, 이정숙, 정용범, 김현라, 정은정, 한정훈, 정영현 교수님들의 비평과 강평이 논문에 큰 힘이 되었다. 명륜서당의 임병수林炳壽, 이순구李舜求, 권윤수權玧秀, 김준은金俊殷, 류명환柳明桓 선생님께도 감사드린다. 필자가 공부하는데 때로는 격려와 독려를, 때로는 비판과 충고를 마다하지 않았기 때문에 난관을 헤쳐올 수 있었다고 생각된다.

마지막으로 책의 교정을 맡아 준 고궁박물관의 양웅렬, 양덕여중의 권지영 선생에게도 고마움을 전한다.

지금 생각하면 이 책은 필자의 것이 아니라 지금까지 함께 한 모든 인연因緣이 이룬 결과임이 자명하다. 우리의 삶이 그렇듯이 셀 수 없이 많은 수고와 도움이 맺은 결실이 아닌가 한다.

다시 한번 감사드린다.

갑오년 5월 명륜서당에서

# 차 례

# 제6편 최충崔冲에 대한 역대인식의 변화와 문묘종사文廟從祀 논의   361

# 제7편 결론   405

# 표 차례

# 제1편 서론

# 제1장 연구동향

고려 시대 최충崔冲(984~1068)을 다룬 연구자들은 그가 고려 전기를 대표하는 학자라는데 대부분 인식을 같이 하고 있다. 최충이 활약하던 당시는 동아시아 지역에서 고려가 문화적 성세를 이룰 때였고,[1] 최충 자신은 고려 전기 중에서 전후기를 연결하는 중요한 학자이다. 그러나 최충이 갖는 학자적 위상에도 불구하고 그에 대한 전기나 일대기가 남아 있지 않다. 근대 이후에 다양한 연구 성과가 있음에도 최충을 다룬 단행본 이나 인물 통사가 나오지 못하였는데, 여기에는 그를 이해하기 위한 자료가 절대적으로 부족하였던 탓이 크다고 생각된다. 자료의 부족이라 는 문제점을[2] 보완하고 한 인물을 전체적으로 이해하기 위해서는 시간과 공간을 씨줄과 날줄로 삼아 정교하게 얽어매어 시대의 큰 흐름에서 파악하 는 것이 효과적인 접근방식이라고 하겠다. 그러므로 필자는 그가 살았던 동아시아라는 공간과 고려 전기라는 시간 속에서 최충의 역할과 사상을 파악하려는 것이다.

먼저 지금까지의 최충에 대한 연구의 성과와 방향에 대해 살펴보기로 한다. 최충에 대한 종합적인 연구는 활발하게 진행되지 못한 상태이다. 아직까지 최충을 전론으로 다룬 단행본은 없으며, 두 차례에 걸쳐 총서가 발간되었다. 1984년에 경희대학교 전통문화연구소에서 '최충 탄신 일천 년'을[3] 기념하여 『崔冲硏究論叢』을 발간하였고,[4] 이를 보완하여 1999

---

1) 金庠基, 『高麗時代史』, 서울대학교 출판부, 1991.
2) 『耳溪集』권25, 碑, 紫霞洞九齋遺墟碑幷序. "麗訖而國遷 文獻無徵 微言精義 未有所 傳"라고 하여 이미 조선이 건국될 당시에도 문헌상 증빙할 자료가 없었다고 한다.
3) 경희대학교 전통문화연구소 편, 『崔冲硏究論叢』, 慶熙大學校 出版局, 1984.
4) 『崔冲硏究論叢』발간 이후 해주최씨대종회에서는 '최충탄신천년'을 기념하여 1990

년 문헌공최충선생기념사업회에서 『儒學史上 崔冲의 位相』이5) 나왔는
데, 최충을 종합적으로 다룬 총서의 간행은 최충 연구의 전환점이 되었다.
이 두 총서는 최충의 사상을 적극적으로 해석하는 계기가 되었으나 학자마
다 최충에 대한 시선이 조금씩 다르다는 문제점을 보이고 있다.6)

한편 최충에 관한 논문은 다음과 같은 분야에서 진행되어 왔다. 첫째
개괄적인 연구, 둘째 가계 및 학맥에 관한 연구, 셋째 유학사와 관련된
연구, 넷째 최충의 교육에 관한 연구, 다섯째 최충의 학문 계승 및 공헌에
관한 연구, 여섯째 최충의 문묘종사에 관한 연구, 일곱째 문학에 관한
연구 및 자료에 관한 연구가 있다.

첫째 최충에 대한 개괄적인 연구에 대해서는 근대적인 연구의 출발이라
고 할 수 있는 이능화李能和의 논문이 있다.7) 한문으로 구성되어 있는
것이 특징이며, 최충을 긍정적으로 이해한 연구이다. 그는 논문의 머리말
형식의 글에서 해동공자의 칭호를 듣는 문헌공 최충이 문묘에 종사되지도
못하고 또 서원에 전향全享되지도 못한 것이 조선 유교의 일대 결함이라고
하였다.8) 또 구재의 재명에서 볼 때 동방 도학道學의 출발은 최충인데도
불구하고, 문묘에 종사되지 못한 이유는 최충이 서도西道 출신이기 때문이
라고 하면서 "최문헌공은 비단 해동공자일 뿐만 아니라 또한 해동의
정자·주자라고 할 수 있다. 그런데도 해동공자의 영령을 해동의 공묘孔廟
에 배향할 수 없단 말인가?"라고9) 하였다. 문헌공이 불사의 비문을 지었

년에 『문헌공탄신천주년기념 해주최씨대동보』 8권을 회상사에서 간행하였는데,
기존의 최충에 관한 자료를 재수록하고 있다.
5) 문헌공최충선생기념사업회 편, 『儒學史上 崔冲의 位相』, 海州崔氏大宗會, 1999.
6) 朴龍雲, 「고려시기 인물사연구의 성과와 방향」 『한국인물사연구』 1, 2004, 28쪽.
7) 李能和, 「高麗崔冲」 『청구학총』 22, 1935.
8) 李能和, 위의 논문, 174쪽. "海東孔子崔文憲公 不得從祀文廟 又不得全享書院 是乃朝
鮮儒敎之一大缺陷也"

기 때문에 서원에 전향될 수 없다고 한 논리에 대해서는, 고려 당시에는
유자儒者도 승사僧師를 따라서 가르침을 받았다고 하면서 최해崔瀣의
"불교를 알지 못하면 유교를 알지 못하게 되고 유교를 알지 못하면 역시
불교를 알지 못한다."는 논리를10) 인용한다. 이능화李能和의 논지는 전체
적인 나열에 그치고 있는 한계를 보이고 있고, 지역색을 강조하고 있다.

　이능화의 논문에 앞서서 장지연張志淵은『朝鮮儒敎淵源』에서 "송나라
유학자 안정安定 호원胡瑗과 동시대이면서 후진을 교수하는 방법 또한
같다."고11) 하며 최충을 호원과 비견하고 있지만12) 뚜렷한 근거를 내세
우지는 못하였다. 최충을 현창顯彰하기 위한 방편으로 최충과 호원을
비교하고 있었기 때문이다.

　광복 이후에는 박성봉朴性鳳이 연구를 주도하고 있는데,13) 종합적인
연구이기 때문에 논문 구성과 내용을 살펴보고자 한다. 1장 서론, 2장
생애, 3장 교육사업(구재학당의 발전, 사학십이도의 성립), 4장 언행·
저술·평론, 5장·6장 한국유학사상지위로 구성되어 있다. 서론에서14)

9) 李能和, 위의 논문, 179쪽. "我東理學 以鄭文忠公夢周 爲之元祖 則僅發萌芽而已
崔文憲公時 與趙宋上世相竝 而程朱諸人 尙未出世 遑論其性理學說之及於高麗哉
… 然則崔文憲公 非但爲海東孔子而已 亦可爲海東程朱也 然則以海東孔子之英靈
不得血食於海東之孔廟可乎"
10) 蔡尙植,「고령의 반룡사와 體元의 화엄사상」,『퇴계학과 한국문화』43, 2008, 13쪽에
서도 崔瀣의 자료인「送盤龍如大師序」의 '不知佛無以爲儒 不知儒亦無以爲佛'를
인용하고 있는데, 이 논리는 고려 당대에서는 일반적인 경향이었을 것이다.
11) 張志淵,『朝鮮儒敎淵源』, 匯東書館, 1922, 5쪽. "與宋儒胡安定瑗同時 而其敎授後進
之功 亦相同"
12) 馬宗樂,「高麗時代의 儒敎 - 硏究動向과 爭點 -」,『석당논총』44, 2009, 99~100쪽.
13) 朴性鳳,「海東孔子崔冲小考 - 고려시대 유학사의 일부 -」『사총』1, 1955.
14) 朴性鳳, 위의 논문, 30쪽. "고려조에 아직 宋學이 일어나기도 전에 이 방면에
유의하여 詞章과 더불어 聖學을 가르치고 크게 교육에 이바지한 사학 십이도가
있었으니 특히 그 중 해동공자라는 지칭을 받은 최충으로 말하면, 이조 유학자들이

최충의 학문이 사장학과 성학聖學을 동시에 아우른다고 언급하면서 논리를 전개하고 있다. 2장에서는 생애를 간략하게 서술하고 있다. 3장에서는 최충의 가장 큰 업적으로 교육사업을 언급하고 있는데, 이계 홍양호의 「자하동 구재 유허비명」을 인용하면서 구재는 진학의 차서에 따른다고 하였으며, 재명에서 『중용』을 인용한 것은 정자程子 보다 앞선다고 하였다. 교육 내용은 구경삼사九經三史 및 시부·사장의 문학을 가르쳤기 때문에 조선에서 비난을 받게 되었다고 하였다. 4장에서는 사학 십이도 중에서 문헌공도가 가장 성황을 이루었다고 하면서 그 때문에 당시 최충을 해동공자로 칭하게 되었다고 한다. 5장은 결론에 대신하는 것으로 볼 수 있는데, 최충이 후손에게 남긴 「계이자시」에서 문장과 덕행을 강조하면서 진정한 자기 수양 공부를 위주로 했다고 한다. 최충이 남긴 기록인 「증시원공국사승묘지탑비명贈諡圓空國師勝妙之塔碑銘」과 「봉선홍경사갈기奉先弘慶寺碣記」 때문에 조선에서 문묘배향이 되지 못하였다고 한다. 6장에서는 이계耳溪 홍양호洪良浩의 「문헌서원 구재기」를 인용하여 염락제현濂洛諸賢보다 먼저 태어나서 홀로 성학聖學을 인도하였다고 했으며, 장지연의 『조선유교연원』을 인용하면서 최충을 호원胡瑗과 비교하고 있다. 박성봉의 논문은 1955년에 발표된 것으로 이후 최충에 대한 다양한 논지가 전개되는 시발점의 역할을 하고 있지만 사상적 측면을 간과하고 있기 때문에 최충을 적확的確하게 평가하지 못하고 있다.

둘째 가계 및 관직 활동에 관한 연구를 살펴보도록 하겠다. 최충의 가계에 관해서는 박용운朴龍雲의 연구가 있는데 가계를 상세히 분석하고

---

주자학에만 拘泥하여 본래의 사명을 다 하지 못하였을 뿐 아니라, 편협한 이론을 일삼음으로써 종국에 가서 사회에 적지 않은 해를 남긴데 비하여 딴 국면에서 높이 평가되어야 할 것이다."

있으며,15) 해주 최씨 이외에도 파평 윤씨 등의 문벌귀족 가계를 자세히
분석하여 최충 가계와의 연관성을 소개하고 있다.16) 최충의 관직 활동
중에서 중요한 위치를 점하는 대간활동에 대한 연구는 비교적 과작이다.
최충에 앞서서 최충과 동일한 봉사를 올렸던 김심언의 육정육사六正六邪
와 자사육조刺史六條에 대한 논고가 두 편이 있고,17) 최충의 육정육사와
자사육조에 대한 직접적인 연구는 없지만 부분적으로 다룬 논고가 있
다.18) 최충의 대간활동을 신유학적 대간활동으로 분석한 논고가 있
다.19) 기존의 고려 시대 대간에 관한 연구를20) 참작하고, 최근 중국의
연구 성과인 대간합류론臺諫合流論에 대한 연구를21) 참고하여 육정육사
와 자사육조를 새롭게 해석한 연구가 있다.22)

셋째 유학사와 관련된 연구는 박성봉朴性鳳이 최초로 다루고 있으나
소략하다. 이후 한국유학사 및 사상사와 관련한 연구들이 있다. 이 부분에
는 많은 연구자들의 다양한 견해가 있기 때문에 각 연구자 별로 살펴보고

15) 朴龍雲, 「고려시대의 해주최씨 가문분석」『崔冲研究論叢』, 慶熙大學校 出版局,
　　1984.
16) 朴龍雲, 『고려사회와 문벌귀족가문』, 경인문화사, 2003.
17) 김갑동, 「김심언의 생애와 사상」『사학연구』 48, 1994.
　　이정훈, 「고려 성종대 정국운영과 김심언의 六正六邪」『한국사상사학』 31, 2008.
18) 이희덕, 「최충의 사상과 유교정치윤리」『儒學史上 崔冲의 位相』, 海州崔氏大宗會,
　　1999.
19) 池斗煥, 「최충의 신유학 사상」『儒學史上 崔冲의 位相』, 海州崔氏大宗會, 1999.
20) 박재우, 「고려초기의 대간제도」『역사와 현실』 68, 2008.
　　朴龍雲, 『고려시대 대간제도 연구』, 일지사, 1981.
21) 孫善根, 「中國古代的臺諫制度」『海南師範學院學報』, 2004-1.
　　湯毅平, 「宋代臺諫合流論」『湖南社會科學』, 2003-1.
　　張明華, 「試論北宋時期的臺諫合一」『許昌師專學報』 17-3, 1998.
　　刁忠民, 「北宋前三朝臺諫制度述論」『四川大學學報』, 1998-4.
　　刁忠民, 「論北宋天禧至元豊間之臺諫制度」『四川大學學報』, 1999-3.
22) 李聲昊, 「김심언과 최충의 '六正六邪' 및 '刺史六條' 비교」『효원사학』 41, 2012.

자 한다.

김충렬金忠烈은 "최충이 유교의 교화풍상敎化風尙을 장악해보려고 사학을 설치했으나 한당풍漢唐風을 벗어나지 못했던 이유는 철학적 이론을 갖추지 못한데 있었다."고 하였다가,23) 이후 정자보다 앞서거나 대등하다고 평가하였다.24) 이에 대해서는 이병도李丙燾도 동일하게 평가하고 있다.25)

조준하趙駿河는 최충의 나이가 북송대 주렴계(30세), 장횡거(32세), 정명도(46세), 정이천(47세), 소강절(24세)보다 위 이므로 이들의 직접 영향을 받을 나이가 아니라고 하였다. 그래서 송대 성리학자들보다 앞서 독자적으로 경전을 연마하여 제자들을 교육한 것으로 보았으며, 북송과 고려의 공통점은 불교와 도교에 대한 비판에서 출발한 것이라고 하였다.26)

윤사순尹絲淳은 최충은 범중엄보다 5년 연상의 동년배이고, 당시 고려는 송과의 교류를 통해서 서적수입에 적극적이었고, 구재의 명칭이 성리학과의 연관을 시사하는 가능성이 있어서 북송대 성리학을 어느 정도 파악하고 있었다고 하였다. 또 범중엄과 비교하면서 논리를 전개하고 있다.27)

윤남한尹南漢은 최충이 『중용中庸』을 중시하려고 한 것을 송宋의 신유학新儒學 성립과 유사한 유학혁신의 움직임으로 해석하며 나아가 성리학

23) 金忠烈, 「성리학의 한국적 전개 - 조선조 성리학의 형성과 그 정맥 -」『대동문화연구』13, 1979, 10쪽.
24) 金忠烈, 「최충 사학과 고려유학」『崔冲硏究論叢』, 慶熙大學校 出版局, 1984.
25) 李丙燾, 『한국유학사』, 아세아문화사, 1987, 67쪽.
26) 조준하, 「유학과 문헌공 최충」『儒學史上 崔冲의 位相』, 海州崔氏大宗會, 1999.
27) 尹絲淳, 「주자학이전의 성리학 도입문제 - 최충의 구재와도 관련하여 -」『崔冲硏究論叢』, 慶熙大學校 出版局, 1984.

적 바탕을 이룬 것이라고 하였다.28)

유명종劉明鍾은 최충이 한유韓愈·이고李翺 등의 공맹도통설孔孟道統說을 수용하고,『대학』·『중용』·『맹자』등 사서 중심의 유학에 대해서 김양감과 윤관이 처음으로 송나라 유학 발흥에 주목하도록 교도하였다고 보았다. 또 최충의 문인 김양감은 정자程子의 이학理學과 소동파의 시문을 수용하고, 윤관은 이천역伊川易과『맹자』를 수용하였으며, 김인존은『논어신의』, 김부식은『맹자』를 존숭하였다고 한다. 결국 이학理學, 촉학蜀學, 신학新學, 사학史學의 수용 연대를 다시 검토해야 한다고 하였다.29)

최일범도 비슷한 의견으로 북송 유학과의 연관에 새로운 경향을 일으켰다고 평가하고, 최충은 이러한 새로운 경향에 기운을 불어넣은 선구자라고 평가하였다.30)

이을호李乙浩는 구재명 모두가 중용에서 나왔다고 규정하면서 중용사상의 진수라고 하였다.31)

문철영文喆永은 최충 단계의 유학이 신유학을 형성하는 계기가 된다는 사실을 의식한 것은 아니겠지만 신유학의 단계적 흐름을 고려 유학계에서도 똑같이 밟고 있었다고 보았다.32) 또 최충의 구재 재명을『중용』에 바탕을 둔 당시 신유학의 이해와 관련하여 주목하였다. 당시 고려 중기 유학계와 북송 초기 유학계에서 공통적으로 보이고 있던 유학 부흥의

---

28) 尹南漢,「고려유학의 성격」『한국사』6, 국사편찬위원회, 1975.
29) 劉明鍾,「최충 선생과 문헌공도의 송학수용」『儒學史上 崔冲의 位相』, 海州崔氏大宗會, 1999.
30) 최일범,「고려중기 유불교섭의 철학적 근거에 관한 연구」『동양철학연구』25, 2001, 15쪽.
31) 李乙浩,「한국 유학사상 최충의 위치」『崔冲研究論叢』, 慶熙大學校 出版局, 1984.
32) 文喆永,「고려중기 유학의 심성화 경향」『고려유학 사상의 새로운 모색』, 경세원, 2005, 32~33쪽.

기운이 유교철학의 중요한 내용을 담고 있는『예기』와『중용』에 관심을 돌리게 했고, 그러한 관심이 최충과 범중엄 간에 평행하는『중용』에의 중시로 표출되었던 것이라고 하였다.33) 그의 연구는 주자학의 수용 배경과 연관하고 있다고 한다.34)

최영성崔英成은 북송의 범중엄이『중용』을 중시하여 장재張載(1020~1077)에게 읽혔으며, 북송 인종은『예기』에서『대학』과『중용』을 독립시켰으며, 구재의 명칭은 성리학자들의『주역』・『중용』중시의 경향과 같은 연관성을 시사하는 단어로 최충 당시에 초기 성리학 내용을 고려 학계가 어느 정도 이해하고 있었다고 하였고35) 성리학이 수용될 시단을 마련하였다고 한다.36)

이원명은 최충 당시 학문경향은 북송성리학적인 학문의 영향을 받았다고 보아야 할 것이라고 하였다.37) 김성기는 수기치인의 군자학의 방향을 잡아가고 있다고도 하였다.38)

김일환은 최충이 한당 학풍의 유학을 극복하고 근본유학인 선진유학先秦儒學의 실천적 학문・교육인 실천 유학을 추구했음을 알 수 있으며, 최충이 신유학의 주요 개념을 구재九齋의 명칭에 사용한 것은 적어도 성리학에 대한 이해・지식 또는 관심의 소유를 나타내는 증거라고 규정지을 수 있다고 하였다.39)

---

33) 文喆永,「고려중기 사상계의 동향과 신유학」『국사관논총』37, 1992. 54쪽.
34) 馬宗樂, 앞의 논문, 2009, 119쪽.
35) 崔英成,『한국유학사상사』Ⅰ, 아세아문화사, 1995, 267쪽.
36) 崔英成,「高麗中期 北宋性理學의 受容과 그 樣相 – 北宋性理學의 傳來時期와 관련하여 – 」『대동문화연구』31, 1996, 147쪽.
37) 이원명,「고려중기 북송성리학의 전래」『고려시대 성리학 수용연구』, 국학자료원, 1997, 27~28쪽.
38) 김성기,「고려전기의 유학사상과 최승로・최충의 시문」『울산어문논집』2, 1985, 81쪽.

　김기현은 윤사순尹絲淳과 최영성崔英成을 비판하면서 북송성리학의
수용시기를 12세기 초 예종대(재위: 1106~1122)로 잡아야 한다고
보았으며, 너무 빨리 최충 단계에서 수입되었다는 것은 가능성이 적다고
보았다. 그래서 한당유학의 배경을 갖되 한유·이고의 경우와 같이 훈
고·사장학적 경향으로부터 탈피하여 새로운 철학세계를 열어나갔던
것으로 보는 것이 타당하다고 하였다. 왜냐하면 학자가 죽은 다음에
제자들에 의해서 책이 저술되어 유포되기 때문이라고 하였다.40)

　권오영은 최충의 구재九齋 명칭이『중용』에서 따온 것이라고 하여
그것을 최충의 유학사상, 곧 중용사상으로 파악하기는 어려우며, 경학과
사장학의 범주를 크게 벗어나지 못하였다고 평가한다.41)

　중국학자 최룡수崔龍水도 최충의 구재명은『맹자』와『중용』에서 나왔
음을 강조하고, 한국성리학의 심성론에 치우치는 특성들은 문헌공의
주장과 관계된다고 볼 수 있다고 하였다.42)

　제목에서 신유학이라고 규정하고 있는 연구자도 있다. 수심실천을
강조하는 신유학은 인위적인 패도를 비판하고 자연법칙을 따르는 왕도를
중시하므로『예기』에서『중용』과『대학』을 분리하고, 범중엄과 호원으
로 이어지며 의례 중심의『예기』공부에서 수심을 위주로 하는『예기』
공부로 옮겨가고 있었다고 한다. 고려의 관학에서는『맹자』와『중용』을
가르치지 못하고, 구경九經 중심의 유학을 가르칠 수밖에 없는 상황이었기
때문에 최충이 구재를 설립하게 되었다고 한다. 신유학은『맹자』의 왕도

---

39) 김일환,「최충 사학의 교학정신에 관한 연구 - 관학과의 비교와 사상사적 의미를
　　중심으로 -」『동양철학연구』10, 1989, 227쪽.
40) 김기현,「최충의 유교철학 탐색」『儒學史上 崔冲의 位相』, 海州崔氏大宗會, 1999.
41) 권오영,「최충의 구재와 유학사상」『사학지』31, 1998.
42) 崔龍水,「문헌공 최충의 역사적 공헌」『儒學史上 崔冲의 位相』, 海州崔氏大宗會,
　　1999, 431~432쪽.

정치론에 입각하고 있기 때문에 최충도 왕도정치론에 따라서『맹자』와
『중용』을 자유롭게 가르칠 수 있는 구재를 설립하고, 육정육사六正六邪로
간쟁을 전개하고, 수령의 모습은 자사육조목刺史六條目으로 규정하고,
대외관계에서 화이론을 강조하였다고 한다. 이런 업적에도 문묘종사가
되지 못한 것은 최충과 대비되는 호원이 중국에서 16세기에나 문묘종사
되었기 때문인데, 그것은 공적론이 아니라 절의론 중심으로 진행되었기
때문이라고 하였다.43)

　이상 유학 관련 연구를 살펴보았지만 북송과 최충 당대를 구체적으로
비교하면서 연구한 논문을 발견할 수는 없었다. 최충과 북송대 인물을
비교하는 연구가 있어도 피상적인 접근에 그치고 있다. 비교하는 대상
인물의 선정에도 문제가 있는데, 모두 범중엄范仲淹 및 정자程子 등과
연계하고 있다. 이들보다는 북송 학문의 정초기定礎期라고 할 수 있는
정학正學 단계의 인물과 비교해야 한다는 점을 간과하고 있었다. 정학正學
은 송초삼선생이라 불리는 손복, 석개, 호원을 중심으로 발달한 학문으로
북송신유학의 원류라고 한다. 이들과 최충을 비교해야만 하는데, 이는
고려 사상사 연구에 새로운 접근 방식이 필요하다는 과제를 제시하는
것이라고 할 수 있다.

　넷째 교육과 관련된 연구가 있는데 특히 최충의 교육을 사학私學의
입장에서 정리한 논문이 많이 보인다.44) 또 박성봉朴性鳳은 평생의 연구

43) 池斗煥, 앞의 논문, 1999.
44) 朴性鳳,「고려시대의 유학발달과 사학십이도의 공적」, 고려대학교 석사학위논문,
　　1957.
　　朴性鳳,「사학에 바친 해동공자 최충」『인물한국사』2, 인물한국사편찬회, 1965.
　　金忠烈, 앞의 논문, 1984.
　　孫仁銖,「한국사학의 전통과 최충의 위치」『崔冲硏究論叢』, 慶熙大學校 出版局,
　　1984.

업적을 종합하는 연구 성과를 내기도 한다.45) 또 문헌공도文憲公徒의
설립 이유에 관한 연구에는 다양한 성과들이 있다. 박찬수朴贊洙는 관학官
學의 부진으로 최충의 문헌공도를 비롯하여 십이도十二徒가 공양왕 3년까
지 지속하면서 공헌이 컸다는 견해를 제시하였고,46) 박성봉朴性鳳은
과거출신 관료들이 그들의 세력기반을 강화하기 위한 것과 관련이 있다는
견해를 제시하였다.47) 이러한 설명은 문신귀족들이 사학을 설립하였던
배경으로 유학의 진흥이나 교육의 발달을 도모하려는 측면 외에 또 다른
정치적 이유가 있었음을 시사하고 있어 주목된다. 그러나 이중효는 왜
문종대에 설립되었는가에 대한 논의는 부족하다고 지적하면서48) 결국
문종의 독단적 인사전횡에 대한 반발, 귀족자제의 교육, 학벌귀족學閥貴
族으로의 발전을 위해서 사학교육을 실시했다고 한다.49) 오히려 국자감
에서는『맹자』와『중용』을 가르칠 수 없는 상황이었기 때문에 사학에서는
이를 자유롭게 교육하기 위해서 문헌공도를 설치했다고 해석하는 경우도
있다.50) 교육사상에 관한 논문도 있다.51)

구재九齋의 재명齋名에 대한 연구는 다양하게 진행되어 왔다. 재명에

---

朴性鳳,「최충의 인간상과 사학 십이도」『崔冲研究論叢』, 慶熙大學校 出版局,
1984.

朴贊洙,「사학십이도의 변천과 역사적 의의」『儒學史上 崔冲의 位相』, 海州崔氏大
宗會, 1999.

45) 朴性鳳,「自序 - 전통과 과학의 통일교육혁명 -」『崔冲研究論叢』, 慶熙大學校
出版局, 1984.

46) 朴贊洙,「사학십이도의 성립과 변천」『고려시대 교육제도사 연구』, 경인문화사,
2001.

47) 朴性鳳,「국자감과 사학」,『한국사』6, 국사편찬위원회, 1975, 200쪽.

48) 이중효,「고려 문종대 사학의 설립과 국자감 운영」,『전남사학』19, 2002, 122쪽.

49) 이중효, 위의 논문, 146~148쪽.

50) 池斗煥, 앞의 논문, 1999.

51) 한관일,「최충의 교육사상 연구」『교육과학연구』16-2, 2003.

관해서 김충렬金忠烈은 조선시대 학자들도 재명을 통해서 교학종지教學宗旨와 서차序次를 찾아내려고 노력하였다가 마침내 금불가고今不可考라는 결론을 내렸다고 하였다.52) 솔성재와 조도재 등을 『중용』과 『대학』에서 추출하였다는 견해가 대부분이지만 이을호李乙浩와 같이 전체 명칭이 『중용』에서 추출되었다고 적극적으로 해석하는 경우도 있다. 또 박찬수朴贊洙와 같은 경우에는 다양한 경전에서 추출하였다고 한다.53)

　구경삼사九經三史에 관한 문제도 명쾌하게 해결되지는 않고 있다. 박성봉朴性鳳은 구경九經을 『주역』·『상서』·『모시』, 『예기』·『주례』·『의례』, 『좌전』·『곡량전』·『공양전』으로, 김충렬은 『시』·『서』·『역』, 『예기』·『주례』·『효경』, 『좌전』·『곡량전』·『공양전』으로, 손인수孫仁銖는 『시』·『서』·『역』, 『예기』·『주례』·『춘추』, 『효경』·『논어』·『맹자』일 수도 있고 3경·3례·3전일 수도 있다고 하였다. 이을호는 『시』·『서』·『역』, 『예』·『악』·『춘추』, 『효경』·『논어』·『소학』이라고 하였다. 한편 김상기金庠基의 『고려시대사』에 따른 『시』·『서』·『역』, 『예기』·『춘추』·『효경』, 『논어』·『맹자』·『주례』로 볼 수도 있다고54) 하였다. 『논어』, 『효경』, 『이아』는 기본경이나, 겸경兼經으로 이해하고 있다. 삼사三史는 대개 『사기』·『전한서』·『후한서』라고 한다. 그런데 최충 당시에 이미 수입되었을 가능성이 있는 『구당서舊唐書』(945)는 언급하지 않고 있다. 물론 『신당서新唐書』(1060)는 아직 간행되지 않고 있다.

　결국 교육에 관한 연구에서도 사학私學의 설립에 관한 연구에만 초점이 맞추어져 있다. 현전 자료를 통해서만 성과를 추출하려다 보니 더 이상

---

52) 金忠烈, 앞의 논문, 1984, 44쪽.
53) 朴贊洙, 앞의 책, 2001.
54) 池斗煥, 앞의 논문, 1999.

진전이 없는 현실에 봉착하게 되었다. 따라서 새로운 자료의 발굴이 난망難望한 현실에서 대안代案의 제시가 필요한 상황이다. 구재九齋와 구경九經에 대한 비교사적 관점을 도입할 필요성이 있다. 구재九齋 자체가 분재교학分齋敎學이란 사실에 주목하면 새로운 진전이 기대된다고 할 수 있다.

다섯째 최충의 학문 계승 및 공헌에 관해서는 유명종劉明鍾의 연구가 있다.[55] 그는 문헌공도의 송학宋學 수용에 대해서 언급하면서 문헌공도로는 김양감, 윤관, 김인존, 김부식, 김부의를 지목하고 있다. 그런데 유명종劉明鍾은 의식하지 못하였지만 김양감, 윤관, 김부식은 고려의 무학과 연관이 있는 인물들이다. 그래서 고려의 무학에 대한 연구성과를 검토하여 보면 선구적인 신천식申千湜의 연구가 있고,[56] 교육사 연구에서 부분적으로 언급하고 있는 경우가 있다.[57] 기존 연구를 바탕으로 문헌공도와 무학의 관련성을 서술한 연구가 있다.[58] 이와 대비되는 베트남[59]과 북송의 무거武擧 및 무학武學에 관한 연구성과도 있다.[60]

---

55) 劉明鍾, 앞의 논문, 1999.
56) 申千湜, 「고려시대 무과와 무학」, 『군사』 7, 국방부 전사편찬위원회, 1983.
57) 申千湜, 「고려중기 교육정책과 국자감 운영(1)」 『고려교육사연구』, 경인문화사, 1995.
   朴贊洙, 「고려 중기의 국자감 개혁과 그 운용」 『고려시대 교육제도사 연구』, 경인문화사, 2002.
   민병하, 『한국중세교육 제도사연구』, 성균관대학교 출판부, 1992, 20~21쪽.
58) 李聲昊, 「고려 중기 북송의 武學 제도 수용」 『지역과 역사』 31, 2012.
59) 陳文, 「越南黎朝時期的武學和武試」 『東南亞』, 2005-3.
60) 안준광, 「北宋 武擧와 武學」 『역사교육논집』 13 · 14, 1990.
   안준광, 『북송 군사제도 연구』, 경북대학교 박사학위논문, 1991.
   方震華, 「文武糾結的困境 – 宋代的武擧與武學 –」 『臺大歷史學報』 33, 2004-6.
   李新偉, 「北宋武學考略」 『貴州文史叢刊』, 2009-2.
   李新偉, 「北宋武學敎育研究」 『北京理工大學學報』 10-6, 2008.

최충의 학문 계승에 관한 기왕의 연구를 살펴본 결과 연구 편수 자체가 부족한 것은 말할 것도 없고 연구 방향이 제대로 설정되지 못한 것이 사실이다. 북송에서 호원胡瑗의 분재교학법分齋敎學法이 출현한 이후에 무학武學이 설치된다는 것을 고려의 무학武學과 전혀 연결하지 못하였다. 따라서 고려의 무학武學이 최충의 학문 계승과 연계되었을 가능성 자체를 상정하지 못하고 있었다. 무학武學도 칠재七齋의 분재교학법分齋敎學法 체제에 소속되었기 때문에 최충의 분재교학법과 연결될 때 그 의미가 더욱 가치 있게 검토될 것이다.

여섯째 최충의 문묘종사에 관한 연구에서 김충렬金忠烈은 당연히 문묘에 배향되어야 한다는 입장이다.61) 하지만 고려 전기를 대표하는 대학자이자 해동공자海東孔子의 칭호를 부여받은 최충이 문묘종사되지 못한 이유를 기존의 학자들은 뚜렷하게 제시하지 못하였다. 다만 이성호는 최충이 문묘에 배향되지 못한 이유를 최충에 대한 인식의 변화와 함께 서술하면서 제시하고 있다.62)

일곱째 문학과 관련된 연구가 있다.63) 송준호는 최충 시詩의 도학적 성격을 체용론으로 분석하고, 염락풍의 시로 규정하면서 평가하고 있다.64) 또 최충의 시조에 대한 연구가 있다.65) 기타 최충에 대한 자료

李英, 「宋代的武學與除官」『中山大學學報論叢』 23-3, 2006.

周致元, 「明代武學探微」『安徽大學學報』, 1994-3.

周興濤, 「宋代武學博士考論」『江西師範大學學報』 41-2, 2008.

61) 金忠烈, 「최충의 유학사적 위상 - 부론 문묘배향의 문제 -」『儒學史上 崔冲의 位相』, 海州崔氏大宗會, 1999.

62) 李聲昊, 「최충에 대한 역대 인식 변화와 문묘종사 논의의 이해」『역사와 경계』 82, 2012.

63) 고경직, 「최충의 시문과 성격」『崔冲研究論叢』, 慶熙大學校 出版局, 1984.

송준호, 「최충 시의 원작 비정과 성격 고구」『연세교육과학』 47, 1999.

최태호, 「문헌공 최충의 문학연구」『한문학논집』 20, 2002.

보유를 언급한 논문이 있다.66)

　이상 최충에 관한 연구를 종합하면 부족한 자료에도 불구하고 많은 성과가 있었던 것이 사실이지만 1999년의 총서叢書 이후에는 더 이상 새로운 연구가 없는 것도 사실이다. 그리고 현재까지 최충의 전인全人을 다룬 연구 성과가 없는 형편이다. 이는 최충의 일대기 전체를 조망한 연구가 없었다는 사실과 동궤를 이루고 있다. 기존의 최충崔冲 연구에서는 최충의 학문적 배경과 좌주·문생 관계, 대간 직관 역임, 재상 직임 수행, 교육 활동, 학문 계승, 평가 및 문묘종사를 동일한 관점에서 수행한 연구가 없었다는 점이다. 또 인물이 시대의 소산所産이라고 할 때 그 당대 사상 연구가 바탕이 되어야 한다는 것은 자명自明한 사실이다. 최충에게 사상성을 부여하기 위해서는 당대 북송의 사상계와 연계해서 살펴야 하는데 이런 연구 자체가 전무한 형편이다. 고려 전기 유학과 북송 유학을 대등한 견지에서 설정하고 연구할 필요성이 제기되는 문제이다. 고려 전기 유학의 성격에 따라서 최충의 위상位相이 정립될 수 있기 때문이다. 다시 말하면 나말의 최치원에서 시작하여 고려 초의 최언위, 최승로, 최항의 학문에서 출발하여 최충을 거쳐서 김양감, 윤관, 윤언이, 김부식까지 일원적一元的으로 관통하는 학문의 흐름 속에서 최충을 파악해야 한다는 점이다.

　최충과 비견되는 송초삼선생宋初三先生에 관한 연구는 중국에서 활발한 편이다.67) 그 중에서 가장 주목 받는 학자가 바로 호원이다. 그는

---

64) 송준호, 「최충 시의 도학적 성격에 대한 고구」『儒學史上 崔冲의 位相』, 海州崔氏大宗會, 1999.
65) 최강현, 「최충의 시조를 살핌」『건국어문학』 8·9, 1985.
66) 朴性鳳, 「부록 - 崔冲研究論叢의 회고와 자료 보유」『儒學史上 崔冲의 位相』, 海州崔氏大宗會, 1999.
67) 蔡文錦, 「宋初偉大的教育家胡瑗」『揚州職業大學學報』, 2002-2.

위대한 교육가로 평가되고 있으며,68) 단행본도 있다.69) 호원의 교육사
상은 명체달용明體達用으로 이학理學70)의 선구로 인정받고 있으며,71)
한과 당의 사부 중심의 학문을 비판하면서 경학중심의 존경적尊經的 학풍
을 강조하여 교육개혁가의 면모를 보여주고 있다.72) 호원의 특징이
가장 잘 나타나는 분야가 소호교법蘇湖教法이다. 그는 특히 분재교학법分
齋教學法을 최초로 창시하였는데,73) 분재교학법은 호원이 소호교수蘇湖
教授로 있으면서 창안한 교학방법론이다.74) 한국에 소개된 저서에서는
사상사로 분류되고 있어75) 비교적 주목을 받지 못하고 있었다. 물론

孫慧玲,「宋初三先生及其文道觀研究」『蘭台世界』, 2008-11.

楊朝亮,「淺論宋初三先生的教育實踐」『聊城師範學院學報』, 2001-2.

68) 蔡文錦,「宋初偉大的教育家胡瑗」『揚州職業大學學報』6-2, 2002.

69) 徐建平,『胡瑗』, 中國文史出版社, 2000.

70) '理學'에 대한 용어를 살펴보면, 신유학・송학・정주학・주자성리학・도학・이
학 등 다양한 용어로 불리고 있지만 대체로 신유학・송학은 송대 유학 전체를
의미하며, 성리학은 주돈이로부터 시작하여 주희에 의해서 집대성된 이기심성론
중심의 학문 체계를 의미한다.(우정임,『조선전기 성리서의 간행과 유통에 관한
연구』, 부산대학교 박사학위논문, 2009, 1쪽 주1번 참조) 이 글에서는 신유학의
명칭에다 앞에 북송초임을 분명히 하고자 '북송초 신유학' 또는 북송 전기를
표현할 때는 북송신유학으로 통일하기로 한다.

71) 夏紹熙,「理學的興起與胡瑗明體達用思想新探」『西北大學學報』, 2009-1.

72) 楊本義,「胡安定, 一千年前的教育大師」『江蘇教育』, 1991-3.

袁征,「北宋改革派教育家胡瑗」『河北學刊』, 1989-2.

姚成榮,「胡瑗的教育改革實驗及其文化效應」『浙江師大學報』, 2001-2.

73) 金林祥,「略論胡瑗創立的分齋教學制度」『華東師範大學學報』, 1987-3.

韋石,「創立分科選修制的教育家 - 胡瑗 -」『中小學管理』, 1994-2.

74) 黃山松,「宋代湖州州學與胡瑗的教改實踐」『杭州師範學院學報』, 2001-1.

文正東,「胡瑗的為學與為師」『思想理論教育』, 2010-2.

張樹俊,「胡瑗的協作共進思想及其相交學說」『哈爾濱學院學報』, 2009-11.

王榮雪,「我國古代素質教育之發軔者 - 胡瑗 -」『合肥教育學院學報』, 1999-4.

75) 侯外廬 외, 박완식 역,『송명이학사』1, 이론과 실천, 1993.

쓰치다 겐지로 지음, 성현창 옮김,『북송도학사』, 예문서원, 2006.

구스모토 마사쓰구 지음, 김병화・이혜경 공역,『송명유학사상사』, 예문서원,

일본에서도 비슷한 상황이다.76)

우리학계에서는 송초삼선생宋初三先生에 대한 연구는 없는 실정이며, 동양사 분야에서는 호원을 범중엄이나 왕안석 개혁의 일부로 연구하고 있다.77) 근래에 호원을 집중적으로 연구하는 김영관은 호원의 교학사상과 교학체제 및 송학의 원류이자 스승으로서의 호원과 그 사승관계에 대해 잘 분석하고 있다.78) 하지만 아직 학계 자체가 호원胡瑗의 중요성에 대해 제대로 주목하고 있지는 못한 형편이다. 『송원학안』의 제1번이 호원胡瑗의 학안이란 사실에서 볼 때 앞으로의 연구 성과가 기대된다고 할 수 있다. 근래에 최충과 호원을 연계하면서 비교사의 관점에서 접근한 연구는79) 이런 상황을 반영한 것이라고 생각된다.

---

2009.

宇野哲人 지음, 손영식 옮김, 『송대 성리학사(1)』, 제3장, 호원. 2005, UUP(울산대학교 출판부).

76) 土田健次郎, 「胡瑗の學問 その性格と位置」 『東洋の思想と宗教』, 1984.
　　佐藤仁, 「胡瑗とその思想 - '明體達用の學'を中心にして -」 『比較文化年報』 8, 1998.

77) 최병수, 「송초 범중엄의 지성적 교육실천」 『인문학지』 21, 2001.
　　申採湜, 「송 범중엄의 문교개혁책」 『역사교육』 13, 1970.
　　申採湜, 「왕안석 개혁의 성격검토 - 특히 신법의 보수성에 관하여 -」 『동양사학연구』 51, 1995.
　　李範鶴, 「왕안석 개혁론의 형성과 성격」 『동양사학연구』 18, 1983.
　　임현숙, 「왕안석의 과거제도에 관한 일고찰」, 이화여자대학교 석사학위논문, 1982.

78) 김영관, 「송학 형성에 있어서 호원 사상의 영향」, 중앙대학교 석사학위논문, 2002.
　　김영관, 「호원의 분재교육법과 그 영향」 『송요금원사연구』 10, 2005.
　　김영관, 「송초 교육개혁과 호원의 교육사상」 『중앙사론』 30, 2009.
　　김영관, 『호원의 교육활동과 송학 형성』, 중앙대학교 박사학위논문, 2011.

79) 李聲昊, 「최충과 호원의 분재교학법 비교」 『지역과 역사』 28, 2011.

# 제2장 연구방향

본 연구는 나말여초에서 시작하여 고려 인종 무렵까지를 시대적 배경으로 한다. 나말여초의 시기는 최충에게 영향을 미친 신유학이 이미 태동을 보이고 있었으며, 고려 전기의 말에 해당하는 인종대는 이때까지 최충의 문헌공도가 활동하였던 시기이므로 이를 포함함으로써 신라말에서 고려 전기 전체를 연구의 시대적 배경으로 삼고자 한다. 다음으로 사료의 활용과 해석에 대한 문제이다. 최충 학문의 출현배경, 활동, 영향 및 평가를 하나의 관점으로 엮기에는 기왕의 연구자들이 다루었던 자료와 방법론으로는 한계가 있다고 생각되었다. 그래서 고려 시대 자료 중 선학들이 간과하였던 사료를 발굴하여 활용하고, 기존의 자료는 다른 관점에서의 재해석을 시도하였다. 대간 활동 자료, 자字 호연浩然, 「계이자시戒二子詩」와 시문詩文, 두 편의 불교 비문 등은 여기에 해당된다.

지금까지의 최충 연구에 대한 문제점은 최충의 학문과 사상을 동아시아의 전체적인 입장에서 조명하지 못하고 고려의 입장에서만 조망하였다는 것이다. 최충에게 북송 성시盛時와 동일한 사상과 학문이 어떻게 형성되었는지에 대해서 명확한 해석이 이루어지지 못하였고, 이런 한계로 인해서 최충 학문의 계승, 즉 문헌공도에 대한 연구도 더 이상 진행되지 못하였다. 그러므로 시대를 관통하는 입장에서 새로운 방법론을 적용하는 최충 연구가 다시 진행되어야 할 필요가 있다. 최충에게 새로운 사상성思想性을 투영하면서 그 사상성에 일치하는 인물과 비교하는 비교사의 관점을 도입함으로써 최충의 생애에 시대를 관통하는 일원론적 시각을 부여해야 할 것이다.

최충 사상의 연원을 확인하기 위해서 당시 북송과 고려의 사상계를 먼저 검토하였다. 당시 북송에서는 북송신유학의 연원인 송초삼선생宋初三先生인 손복孫復, 석개石介, 호원胡瑗이 활약하였는데 이때는 최충이 활약하던 시기와 일치하고 있음을 확인하였다. 특히 호원이 교학敎學하던 시기와 최충이 문헌공도를 설립한 시기가 일치하고 있다는 점이 주목된다. 앞서 연구 동향에서 검토하였듯이, 최충 단계의 유학이 북송신유학 단계와 비슷하다는 점을 빌려온 결과이다. 또 홍양호가 최충을 북송의 신유학자와 연결하고, 성호 이익李瀷과 장지연이 최충을 호원과 연결하고 있는 점에서 시사 받은 바가 크다. 하지만 조선시대 학자들은 최충과 호원을 비교하는 이유를 뚜렷하게 제시하지 못하였는데 필자는 송초의 유학자들과 최충의 학문을 비교하여 그 이유를 찾고자 한다. 비교 대상 시기는 최충에서 시작해서 고려 전기까지로 설정하였는데 이는 북송에서는 호원에서 시작해서 북송 멸망 단계까지에 해당된다. 그래야만 학문의 형성, 생애 및 활동, 계승이 전체적인 입장에서 정리될 수 있다고 판단되기 때문이다. 연구동향에서도 언급하였지만, 나말의 최치원에서 시작하여 고려초의 최언위, 최승로, 최항의 학문에서 출발하여 최충을 거쳐서 김양감, 윤관, 윤언이, 김부식까지 일원적一元的으로 관통하는 학문의 흐름 속에서 최충을 파악하고자 하였다. 다시 말하면 북송에서 송초삼선생인 호원胡瑗을 거쳐서 구법당舊法黨과 신법당新法黨이 형성되었듯이 고려에서도 최충 이후에 다양한 학파가 형성되어가는 점을 밝히고자 한 것이다. 물론 그 시원은 신유학의 조종祖宗으로 지칭되는 한유韓愈임은 자명하다. 이상의 문제의식을 가지고 편과 장으로 구분해서 구체적인 서술 방향을 검토하도록 하겠다.

제2편 제1장에서는 북송초 신유학과 호원의 학문을 서술하고자 한다. 북송초 신유학은 정학正學 운동에서 출발하고 있다. 그 중심은 바로

송초삼선생으로 불리는 손복, 석개, 호원이다. 송초삼선생 중에서 가장 영향력이 컸던 학자는 바로 호원이었기에 호원의 생애와 학문을 중점적으로 검토하고자 한다. 호원의 학문은 그의 저술인『주역구의周易口義』,『홍범구의洪範口義』를 통해서 주역사상과 홍범사상을 분석하였으며, 맹자존숭을 다루었다. 호원이 교육자로서 명성을 얻게 되는 이유는 최초로 분재교학법을 창안하였기 때문이고, 그것은 명체달용明體達用의 교학사상을 바탕으로 하고 있음을 체용론을 통해서 밝히고자 한다. 이 분재교학의 영향으로 무학武學이 설치되고, 고려에까지 파급됨은 유의미한 사실로 주목하지 않을 수 없었다. 호원이 강조하는 엄격한 학규學規는『홍범구의』와 어떤 관계가 있는지도 서술하고자 한다.

제2장에서는 최충의 학문적 배경을 나말여초 신유학의 전개과정과 연계하여 서술하고자 한다. 니말여초의 최치원, 최언위와 고려초의 최승로 사상을 연계해서 언급하고자 한다. 6두품 지식인인 최치원 사상의 신유학적 요소를 간략하게 언급하고, 최언위의 신유학적 요소를 간략하게 언급한 후 태조의「훈요십조」와 연결하여 서술하고, 최승로의 신유학적 요소는「시무 28조」등을 통해 분석하고자 한다.

제3편 제1장에서는 최충의 생애와 교유 관계를 다루었다. 최충의 학문적 뿌리는 좌주인 최항崔沆과 연계되어 있는데, 최항은 최언위의 손자이다. 최항이 팔관회를 복구하고 황룡사 9층탑을 수리하는 의미를 파악하고자 한다. 또 최항이 활약하던 당대의 급무인 거란의 침략에 대한 대응 방안도 관심의 대상이다. 최충은 최언위가 지도한 최승로의 손자인 최제안과도 연계되어 있었다. 또 다른 경주계인 최섬의 사위인 김심언과도 역사 편찬을 함께하고 있는데, 이들의 출신과 관직 활동의 공통점이 무엇인지를 파악하고자 하였다.

제2장에서는 최충의 정치 활동 중에서 대간활동을 서술하고자 한다. 최충은 과거 합격 이후에 50세까지 거의 대간직을 담당하면서 육정육사六正六邪와 자사육조刺史六條의 건의를 올리고 있다. 기존 연구에서는 최충의 대간활동에 대해서 별다른 주목을 하지 않았었다. 최충이 올린 육정육사六正六邪와 자사육조刺史六條는 김심언 봉사를 차용한 것으로 두 봉사의 동이점을 비교, 검토하였다. 이 봉사는 성종대와 덕종대 왕위 계승과도 어떤 관련이 있는가를 중심으로 서술하였다. 최충의 대간활동은 가문의 전통이 되어 후손들에게도 계승되고 있음을 부기하고자 한다.

제3장에서는 재상활동에 대해서 서술하고자 한다. 최충의 재상활동은 주로 군사, 외교, 법률 분야에서 이루어진다. 군사 및 외교에 대해서는 최충의 화이론을 중심으로 분석하고자 한다. 또 법률 고정은 어떤 사상을 바탕으로 하여 나왔는지 검토하면서 사례를 통해서 북송의 어떤 인물과 직접 연계되는지 살펴보고자 한다.

제4편 제1장에서는 문헌공도의 분재교학법分齋敎學法과 그 사상적 배경을 서술하고자 한다. 문헌공도가 사학 12도의 제1번인 것은 호원학안이 『송원학안』에서 제1번인 것과 좋은 대조를 보인다는 점도 관심의 대상이었다. 분재교학 설립의 사상적 배경을 「계이자시戒二子詩」를 통해 분석하고, 그것은 체體·문文·용用을 바탕으로 하고 있음을 분석하고자 한다. 이어서 분재교학법에 대해서 서술하고자 한다. 최충이 구재九齋를 설치한 이유를 간략하게 분석하고, 구재九齋의 재명齋名에서 호원과 달리 수기와 치인으로 분재교학하고 있음을 분석하고, 구재九齋의 영향으로 국자감에 무학박사가 설치되는 것에 대해서 검토하고자 한다. 교학내용에서 구경삼사九經三史의 교과목이 십삼경 체제를 기반으로 하고 있음을 검토하고자 한다. 구재九齋의 교학방법에서, 교도의 역할을 통해서 학유

學論의 존재를 유추하고, 귀법사 하과夏課는 행예行藝를 위한 것임을 검토하고, 구재九齋의 영향으로 국자감에 학정, 학록이 설치되는 것과 그 의미에 대해서 검토하고자 한다.

제2장에서는 문헌공도文憲公徒의 학맥 전승에 대해서 서술하고자 한다. 최충 사후에 문헌공도는 고려 학계에 중요한 위상을 점하게 되고, 이들 문도들은 북송의 다양한 사상을 수용하면서 무학박사와 무학을 도입하게 된다. 대학자를 배출한 학파라도 시간이 경과하면 다양한 요인으로 인해 분파가 형성되는 것은 자연스러운 결과이다. 대표적인 문도인 김양감, 윤관·윤언이, 김인존, 김부식을 중심으로 서술하고자 한다.

제3장에서는 최충의 유교사상을 서술하고자 한다. 먼저 최충의 자字 호연浩然과 존맹사상을 검토하고, 자신의 시문詩文과 최충에 대해 표현한 시문詩文을 통해서 최충의 유교사상을 추출하여 보았디. 이이서 최충의 유교사상을 그가 저술한 불교 비문인 「증시원공국사승묘지탑비명贈諡圓空國師勝妙之塔碑銘」과 「봉선홍경사갈기奉先弘慶寺碣記」를 통해서 서술하고자 한다. 그런데 선학들은 이 두 비문의 내용에 인용되어 있는 유교 관련 경전에 대해 별다른 주목을 하지 않았었다. 아마 불교 관련 비문이기 때문에 미리 예단을 하고 분석하려는 시도를 하지 않았던 게 아닌가 한다. 그런데 필자가 검토한 바에 따르면 유교 경전뿐만 아니라 『장자莊子』 가 다수 인용되어 있어서 당시의 사상적 경향성을 발견할 수 있다고 판단되었기에 그 의미를 분석하게 되었다.

제5편 제1장에서는 북송의 무학武學에 대해서 서술하고자 한다. 북송의 무학과 유장儒將에 대한 관련성을 먼저 서술하고, 구법당과 신법당에서 추진하였던 무학을 대비해서 서술하고자 한다. 구법당은 범중엄, 부필, 호원, 소순, 소식, 소철의 주장을 중심으로, 신법당은 왕안석의 주장을

중심으로 구성하였다.

제2장에서 서술하고자 하는 고려의 무학은 칠재 소속으로 경의經義 존중의 의미에서 설치되었다.80) 먼저 문종 30년(1076) 무학박사 설치 배경과 문종대에 도입한『태평어람太平御覽』의 의미와 수입 주체를 간략하게 서술하고자 한다. 무학의 설치는 '예종 14년'의 기사를 중심으로 검토하고, 예종 4년 설치된 무학은 북송의 어떤 정파와 연관성이 있는지도 서술하고자 한다. 완성된 형태인 '예종 14년'의 무학을 분석하면서 고려에 수용된 무학의 의미를 서술하고자 한다.

제3장은 무학 폐지에 대해서 서술하고자 한다. 무학을 폐지하는 과정을 인종대 정치 세력의 동향81) 및 강경과82) 김부식의 유교사상을 통해서 검토하고자 한다. 강경 서적 중에서『송조충의집宋朝忠義集』과『당감唐鑑』의 성격을 검토하였다. 김부식의 유교사상은 존맹尊孟 사상,『중용』,『서경』「홍범」,『맹자』,『주역』의「건괘」·「태괘」·「대축괘」·「복괘」를 통해서 검토하고자 한다. 또한 김부식의 역학은 북송의 역학과 어떤 연관이 있는지도 검토하고,『주역』에서 김부식과 윤언이의 차이점을 분석하고자 한다. 고려에서 왕안석의 평가와 인식에 대해서 사마광의「유표遺表」가 미친 영향을 검토하였다. 이어서 김부식과 윤언이83)와의

---

80) 이중효,『고려 중기의 국자감운영과 그 정치적 배경』전남대학교 박사학위논문, 2002.
81) 남인국,「고려 인종대 정치지배세력의 성분과 동향」『역사교육논집』15, 1990.
　　남인국,『고려 중기 정치세력 연구』, 신서원, 1999.
　　김갑동,「고려전기 사회의 성립과 갈등」『고려전기 정치사』, 일지사, 2005.
　　김당택,『고려 양반국가의 성립과 전개』, 전남대학교 출판부, 2010.
82) 권연웅,「고려시대의 경연」『복현사림』6, 1983. 고려 경연에 관한 유일한 논문이지만 강경에서 다룬 경전의 내용을 언급하지 않고, 강경과 당대 급무를 연결하지 못한 아쉬움이 있다.
83) 윤언이에 대한 논고는 다음이 참조된다.

대립을 검토하고, 김부식의 화이론은 사마광과 관련하여 검토하였다. 마지막으로 무학의 폐지과정을 간략히 서술하였다.

　제6편 제1장에서는 최충에 대한 고려 당대의 인식을 서술하고자 하였다. 그동안 최충의 칭호인 유종儒宗, 문헌文憲, 해동공자海東孔子에 내재된 의미에 대해서는 별다른 주목을 받지 못한 것이 사실이다. 유종儒宗의 칭호가 적용된 중국 및 우리나라의 인물을 비교 검토하고, 문헌文憲의 시호는 장수절張守節의 『사기정의史記正義』와 소순蘇洵의 『시법諡法』과의 관련성을 통해서 검토하고자 한다. 최충이 해동공자로 불리게 된 이유를 밝히고, 구재九齋 재명齋名의 의미와 공자에 비견되는 이유를 서술하고자 한다. 결국 최충의 칭호에는 고려 당대의 사상성이 투사되어 있다는 점을 밝히고자 한다.

　제2장에서는 조선 시대를 거치면서 최충에 대한 인식이 어떻게 변화하는지를 추적하였다. 조선의 건국과 함께 최충에 대한 문묘종사가 논의되고 있었지만 절의론에 따라 최종적으로 실패하고 만다. 이후 최충에 대한 인식의 변화를 퇴계 이황, 고봉 기대승, 율곡 이이李珥의 논의를 중심으로 서술하고자 하였다. 조선후기에는 최충의 학문을 심학心學과 이학理學으로 인식하게 되는 과정을 살펴보고자 한다. 최종적으로 근대에 와서 최충에 대한 인식이 어떻게 변화하는지를 검토하면서 최경식의 『최자전실기崔子全實記』의 의미를 분석하는 한편 이 책의 문제점도 함께 서술하고자 한다.

---

김병인, 「김부식과 윤언이」 『전남사학』 9, 1995.

김창현, 「고려중기 윤언이의 사상과 파주 金剛齋」 『기전문화연구』 31, 2004.

# 제2편 북송초 신유학과 고려 신유학

북송초北宋初 신유학新儒學은 당말에 시작된 한유韓愈와 이고李翶의 학문적 흐름을 계승하면서 송초삼선생을 중심으로 발전하고 있었다. 이들은 송의 문치주의 정책과 변화된 과거제에 힘입어 사대부 계층을 형성하고 학문 발전을 주도하게 된다. 신라말의 도당유학생들은 이때 새로운 학문적 분위기를 학습하고 귀국하여 활동하는데 대표적 인물은 최치원, 최언위였다. 그중에서 최치원은 고려 건국 전에 정계에서 은퇴하였기 때문에 최언위가 고려 건국 초기 학계를 주도하게 되었다. 그의 손자가 최항이고 최항의 문생이 최충이었다는 점은 시사하는 바가 있다. 물론 고려 초기 유학과 북송초 신유학이 완전히 동일 궤도로 진행되었다고 할 수는 없지만 비록 사장학詞章學이 우세한 가운데도 경학經學이 자리잡아가고 있다는 사실은 강조할 필요성이 있다고 여겼다. 또한 호원과 최충이 동일한 시기에 비슷한 사상을 바탕으로 유사한 교육방법인 분재교학법을 창안한 것도 관심의 대상이었다.

## 제1장 북송초 신유학과 호원胡瑗

북송초 신유학은 송초삼선생에 의해서 주도되고 있었는데 바로 손복孫復과 석개石介, 호원胡瑗이었다. 이들의 학문적 경향은 불교와 도교에 대해서 유학을 강조하고 새롭게 해석하는 것이었는데, 이를 정학正學 운동이라고 한다. 손복과 석개보다는 북송신유학의 원류로 불리고 정자程子의 스승인 호원을 중심으로 검토하는 게 타당하다고 생각된다.

## 1) 북송초 신유학의 경향

공영달의 『오경정의五經正義』를 바탕으로 하는 당대의 유학은 경전에 대한 훈고訓詁가 중심이었다. 이는 획일화된 성격의 유학으로서, 사상적 공백은 불교와 도교가 대체하고 있었다. 그 변화는 당말에 한유韓愈(768~824)와 그의 제자인 이고李翺에 의해서 추진되었는데, 한유는 「논불골표論佛骨表」를 지어 불교에 반대하였고, 「원도原道」를 지어 도통론을 표방하였다.

요임금이 이 도를 순임금에게 전했고, 순임금은 우왕에게 전했고, 우왕은 탕왕에게 전했고, 탕왕은 문왕·무왕·주공에게 전했고, 문왕·무왕·주공은 공자에게 전했고, 공자는 맹가孟軻에게 전했는데, 맹가가 죽은 뒤에는 제대로 전승되지 못했다.[1]

이는 요-순-우-탕-문왕-무왕-주공-공자-맹자로 이어지는 도통이 형성되면서, 맹자를 중시하는 신유학이 성립한다는 의미이다. 신유학은 『맹자』의 왕도정치론王道政治論, 성선설性善說, 정전제井田制를 근본으로 하였다. 이를 철학적으로 뒷받침하는 『예기禮記』 안의 『중용中庸』이나 『대학大學』이 중요시되기 시작하는 것이다. 그리고 당 태종의 정관지치貞觀之治를 오긍吳兢이 편집한 『정관정요貞觀政要』가 당시 간쟁을 기본으로 하는 왕도정치론을 대변하고 있었다.[2] 다만 『정관정요』의 내용이 왕도정치보다는 패도정치에 가깝다는 견해도 참고할 필요가 있다.[3] 다음으로

---

1) 韓愈 지음, 이종한 옮김, 『한유산문역주』 1, 소명출판, 2012, 54쪽.
2) 池斗煥, 『한국사상사』, 역사문화, 1999, 115쪽.
3) 全基雄, 『나말여초의 문인지식층 연구』, 부산대학교 박사학위논문, 160쪽.

인성론을 살펴보고자 하는데, 한유는『대학』,『중용』등 유가의 경전을 높이 드러내어 인의仁義를 중심으로 하는 유가의 윤리 도덕과 성경誠敬을 위주로 하는 수양방법을 제창하였고,4)5) 이고는「복성서復性書」를 지어 비교적 체계적인 성정性情 학설을 제출하여 천도天道와 인성人性을 연계시키고 있었다. 이고는 인간의 본질인 본성으로 돌아가는 방법을 설명하면서『주역』의 적연寂然,『중용』의 성명誠明,『대학』의 치지致知와 격물格物을 제시하였다.6)

한편 신유학자들은 문체에서 공통적으로 고문古文을 지향하고 있었다. 대표적으로 한유는 화려하고 장식성이 강한 문장을 지양하고 간결하고 소박한 문장을 회복해서 진실된 글을 쓰자는 문이재도론文以載道論을 주장하였다. 반면 유종원柳宗元은 불교를 원용하여 유학에 편입시키고 있었다.7) 북송초 신유학자들이 불교를 비판하고 있지만 불교에 영향을 받은 것은 기본적으로 유종원의 태도와 관계가 있었다. 한유, 이고, 유종원의 사상과 학문은 송초의 신유학으로 계승되는데, 이는 송대 문치주의와 관계된다고 할 수 있다.

송의 건국자인 조광윤은 당이 멸망한 원인으로 절도사에게 너무 권한이 집중되었다고 판단해서 무인을 대신해서 문관이 국정을 담당하는 문신관료체제를 채택하게 된다. 그리고 관료를 선발할 때 전시殿試 제도를 시행하면서 황제와 사대부 간에 스승·제자와 같은 관계가 형성된다. 과거제

---

4) 구스모토 마사쓰구 지음, 김병화·이혜경 공역,『송명유학사상사』, 예문서원, 2009, 23쪽.

5) 천인석, 앞의 논문, 12쪽. 맹자의 王道를 논하고「대학」과「중용」을 자주 인용한 것은 모두 道에 대한 관심을 보여주는 것인데, 당의 유학자로서 성리학의 선하를 이룬 韓愈와 李皐 등의 영향으로 볼 수 있다.

6) 구스모토 마사쓰구, 위의 책, 23쪽.

7) 徐遠和 저, 손홍철 옮김,『二程의 신유학』, 동과서, 2011, 21~22쪽.

도는 운영상으로 호명법糊名法, 등록법謄錄法 등을 실시하여 공정성을
높이는 정책을 취했다. 이렇게 함으로써 과거제도는 문신관료체제를
확립하는 계기가 된다. 사대부 관료 사이에는 천하대사天下大事를 먼저
걱정하고, 국가대사를 황제와 같이 책임지고 다스린다는 사대부의 치자
의식治者意識이 확립되었다. 대표적인 인물이 송초의 범중엄이다. 그의
「악양루기嶽陽樓記」에 있는 '先天下之憂而憂 後天下之樂而樂'8)의 내용
이 그것을 잘 표현하고 있다. 범중엄은 학교의 건립을 주도하고, 송초삼선
생 중 한명인 호원을 발탁한 인물이기도 하다. 범중엄이 「악양루기」와
같은 내용을 언급할 수 있었던 배경은『주역』의 원리에 밝았기 때문이었는
데, 이후『주역』은 송대 사상계에서 중요한 역할을 하게 된다.9)

송대 사대부들은 천하를 자신의 임무로 삼으면서 천하의 문제를 해결하
는 방안을 경전에서 찾게 되는데, 기존의『오경정의』체제를 극복하기
위해서 새로운 경전 해석을 창안하게 된다. 그것을 의경사조疑經思潮라고
한다. 「계사繫辭」를 배척했다 함은 구양수(1007~1072)를 말하고,『주
례』를 비난했다 함은 구양수, 소식, 소철을 이르며,『맹자』를 의심했다는
것은 이구李覯(1009~1059)와 사마광司馬光을 두고 한 말이고,『서』를
비난했다는 것은 소식을 말하고, 「시서」를 축출했다는 것은 조설지晁說之
(1059~1129)를 가리키는 말이다.10)

의경사조의 뿌리는 송초삼선생이라고 할 수 있는데, 손복, 석개, 호원
이 출현하여 정학正學 운동을 펼치면서 학문을 강도講道하는 것과 연관이
있다. 이들의 학문적 위치는, 한유의 명저인 「사설師說」에 있는 '師者所以
傳道授業解惑'11)에서 유래하였다. 송초에 이 전도傳道와 수업授業을 담

---

8)『范文正集』권7, 「嶽陽樓記」.
9) 구스모토 마사쓰구, 위의 책, 35~36쪽.
10) 皮錫瑞 저, 李鴻鎭 역,『중국경학사』, 형설출판사, 1995, 177~179쪽.

당하는 인물이 바로 송초삼선생이다.12) 그래서 구양수가 말하기를 '明道
以來 學者有師 惟先生[胡瑗] 曁泰山孫明復[孫復]石守道[石介]三人 而
先生之徒最盛'13)이라고 표현한다. 그러나 송초삼선생은 아직 수심修心
을 할 수 있는 철학체계를 확립하지 못하고 있었다. 이러한 철학체계는
북송 오자五子인 소옹邵雍, 주돈이周敦頤, 장재張載, 정호程顥, 정이程頤를
거쳐서, 남송대에 주자朱子가 나와서 성리학으로 집대성 한 이후에 가능하
였기 때문에,14) 아직까지는 이를 선종禪宗이 대신하고 있었다. 우선
송초삼선생의 학문적 위치를 살펴보자.

　　선문결공이 말하였다. "송나라가 일어난 지 80년 만에 안정 호선생,
　　태산 손선생, 저래 석선생이 비로서 사도師道를 일으켜 정학正學을
　　밝혔다. 그것을 이어서 염락의 학문이 일어난 것이다. 그런 까닭에
　　본조本朝의 이학理學은 이락伊洛에 이르러서 정밀하게 되었으나, 실로
　　송초삼선생에게서 시작된 것이다. 그런 까닭에 회암은 이천이 '송초삼
　　선생을 잊지 못한다'는 말을 했다고 여겼다."15)

　　인용문은 송초삼선생의 학문적 위상을 주자朱子까지 연계하여 설명하
고 있다. 송나라가 건국된 지 80년이 지나고 있는 시점에서 일어난 이
학풍을 정학正學 운동이라고 해서 전대 사상에 대한 비판과 함께 정주학程

---

11) 『別本韓文考異』 권12, 師説. "古之學者 必有師 師者所以傳道授業解惑也 人非生而
　　知之者 孰能無惑 惑而不從師 其爲惑也"
12) 楊渭生, 「范仲淹與宋學之勃興」『浙江大學學報』 29-1, 1999, 8쪽.
13) 『文忠集』 권25, 「胡先生墓表」.
14) 侯外廬 외, 박완식 역, 『송명이학사』 1, 이론과 실천, 1993, 57쪽.
15) 『宋元學案』 권2, 「泰山學案」. "先文潔公曰 宋興八十年 安定胡先生 泰山孫先生
　　徂徠石先生 始以師道明正學繼 而濂洛興矣 故本朝理學至伊洛而精 實自三先生而
　　始 故晦庵有伊川不忘三先生之語"

朱學의 연원으로 평가하여 왔다. 염락의 학문인 이학理學16)의 뿌리가 송초삼선생에게서 시작되었다는 말이다. 특히 정자가 송초삼선생 중에서 호원의 은혜를 크게 생각하고 있는 것에 주자도 동의하고 있다. 호원의 학풍은 정학正學 운동이면서,17) 한당의 훈고학에 대한 배척이고, 정자程子의 학문으로 연결되었던 것이다.

그런데 역대로 송초삼선생을 성리학자로 부르지 않는 이유는『송사』가「도학전」을 높이고,「유림전」을 낮춘 이유 때문이라고 한다.18)「도학전」에는 주돈이, 정호·정이, 장재, 소옹, 주희 등 24명이 포함되어 있고,「유림전」에는 호원, 손복, 석개, 소백온, 여조겸, 육구연, 설계선, 엽적 등이 포함되어 있다.「도학전」에 포함되지는 않았지만 호원을 등용한 송 인종대의 범중엄范仲淹도 송초삼선생과 같은 시기의 인물이기 때문에 같은 정학正學 단계라고 할 수 있다. 송초삼선생 중에서 먼저 손복孫復에 대해서 살펴보자.

손복孫復은 자가 명복明復이고, 호는 부춘富春으로 진주晉州 평양平陽 사람이다. 세칭 태산선생泰山先生이라 한다. 진사에 합격하지 못하고 태산에 물러나 살았으며,『춘추』에 뛰어났다. 북송 인종 천성 5년(1027)에 손복이 37세가 되었을 때 범중엄은 회양부睢陽府에서 교육을 담당하고 있었다. 이때 손복이 범중엄에게 문학問學한다. 다음해에도 손복이 재차 회양부에 이르러 범중엄에게 문학問學하자 범중엄이 마침내『춘추』를

---

16) 文喆永,『고려유학 사상의 새로운 모색』, 경세원, 2005. 18쪽에서 "왕안석의 신학에 서부터 주자의 이학까지를 포함하는 송대의 이러한 다양한 학풍을 신유학이라고 부를 수 있다."고 하였으며, 최충 단계의 유학을 북송신유학과 병렬적인 단계로 표현하고 있다. 그래서 필자도 호원 단계부터 북송신유학이라고 칭하고자 한다.
17) 李範鶴,「왕안석 개혁론의 형성과 성격」『동양사학연구』18, 1983, 39쪽.
18) 金忠烈,「성리학의 동점 과정 - 주자학 지입을 기점으로 -」『남명학』12, 2003, 5~6쪽.

교학하고 두 사람 사이에 사제 관계가 정식으로 성립되었다. 이 내용은 송위태宋魏泰가 지은『동헌필록東軒筆錄』에 상세하게 기록되어 있다.[19) 그래서 손복의『춘추』에는 범중엄의 영향이 지대하게 나타나게 되었고, 그 때문에 손복의 학문적 뿌리는 범중엄이라고[20) 한다.

인종 강정 원년(1040)에 손복이 50세 되던 해에 생활이 곤란해졌을 때에 범중엄이 조정에 천거하고 있다. 손복은 경력 2년(1042)에 국자감 직강이 되어 태학의 학생들을 교도하게 되었다. 손복은 태학의 위상에 대해서, 교화의 근본이며, 예의의 연원이며, 왕도의 출발지이며, 인륜이 바르게 되는 곳이며, 인재가 배출되는 곳이라는 인식을 가지고 있었다.[21)

인종 보원 원년(1038)에 손복은「신도당기信道堂記」를 지어 자신의 도통론을 표방하고 있다.[22) 이는 한유가 저술한「원도原道」의 영향이었고, 송대 도통론의 선구였다. 또한「답장동서答張洞書」에서 보이듯이 불교와 도교를 배척하는 것을 자신의 임무로 생각했다.[23) 그래서「유욕儒

---

19)『東軒筆錄』권40. "范文正公在睢陽掌學 有孫秀才者索遊上謁 文正贈錢一千 明年 孫生復道睢陽謁文正 又贈一千 因問 何爲汲汲於道路 孫秀才戚然動色曰 老母無以 養 若日得百錢 則甘旨足矣 文正曰 吾觀子辭氣 非乞客也 二年僕僕 所得幾何 而廢 學多矣 吾今補子爲學職 月可得三千以供養 子能安於爲學乎 孫生再拜大喜 於是授 以春秋 而孫生篤學不舍晝夜 行復修謹 文正甚愛之 明年 文正去睢陽 孫亦辭歸 後十年 聞泰山下有孫明復先生以春秋敎授學者 道德高邁 朝廷召至太學 乃昔日索 遊孫秀才也 文正歎曰 貧之爲累亦大矣 倘因循索米至老 則雖人才如孫明復者 猶將 汩沒而不見也"
20) 文喆永,「고려중기 사상계의 동향과 신유학」『국사관논총』37, 1992, 53쪽.
21)『孫明復小集』寄范天章書一. "太學者 敎化之本根 禮義之淵藪也 王道之所由興 人倫之所由正 俊良之所由出"
22)『孫明復小集』信道堂記. "吾之所謂道者 堯舜禹湯文武周公孔子之道也 孟軻荀卿 揚雄王通韓愈之道也"
23)『孫明復小集』答張洞書. "自漢至唐 以文垂世者衆矣 然多楊墨佛老虛無報應之事 沈謝徐庾妖艶邪侈之辭 始終仁義 不叛不雜者 惟董仲舒揚雄王通韓愈"

辱」과 「무위지无爲指」를 저술하게 되었다.

> 아! 유자儒者의 욕됨은 전국에서 시작되었으니 양주楊朱와 묵적墨翟
> 이 앞에서 그것을 어지럽혔고 신불해申不害와 한비자가 뒤에서 그것을
> 더럽혔다. 한나라 위나라 이후로 내려오면서 더욱 심해졌으니, 불佛·
> 노老의 무리가 중국에 횡행하였다. 저들은 사생死生, 화복禍福, 허무虛
> 無, 보응報應으로써 일로 삼아 천만가지 단서로 우리 백성들을 미혹하
> 게 하였으니 인의를 없애어 천하의 귀를 막고, 예악을 물리쳐 천하의
> 눈을 가렸다.24)

양주, 묵적 및 불교, 도교를 주장하는 것은 유학자에게는 모욕이라고
여겼다. 왜냐하면 '죽고 사는 문제, 불행과 복, 허무적인 문제, 보응'으로
백성을 미혹하게 한다고 생각하였기 때문이다. 또 위에서 언급한 「답장동
서答張洞書」에서 '동중서, 양웅, 왕통, 한유'가 유교를 저버리지 않았다고
하면서 한유를 존숭하였다. 그런데 한유를 존숭하는 이유는 문학관과도
연관성이 있다. 한유가 문이재도文以載道, 유종원이 문이명도文以明道를
주장했다면 손복은 문위도용文爲道用을 주장하고 있었다.25)

손복이 지은 『역설易說』은 전하지 않고 있다. 그는 『춘추』를 중요시하
였는데,26) 종래의 전주傳注나 훈고訓詁에 구애받지 않고 『춘추』에 내재하

---

24) 『孫明復小集』 儒辱. "噫 孺子之辱 始于戰國 楊朱墨翟亂之于前 申不害韓非染之于
   後 漢魏而下 則又甚焉 佛老之徒橫行於中國 彼以死生禍福虛無報應爲事 千萬其端
   惑我生民 絕滅仁義以塞天下之耳 屏棄禮樂以塗天下之目"
25) 『孫明復小集』 答張洞書. "文者 道之用也 道者 敎之本也 故必得之于心 而後成之于
   言 … 雖其目甚多 同歸于道 皆謂之文也"
26) 뢰가성, 「北宋 前期·中期 유학의 다원화 발전 - 柳開의 도통설과 孫復의 존왕론
   중심 -」, 『중국사연구』 76, 2012, 38쪽.

는 성인聖人의 참뜻을 파악하고자 하여 그 작업의 일환으로『춘추존왕발미春秋尊王發微』12권을 저술하였다. 그의 춘추론은 '존천자尊天子 출제후黜諸侯'27)의 논리를 바탕으로 맹자의 사상인 '孔子成春秋 而亂臣賊子懼'28)를 존숭하였다. 그의 춘추론에 대해서 정자는 높이 평가하고 있다.29) 다음으로 손복에게 사사하면서 학문적 영향을 받는 석개石介를 언급하고자 한다.

석개石介의 자는 수도守道이고, 호는 저래徂徠이다. 연주兗州 봉부奉符 출신이다. 부친인 석병石丙은 대중상부 4년(1012)에 진사에 급제하였고 관직이 태상박사太常博士에 이르렀다. 석개 자신도 천성 8년(1030)에 진사에 급제하였다. 하지만 부모의 초상으로 인해 저래산에 거주하면서 세상을 근심하고 있었다.30) 경력 2년(1042) 여름에 석개의 정우丁憂가 만기가 되자 두연杜衍이 추천하여 국자감 직강이 되었다. 이때 범중엄范仲淹, 부필富弼, 구양수歐陽脩, 두연杜衍 등이 인종의 신임을 받고 있었다. 그 중 범중엄이 열 개 조항의 개혁안을 올렸는데31) 이를 경력신정慶歷新政이라고 한다. 이에 대해서 석개는 '경력성덕시慶歷聖德詩'를 지어서 칭송하고 있다.32) 경력 5년(1045)에 범중엄이 보수파의 탄압으로 인해 파직되자 석개도 복주濮州의 통판通判으로 좌천되는데 임소에 도착하기 전에 병으로 사망한다. 당시 반대파인 하송夏竦은 석개가 진짜로 죽은 게

27)『春秋尊王發微』권12. "尊天子 黜諸侯 始于隱公是也"
28)『孟子』권6,「滕文公下」.
29)『河南程氏文集』권7, 回禮部取問狀. "孫殿丞復說春秋 初講旬日間 來者莫知其數 堂上不容 然後謝之 立聽戶外者甚衆 當時春秋之學爲之一盛 至今數十年傳爲美事"
30)『徂徠集』권3, 偶作. "平生讀詩書 胸中貯經綸 薄田四五畝 甘心耕耨勤 依鋤西北望 涕泪空沾襟"
31)『讀書紀數略』권33, 十事(范文正公). "明黜陟 抑僥倖 精貢擧 擇官長 均公田 厚農桑 修武備 減徭役 覃恩信 重命令"
32)『續資治通鑑長編』권140.

아니니 관 뚜껑을 열어 시신을 살펴보아야 한다고 했다. 이에 대해 구양수
歐陽脩가 안타까운 심정을 장편의 시로 지어서 기리게 된다.33) 손복과
마찬가지로 석개도 사륙문四六文과 불佛·도道의 이교를 배척하고 있다.

　　개介가 전일 공을 쫓아 입학했을 때 공은 불씨의 화상畵像을 색관索觀
　하고는 불佛·노老와 우리 성인을 삼교三敎로 삼고, 삼교 모두 존중할
　만 하다고 했습니다. … 지금 우리 성인과 불·노를 삼교로 하여
　불·노와 복희, 신농, 황제, 요, 순을 모두 성인으로 하니 어찌 놀라지
　않겠습니까. 개介는 공의 뜻을 알 수 없습니다. 어찌 이러한 말을
　하십니까?34)

　　석개가 유공부劉工部에게 보낸 편지로서, 그의 삼교관이 잘 나타나
있다. 도통론에서는 복희, 신농, 황제, 소호, 선욱, 당요, 우순, 하우,
탕, 문, 무, 주공, 공자는 성인이고,35) 맹가孟軻, 양웅揚雄, 왕통王通,
한유韓愈는 현인이라고 하였다.36) 이런 내용은 다음에서도 확인할 수
있는데, "복희, 신농, 황제, 요, 순, 우, 탕, 문왕, 무왕, 주공, 공자로부터
오늘날에 이르기까지 천하는 한 임금〔一君〕이며 중국은 하나의 가르침
〔一敎〕이 있을 뿐이며 다른 도는 없다."고37) 하였다. 이러한 주장은

---

33)『文忠集』권3, 重讀徂徠集. "我欲哭石子 夜開徂徠編 開編未及讀 涕泗已漣漣 已埋
　　猶不信 僅免斫其棺 此事古未有 每思輒長歎 我欲犯衆怒 爲子記此冤 下紓冥冥忿
　　仰叫昭昭天"

34)『徂徠集』권13, 上劉工部書. "介前日從公入學中 公索觀佛氏畵像 以爲佛與老氏與
　　吾聖人爲三敎 三敎皆可尊也 今謂吾聖人與佛爲三敎 謂佛與老伏羲神農黃帝堯舜
　　俱爲聖人 斯不亦駁矣乎 介不曉公之旨 何爲而爲是言也"

35)『徂徠集』권7, 尊韓.

36)『徂徠集』권14, 與士建中秀才書.

37)『徂徠集』권13, 上劉工部書. "夫自伏羲神農黃帝堯舜禹湯文武周公孔子 至於今天

송초에 황제권을 강화하는 근거를 제공하였는데, 군통君統과 도통道統을 일치시켜 종합하고자 한 특징 때문이었다. 유교적 도통론은 불교와 도교에 대한 비판으로 이어진다. 그래서 「괴설怪說」을 지어 불교와 도교는 요망하고 허탄한 것이라고 비판하고 있는데,38) 석개가 태학의 교관으로 있을 때도 그런 불佛·도道를 배척하는 모습을 보이고 있었다.39) 석개의 문학은 구양수에게 많은 영향을 미치게 된다.40)

석개는 손복을 스승으로 섬겼다. 하지만 손복과 호원은 학문적으로 차이가 있었다. 손복의 학술이 선유先儒와 다른 점이 있었고, 그 때문에 호원은 손복과는 약간 거리를 두었던 것이다.41) 송초삼선생 중에서 손복과 석개보다는 호원을 중심으로 살펴야 하는 이유는 그 때문이다.

## 2) 호원胡瑗의 생애와 사상

### (1) 생애와 학문

#### ① 생애

호원胡瑗(993~1059)은 송 태종 순화 4년에 태어나 인종 가우 4년에 67세로 별세한다. 호원의 생애 중 개략적인 부분만 살펴보고자 하는데 기본 자료는 서건평徐建平이 주도하여 편찬한 『호원胡瑗』에 수록되어

---

下一君也 中國一敎也 無他道也"
38) 『徂徠集』권5, 怪說 下. "佛老以妖妄怪誕之敎"
39) 『宋名臣言行錄前集』권10, 石介徂徠先生. "作怪說三篇 上篇排佛老 下篇排楊億 於是新進後學 不敢爲楊劉體 亦不敢談佛老"
40) 『文忠集』권3, 讀徂徠集. "精魂已埋沒 文章豈能磨 壽命雖不長 所得固已多"
41) 『宋史』권432, 열전 191, 孫復. "楊安國言其講說多異先儒 … 復與胡瑗不合 在太學常相避"

있는 호명성胡鳴盛의 「안정선생연보」에 의거한다.

호원은 과거에 실패한 이후 42세인 경우 원년(1034)에 처음 오중吳中에서 생도들을 교수하게 된다.42) 이후 43세인 경우 2년(1035)에는 소주주학蘇州州學 교수로 발탁된다. 소주주학에 근무하던 시기는 범중엄과 관련이 있는데, 범중엄은 경우 원년(1034) 6월에 지소주知蘇州로, 8월에 지명주知明州로 옮겨갔다가, 9월에 이르러 지소주知蘇州로 회복되었다. 지소주로 있으면서 인재양성을 위한 교육개혁을 실천하기 위해 경우 2년(1035)에 '군학 세우기를 청하는' 상주문을 올려43) 주현 학교를 세우도록 주장한다.

48세인 강정 원년(1040) 7월에 「청흥무학請興武學」의 글을 올리고, 「무학규구武學規矩」 1권을 지어 올린다. 50세에 부친의 상복을 벗고, 호주주학에 부임한다. 호주주학에는 동서로 18재가 있으며 문에 들어서서 오른쪽에 학관學官이 있으며 왼쪽에 재숙齋宿이 있다. 또 동남쪽에는 소학을 세우고 있다.44) 호원이 호주주학으로 부임한 해에 대해서는 이론이 있는데, 경력 2년(1042)이라는 「안정선생연보」45)와 강정 원년(1040)이라는 『안정언행록安定言行錄』이 있다.46) 이때 경의재와 치사재

---

42) 『宋史』 권432, 열전 191, 胡瑗. "胡瑗字翼之 泰州海陵人 以經術教授吳中 年四十餘"
43) 吳洪澤, 「范文正公年譜」 『宋人年譜集目 宋人年譜選刊』, 巴蜀書社, 1995, 72쪽.
44) 『樂全集』 권33. 「湖州新建州學記」. "寶元二年 … 明年夏四月 勅書先至錫名州學 仍賜田五夫 六月新學成 重門沈沈 廣殿耽耽 論堂邃如也 書閣屹如也 皆相次東西序分十八齋 治業者輩居焉 入門而右 爲學官之署 入門而左 有齋宿之館 又爲窣道 距闢挾閣 構二亭 凡溪山之勝 眺望悉會 庖圃有次 廥藏備設 復立小學於東南隅 童子離經肄簡諒者聚焉 凡爲屋百有二十楹 … 康定元年六月日記"
45) 姚成榮, 「胡瑗的教育改革實驗及其文化效應」 『浙江師大學報』, 2001-2, 87쪽에서는 1042년으로 보고, 百度百科 胡瑗조에서는 1042년으로 보는데 「안정선생연보」를 따른 것으로 보인다.
46) 강정 원년에 부임했다면 상복을 입은 그 해라는 점이 의문이다.

를 구분하고 있다. 52세인 경력 4년(1044)에 송 인종仁宗은 호주에 조서를 내려 호원의 교수법을 취해서 태학령으로 삼도록 착수하라고 하였다. 이해에 「학정조약學政條約」 1권을 지었다. 54세인 경력 6년 (1046)에 왕안석이 '천하의 호걸 중 으뜸〔天下豪傑魁〕'으로 칭송한 시詩 를 지어 올린다. 60세인 황우 4년(1052) 10월에 정자程子가 지은 「안자 소호하학론顔子所好何學論」을 읽고 기뻐하면서 제자로 받아들인다. 64세 인 가우 원년(1056) 12월에 태자중윤이 되면서 천장각 시강으로 태자의 교도를 담당하였다.47) 당시 호원이 외임外任을 신청한 것에 대해서 구양 수가 「거류호원관구태학장擧留胡瑗管勾太學狀」을 올려서 호원을 태학에 머물러 두도록 청하였다. 67세인 가우 4년(1059) 6월 6일에 항주에서 졸하였다.

가정嘉定 11년(1218)에 문소文昭로 추시되었고, 단평 2년(1235)에 문묘종사 논의가 시작되었다. 가정嘉靖 9년(1530)에 공묘孔廟에 종사되 었고, 선유호자先儒胡子로 칭해졌다.

이상에서 호원의 생애를 살펴보았는데, 그의 업적에 대해서 많은 학자 들이 칭송하고 있다. 구양수는 「호선생묘표胡先生墓表」를 저술하였고,48) 왕안석은 '천하의 호걸 중 으뜸〔天下豪傑魁〕'으로 칭송하였고,49) 소동파 는 그의 시구에서 '所以蘇湖士 至今懷令名'이라고50) 하였고, 범중엄에게 는 '孔孟衣鉢 蘇湖領袖'로 존중받았으며,51) 사마광은 '經義名家 旁通樂

---

47) 『宋名臣言行錄前集』 권10, 胡瑗安定先生. "侍講當召對 例須先就閤門習儀 侍講曰 吾平生所讀書 卽事君之禮也 何以習爲 閤門奏上 人皆謂山野之人必失儀 及登對 乃大稱旨 上謂左右曰 胡瑗進退周旋 擧合古禮"
48) 『文忠集』 권25, 「胡先生墓表」.
49) 『臨川文集』 권13, 「寄贈胡先生」.
50) 徐建平, 『胡瑗』, 中國文史出版社, 2000, 123쪽(소식, 「謁安定胡先生墓」)
51) 徐建平, 위의 책, 124쪽(범중엄, 「贊」)

律'이라고 존숭하였다.52) 구법당과 신법당의 학자들에게 골고루 존중을 받고 있는 모습이다. 이런 부분은 정학正學 내에는 이후 서로 대립을 보이게 된 각 문호와 학파의 사상이 분화되지 않은 원초적 형태로 배태되어 있었다는 의견이53) 타당한 것 같다.

저서로는『주역구의周易口義』12권,『홍범구의洪範口義』3권,「황우신악도기皇祐新樂圖記』3권이 있고,「무학규구」,「학정조약」,『논어설論語說』,『춘추구의春秋口義』는 전하지 않는다.

## ② 그의 저술과 특징

호원(993~1059)의 학문은『주역구의周易句義』,『홍범구의洪範句義』, 맹자존숭孟子尊崇을 통해서 살펴보도록 하겠다. 먼저『주역구의周易口義』 제요提要에서 호원의『주역』에 대한 의의를 살펴보자.

역설은 의리를 근본으로 삼았다. 소백온의『문견전록聞見前錄』에 정자가 사식謝湜에게 준 글을 기록하였는데 "『주역』을 읽을 때는 먼저 왕필・호원・왕안석 세 사람의 세 가지 원리를 보아야한다."고 하였다. 유소반劉紹攽의『주역상설周易詳說』에는 "주자가 이르기를 '정자의 학문이 주자周子에게 근원한다.'고 하였지만『역전易傳』을 고찰해 보면 태극太極에 관해서는 한마디도 하지 않았다."고 하였다. ⋯ 이천 연보를 살펴보면, 황우 연간에 태학에서 공부하였는데 해릉 호익지[호원의 자] 선생이 마침 가르침을 주관하고 있었다. 선생이 문장으로 시험하여 보고는 크게 놀라서 바로 연견延見하여 보고는

---

52) 徐建平, 위의 책, 126쪽(사마광,「贊」)
53) 文喆永, 앞의 책, 25쪽.

학직에 임명하였으니 즉시 종유하여 수업 받게 하고자 하는 뜻이었다. 정자가 주렴계를 종사하였음만 알고 강역講易은 근본이 익지선생에게 많이 있음을 알지 못한 것이다. 전인前人들이 미치지 못한 바를 설명하였으니 지금 정자의『역전』을 참고하면 알 수 있다.『주자어류』에도 또한 호안정의『주역구의』를 '분효정당分曉正當'이라고 칭하였으니 이 책은 송대에 있어서 진실로 의리역학의 종장이다.54)

인용문은 정자가 호원의 영향을 받게 된 과정을 서술하고 있다. 정자가 볼 때 송대 의리역학을 전개하는데 참고가 되는 주요 학자는 왕필, 호원, 왕안석 세 사람이다. 다만 위魏나라의 왕필王弼(226~249)은 도가道家의 현학지설玄學之說을 바탕으로 하고 있기 때문에 유가의 강상명교綱常名教와 성명도덕性命道德을 강조하는55) 입장에서는 호원－정자를 통해 도학과 연결하고 있다.56)57) 정이는 이理를 근본으로 삼았지만, 왕필은 무無를 근본으로 삼았다는58) 차이점이 있다. 주자朱子가 판단하기에 정자程子의 학설은 주자周子가 아니고 호원에게서 기인한다는 것을 강조한 것이다.

송대 의리역학이 등장하게 된 배경은 한·당 역학의 문제점과 함께

---

54)『周易口義』提要. "其說易以義理爲宗 邵伯溫聞見前錄 記程子與謝湜書 言讀易當先觀王弼胡瑗王安石三家三原 劉紹頒周易詳說 曰朱子謂程子之學源於周子 然考之易傳 無一語及太極 … 考伊川年譜 皇祐中遊太學 海陵胡翼之先生方主教道 得先生文試 大驚 卽延見 處以學職 意其時必從而受業焉 知其從事濂溪 不知其講易多本於翼之也 說爲前人所未及 今核以程傳 良然 朱子語類 亦稱胡安定易 分曉正當 則是書在宋時 固以義理說易之宗已"

55) 楊朝亮,「宋初三先生學術思想考論」『齊魯學刊』, 2002-1, 57쪽.

56) 張師偉,「胡瑗易學思想與中庸之道」『晉中學院學報』26-5, 2009, 43쪽. "十翼을 經文으로 칭하였기 때문에 義理에 의거한 易學思想을 따라 聖賢의 이치를 드러내었다."

57) 쓰치다 겐지로 지음, 성현창 옮김,『북송도학사』, 예문서원, 2006, 136쪽.

58) 廖名春·康學偉·梁韋弦 지음, 심경호 옮김,『주역철학사』, 예문서원, 2009, 469쪽.

시대적 배경이 작용하고 있다. 이미 위나라 당시에도 역학이 백성들의 쓰임에 절실하지 않게 되었기 때문에 왕필은 상수象數를 축출하고 노자·장자를 통해서『역』을 해석하여 일변하였으며, 그런 역학의 해석은 호원과 정자에 와서야 유학의 이치를 천명하게 되었다.59) 그래서『주역구의周易口義』제요提要에서는 호원-정자-주자로 주역 해석이 계승된다고 본 것이다.

『영락대전』에 실려 있는 호원의『홍범구의』제요提要에서 호원의「홍범」에 대한 의의를 찾을 수 있다.

> 호원은 북송의 성시盛時에 태어나서 학문이 최고로 독실하였다. 그래서 그 학설은 천인합일의 취지를 발명하여 신기롭고 기이한 것에 힘쓰지 않았다. 하늘이 홍범을 내렸다는 해석은 제요帝堯가 내렸다고 하였으며 신귀神龜가 글을 지고 나왔다는 주장을 취하지 않았다. 오행의 차례는 기자가 말한 것이라고 하였으며 낙서洛書의 본문의 다과에 대해서는 판단하지 않았다. 오복五福과 육극六極은 천하에 모두 공통되어서 나타나는 것이지 한 사람만을 지칭해서 말한 것이 아니라고 하였다. 이런 모든 내용을 고쳐서 주소를 바로잡고는 마음에 얻은 것을 모두 풀어낸 것이다. 또 주관周官의 법을 상세하게 인용하여 팔정八政을 미루어 해석하여 경經으로서 경經을 주해한 것이니 특히 정확하였다. 그 요체는 건중·출치지도로 모두 돌리는 것이고 황극을 구주九疇의 근본 말씀으로 삼은 것이다. 비록 평이하지만 성인이 교훈을 세운 요체를 깊이 얻었으니 참위讖緯·술수術數의 유파들과는 함께 말할 수 있는 게 아니다.60)

---

59)『四庫全書總目』권1. "易遂不切於民用 王弼盡黜象數 說以老莊一變 而胡瑗程子始闡明儒理"

호원의 「홍범」 학설도 역학과 같이 한나라 유학자들과는 다른 설을
내세워61) 참위讖緯 및 술수術數와 같은 것은 언급하지 않고 있다. 그의
「홍범」 학설은 역학과 마찬가지로 통치술에 관한 학풍이었다.62) 그
학풍에 대해서『홍범구의』문장을 분석하면서 구체적으로 살펴보고자
한다. 먼저 「홍범」의 의미에 대해서 다음과 같이 설명한다.

　　무왕이 은나라를 이기고 수受를 죽이고 아들 무경을 세운 이후에
　　드디어 기자가 무왕에 귀부 하였다. 이에 천도를 물으니 기자가 천지인
　　天地人의 상경常經과 성왕聖王이 나라를 다스리는 대법大法을 진술하
　　였는데 「홍범」에서 벗어나는 것이 없었다. 그래서 「홍범」 편을 짓게
　　되었다. 이 편이 「주서周書」에 들어가는 것은 이 편이 기자가 무왕을
　　위해서 대법을 진술한 구류九流의 책인 까닭이니 그래서 「주서周書」에
　　들어가게 되었다.63)

「홍범」은 기자가 무왕을 위해서 진술한 것으로 하늘과 땅과 사람의
이치와 역대 성왕聖王의 통치술에 관한 것으로 구성되어 있다. 다음으로
하늘과 백성의 관계에 대해서 서술하고 있다.

---

60)『四庫全書總目』권11. "瑗生於北宋盛時 學問最爲篤實 故其說惟發明天人合一之
　　旨 不務新奇 如謂天賜洪範爲賜自帝堯 不取神龜負文之瑞 謂五行次第爲箕子所陳
　　不辨洛書本文之多寡 謂五福六極之應通於四海 不當指一身而言 俱駁正注疏 自抒
　　心得 又詳引周官之法 推演八政 以經注經 特爲精確 其要皆歸於建中出治 定皇極爲
　　九疇之本辭 雖平近而深得聖人立訓之要 非讖緯術數者流 所可同日語也"
61)　唐琳,「評胡瑗的易學觀及其影響」『江漢論壇』, 2001-4, 51쪽. "胡瑗最重視闡發
　　『春秋』和『周易』兩書中的義理"라고 하고 있다.
62)　楊朝亮, 앞의 논문, 2002-1, 55쪽.
63)『洪範口義』. "夫武王旣勝殷殺受 乃立其子武庚爲後 遂以箕子歸武王 於是問以天
　　道 箕子陳述 天地人之常經 聖王治國之大法 無出於洪範 故作洪範之篇 此篇得入周
　　書者 以此篇箕子爲武王述大法九類之書 故得入周書也"

하늘은 말이 없으나 가만히 백성의 명命을 정하고 또 그들의 삶을 도우고 화합하게 하여 평생의 터전을 가지게 함을 말하였다. 백성의 명을 정한다는 것은 혹은 가난하고 부유하며, 혹은 귀하고 천하며, 혹은 요절하고 장수함이니 하늘이 정해서 그렇게 되지 않음이 없는 것이다. 그래서 장단長短의 명을 내리고 또 귀천의 바탕을 정해주고도 또 삶을 도우고 화합하게 하여 항산恒産을 소유하도록 하였으니 마치 농사를 열심히 하여 음식을 풍족하게 하고 잠상蠶桑에 힘써서 의복을 넉넉히 함과 같다. 풍년에는 위로는 부모에게 공급할 수 있게 하고 아래로는 처자를 먹여 살릴 수 있도록 하였으며, 흉년에는 사망을 면하도록 하였으니 하늘이 도와서 그렇게 되지 않음이 없는 것이다.64)

하늘의 이치에 따라서 백성의 삶이 이루어진다는 것이다. 백성의 삶 중에서 가장 중요한 것이 바로 맹자가 실패한 항산恒産이나. 이것은 생명, 생활, 생계가 모두 여기에 달려 있다는 것으로, "하늘이 도와서 그렇게 되지 않음이 없다."는 이치를 설명하고 있다. 호원이『홍범구의』에서『맹자』를 인용한 것은 당시 맹자 존숭의 분위기와 관련이 있다. 맹자는 송대 이후에 도학의 숭경 대상이었기 때문이다.

송대 이전에는 맹자, 순자가 서로 대등하였으나 송대 이후에는 맹자와 『맹자』의 지위가 신속하게 상승하였다. 맹자 지위의 이런 변화를 주여동周予同은 맹자의 승격운동65)이라고 하였다. 맹자가 이렇게 존숭 받게

---

64)『洪範口義』. "天不言而默定下民之命 又且相助合協其居而使有常生之資 定下民之命者 或貧或富或貴或賤或夭或壽 莫匪天定之使然也 然則既有短長之命 又定其貴賤之材 而且助合其居 使有恒産則如懋稼穡以足食 勤蠶桑以有衣 使樂歲上可以供給父母 下可以畜妻子 凶年免於死亡 莫非天之佑而使然也"

65) 楊朝亮,「試論 宋初三先生 在儒學發展史上的 歷史地位」『中國社會科學院研究生院學報』, 2002-3, 102쪽.

된 이유는 맹자의 사상에 내재되어 있다. 『송원학안』에 따르면 "맹자에게
는 큰 공이 네 가지 있다. 성선을 말한 것이 첫째요, 호연지기를 밝힌
것이 둘째요, 양자·묵자를 물리친 것이 셋째요, 오패를 축출하고 삼왕을
존숭한 것이 넷째다."라고66) 하였다. 호원이 직접적으로 존맹尊孟을
언급한 적은 없다고 하지만67) 『홍범구의』에서는 마지막을 맹자의 왕도王
道로 설명하고 있다.68) 다음에서는 호원의 존맹을 간접적으로 알 수
있다.

『송원학안』에 의하면 처음 호원이 태학에서 강의하였을 때 그가 지방
출신이었기 때문에 학생들이 신복하지 않았는데 그가 제자인 손각孫覺에
게 『맹자』를 강설하도록 한 이후에 중도사인中都士人들이 점점 따라서
공부하게 되었다고69) 하니 호원의 『맹자』 강의 때문에 학생들이 태도를
바꾸었던 것이다.

그의 제자 서적徐積의 저서 중에서 『순자변荀子辨』이 있는데 이는 순자
의 잘못과 맹자의 올바름을 지적한 것이다. 그의 비순非荀은 시맹是孟에
근거한 것이고 또 그의 『변습辨習』은 성선설을 추숭한 것이라서 당연히
스승인 호원의 영향이었으며, 그 때문에 송대 유학에 큰 영향을 끼치게
된다.70) 이런 결과로 인해서 호원의 학안은 『송원학안』에서 제1학안으

---

66) 『宋元學案』 권14, 「橫浦學案」.
67) 楊朝亮, 앞의 논문, 2002-3, 102쪽.
68) 『洪範口義』. "五事悖而貌不反而爲狂 言不從則反而爲僭 視不明則反而爲豫 聽不
    聰反而爲急 思不睿反而爲蒙 故經曰狂恒雨若至恒風若 此逆氣之所感召也 … 咎
    徵旣著則六極然後被於民矣 民死於征戰 而困於刑戮 所以凶短折陰陽不調 所以疾
    不得其所 所以憂衣食不充租斂急厚 所以貧庠序不設 敎化不興 不知君子之正道
    徒著小人之邪行 故爲惡與弱 以此觀之 王者不能用九疇爲治本 所以有六極之道
    然則五福六極 莫非聖人爲敎之道 可以驗王道成敗之跡 故因以終焉"
69) 『文獻通考』 권42, 太學. "又令孫覺說孟子中都士人稍稍從之"
70) 楊朝亮, 앞의 논문, 2002-3, 102쪽.

로 편성되었다. 또『송원학안』에 기재된 100개의 학안 가운데 호원의 제자들에 의해 형성된 학안이 51개나 되었다.[71]

이런 존맹 분위기에 따라 희녕 4년(1071)에는 중서문하에서 글을 올려서 사륙변려체를 없애고 경술經術에 전념하여 삼대의 교육 방법을 회복하자고 하였다. 이때 시부詩賦・첩경帖經・묵의墨義를 파하고『역易』・『시詩』・『서書』・『주례周禮』・『예기禮記』와 겸해서『논어論語』・『맹자孟子』를 시험하도록[72] 하였다. 신종 원풍 6년(1083) 10월에는 맹자를 추국공鄒國公으로 봉하고[73] 원풍 7년(1084) 5월에 맹자를 공자 문묘에 배향하고 순황・양웅・한유를 백작으로 봉하여 문묘종사하였다.[74] 또한 북송신유학의 개창자인 한유를 도통으로 확립하여 맹자를 근본으로 하는 학문 체계를 확립하여 갔고, 송 철종(1086~1100) 연간에는 자사를 문묘종사하고 있다.

### ③ 문묘종사文廟從祀

호원胡瑗의 서거 이후인 가정嘉定 11년(1218)에는 문소文昭로 추시되었고, 문묘종사 논의는 남송 이종 단평 2년(1235)에 처음 제기되고 있다.

---

71) 김영관, 앞의 논문, 2009, 398쪽.
72)『宋史』권155, 選擧 1, 科目上. "旣而中書門下又言 古之取士 皆本學校 道德一於上 習俗成於下 其人才皆足以有爲於世 今欲追復古制 則患於無漸 宜先除去聲病偶對 之文 使學者得專意經術 以俟朝廷興建學校 然後講求三代所以敎育選擧之法 施於 天下 則庶幾可以復古矣 於是改法 罷詩賦帖經墨義 士各占治易詩書周禮禮記一經 兼論語孟子"
73)『宋史』권16, 元豊 6년. "戊子 封孟軻爲鄒國公"
74)『宋史』권16, 元豊 7년. "壬戌 以孟軻配食文宣王 封荀況楊雄韓愈爲伯 並從祀"

단평 2년 정월 갑인에 조詔하여 호원, 손명복, 소옹, 구양수, 주돈이,
사마광, 소식, 장재, 정호, 정이 등 10인을 공자묘정의 종사에 대해서
의논하였다.75)

호원의 문묘종사를 10인 중에서 가장 수위에 두고 있음을 알 수 있다.
명나라 가정嘉靖 9년(1530)에 공묘에 종사되었고, 선유호자先儒胡子의
칭호를 부여 받았다.

10철 이하에서 문제자에 이르기까지는 모두 선현모자先賢某子로
칭하고, 좌구명 이하는 모두 선유모자先儒某子로 칭하고 공후백公侯伯
으로 칭하지 않도록 하였다. … 공백료・진염・안하・순황・대성・
유향・가규・마융・하휴・왕숙・왕필・두예・오징은 종사를 파하
고, 임방・거원・노식・정중・정현・복건・범녕은 각각 향사鄕祀하
도록 하고, 후창・왕통・구양수・호원은 증입增入하도록 하였다.76)

후창, 왕통, 구양수, 호원을 함께 종사하고 있다. 그러자 조선에서도
호원이 문묘에 종사되었다는 것을 바로 인지하고 문묘에 종사할 것을
검토하고 있지만 아직 구례에 따르고 있다.77) 이후 중국에서 종사되었
지만 조선에는 종사되지 않은 인물들에 대해서 논의가 되고 있다.

동무東廡의 구양수歐陽脩와 서무西廡의 후창后蒼・왕통王通・호원
胡瑗・양시楊時 이상 5명은 명나라 문묘에는 종향했는데 우리나라

---

75)『宋史』권42, 端平 2년. "端平二年正月 甲寅 詔議胡瑗孫明復邵雍歐陽脩周敦頤司
　　馬光蘇軾張載程顥程頤等十人 從祀孔子廟庭 升孔及十哲"
76)『明史』권50, 吉禮4, 至聖先師孔子廟祀.
77)『中宗實錄』권99, 중종 37년 12월 25일.

문묘에는 종향하지 않았다.78)

결국 조선에서도 결론을 내지 못하다가 이후 점차 성리학 이해가 심화되면서 명종 때에 이르러 호원의 사상적 위상에 대해서 자세히 알게 된다.

> 상이 주강晝講에 나아갔다. 특진관 이해李瀣가 아뢰기를, "소위 체體와 용용用은 곳곳마다 있는 것인데, 배우는 이가 체와 용에 대한 설說을 알지 못하기 때문에 호안정胡安定이 체·용의 학學으로써 그 제자를 가르쳤으므로 사방에 산재散在하는 제자가 다 체·용의 학을 힘썼습니다. 이 때문에 그 언론을 듣는 이가 다 호씨胡氏의 문하門下임을 알았습니다. 대저 삼대三代 이하로는 이학理學이 밝지 못하였다가 송宋나라 호안정에게 이르러 비로소 이학을 주장하여, 당시 많은 학자가 그 문하에서 배출되었습니다. 즉 인종조仁宗朝에 벼슬한 이 가운데 유이劉彝·전공보錢公輔·범순인范純仁 등이 다 호안정의 문인으로 특수한 인재였습니다. 그 뒤 염락관민濂洛關閩의 학學이 다 여기서 기인되었는데, 그 일시의 바른 창도倡導로 말미암아 인재의 배출이 그처럼 많았으니, 한 현인賢人이 국가에 관계되는 바가 얼마나 대단합니까? 비록 조정에 크게 쓰이지는 못하였으나 송조宋朝의 치도治道를 한당漢唐이 따를 수 없었던 것은 진실로 여기에 기인된 것입니다. 또한 인재의 배출이 참으로 쉽지 아니하여 임금의 배양培養 여하에 달려 있으니, 상께서는 인재를 아껴 주소서." 하였다.79)

---

78) 『中宗實錄』 권102, 중종 39년 4월 4일.
79) 『明宗實錄』 권4, 명종 1년 8월 8일.

위와 같은 주장을 하는 이해李瀣는 이황李滉의 형兄이다. 그는 성리학의 원조가 호원이라는 점을 정확하게 인식하고 있다. 이후 계속해서 선조대에도 호원의 종사를 주장하게 된다.[80] 율곡의 지우知友인 조헌趙憲도 명나라에 사신으로 다녀와서 올린 상소문에서 호원의 문묘종사를 주장하고 있다.[81] 그는 호원의 학문적 업적에 대해 다음과 같이 언급하고 있다.

호원은 내 몸을 닦고 남을 다스리는 학문에 의거하여 처음으로 수隋와 당唐의 이利를 추구하는 풍습을 씻었으며, 양시는 동남 지방에서 도道를 제창하여, 위로는 정씨程氏의 학문을 이어받고 아래로는 나예장羅豫章과 이연평李延平에게 전하여 주자에게 미치게 하였습니다.[82]

수・당대의 훈고학과는 차이가 나는 학문적 지평임을 분명히 하고 있다. 이후 인조대에도 호원의 문묘종사 논의가 이어지고 있고,[83] 현종대에도 계속되고 있다.

호원胡瑗은 체용體用의 학문을 창도하고 학교의 법제를 크게 밝혀, 경의經義가 어두워지지 않게 하고 사도師道가 전해지게 했습니다.[84]

이에 대해 현종이 문묘종사를 수락하고 있지만, 결국 최종적으로 시행

---

80) 『宣祖實錄』 권5, 선조 4년 12월 3일.
81) 『宣祖修正實錄』 권8, 선조 7년 11월 1일.
82) 『東還封事』 先上八條疏, 聖廟配享.
83) 『仁祖實錄』 권13, 인조 4년 윤6월 24일.
84) 『顯宗改修實錄』 권20, 현종 9년 12월 27일.

되지는 못하였다.

### (2) 체용론體用論과 분재교학법分齋敎學法

#### ① 체용론

호원은 체용학 때문에 정이천의 존중을 받고 있는데,[85] 그의 『주역구의周易口義』에서는 자신의 체용론에 대해서 다음과 같이 말하고 있다.

천天은 건지형乾之形이고 건乾은 천지용天之用이다. 천지형天之形은 그 색을 바라보면 창연하다. 남추南樞는 입지入地 36도이고 북추北樞는 출지出地 36도이다. 그 형상이 의저倚杵같으니 이것이 천지형天之形이다. 그 용用〔天之用〕을 말하면, 하루 밤낮 사이에 무릇 90여만 리를 간다. 사람 숨쉬는 사이로 말하자면 일식一息 사이에 천天은 80여리를 간다. 사람의 하루 밤낮은 1만 3천 6백여 식이다. 이런 까닭에 하루 밤낮에 천天은 90여만 리를 가는 것이니 천天의 건용健用을 가히 알 수 있다. 예로부터 지금까지 조금의 지나침도 없으며 또 조금이라도 미치지 못함이 없다. 대개 건乾이 지건지정至健至正해서 그런 것이다.[86]

---

85) 劉明鍾, 「최충 선생과 문헌공도의 송학수용」『儒學史上 崔冲의 位相』, 海州崔氏大宗會, 1999, 80쪽. "그는 체용학을 발명하여 정이천의 스승으로 특별한 존경을 받았다."

86) 『周易口義』「乾」. "蓋天者 乾之形 乾者 天之用 夫天之形 望之其色 蒼然 南樞入地下三十六度 北樞出地上三十六度 狀如倚杵 此天之形也 言其用則一晝夜之間 凡行九十餘萬裏 夫人之一呼一吸 謂之一息一息之間 天行已八十餘裏 人之一晝一夜 有萬三千六百餘息 是故一晝一夜 而天行九十餘萬裏 則天之健用可知 自古及今 未嘗有毫釐之過 亦未嘗有毫釐之不及 蓋乾以至健至正而然也"

먼저, 호원은 하늘의 이치를 설명하고 있는데, 체용으로 표현하지 않고 천지형天之形·천지용天之用, 천지형상天之形象·천지용상天之用象, 인지형人之形·인지용人之用으로 표현하고 있다. 형·용은 그 구조에서 볼때 체·용과 같은 형식을 띠고 있다.

그래서 성인은 이렇게 가르침을 드리우면서 사람들로 하여금 천지용天之用은 본받도록 하는데 천지형天之形은 본받지 못하도록 하였으니 건乾은 이름 붙일 수 있지만 천天은 이름 붙일 수 없기 때문이다. 천지형상天之形象은 사람의 체백體魄이고 천지용상天之用象은 사람의 정신이다. 추위와 더위로 하여금 일월을 이루어 만물이 생장하도록 밝히니 이것이 천의 건용健用이다. 사람에게 이목구비와 사체四體는 인지형人之形이고 구언口言·비취鼻臭·목시目視·이청耳聽과 수족手足·사체四體의 운행은 인지용人之用이다. 마음의 생각에 이르러 안으로 쌓이면 오상五常과 백행이 되고 밖으로 발동하게 되면 정교와 예의가 된다. 그래서 군신·부자·형제·부부가 되어 사농공상에 이르기까지 건건하여 쉬지 않는데 근본한 연후에야 모두에게 마땅한 바가 성립하게 된다.[87]

다음으로, 하늘의 이치를 본받아야 함을 성인이 일반 사람들에게 설명하는 형식을 취하고 있다. 체용體用을 사람에게 비유하면, 체體는 이목구

---

[87] 『周易口義』「乾」. "故聖人於此垂敎 欲使人法天之用而不法天之形 所以名乾而不名天也 且天之形象人之體魄也 天之用象人之精神也 使寒暑以成日月以明萬物以生 此天之健用也 若人之有耳目口鼻四體是其形也 其口言鼻臭目視耳聽手足四體之運 此其用也 至於心之思慮 蘊於內則爲五常百行 發於外則爲政敎禮義 故爲君爲臣爲父爲子爲兄爲弟爲夫爲婦 以至於爲士農工商莫不本於乾乾不息然後 皆得其所成立也"

비와 사체四體이고, 용用은 구언口言·비취鼻臭·목시目視·이청耳聽과 수족手足·사체四體의 운행이라고 하였다. 또 사람의 마음으로 비유하면 체體는 오상五常과 백행이고, 용用은 정교와 예의라고 하였다. 인간 사이에 적용될 경우에는 체體는 군신·부자·형제·부부 간의 관계라고 하였다.

이런 호원의 체용론에 대한 사상적 연원은 선진시대로 올라가는데 『논어』의 「팔일」 및 「학이」에서 확인할 수 있다.

> 「팔일」: 임방이 예의 '본'을 물었는데 공자께서 말하기를 "크도다 질문이여! 예는 사치함보다는 차라리 검소함이 낫고, 상은 쉽게 함보다는 차라리 슬퍼하는 게 낫다."고 하셨다.[88]
> 「학이」: 유자가 말하기를 "예의 '용'은 조화를 귀하게 여기는데 선왕의 도는 이것을 아름답게 여겼다."고 하였다.[89]

공자는 임방林放과 유자有子의 말을 합쳐서 체용의 의미를 설명하고 있다. 예지본禮之本과 예지용禮之用에서 본本은 내함원칙內涵原則이고 화和는 구체운용具體運用이라고 하였다.[90] 그러나 주자朱子가 보기에는 아직 호원이 완전한 이치를 갖춘 것은 아니었다.

> 왕도를 존중하고 패도를 축출하고, 의리를 밝히고 이해를 배척할 줄 알았지만 다만 여기에 그칠 뿐이고 이치가 아직 보이지 않은 까닭에

---

88) 『論語』 권3, 「八佾」. "林放問 禮之本 子曰 大哉 問 禮與其奢也寧儉 喪與其易也 寧戚"
89) 『論語』 권1, 「學而」. "有子曰 禮之用 和爲貴 先王之道 斯爲美"
90) 夏紹熙, 「理學的興起與胡瑗明體達用思想新探」 『西北大學學報』, 2009-1, 42쪽.

득중은 아니었다.91)

즉, 호원은 의리학에 대한 이해는 있지만 아직 득중得中은 아니라는 뜻이다. 역학에서 호원의 영향은 『주역』을 음양의 변역變易이라 말한 점에서 의리 설명의 단서가 발견되고 있다는 사실이다.92)

호원의 제자인 유이劉彝(1017~1086)는 스승의 체용론을 언급하면서 체·문·용으로 표현하고 있다.

이후 희녕 2년에 신종이 묻기를 "호원과 왕안석 중에서 누가 뛰어난가?"하였다.〔유이가〕대답하기를, "신의 스승인 호원이 도덕과 인의로서 동남에서 제생들을 가르칠 때 왕안석은 바야흐로 장옥場屋에서 진사 공부를 하고 있었습니다.

신이 들건대 성인의 도에는 체·용·문이 있다고 합니다. 군신·부자·인의·예악과 같이 세월이 지나도록 변하지 않는 것은 체입니다. 시·서·사·전·자·집과 같이 세상에 본보기를 드리우는 것은 문입니다. 들어서 천하에 두어서 백성을 윤택하게 할 수 있고 황극으로 돌릴 수 있는 것은 용입니다. 나라에서 누조累朝 동안 취사取士하는데 체용體用을 근본으로 하지 않고 성률聲律·부화浮華한 글귀를 숭상하니 그래서 풍속이 투박해졌습니다. 신의 스승인 호원이 보원寶元과 명도明道 연간 중에 잘못된 병통을 근심하여 마침내 체용의 학문을 밝혀서 제생들에게 교수하여 새벽부터 밤까지 수고롭기를 20여 년 동안 오로지 학교에 몰두하였습니다.

처음 소호에서 시작하여 태학에서 마치니 그 문호에서 나온 자가

---

91)『朱子語類』권129. "知尊王黜霸 明義去利 但只是如此罷了 於理未見 故不得中"
92) 李範鶴,「송대 주자학의 성립과 발전」『강좌 중국사 Ⅲ』, 지식산업사, 1989, 200쪽.

무려 일천 여명이었습니다. 그래서 지금 배우는 자들이 성인의 체용을
밝히는 것으로 정교政教의 근본으로 삼게 되었으니 모두 신의 스승의
공로입니다. 왕안석에 비교할 바가 아닙니다.[93]

송 신종이 호원과 왕안석 중에서 누가 더 뛰어난지에 대한 질문에
대해서 호원의 수제자인 유이劉彝가 대답하는 장면이다. 유이가 보는
관점에서 체는 군신·부자·인의·예악과 같이 세월이 지나도록 변하지
않는 것을 말하고, 문은 시·서·사·전·자·집과 같은 본보기를 드리
우는 것을 말하고, 용은 천하에 두어서 백성을 윤택하게 할 수 있고
황극으로 돌릴 수 있는 것을 말하고 있다. 이렇게 체·문·용으로 표현하
는 것은 『대승기신론』의 영향을 받았을 가능성이 있다. 기신론에서는
일심一心, 이문二門, 삼대三大, 사신四信, 오행五行으로 이론을 설명하는데
삼대에서 체, 상, 용으로 풀어가고 있기 때문이다. 체·상·용으로 사상
을 구분하는 것은 사상사에서는 보편적인 현상이라고 보아야 한다.[94]
　유이는 송 신종이 질문할 당시의 북송 사회의 문제점이 체·용에 근본
하지 않고 문장으로서 과거科擧를 치르는 병통에 있다고 하였다. 핵심을
말할 때는 체·문·용으로 표현하지 않고 체·용으로 설명하고 있다.

---

93)『宋元學案』권1,「安定學案」. "後熙寧二年 神宗問曰 胡瑗與王安石孰優 對曰 臣師
胡瑗以道德仁義敎東南諸生時 王安石方在場屋中修進士業 臣聞聖人之道 有體有
用有文 君臣父子仁義禮樂歷世不可變者其體也 詩書史傳子集 垂法後世者 其文也
擧而措之天下 能潤澤斯民 歸于皇極者 其用也 國家累朝取士 不以體用爲本 而尙聲
律浮華之詞 是以風俗偸薄 臣師當寶元明道之間 尤病其失 遂以明體達用之學授諸
生 夙夜勤瘁 二十餘年 專切學校 始于蘇湖終于太學 出其門者無慮數千餘人 故今學
者明夫聖人體用 以爲政敎之本 皆臣師之功 非安石比也"

94) 蔡尙植,「한국 중세 불교의 이해방향과 인식틀」,『민족문화논총』27, 2003, 22쪽.
"불교사뿐만 아니라 사상사는 사상 그 자체의 體[본질]와 相[현실], 用[작용·기능]
을 유기적으로 종합 판단해야 한다."고 하였다.

그래서 호원의 체용론을 말할 때는 명체달용95)으로 표현한다. 왜냐하면 문은 체를 전달하는 매개체의 역할을 하고 있기 때문이다. 최충도 동일하게 체·문·용으로 표현하고 있다. 체용론은 범중엄에게도 공통적으로 보이는 모습으로 태극에서 체용론이 나온다고 설명하고 있다.96)

제자인 유이의 관점에서, 호원은 체용론을 잘 밝혀 교육하였기 때문에 소호에서 시작하여 태학에까지 영향을 미치게 되었다고 표현하고 있다. 그러면서 마무리는 "왕안석에 비교할 바가 아닙니다."고 하였다. 『송명신언행록』에서는 왕안석과 비교하는 대목이 나오지 않는데 비해 『송원학안』에서만 호원과 왕안석을 비교하고 있다. 혹 제자인 유이의 생각이 아니고 『송원학안』을 저술한 저자의 생각일 수도 있다.

## ② 경의재經義齋와 치사재治事齋

호원의 체용론에 따라 분재교학법이 나오고 그에 따라 경의재와 치사재가 설치되는데, 그 과정을 살펴보도록 하자. 앞에서 말한 대로, 체용론의 체體·문文·용用에서 문文은 시·서·사·전·자·집인데, 이 문文은 체體를 전달하는 매개체의 역할을 한다. 그런데 이 문文을 가장 잘 전달할 수 있는 것은 바로 교육이고 학교이다. 교육과 학교에 대한 생각을 잘 반영하고 있는 것이 호원의 「송자유학기松滋儒學記」이다.

천하의 통치를 이룩하는 것은 인재에 달려있고, 천하의 재목을 이루는 것은 교화에 달려있고, 교화의 직책은 사유師儒에게 있다. 교화를 넓혀서 백성에게 이르도록 하는 자는 군읍郡邑의 교임校任에게

___

95) 夏紹熙, 앞의 논문, 42쪽.
96) 김영관, 앞의 논문, 2009, 377쪽.

달려있으며, 교화의 근본은 학교에 있다.97)

천하의 통치를 위해서 인재를 양성해야 하고, 그 직책은 사유師儒에게 있고, 교화의 근본이 학교에 있다는 뜻이다. 이 학교에 대해서는 어떤 설명을 하고 있는지 살펴보자.

대사도는 육덕六德·육행六行·육예六藝로 만민을 가르쳐서 빈흥賓興하였다. 언이言異한 자가 있으면 토벌하고, 행이行異한 자가 있으면 금고禁錮하여 바로잡았다. 말하는 바는 모두 법언法言이었고, 행동하는 바는 모두 덕행이었다.98)

주周의 대사도는 육덕六德, 육행六行, 육예六藝로 가르쳤는데, 학교에 근본 해야만 "큰 재목은 도를 논하고 나라를 경영하고 작은 재목은 가문을 이루어 모든 일을 운영하였다. 나가서는 어른을 공경하고 들어와서는 우애가 있었다."99)고 하였다. 다만 이 「송자유학기」는 『호광통지』에도 호원의 저술로 실려 있고, 서건평徐建平의 『호원胡瑗』에도 호원의 저술로 실려 있지만 의문의 여지가 없지 않다. 「송자유학기」의 내용 중에서 다음이 주목되기 때문이다. "신종神宗의 총명·예지함으로 폐단을 없애고, 태학에 삼사를 설치하고 사유師儒를 세워서 천하에 배우는 자들을 모집하였고, 철종은 이를 계승하여 외읍에까지 확대하였다."는100) 내용

---

97) 『湖廣通志』 권106, 「松滋儒學記」. "致天下之治者 在人材 成天下之材者 在教化 職教化者在師儒 弘教化而致之民者 在郡邑之任 而教化之所本者 在學校"
98) 『湖廣通志』 卷106, 「松滋儒學記」.
99) 『湖廣通志』 卷106, 「松滋儒學記」.
100) 『湖廣通志』 卷106, 「松滋儒學記」. "神考聰明睿智 慨然思革其弊 於是新太學立三 舍訂經義 立師儒 而天下學者知所從 哲宗因之 外至郡邑 率令立學 選貢士 諸路使

을 볼 때 적어도 철종대에 저술된 것으로 생각된다. 이미 호원은 신종대인 1059년에 졸하고 있다. 그렇다면 유추할 수 있는 가능성은 호원의 제자 중에서 누군가가 스승의 이름을 가탁假託해서 저술하였을 것이다. 그렇다고 해서 그 내용이 호원의 생각과 아주 동떨어진 것은 아니었기 때문에 후세에 「송자유학기」를 호원의 저술로 인정하였을 것이다.

「송자유학기」에 표현된 호원의 학교에 대한 생각을 구체화 할 수 있는 정계 실력자와의 조우는 필연적이다. 그 인물이 바로 범중엄으로 호원의 후견인이라고 할 수 있다.101) 범중엄은 경우 2년(1035)에 군학 세우기를 청하는 상주문을 올려 소주에 학교를 설립한다.

해릉 호선생이 스승이 된 후에 선생의 문하가 최고로 번성하였다. 제자들이 각기 경전을 서로가 서로에게 전하고 가르쳐 항상 수백 명이었다. 인의예악의 기풍이 동남을 덮으니 공경과 위인들이 선생의 문하로부터 나온 자가 잇달아 이어져 거의 수십 년이 지나도 그치지 않았다.102)

---

者提其事而督察之"

101) 호원과 범중엄의 관계에 대해서는 다음의 논고가 주목된다. "호원의 정치적 이상이 1043년에서 1044년에 걸쳐 실시된 범중엄의 개혁에서 제한된 형태로 반영되었다."고 한 견해가 있으며(제임스류 지음, 李範鶴 옮김, 『왕안석과 개혁정책』, 지식산업사, 2003, 42쪽.) "범중엄 등이 정책론 속에서 희미하게 지향하고 있었던 것을 매우 직접적으로 제시한 사람이 호원이 아닌가 하는 것이다. 범중엄의 의향에 호원의 학문이 적합했던 것은 사실이며, 거기에 범중엄의 이념의 중요한 부분이 상당한 정도까지 공공연히 드러나 있다고 해도 좋을 것이다."는 견해가 있다(쓰치다 겐지로, 앞의 책 135쪽).

102) 『浮溪集』 권23, 胡先生言行錄序. "海陵胡先生爲師 而先生之門爲最盛 弟子各以其 經轉相傳授 常數百人 仁義禮樂之風 藹然被乎東南 公卿偉人 由先生之門而出者 接踵于時 盖數十年未已也"

호원의 문하에서 공부하는 학생들이 끊이지 않았기 때문에 오중교수로 있는 호원을 초빙한 것이다. 범중엄의 우인友人인 등종량도 보원 2년(1039)에 학교를 세우고, 다음해인 강정 원년(1040)에 학교에 사액이 되는데103) 호원을 호주교수로 등용한다.

등종량이 지호주로 있을 때 〔호원을〕 초빙하여 교수로 삼으니 … 경의재·치사재 2재를 설립하였다. 경의재는 심성이 소통되고 기국이 있으면서 대사를 맡길만한 인물을 선택하여 '육경六經'을 강명하였다. 치사재는 한 사람이 각기 한 가지 직무를 익히고 또 한 가지 직무를 겸해서 익혀야 하는데, 치민治民하여 백성의 생활을 안정시키고 강무講武하여 적을 막고 언수堰水하여 농사에 이익되게 하고 산력算曆하여 수리에 밝아야 하는 것이 이것이다.104)

경의재는 심성이 소통되어 기국이 있고 대사大事를 맡을만한 인물에게 육경六經을 강명하고, 치사재는 치민-강무-언수-산력을 강명한다. 그 규모는 "동서로 대칭되어 18재로 나뉘어 공부하고, 소학을 세워 동자들이 이경離經을 익히고 있다."고 하였다.105) 큰 인재를 위해서 세운 경의재가 필요한 이유는 당시에 사부詞賦를 숭상하고 있었기 때문이고, 그래서 호학에서만 홀로 경의재와 치사재를 설립하고 있다.

북송의 무학 설치는 치사재와 연관 있고, 또한 유장의 개념이 도입된 것과도 연관이 있다.106) 무학 설치에 대한 논의는 이미 범중엄이 인종

---

103) 호원이 호주주학으로 부임한 해에 대해서는 이론이 있는데, 강정 원년(1040)이라는 『安定言行錄』과 경력 2년(1042)이라는 「안정선생연보」의 두 개로 대별된다.
104) 『宋元學案』 권1, 「安定學案」.
105) 『樂全集』 권33, 「湖州新建州學記」.
106) 제5편 「북송의 유장」 참조.

천성 3년(1025) 4월에 상서하여 문폐文弊를 구하고 무거武擧의 복구를
주청하고 있으며,107) 천성 6년(1028)에 제출된 「상집정서上執政書」에
서도 제시하고 있다.

　　명기를 중히 여기는 것은 선거選擧를 신중히 하고 교육을 도탑게
　하여 당시에 인재가 부족하지 않게 하는 것에 있고, 오랑캐를 방비하는
　것은 장차 인재를 육성하여 변방의 군대를 충실하게 하여 적으로
　하여금 바라고 넘겨보지 못하게 하는 것에 있다.108)

　　범중엄은 선거와 교육을 연결시키고, 오랑캐를 방비할 인재 양성을
주장하는데, 이것은 결국 문무 인재의 육성에 대한 교육 목표를 제시하는
것으로 볼 수 있다. 범중엄의 교육개혁은 결국 실패로 돌아가지만,109)
당시 북송의 군사적 상황 때문에 호원은 강정 원년(1040)110)에 「무학규
구」를 짓고 무학을 실시하자고 건의하고 있다. 당시 시론이 어렵게 여겼지
만,111) 그 영향으로 경력 3년(1043) 5월에 무학을 설치한다.112) 그러나
8월에는 파하고 있음을 확인할 수 있으니 "옛날 명장인 제갈량, 양호,
두예 등이 어찌 손·오만 전적으로 공부하였겠는가?"라고 한 때문이

---

107) 최병수, 「송초 범중엄의 지성적 교육실천」, 『인문학지』 21, 2001, 208쪽.
108) 『范文正集』 권8, 上執政書. "愼選擧敦敎育 使代不乏材也 備戍狄者 在乎育將材實
　　　邊郡 使敵無覬覦也"
109) 毛禮銳, 瞿菊農, 邵鶴亭, 『中國古代敎育史』, 人民敎育出版社, 1979, 308쪽.
110) 강정 원년(1040)에 서하와의 전쟁에서 邊將들이 여러 번 패전을 거듭하게 된다.
　　　이에 많은 뜻있는 志士들이 크게 우려하였는데 그들은 文事가 있으면 반드시 武備도
　　　필요하다고 하면서 무학을 설치하여 군사인재를 양성하고 군사적 역량을 증강하도
　　　록 극력 주장하였다.(李新偉, 「北宋武學考略」, 『貴州文史叢刊』, 2009-2, 1쪽)
111) 『宋名臣言行錄』 권10, 胡瑗安定先生. "仁宗朝嘗上書請興武學 … 臣已撰成武學
　　　規矩一卷進呈 時議難之"
112) 『宋史』 권165, 職官 5, 武學. "慶曆三年 于置武學於武成王廟 以阮逸爲敎授"

다.113) 그 대안으로 인종은 완일阮逸로 하여금 국자감 승으로 삼아 병서를 익히기를 원하는 자들에게 청독聽讀하도록 허락하고 있으니,114) 병서지금兵書之禁이 아직 해제되지 않아서 완일로 하여금 병법을 교수하도록 한 것이다.115) 이런 방법에 대해 범중엄도 동의하고 있으니, 무학을 별도로 세우는 것에는 반대하고 국자감에서 교육하기를 주장하고 있다.116) 범중엄의 의도는 무성왕묘에 별도로 세울 필요가 없다는 것이지 무학 자체의 필요성이 없다는 의미가 아니다. 그래서 다음 해인 경력 4년에 인종은 흥학조서를 반포하고117) 호원의 소호교법을 태학령으로 삼고118) 있다. 이때 인종은 관리를 소호 지방에 직접 파견하여 실상을 살피고 소호교법을 채용하게 하였다.119) 이후의 진행 과정은 북송의 흥학운동과 함께 살펴볼 필요가 있다.

북송의 흥학운동은 총 3차례에 걸쳐서 이루어진다. 제1차가 경력흥학 (1044)으로 인종대에 일어난다. 제2차가 신종대 왕안석의 희녕(1071)과 원풍(1079) 흥학인데 1071년에는 삼사법이 시행되었고, 1079년에 학령이 반포되어 삼사법이 확충된다. 제3차가 채경이 주도하는 숭녕흥학 (1102)이다.120) 이 중 제1차 흥학운동은 호원과 관계가 있는데, 그는

---

113) 『宋史』 권165, 職官 5, 武學. "罷武學 以議者言 古名將如諸葛亮羊祜杜預等 豈專學孫吳故也"
114) 『續資治通鑑長編』 권142. "罷武學 改敎授太常丞阮逸兼國子監丞 其有願習兵書者 許於本監聽讀"
115) 周興濤, 「宋代武學博士考論」 『江西師範大學學報』 41-2, 2008, 84쪽.
116) 『范文正奏議』 권상, 奏乞 指揮國子監保明武學生 令經畧部署司 講說兵書.
117) 『宋史』 권432, 열전 191, 胡瑗. "慶曆中 興太學下湖州取其法 著爲令"
118) 『宋大事記講義』 권10. "慶歷四年 三月 詔 以湖州敎授胡安定瑗學法 著爲太學令"
119) 王炳照, 「胡瑗的敎育思想」, 763쪽.(顧明遠 編, 『中國敎育大系 Ⅰ - 歷代敎育論著選評』, 湖北敎育出版社, 2004)
120) 김경식, 『중국교육전개사』, 문음사, 2006, 376~396쪽.

문무 인재 교육에 대한 방향성을 정하면서 문무교육의 균형을 추구하고 있다. 또 이때의 제도를 반영한 것이 가창조賈昌朝가 경력 연간[1041-1048]에 편찬한 『칙율학무학칙식敕律學武學敕式』 2권이고,[121] 호원과 함께 아악을 갱정한 정도丁度가 증공량曾公亮(999~1078)과 함께 편찬한 『무경총요武經總要』이다.

호원이 1059년에 졸한 후 송 신종은 그의 공로에 대해서 희녕 5년(1072)에 공맹을 계승했다고 인정한다.

> 송신종이 호원의 상像에 제찬하기를, "선생의 도는 공맹지종孔孟之宗을 얻었고 선생의 가르침은 소호에서 행해졌다. 스승의 임무를 행함에 그 높기가 마치 태산이 여러 봉우리 가운데서 우뚝 솟은 듯이 하였고, 법규가 엄격하면서 진실하기는 마치 사시四時의 운행이 무궁한 듯이 하였다. 태학에 초빙되어 오자 사방의 학생들이 흠모하여 움직였고 천리를 멀다하지 않고 흡족히 추종하였다. 부름을 받아 천장각에서 선제를 보필하여 날마다 모시고, 만 가지 말을 계옥啓沃하고 충성을 드렸었다. 경의재와 치사재로 선비들이 쓰이도록 하였고, 예를 논하고 악을 고쳐서 짐이 몸을 굽히게 하였다."라고 하였다.[122]

이는 호원이 공자-맹자의 도통을 계승하였음을 인정한 것이고, 스승으로서 호원의 가치를 인정한 것이다. 또한 소호교법의 경의재·치사재의 의미가 태학·무학 체제로 계승되었다는 점을 인정하고[123] 무학을 복구한다.

---

121) 李新偉, 앞의 논문, 2009-2, 2쪽.
122) 『宋元學案』 권1, 「安定學案」. "神宗題贊先生像曰 先生之道 得孔孟之宗 先生之敎 行蘇湖之中 師任而尊 如泰山屹峙於諸峰 法嚴而信 如四時迭運於無窮 辟居太學 動四方欣慕 不遠千里而翕從 召入天章 輔先帝日侍 啓沃萬言而納忠 經義治事 以適士用 議禮定樂 以迪朕躬"

### ③ 교학내용과 방법

호원의 교학내용은 북송 당대의 변화를 바로 수용하고 있는 모습을 보여주고 있다. 북송 함평 3년~4년(1000~1001)에 조령으로 국자감 제주祭酒 형병邢昺 등으로 하여금 『주례』·『의례』·『공양전』·『곡량전』을 교정하고, 여기에 『효경』·『논어』·『이아』에 의소義疏를 붙였다.124) 이때 함께한 손석孫奭은 『맹자음의孟子音義』를 저술하고 있다. 따라서 당나라에서 경주經注한 『시』·『서』·『역』·『예기』·『춘추』를 합한 십삼경十三經을 만들어 천하에 반행하고 법정교재로 삼았다고125) 한다. 같은 해에 주현학교 및 생도를 모아 강의하는 곳에는 모두 구경九經을 하사하였다. 여기서 말하는 십삼경十三經은 기존의 『시』·『서』·『역』, 『예기』·『주례』·『의례』, 『좌전』·『곡량전』·『공양전』, 『논어』·『효경』·『이아』의 12경체제에서 『맹자』가 포함된 것이다. 게다가 호원이 직접 저술한 『중용의中庸義』가 있기 때문에 십삼경十三經체제와 『중용』 존중이 이루어지고 있다.

> 상오에는 경의經義를 강해講解하는데 공부를 마치면 500번을 반복해서 읽고, 하오에는 역사歷史를 강해講解하는데 100번을 반복해서 읽고, 만상晩上에는 자서子書를 강해講解하는데 반복해서 300번을 읽는다.126)

---

123) 『宋史』 권15, 本紀 15, 희녕 5년.
124) 『宋史』 권431, 열전 190, 邢昺. "[眞宗]二年 始置翰林侍講學士 以昺爲之 受詔與杜鎬舒雅孫奭李慕淸崔偓佺等 校定周禮儀禮公羊穀梁春秋傳 孝經論語爾雅義疏 及成 並加階勳"
125) 喬衛平, 『中國宋遼金夏敎育史』, 人民出版社, 1994, 12~13쪽.
126) 徐建平, 『胡瑗』, 中國文史出版社, 2000, 13쪽.

이는, 경의뿐만 아니라 역사와 자서子書도 강조하고 있는 것이다. 또 "인의예악으로써 학문을 삼아 천하의 다스림을 이룬다.〔以仁義禮樂爲 學 致天下之治〕"127)고 하여 인의예악도 강조하고 있다. 호원의 교학방법 론은 학규와의 연관성을 배제하고는 설명하기 힘들다.

　소·호 두 주의 교수가 되자 엄격하게 학규를 만들어 솔선수범하였 다. … 경전을 해석하는데 요의要義를 갖추고 제생들을 위해서 간절하 게 "자신을 닦은 이후에 사람을 다스려야 한다."고 말하였다. 학도들이 천여 명이었는데 날로달로 문장을 다듬는데 모두 경의를 전달하는데 있어 반드시 이치가 우세하도록 하였으니 그 스승의 학설을 믿고 행실에서는 돈독함을 숭상하였다.128)

호원은 역사상 최초로 학규를 저술한 인물이다. 그가 학규를 만든 이유는 이치를 통해서 경의를 전달하는데 용이한 방법이었기 때문이다. 그의 학규는 범중엄의 아들인 범순우范純祐를 가르치면서 유명하게 되었 다.

　〔범순우의〕 아버지인 범중엄이 소주수蘇州守가 되어 먼저 군학을 건립하고는 호원을 사부로 초빙하였다. 호원은 학규를 양밀良密하게 세웠다. 생도 수백 명 모두가 가르침을 따르지는 않자 범중엄이 근심하 였다. 범순우가 아직 관례하기 전인데도 찾아뵙고 입학하였는데 나이 가 여러 생도 중에서 말석이었다. 그래도 그가 학규를 모두 실행하니

---

127) 章曉林,「胡瑗生平槪略」『胡瑗』, 中國文史出版社, 2000, 4쪽. 송초삼선생의 공통의 교육목표이다.
128) 『端明集』 권37,「太常博士致仕胡君墓誌」.

제생들이 따라하게 되어 드디어 감히 범하지 않았다. 이로부터 소학蘇
學이 제군諸郡을 창도하게 되었다.129)

이후 대표적인 제자로 일대명장인 범순우范純祐, 명상인 범순인范純仁
과 손각孫覺, 등보滕甫, 전공보錢公輔, 진민陳敏, 전조錢藻, 장견張堅, 장거
張巨, 능호淩浩, 호직언胡稷言 등이 있다.130) 이 때문에 호원은 황우 4년
(1052)에 태학에 부임하는데, 처음에 학생들이 신복하지 않고 비방하는
의논이 벌떼처럼 일어나자 호원이 힘을 다하여 가르침에 게으르지 않으니
마침내 법도가 서게 되었다. 호원이 수년 뒤에 천장각 시강으로 학정을
겸임하는데, 천장각 시강으로서 하위 직급인 학정學正을 겸직하고 있
다131)는 점에서 학정의 중요성을 알 수 있다. 학정이 학규를 담당하는
직책이기 때문이다. 또 호원의 엄격한 학규가 교육에 중요한 역할을
하였음을 알 수 있으나 현전하지 않는다. 그런데 그의 교학방법인 학규는
어디에서 나왔을까? 다음에서 그 단서를 찾을 수 있다.

선생이 국자감을 맡았을 때 제생들을 교육하는데 교법이 있었다.
선생은 제생들에게 "배가 부를 때 책상에 앉아서는 안된다. 혹시 오래
앉아 있으면 기혈에 손상을 입는다. 마땅히 습사習射·투호投壺·유식
游息을 해야 한다. 이것은 또한 '밥 먹을 때 말해서는 안되고 잠잘
때 말해서는 안된다'는 뜻의 유의遺意이다."고 하였다.132)

---

129) 『宋史』권314, 열전 73, 范仲淹.
130) 蔡文錦,「宋初偉大的教育家胡瑗」『揚州職業大學學報』, 2002-2, 1쪽.
131) 『宋史』권157, 選擧 3, 學校試. "皇祐末 召瑗爲國子監直講 數年 進天章閣侍講
猶兼學正"
132) 『宋名臣言行錄前集』권10, 胡瑗安定先生. "先生判國子監 其教育諸生有法 先生語
諸生 食飽未可據案 或久坐 皆於氣血有傷 當習射投壺遊息焉 是亦食不語寢不言

국자감에서 학생들을 가르치면서 다양한 행동 규범을 강조하고 있는 모습인데, 생활 규범과 비슷하다. 또 호원의 학규를 유추할 수 있는 자료가 있는데, 구양수의 「호선생묘표」이다.

10여년 이후에 선생이 비로소 태학에 와서 거처하니 배우는 자들이 멀리서부터 왔다. 태학에 모두 수용할 수 없어서 근방의 관서를 빌려서 학사로 삼았다. 예부의 공거에서 매년 합격하는 선비들은 선생의 제자들로서 10명 중 4·5명이었다. 그 중 고족제자는 당시에 이름이 알려져 혹 갑과에 합격하여 현사顯仕에 자리하고, 나머지는 사방에 널리 퍼져 각자의 현우賢愚에 따라서 모두 순순循循하고 아칙雅飭이 있었다. 그들의 말과 행동거지는 만나는 사람들이 묻지 않아도 선생의 제자임을 알 수 있었다. 배우는 자들이 '선생'이라 칭하는 사람은 묻지 않아도 호공임을 알 수 있다.[133]

급제자 10명 중에서 4·5명이 호원의 제자였는데, 행동거지를 보면 당연히 호원의 제자인줄 알 수 있었다고 한다. 왜냐하면 엄격한 학규와 순순循循하고 아칙雅飭한 행동거지가 있었기 때문이다. 다음 구양수의 자료에서도 확인된다.

새로이 제수한 국자감 직강 호원을 천장각 시강으로 충원하시니, 유학을 숭장하고 경학하는 신하를 권장하는 성은을 보게 되었습니다.

---

之遺意也"

133) 『居士集』「胡先生墓表」. "後十餘年 先生始來居太學 學者自遠而至 太學不能容 取旁官署以爲學舍 祀部貢擧 歲所得士 先生弟子十常居四五 其高第者 知名當時 或取甲科 居顯仕 其餘散在四方 隨其人賢愚 皆循循雅飭 其言談擧止 遇之不問可 知爲先生弟子 其學者相語稱先生 不問可知爲胡公也"

그러나 신 등이 가만히 보건대 국가에서 태학을 설치한 이래로 수십 년간 생도들이 날로 늘어 항상 3·4백 명에 이르렀습니다. 호원이 태학을 맡은 이래로 제생들은 그의 덕행에 감복하고 규구規矩를 준수하여 날마다 강송하는 소리가 들리고 진덕進德을 수업하였습니다. 지난번의 국학과 개봉부 및 쇄청鏁廳 진사 중에서 해액解額을 취득한 3백여 명은 모두 호원이 가르쳤습니다.[134]

엄격한 교육을 바탕으로 덕행을 몸소 보이고 있으며, 학생들은 학규를 준수하고 있는 모습이다. 게다가 과거 합격률도 아주 높았다. 그러나 구체적인 학규의 모습은 찾을 수 없다. 그래서 주자朱子도 관심을 표명한 바 있지만 호원의 학규를 구할 수 없어서 자신이 직접 백록동학규를 만들게 되었다고 하였다.[135] 또 주자 당시에 존재하던 학규는 호원이 지은 것이 아니라고 하였으며, 인종 때 주현학을 설치하고 호원의 「호학규구湖學規矩」를 취해서 반포해서 사용하였는데, 의리를 중요시하여 조정을 비방하지 않는 것을 제1조로 삼았을 것이라고 호원의 학규를 인정하고 있다.[136] 여기서 말하는 「호학규구」는 호원이 저술한 「학정조약」이었을 것이다.

---

134) 『文忠集』 권110, 「擧留胡瑗管勾太學狀」. "脩又擧胡瑗奏曰 臣伏見新除國子監直講胡瑗 充天章閣侍講 有以見聖恩奬崇儒學 褒勸經術之臣也 然臣等竊見國家自置太學十數年間 生徒日盛 常至三四百人 自瑗管勾太學以來 諸生服其德行 遵守規矩 日聞講誦 進德修業 昨來國學開封府並鏁廳進士 得解人中三百餘人 是瑗所教"

135) 『朱子語類』 권106. "曰 鄕來南康白鹿學規 却是教條 不是官司約束 曰 屢欲尋訪湖學舊規 尙此未獲"

136) 『朱子語類』 권128. "今之學規 非胡安定所撰者 仁宗置州縣學 取湖學規矩 頒行之 湖學之規 必有義理 不如是其陋也 如第一條 謗訕朝政之類 其出於蔡京行舍法之時 有所改易乎 當時如徐節孝爲楚州教官 乃罷之而易以其黨 大抵本朝經王氏及蔡京用事後 舊章蕩然 可勝歎哉"

호원의 학규를 유추할 수 있는 또 다른 단서는 다음에서 알 수 있는데, 호원이 제자인 서적을 처음 보았을 때 머리가 차츰 기울어지자 두용직頭容直이라고 외쳤다고 한다.

처음 안정 호선생을 좇아 공부하였다. 마음을 침잠하고 힘써 행하고 는 벼슬할 생각을 하지 않았다. 스스로 말하기를 "처음 안정선생을 뵙고 물러나는데 머리 모양이 조금 기울었다. 안정선생께서 성난 소리로 '두용직頭容直'하셨다. 적積은 이로 인해서 스스로 생각하기를, 비단 머리 모양뿐만 아니라 마음도 곧게 해야겠다고 여겼다. 이때부터 는 감히 나쁜 마음을 두지 않았다."고 하였다.[137]

제자의 행동을 보고 입에서 즉각 나왔다는 것은 평소의 소신이라는 점이고 학생들에게 강조하는 학규와 일치하는 내용일 가능성이 크다. 두용직頭容直은『예기』의 구용九容에 언급되어 있다.[138] 그런데 서적徐積의 표현대로 "비단 머리 모양뿐만 아니라 마음도 곧게 해야겠다고 여겼다."고 생각하였다면, 구사九思도[139] 호원이 강조하였을 가능성이 크다. 구용九容과 구사九思는 주자朱子도 강조하면서『소학』에 포함하고 있고, 율곡 이이李珥도『격몽요결擊蒙要訣』의 지신장持身章에 넣고 있다.[140] 그런데 구용九容과 구사九思를 동시에 포함하고 있는 내용을 현재 남아

---

137)『宋名臣言行錄後集』권14, 徐積節孝先生. "初從安定胡先生學 潛心力行 不復仕進 自言初見安定先生退 頭容少偏 安定厲聲云 頭容直 積因自思不獨頭容 心亦要直 也 自此不敢有邪心"

138)『禮記』「玉藻」. "足容重 手容恭 目容端 口容止 聲容靜 頭容直 氣容肅 立容德 色容莊 坐如尸 燕居告溫溫"

139)『論語』권16,「季氏」. "孔子曰 君子有九思 視思明 聽思聰 色思溫 貌思恭 言思忠 事思敬 疑思問 忿思難 見得思義"

140)『擊蒙要訣』권3, 持身.

있는 호원의 저술 중에서 찾아보면『홍범구의』의 오사五事와 가장 유사하기 때문에 이 자료에서 호원이 강조한 학규의 일단을 유추할 수 있다. 왜냐하면『홍범구의』에서 오사五事는 홍범구주 중에서 오행五行 다음에 두 번째로 서술되어 있는데, 대문〔次二曰 敬用五事〕에 대한 주註의 내용 때문이다.

　　오사란 모貌・언言・시視・청聽・사思이다. 모貌는 만백성이 우러러 보는 것이고, 언言은 명령이 되어 만민이 듣는 것이고, 시視가 밝지 않으면 사악함에 이르게 되고, 청聽이 총명하지 못하면 간악함을 용납하게 되고, 사思가 지혜롭지 못하면 일을 꾀할 수 없다. 이 다섯 가지는 성인이 나라를 다스리는 대본大本이며, 몸을 살피는 상법常法이다. 그래서 가히 공경하게 사용하지 않을 수 없는 것이다. 그래서 오사五事를 삼가면 오래도록 부흥하고 태만히 하면 패망을 얻게 된다. 그런데 이 오사를 오행五行 뒤에 둔 것은 오행은 천지의 덕을 베푸는 것이고, 오사는 인군이 해야 할 바이기 때문이다. 인군은 하늘을 체득해서 나라를 지키는 까닭으로 오행 뒤에 둔 것이다.[141]

　　오사는 모습, 말, 보는 것, 듣는 것, 생각하는 것을 말한다. 이 다섯 가지는 나라를 다스리는 근본이기 때문에 중요하다고 한다. 하늘을 체득해서 나라를 지키는 인군人君의 검신檢身에 가장 중요한 것이 오사五事이기 때문에 공부하는 학생들에게도 훌륭한 학규로 기능할 수 있는 것이다.

---

[141]『洪範口義』. "五事者 貌言視聽思也 貌者萬民所瞻仰 言則爲命令萬民之所聽 視不明則及邪 聽不聰則容奸 思不睿則失謀 此五者 聖人治國之大本 檢身之常法也 其可不敬而後用之乎 故五事謹則長興 慢則取亡 然次之於五行之後者 以五行 陳天地之德 而五事者 人君之所爲 人君蓋體天而禦邦 故以次於五行也"

오사에 대한 대문은 다음과 같다.

모습은 공손해야 한다. 말은 좇아야 한다. 보는 것은 밝아야 한다.
듣는 것은 밝아야 한다. 생각은 슬기로워야 한다.142)

이 대문에 대한 주註의 설명을 표로 만들면 다음과 같다.

〔표 1〕 오사五事와 설명

| 오사 | 설 명 |
|---|---|
| 예貌 | 모貌는 바로 위의威儀와 용모를 이르는 것으로 사람들이 관망할 수 있는 것은 모두 모貌라고 한다. 이것으로 오사의 이름을 분석하여 해설한다.143) |
| 언言 | 천하에 호령을 하여 천하 사람들을 부리니 따르지 않는 자가 없다. 왕자王者의 말〔言〕이다.144) |
| 시視 | 무릇 사람을 잘 보는 자는 그 사람의 감정感情을 본다. 감정을 알게 되면 그 사람이 바로 보인다.145) |
| 청聽 | 무릇 추요芻蕘의 말을 받아들이고 낭묘廊廟의 말이 들어오도록 해서 천하의 정情을 구하는 것은 인군의 귀로부터 듣기 시작해야 한다.146) |
| 사思 | 천하는 아득하고 만사는 자자藉藉한데도 신령스럽게 밝히는 것은 지극히 생각하는데 달려있다. 그런데도 처음에 '모貌'를 언급하고 마지막에 '사思'를 둔 것은 무엇 때문인가? 백성들이 먼저 보는 것은 인군의 용모이고 다음으로 받아들이는 게 인군의 말이다. 보는 것은 부르는 소리를 듣지 않고도 알 수 있다. 말은 반드시 경계하여 타이르면 따르게 되어 있다. '사思'는 이 네 가지를 포괄하여 마음에 근본하는 것이다.147) |

---

142) 『洪範口義』. "貌曰恭 言曰從 視曰明 聽曰聰 思曰睿"
143) 『洪範口義』. "貌者卽謂威儀容貌 人可觀望者 皆謂之貌 此分解五事之名"
144) 『洪範口義』. "凡有號令天下使天下之人 莫不從者 王者之言也"
145) 『洪範口義』. "夫善觀人者觀其情 情得則人斯見矣"

또 이어서 그 오사五事 각각은 어떤 모습이 되어야 하는지 말하고 있는데 표로 만들면 다음과 같다.

〔표 2〕 오사五事의 설명과 모습

| 오사 | 설명 | 모습 |
|------|------|------|
| 貌 | 貌曰恭 | 恭作肅 |
| 言 | 言曰從 | 從作乂 |
| 視 | 視曰明 | 明作哲 |
| 聽 | 聽曰聰 | 聰作謀 |
| 思 | 思曰睿 | 睿作聖 |

그런데 공영달의 『상서주소』에서는 호원과는 완전히 다른 학풍을 보여준다. 모貌는 용의容儀, 언言은 사장詞章을 전하는 것으로 해석하고 있기 때문에[148] 호원의 주경적 학풍과는 차이가 있다. 오사의 궁극적 설명과 모습은 예작성睿作聖으로 귀결하기 때문에 인군이나 공부하는 학도나 모두 성인을 희망해야 한다는 뜻이다. 학규가 여기에서 나왔음을 짐작할 수 있는 부분이다.

이상으로 손복, 석개, 호원은 공통적으로 당말 이래의 새로운 유학의 흐름을 형성하고 있었다. 호원胡瑗의 교학은 북송의 태학령太學令이 되고, 정자程子의 스승으로 존중받았기 때문에 성리학의 연원으로 불리게 된다.

---

146) 『洪範口義』. "大納嘉謨之言 來廊廟之語 而求天下之情者 未有不自君耳聽之"
147) 『洪範口義』. "夫天下茫茫萬事籍籍 神而明之 研思極慮 然而首曰貌而終曰思者何 夫民之先見者 君之貌 次而稟受者君之言 視不待號召而神化 言必有戒諭而順從 思者包括四事 一本於心矣"
148) 『尚書注疏』 권11, 五事. "一曰貌傳容儀 二曰言傳詞章 三曰視傳觀正 四曰聽傳察 是非 五曰思傳心慮所行 貌曰恭傳儼恪 言曰從傳是則可從 視曰明傳必淸審 聽曰 聰傳必微諦 思曰睿傳必通於微 恭作肅傳心敬 從作乂 傳可以治 明作哲傳照了 聰作謀傳所謀必成當 睿作聖 傳於事無不通謂之聖音義"

마침 호원이 직접 태학에 강의하는 시기〔1052-1059〕와 최충이 문헌공도를 설립하는 시기〔1055〕가 일치하고 있다. 호원의 학설은 의리역학이고 의리홍범학이었고, 존맹사상을 강조하고 있었다. 그의 체용론體用論에서 분재교학법分齋敎學法이 탄생하였고, 무학武學과도 연계되었다. 호원의 교학내용은 십삼경十三經을 기본으로 하고 있다. 또 호원은 역사상 최초의 학규學規를 저술한 학자였다.

# 제2장 나말여초 신유학의 전개

나말여초의 신유학의 성격은 신라말에 등장한 새로운 시대상과 연관성이 있다고 할 수 있다. 이때 중심적 역할을 한 인물은 선종 승려와 6두품 지식인이었다. 6두품 지식인 중에서 대표적인 학자는 「태자사 낭공대사 백월서운탑비」에서 말한 최치원崔致遠(857~?), 최언위崔彦撝(868~944), 최승우로 이들은 '일대삼최一代三崔 금방제회金榜題廻'[149)로 불렸다.

최치원은 사륙변려문에 뛰어난 재능을 보여 당나라에서도 존숭 받고 있었다. 그의 사촌인 최언위는 고려 초기 학계를 이끈 인물이었다. 최언위와 관련된 인물이 바로 최항崔沆이고 최항이 지공거가 되어서 선발한 인물이 최충崔冲이란 사실은 고려 초기 유학의 특징을 잘 보여준다. 또한 최충의 지우인 최제안崔齊顔이 최승로崔承老의 손자라는 점을 감안하면 고려 초기 학계의 정수가 모두 최충에게 모이고 있다 해도 과언이 아니다. 이들이 고려 초기 유학에 어떤 기여를 하였는지에 대해 주의하여 살펴볼 필요가 있다.

## 1) 최치원

최치원(857~?)은 유·불·도 삼교사상의 원리가 근본적으로 상통한다고 하였다.[150)

---

149) 이지관, 『교감역주 역대고승비문(고려편 1)』, 가산불교문화연구원, 1994. "人所謂 一代三崔金牓題廻 曰崔致遠 曰崔仁滾 曰崔承祐"
150) 崔英成, 『한국유학사상사』 Ⅰ, 아세아문화사, 1995, 182쪽.

들어가서 어버이에게 효도하고 나가서 임금에게 충성하는 것은
노사구魯司寇의 뜻이요, 무위의 일에 처하고 불언의 가르침을 행하는
것은 주주사周柱史의 종지요, 제악을 짓지 않고 제선을 봉행하는 것은
축건태자筑乾太子의 교화이다.151)

이와 같이 삼교三敎의 원리가 동일하다는 것을 인정하는 것은 당나라
유학의 경향성이었고 최치원이 활약하던 시대에서는 보편적인 현상이었
다. 그리고 그의 사상은 유교의 복고적이면서 실천적인 점을 지닌 동시에
시세에 따라 융통될 수 있는 면도 있었다. 다만 당나라와 신라에서 자신의
경륜을 펼치고자 하였지만 여의치 않자 정계에서 물러나 학문에 정진하게
되었다고 한다.152) 이와 동시에 최치원의 현실 인식은 반신라적인 것이
아니었다고 한다.153)

한편으로 최치원의 사상에서는 당나라 말에 싹트고 있던 신유학적
요소를 발견할 수 있으며,154)155) 이때 함께 유행한 선종의 의미에 대해서
는 일찍이 중세적 지성이라고 표현된 바 있다.156) 이런 요소는 그가
귀국하여 지은 「쌍계사진감선사대공탑비雙溪寺眞鑑禪師大空塔碑」에 보이

---

151) 『삼국사기』 권4, 진흥왕 37년. "入則孝於家 出則忠於國 魯司寇之旨也 處無爲之事
　　　行不言之敎 周柱史之宗也 諸惡莫作 諸善奉行 竺乾太子之化也"
152) 金福順, 「孤雲 崔致遠의 思想硏究」 『史叢』 24, 1980, 102~103쪽.
153) 李在云, 「帝王年代曆을 통해 본 崔致遠의 歷史認識」 『전주사학』 6, 1998, 3쪽.
154) 池斗煥, 『한국사상사』, 역사문화, 1999.
　　　全基雄, 「新羅末期 政治社會의 動搖와 六頭品知識人」 『한국고대사연구』 7, 1994.
155) 노평규, 「최치원 유학사상의 특성에 관한 연구」 『범한철학』 20, 1999, 57~64쪽에
　　　서 신유학적 경향을 내포하고 있다고 하였는데 주요 내용은 古文과 心學에의
　　　지향이라고 하였으며, 또 『역』과 『중용』을 중시하였다고 한다.
156) 金哲埈, 「한국 고대사회의 성격과 나말·여초의 전환기에 대하여」 『한국사시대구
　　　분론』, 한국경제사학회, 1981, 49쪽.

는 다음 내용을 주목할 필요가 있다.

무릇 道란 사람에게서 멀리 있지 않으며 사람에게는 나라의 다름이
없다.〔夫道不遠人 人無異國〕157)

'도불원인道不遠人 인무이국人無異國'의 문장은『중용』의 '도불원인道不
遠人 기칙불원其則不遠'을 빌려온 것이다. 이 두 문장을 연결하면 최치원이
말한 의미를 알 수 있다. 즉, 그가 말한 것은 "도道란 사람에게서 멀리
있지 않고 그 법칙도 멀지 않아서 중국이나 신라나 다름이 없다."는
뜻이라고 할 수 있다. 당시 자신의 학문 수준이 중국과 다름없다는 표현이
다. 그는『중용』뿐만 아니라『역』도 중시하였다.158) 또 맹자의 왕도王道
를 논하고『대학』과『중용』을 자주 인용한 것은 모두 도道에 대한 관심을
보여주는 것인데, 당의 유학자로서 성리학의 선하를 이룬 한유韓愈와
이고李皐 등의 영향으로 볼 수 있다.159) 결국 그의 사상에는 북송신유학
사상의 핵심인『주역』,「대학」,「중 용」,160)『맹자』에 대한 이해가 동시적
으로 나타나고 있었다.

물론 이런 부분이 최치원의 사상 체계 전체를 의미하는 것은 아니다.
게다가 최치원이 고려 건국 이전에 사망하였다는 점은 고려 사상계와는
일정한 거리를 두게 되는 게 사실이지만 고려 건국에도 어느 정도 영향력
을 행사하고 있었다.

---

157)『譯註 韓國古代金石文 Ⅲ』,「雙溪寺眞鑑禪師大空塔碑」, 1992.
158) 노평구, 앞의 논문, 60쪽.
159) 천인석, 앞의 논문, 12쪽
160) 최치원 단계에서「대학」·「중용」은 아직 독립된 서적으로 볼 것인지 속단하기
  어려운 시기였기 때문에 책명(『 』)으로 표기하지 않고 편명(「 」)으로 표기하고자
  한다.

일찍이 우리 태조가 일어나니, 치원이 그가 비상한 인물이므로 반드시 천명을 받아 나라를 세울 것을 알고 편지를 보냈었는데, 그 편지 속에 "계림鷄林은 누런 잎이요 곡령鵠嶺은 푸른 솔이다.〔鷄林黃葉 鵠嶺靑松〕"란 문구가 있었다. 그의 문인들로서 고려 초기에 와서 조회하여 벼슬이 높은 관직에 이른 사람이 한둘이 아니었다.

고려 현종顯宗이 왕위에 있을 때에 치원이 조상의 왕업을 비밀히 도왔으므로 그 공을 잊을 수 없다고 하여, 교지를 내려 내사령內史令을 추증하고, 14년 태평 2년(1022) 계해 5월에 문창후文昌侯란 시호를 추증했다.[161]

계림황엽鷄林黃葉 곡령청송鵠嶺靑松이란 말에서 짐작하듯이 고려 태조를 은밀히 도왔다고 인식되고 있으며,[162] 고려 태조 왕건의 정치에 영향을 미치고 있었다.[163] 이 때문에 현종대에 문창후란 시호가 추증되었던 것이라고 할 수 있다. 최치원은 도당 유학생으로서 당에서의 경험을 바탕으로 개혁을 시도하고 있었다고 한다.[164] 최치원의 문장은 당에서도 인정받을 정도였다.

『신당서新唐書』의 「예문지藝文志」에 이렇게 씌어 있다. "최치원에게는 『사륙집四六集』과 『계원필경桂苑筆耕』 스무 권이 있다." 그리고

161) 『三國史記』 권46, 열전 6, 최치원.
162) 『東史綱目』 5하, 효공왕 2년 ; "'鷄林黃葉 鵠嶺靑松'이라고 한 구절이 있었다. 뒷사람이 그곳을 이름하여 上書庄이라 하였는데 지금 경주 金鰲山 북쪽에 있다 왕이 이 말을 듣고 꺼려하자, 치원은 곧 가족을 데리고 伽倻山 海印寺에 은거하여, 母兄인 중 賢俊·定玄師와 더불어 道友를 삼고 함께 기거하면서 老來를 마쳤다."
163) 李在云, 「고려 태조의 정치사상 - 최치원의 사상과 관련하여」『백산학보』 52, 1999.
164) 全基雄, 「신라 하대말의 정치사회와 경문왕가」『부산사학』 16, 1989, 37쪽.

그 주에는 이렇게 씌어 있다. "최치원은 고려 사람이다. 빈공과賓貢科에 급제하여 고변高騈의 종사從事가 되어 그 이름이 상국上國에 들림이 이와 같았다. 또 문집 서른 권이 세상에 행해졌다."[165]

『신당서』의 「예문지」에 그의 저서인 『사륙집』과 『계원필경』이 실려 있다는 사실을 확인할 수 있다. 최치원은 문장에서 문사를 아름답게 다듬고 형식미가 정제된 병려문체駢儷文體를 중시하였지만, 고문古文도 지향하고 있었다.[166] 북송에서도 자구의 수나 대구의 원칙에 구애받지 않고 화려한 외양적 수사기교보다는 담백한 내면적 기상을 더욱 중시하는 새로운 문장체가 주류로 등장하고 있었다.[167] 이는 신라 독서삼품과의 주요 시험과목인 『문선』을 바탕으로 한 사륙변려체의 문장이 당말 한유로 부터 시작되는 고문체로 바뀐다는 뜻이다.

그러나 마음을 공부하는 사람은 덕을 세우고, 문장을 공부하는 사람은 말을 다듬으니, 그 덕은 말에 의지하여서야 비로소 그 내용을 제대로 전할 수 있고, 이 말은 덕에 의지하여서야 비로소 오래 전해질 수 있는 것이다. 〔덕의〕 내용을 제대로 전하게 되면 마음을 멀리 후대의 사람들에게까지 보일 수 있고, 〔말이〕 오래 전해지게 되면 문장도 또한 옛 사람에게 부끄럽지 않게 될 수 있는 것이다.[168]

---

165) 『三國史記』 권46, 열전 6, 최치원.
166) 노평규, 앞의 논문, 58쪽.
167) 박석, 『송대의 신유학자들은 문학을 어떻게 보았는가』, 역락, 2005, 11~12쪽.
168) 『譯註 韓國古代金石文 Ⅲ』 「성주사낭혜화상백월보광탑비」, 1992. "抑心學者立德 口學者立言 則彼德也或憑言而可稱 是言也或倚惠而不朽可稱 則心能遠示乎來 者不朽 則口亦無慙乎昔人"

이는 최치원의 문장이 결코 허문虛文이 아니요 도道를 실은 그릇이라는 것을 보여준다. 그는 문장을 작성하는 것이 덕을 닦는 것과 동등한 중요성을 갖는다는 것으로 보았다.[169] 마치 한유가 고문을 주창하면서 내세웠던 문이재도론文以載道論과 유사한 성격을 가진다고 할 수 있다. 최치원의 「시무 10조」는 구래의 통치체제가 붕괴되어 가는 상황에서 올린 것이다.

> 8년 봄 2월에 최치원이 시무時務 10여 조를 올리자 왕이 기꺼이 그것을 받아들이고 최치원을 아찬으로 삼았다.[170]

진성여왕은 「시무 10조」를 기꺼이 수용하고 최치원을 아찬으로 삼고 있다. 아찬은 신라 관등 중에서 제6등에 해당하는 것으로서 6두품이 올라갈 수 있는 최고의 관계였다. 안정복은 『동사강목』에서 「시무 10조」가 올라간 상황을 "이때 잘못된 정사가 너무나 많고 도적들이 떼 지어 일어나므로 최치원이 시무時務 10여 조를 올리니, 여주女主가 기꺼이 받아들이고, 아찬을 제수하였다."고[171] 해석하고 있다.

이때는 진골이 정치를 주도하던 시기였는데 6두품인 최치원이 「시무 10조」를 올리면서 6두품이 정치의 전면에 나서는 자체가 신라의 상황을 짐작하게 한다. 신라 정부의 입장에서 직면한 현실의 문제들을 해결하기 위해서는 도당유학생 출신 6두품 지식층의 지식과 경험을 필요로 하기 때문이었다.[172]

---

169) 천인석, 「고운 최치원의 유학사적 위치」, 『유학사상연구』 8, 1996, 10쪽.
170) 『三國史記』 권11, 진성왕 8년 2월.
171) 『東史綱目』 5상, 진성여주 8년 2월.
172) 全基雄, 「新羅末期 政治社會의 動搖와 六頭品知識人」, 『한국고대사연구』 7, 1994, 106~107쪽.

현재 「시무 10조」의 내용이 전해지지 않아서 구체적인 내용은 알 수 없지만 이기백李基白은 과거제 실시, 전제 왕권에 대한 지지支持 등을 담고 있을 것이라고 추측하였다.173) 시무책은 최치원 한 사람의 개인적인 의견으로 제출된 것이라기 보다는 당시 도당유학생 출신을 비롯한 6두품 지식층의 의견을 집약하고 국인들의 여망에 따라 입안된 정책의 제시였다고 한다.174) 당나라 시대 후반부터 등장하기 시작한 신유학新儒學을 도당 수학 중에 접할 수 있었던 도당 유학생 출신 지식인들의 정치의식은 종래 한漢·당唐의 훈고학 수준에 머물러 있던 유학 단계의 정치의식보다 진일보한 것이었다고175) 한다.

그러나 6두품 지식인들이 추구한 유교적 정치이념의 실현은 궁극적인 성공을 거두지는 못하였다. 왜냐하면 정치 권력의 중심세력은 아직도 진골귀족이었기 때문에 6두품 지식층의 영향력은 권력의 재편과 지배층의 전환에 이를 수 있는 것은 아니었다. 최치원은 자신의 시무책이 국왕에 의해 가납되고 일부 실행에 옮겨졌다고 하더라도 그 자신은 마침내 관직에서 물러나와 은둔할 수밖에 없었을 것이다.176) 최치원은 효공왕 2년(898)에 죄를 얻어 면직되었다고 한다.177) 이에 대한 설명을 안정복은 부가하고 있다.

[최]치원이 서쪽으로 당나라를 섬기면서부터 동쪽으로 고국에 돌아와서도 모두 어지러운 세상을 만나자, 스스로 불우함을 상심하여

---

173) 李基白, 「신라골품체제하의 유교적 정치이념」『신라사상사연구』, 일조각, 1986, 232~235.
174) 全基雄, 앞의 논문, 107쪽.
175) 全基雄, 위의 논문, 109쪽.
176) 全基雄, 위의 논문, 117쪽.
177) 『東史綱目』 5하, 효공왕 2년 11월.

다시 벼슬하여 출세할 뜻을 버리고 스스로 산수 사이를 방랑하였는데, 대사臺榭를 마련하며 송죽松竹을 심고 서사書史를 탐독하며 풍월을 읊조렸다. 그 글에 이르기를, "인간의 요로통진要路通津에는 눈을 떠 볼 만 한 곳이 없고, 물외物外의 청산녹수靑山綠水는 꿈에라도 돌아갈 때가 있으리라." 한 것이 있었다.[178]

더 이상 정치적 이상을 실현할 가능성이 없었기 때문일 것이다. 따라서 신라에서 6두품의 역할에 대해서 지나치게 해석하는 것은 경계되어야 할 것이다. 오히려 나말여초 지방 사회의 문사층에 주목할 필요가 있다.[179]

최치원의 사상은 구시대적인 삼교三敎의 영향이 지대했다고 할 수 있지만 일부 새로운 시대를 여는 신유학적 요소를 품고 있었다. 나말여초의 전환기에는 새로운 시대를 여는 사상에 지식인층이 주목하였을 것이기 때문에 비록 최치원의 사상에서 일부이지만 신유학적 요소는 고려 초기 유학으로 연결되는 중요한 고리 역할을 하고 있었다. 말하자면, 최치원의 사상은 구시대를 마감하면서 신시대를 선도하는데 그 의미를 둘 수 있다.

## 2) 최언위

최언위는 최치원의 사상을 계승했다고 평가받고 있으며,[180] 당시 유학계나 불교계를 대표하는 지식인으로 볼 수 있다. 최언위는 고려에

---

178) 『東史綱目』 5하, 효공왕 2년 11월.
179) 全基雄, 「羅末麗初 지방출신 문사층과 그 역할」 『부산사학』 18, 1990, 7쪽.
180) 장일규, 「나말여초 지식인의 정치이념과 훈요10조 - 최언위의 정치이념을 중심으로 -」 『진단학보』 104, 2007, 42쪽.

귀부한 이래로 고려의 문한관으로 신라 출신 지식인의 정치이념과 사상을 그대로 계승하고 이를 적극 표현하고 있었으며, 최치원의 문장도 계승했다고 평가되고 있다.[181] 그런데 이들 도당 유학생들은 당 후반부터 등장하던 신유학을 수학하였기 때문에 종래의 한당 훈고학적 정치의식보다는 진일보한 정치의식을 보이고 있다.[182] 그는 신라계 출신으로서 서북지역 출신의 개국공신 계열과 함께 고려 사회를 형성하는 큰 축이었다고 한다.[183]

최언위는 『맹자』를 존숭하면서 군왕 중심의 유교 정치를 언급하고 있는데, 선사들이 왕도를 도왔다고 서술하면서 패도정치가 행해져서는 안된다는 주장을 하고 있다.[184] 또 최언위는 왕건의 개국 정통성을 부각하면서 구세·애민사상으로 나라와 백성을 위하는 이상적인 군주로 칭송하였다. 왕건의 군왕 자질론資質論 내지 역할론役割論에 대한 강조는 최치원이 『계원필경집桂苑筆耕集』과 「사산비명」 등에서 언급한 군왕역할론과 맥을 같이 한다고 볼 수 있다.[185] 최치원, 최언위의 이러한 군왕론은 고려 태조의 「훈요십조」에 계승되고 있다.

「훈요십조」는 태조 26년(943) 4월에 대광大匡 박술희朴述熙에게 내린 것으로 태조 왕건의 사상을 잘 알 수 있는 부분이다. 서문에서는 건국의 당위성에 대해서 먼저 언급하고 있다.

내가 듣건대, 대순大舜은 역산歷山에서 밭을 갈다가 마침내 요堯의

---

181) 장일규, 위의 논문, 2007, 59쪽.
182) 全基雄, 『나말여초의 문인지식층 연구』, 부산대학교 박사학위논문, 1993, 37쪽.
183) 全基雄, 「나말여초 정치사회사의 이해」 『고고역사학지』 7, 1991, 301쪽.
184) 김영미, 「나말여초 최언위의 현실인식」 『사학연구』 50, 1995, 161~163쪽.
185) 장일규, 「최치원의 유교적 정치이념과 사회개혁안」 『한국고대사회연구』 38, 2005, 248~253쪽.

선위를 받았고, 한漢나라 고제高帝는 패택沛澤에서 일어나 드디어 한나라 제업帝業을 일으켰다. 나 또한 가난하고 평범한 집안에서 일어나 사람들에게 잘못 추대되어 여름에는 더위를 두려워하지 않고 겨울에는 추위를 피하지 않으면서 몸과 마음을 괴롭힌 지 19년 만에 삼한을 통일하였고, 외람되이 왕위에 있은 지 25년이니 이 몸은 이제 늙었다. 다만 염려되는 것은 후사後嗣들이 기분 내키는 대로 욕심을 부려 기강을 무너뜨릴까 크게 근심스럽다. 이에 훈요를 기술하여 후세에 전하니 아침저녁으로 펴 보고 길이 거울로 삼기를 바란다.186)

태조는 자신의 즉위를 요-순의 선양과 같은 의미로 해석하고 있으며, 신라와의 통합을 이루어냈다는 자부심 또한 표현하고 있다. 따라서 후손에게 열 조목을 남기겠으니 귀감으로 삼으라는 뜻이다. 제3조는 적장자 상속의 원칙을 내세우면서 요순의 테두리 안에서만 형제상속을 용인한다고 하였다. 즉, 왕위 계승은 군왕이 될 자의 자질을 우선시 한다는 점에서 왕실 서열을 기준으로 한 왕위 계승보다 군왕자질론에 입각한 왕권의 계승이 중요하다는 점을 천명한 것이다.187) 제4조는 당의 문물과 예악을 준수하지만 고려의 특성을 지키고, 거란 문화의 배척에서 화이론적 문화의식이 나타나 있다. 제7조는 간언을 따르라는 점에서 『정관정요』가 역대 왕들에게 계속 읽히는 계기를 마련하고, 또 인덕仁德을 베풀어야 한다는 점을 강조하고 있다.

〔7조〕 또 백성을 시기에 맞추어 부리고 부역을 가볍게 하며, 납세를 적게 해 주고, 농사의 어려움을 알아주면, 저절로 민심을 얻어 나라가

---

186) 『高麗史節要』 권1, 태조 26년 4월.
187) 장일규, 앞의 논문, 2007, 66쪽.

부유하고 백성이 편안해질 것이다.〔又使民以時 輕徭薄賦 知稼穡之艱
難 則自得民心 國富民安〕188)

사민이시使民以時는『논어』「학이」의 "공자께서 말씀하기를 '천승의
국가를 다스릴 때 일을 공경하고 믿으며, 쓰임을 아껴서 사람을 사랑하며,
백성을 부릴 때는 때에 맞추어야 한다.'고 하였다."에서189) 인용한 말로
백성을 부릴 때는 시기를 적절하게 하라는 뜻이다. 경요박부輕徭薄賦는
다음 사료와 그 의미가 유사하다.

우리 당태종 문황제가 사방을 처음 정벌하실 때 백성들이 풍요롭지
못하였다. 이에 군신들을 연방延訪하시어 각자의 견해를 말하도록
하였다. 오직 위징이 홀로 문황제에게 왕도정치를 힘써 행하도록
권하였다. 이로 말미암아 경요박부輕徭薄賦로 농민의 때를 빼앗지
않고, 현량을 등용하고, 충직에 기뻐하였다. 천하의 곡식 가격은 두斗
에 2전이었다.190)

당 태종이 왕도정치를 위해서 경요박부輕徭薄賦를 시행하고 있다는
점을 강조하고 있다. 당 태종은『정관정요』의 유행과 함께 중요시 되는
제왕이기 때문에 비록『구오대사』에 나오는 사료이지만 경요박부의 의미
는 고려에서도 이미 참고하고 있었을 것이다. 가색지간난稼穡之艱難은
『서경』「무일」의 "먼저 농사일의 어려움을 알고 편안하면 백성들의 의지

188)『高麗史節要』권1, 태조 26년 4월.
189)『論語』권1,「學而」. "子曰 道千乘之國 敬事而信 節用而愛人 使民以時"
190)『舊五代史』권58, 열전 10, 李琪. "我唐太宗文皇帝 以四夷初定 百姓未豊 延訪群臣
各陳所見 惟魏徵獨勸文皇力行王道 由是輕徭薄賦 不奪農時 進賢良 悅忠直 天下
粟價 斗直兩錢"

함을 알 것입니다."에서[191] 인용하였음을 알 수 있다.

10조는 주공周公이 「무일」 한 편을 지어 성왕成王에게 경계하였다는 점을 강조하고 있다. 주공을 성인으로 인식하고 있으며, 주공과 성왕의 관계를 중시하고 있다. 이 부분은 왕위 계승에서 상당히 중요하게 작용하고 있는데, 최충의 봉사에서 후술하도록 하겠다.

또 「훈요십조」가 중요한 이유는 초기에 분실했다가 최제안이 최항의 집에서 발견하여 공개하였다는 사실 때문이다. 최제안은 최승로의 손자이고, 최항은 최언위의 손자라는 점을 주목하지 않을 수 없는데, 이들은 경주계와 연관된 정치세력이라고 할 수 있다. 최언위가 원봉성의 장관으로 있을 때 최승로가 원봉성 학생으로 있으면서 그의 가르침을 받고 있었다.[192] 이들 뿐만 아니라 신라계 고급 지식층들은 고려의 관인층으로 흡수되어 광종대의 숭문정치와 관료체제의 정비 과정 속에서 부상하였고, 경종대에도 정치주도 세력으로 성장하였고, 성종대의 체제 정비도 이들에 의해서 주도되었다고 한다.[193]

## 3) 최승로

최승로(927~989)의 학문은 최언위와 연결되는데 그가 본격적인 관직 활동을 시작하는 것은 성종대이지만, 광종대의 상황을 먼저 살펴볼 필요가 있다. 다만 그가 광종대에는 뚜렷하게 역할을 한 근거를 찾을 수 없기 때문에 광종의 치세를 전반적으로 다루면서 언급하고자 한다. 먼저 광종은 즉위 후 광덕光德이라는 연호를 사용하고, 재앙을 물리치기

---

191) 『書經』 「周書」 無逸. "先知稼穡之艱難 乃逸則知小人之依"
192) 全基雄, 앞의 박사 논문, 1993, 122쪽.
193) 全基雄, 앞의 논문, 1991, 310쪽.

위해서는 덕을 닦아야 한다는 의미에서 『정관정요』를 읽고 있다.

　　봄 정월에 바람이 크게 불어 나무가 뽑혔다. 왕이 재앙을 물리치는
　　방법을 묻자, 사천대司天臺가, "무엇보다 덕을 닦는 것이 가장 좋습니
　　다." 하였는데, 이로부터 항상 『정관정요』를 읽었다.194)

　　광종이 『정관정요』를 읽게 되는 이유가 잘 나와 있는데 '덕을 닦기
위한 것이다'고 하였다.195) 이는 광종 초기 유학자들의 영향이었을 것이
다.196) 성종대의 유학자 최승로崔承老는 "즉위한 해로부터 8년 만에
정치와 교화가 맑아지고 공평해졌으며 상과 벌을 내릴 때는 지나친 경우가
없었습니다."고197) 하였다. 이후 광종은 왕권을 강화하고 호족과 공신세
력을 억제하는 조처를 취했는데 첫 번째가 후주後周에서 귀화한 쌍기雙冀
를 등용하여 문병文柄을 맡기는 것이었다. 이에 대해서 낭시의 의논이
불만스러워 하였다고198) 한다. 특히 신라계 구신의 후예인 최승로에게는
못마땅한 점이라고 할 수 있었다.199) 광종은 왕권을 강화하기 위해서
호족 출신 공신계열과 함께 신라 출신의 6두품 계열의 관료들을 견제하고
자 하였다.200) 자연히 여론은 불만을 제기하게 되었는데, 그것은 쌍기를
등용하는 것에 국한 된 것만은 아니었다. 광종 7년(956)부터 시작한
왕권 강화 정책과도 관련이 있는데, 이 해에 노비안검법을 시행하고

---

194) 『高麗史節要』 권2, 광종 원년 정월.
195) 全基雄, 앞의 박사 논문, 1993, 160쪽. 『정관정요』의 내용이 왕도정치보다는
　　　패도정치에 가깝다는 견해가 있다.
196) 蔡熙淑, 「高麗 光宗의 科擧制 실시와 崔承老」 『역사학보』 164, 1999, 72쪽.
197) 『高麗史』 권93, 열전 6, 최승로.
198) 『高麗史節要』 권2, 광종 7년.
199) 許興植, 『고려의 과거제도』, 일조각, 2005, 27쪽.
200) 蔡熙淑, 앞의 논문, 96쪽.

있기 때문이다.

후주後周의 성군이라는 세종世宗의 치세를 경험한 쌍기는 세종의 왕권
강화책을 광종에게 권유하였을 가능성이 크다.

전절도순관대리평사 쌍기雙冀가 설문우를 따라왔다가 병이 나서
머물러 있었는데, 병이 낫자 왕이 불러보니 그가 응대하는 것이 왕의
뜻에 맞았다.[201]

'그가 응대하는 것이 왕의 뜻에 맞았다.'는 것은 광종과 쌍기 사이에
정치적 교감이 있었다는 뜻으로 해석해 볼 수 있다.

여름 5월에 한림학사 쌍기에게 명하여 공거貢擧를 맡도록 하여
시詩·부賦·송頌 및 시무책時務策을 시험하여 진사進士를 뽑고, 왕이
위봉루威鳳樓에 거둥하여 방榜을 발표하고, 갑과甲科의 최섬崔暹 등
2명, 명경明經 3명, 복업卜業 2명에게 급제를 주었다. 쌍기의 건의를
채용하여 처음으로 과거를 설치했는데 이로부터 문풍이 비로소 흥성
하였다.[202]

광종은 동왕 7년에 귀화한 쌍기의 건의로 광종 9년(958)에 과거제를
시행하고 있다.[203] 이때의 시험 과목은 시·부·송 및 시무책이었는데

---

201) 『高麗史節要』 권2, 광종 7년.
202) 『高麗史節要』 권2, 광종 9년 5월.
203) John W. Chaffee 지음, 양종국 옮김, 『송대 중국인의 과거생활』, 신서원, 2001,
　　　95~96쪽. 북송의 과거는 964년에 후주(後周)의 과거규정이 정식으로 채택된다.
　　　물론 이는 五代와 송이 단절된 것이 아니라 연속되고 있다는 이론에 바탕하고
　　　있다.(申採湜, 『申採湜 저작집 Ⅰ - 송대관료제연구』, 내일을 여는 지식, 2008,

귀화한 지 만 2년 만에 과거를 시행하고 있다는 것은 과거 제도를 수용할 수 있었던 고려 내부의 역량과 인적 자원의 존재가 주목된다.[204] 처음 시행된 과거에서 진사進士 갑과甲科에는 최섬崔暹과 진긍晉兢 등 2인을 선발하였다. 쌍기는 960년에 실시된 과거에서도 지공거가 되어 최광범崔光範과 서희徐熙 등 7인을 진사 갑과로 뽑았고, 961년에 실시된 과거에서도 지공거가 되어 왕거王擧 등 7인을 진사 갑과로 뽑았다. 최승로가 광종대를 대표하는 유학자였지만 지공거가 되지 못한 것은 쌍기가 광종의 개혁에 적합한 인물이었기 때문일 것이라고[205] 한다.

광종대에 실시된 과거제는 신라의 독서삼품과와 달리 응시자격을 전국의 군현에 개방했다. 그러나 이 과거제가 이전의 관리 등용방식을 전면적으로 바꾸거나 대체한 것은 아니었다. 다만 통일 과정에서 형성된 귀족의 잔재를 청산하려는 정치적 필요에서 비롯되었고,[206] 국왕에 대한 충성을 기약하는 신진인사를 기용함으로써 왕권 강화에 상당한 효과가 있었다. 광종은 스스로 황제라고 칭하고 있으며, 개경을 황도皇都로 부르기도[207] 하였다는 점에서 왕권 강화를 절대적으로 시행하고 있는 모습이다.

성종은 고려에서 유교정치이념과 제도를 도입한 왕으로 알려져 있다. 그 상황은 최승로와 직접적 연관성이 있다. 성종이 최승로를 등용한 이후, 유학이 사회의 이념으로 채택됨으로써 불교가 가졌던 체제이념으로서의 기능은 축소되었다. 그래서 성종대의 유학은 최승로가 올린 「시무 28조」에서부터 파악해야 한다고 본다. 최승로는 『정관정요』의 의미에

---

33쪽.)
204) 全基雄, 앞의 논문, 1991, 313쪽.
205) 蔡熙淑, 앞의 논문, 87쪽.
206) 許興植, 앞의 책, 38쪽.
207) 『高麗史節要』 권2, 광종 11년 3월.

따라서 「시무 28조」를 올리게 되었다. 최승로의 시무책은 광종에 대한 비판으로 시작하는데, 이는 유교적 군주의 상을 벗어난 지나친 왕권의 전제화 때문이었다.208) 시무책의 구체적 내용을 살펴보도록 하자. 제14조에서 『주역』을 해석하는 특징을 찾을 수 있다.

　『주역』에 "성인聖人이 사람의 마음을 감동시켜 천하가 화평하다." 하였고, 〔그 해석은〕 "성인이 하늘과 사람을 감동시킨 것은〔聖人感人心〕 순일한 덕과〔純一之德〕 사사로움이 없는 마음을〔無私之心〕 가지고 있기 때문입니다." 하였다.209)

　성인감인심聖人感人心에 대해서 두 가지로 해석하는데 첫째가 순일지덕純一之德이다. 그런데 순일지덕純一之德은 『서경』「상서」'함유일덕'의 해석을 빌려오고 있다는 특징이 있다.210) 그 내용은 포악한 태갑太甲을 돌아오게 하는데 이윤伊尹의 공로가 있다는 뜻이고, 광종의 광포한 정치에 대한 반성을 은연중에 성종에게 주지시키는 것으로 해석할 수 있다는 뜻이다. 성인감인심聖人感人心에 대해서 두 번째 해석은 무사지심無私之心이다. 사사로움이 없는 마음은 지공무사至公無私로 해석된다.

　또 최승로의 28조 가운데 제11조의 득중得中, 제20조의 작중酌中,

---

208) 全基雄, 『나말여초의 정치사회와 문인지식층』, 혜안, 1996, 285쪽.

209) 『高麗史節要』권2, 성종 원년 6월. "易曰 聖人感人心 而天下和平 … 聖人所以感動天人者 以其有純一之德 無私之心也"

210) 『尙書注疏』「商書」咸有一德. "正義曰 太甲旣歸於亳 伊尹致仕而退 恐太甲德不純一 故作此篇以戒之 經稱尹躬及湯有一德 經稱尹躬及湯有一德 宋本湯下有咸字是也 言己君臣 皆有純一之德 戒太甲使君臣亦然 此主戒太甲 而言臣有一德者 欲令太甲亦任一德之臣 經云任官惟賢材 左右惟其人 是戒太甲 使善用臣也 伊尹旣放太甲又迎而復之 是伊尹有純一之德 已爲太甲所信 是己君臣純一 欲令太甲法之"

제22조의 집중執中 등은 모두 유교의 시중時中 정신을 잘 발휘한 것이라고 하였다.211) 이러한 중中에 관한 해석은 모두『중용』과 연관이 있는데, 성종대에 진입하면서 북송신유학과 비슷한 양상을 보이는 현상이었다. 이는 제20조에서도 확인된다.

　　불교를 행하는 것은 몸을 닦는[修身] 근본이며 유교를 행하는 것은 나라를 다스리는[理國] 근원이니, 몸을 닦는 것은 내생을 위한 밑천이며 나라를 다스리는 것은 곧 오늘날의 할 일입니다. 오늘날은 지극히 가깝고 내생은 지극히 머니 가까운 것을 버리고 먼 것을 구하는 일이 또한 그릇된 것이 아닙니까.212)

　　수신修身과 이국理國을 동시에 강조하는 이유는 당시의 유교가 몸을 닦는 것과 나라를 다스리는 두 가지를 모두 한 번에 해결할 수 없었기 때문이다. 이러한 철학체계는 남송대에 주자가 나와서 성리학으로 집대성하게 됨으로써 가능했던 것이다. 최승로의 시무책은 최치원에게서 기인한다는 연구와213) 최치원과 최언위를 계승했다는 연구가 있다.214) 최승로의 「시무 28조」 이후, 성종은 동왕 5년에 유교 숭상을 발표한다.

　　과인이 평소 덕이 박함을 부끄러워하지만, 그래도 유교를 숭상하는 마음은 간절하여 주공과 공자의 풍화風化를 일으켜 요·순의 다스림을 이루고자 하여 학교를 세워 선비를 기르고, 과거를 시행하여 선비를

---

211) 崔英成, 『한국유학통사』 상, 심산, 2006, 231쪽.
212) 『高麗史節要』 권2, 성종 원년 6월.
213) 李基白, 「통일신라기 및 고려초기의 유교적 정치이념」 『대동문화연구』 6·7, 1969~1970, 150~152쪽.
214) 김두진, 『고려시대 사상사 산책』, 국민대학교 출판부, 2008, 204쪽.

뽑으려 하였다.215)

태조와 광종대의 유교를 이어 주공과 공자의 풍화를 일으켜서 결국 요순의 정치를 계승하겠다는 뜻이다. 그 방법으로 학교와 과거를 활용하고자 하여 성종 11년(992)에 국자감을 설치하는데 이미 그 이전인 성종 2년(983)에『대묘당기大廟堂記』,『사직당기社稷堂記』,『문선왕묘도文宣王廟圖』,『제기도祭器圖』,『칠십이현찬기七十二賢贊記』를 수입한다.216) 성종 6년(987)에는 경학박사를 12목牧에 파견하여 관민의 자제 중에서 우수한 사람을 가르치게 하였다. 성종 10년(991)에는 사직과 오묘五廟 및 태묘太廟를 시설始設하였다. 성종대 과거는 광종대와는 다른 변화가 일어나는데 바로 복시覆試의 시행이다.

　　진사進士를 뽑도록 명하였다. 왕이 친히 복시覆試에 거둥하여 강은 천姜殷川등 3명과 명경明經 1명에게 급제를 주었다. 복시覆試를 보는 것은 이때부터 시작되었다. 은천殷川은 곧 감찬邯贊이다.217)

이때의 복시는 경과慶科의 의미로 시행된 것이므로 실제 복시는 성종 13년에 시행되었다. 북송의 전시殿試를 고려에서도 시행하고 있다는 점에서 시사하는 바가 있다. 북송에서 과거를 황제가 직접 주관하면서 사대부를 선발하는데, 사대부는 황제를 스승과 같은 위치에 놓고 있었다. 고려에서도 국왕과 과거 합격자간에는 이런 좌주와 문생의 관계가 형성되었던 것이다.218)

---

215)『高麗史節要』권2, 성종 5년 7월.
216)『高麗史』권3, 성종 2년 5월.
217)『高麗史節要』권2, 성종 2년 12월.

성종대 최승로의 「시무 28조」는 최응崔凝 등 나말 지식인들의 이상이
실현된 것으로 문신관료층의 이상이 집약된 것이라고 할 수 있다.219)
이 시무책 이후에는 김심언金審言의 봉사封事와 이양李陽의 봉사封事가
올라온다. 이양의 봉사 내용을 살펴보자.

  봄 2월에 좌보궐左補闕 이양李陽이 상소하기를, "『예기禮記』「월령月
令」에 의하면, 입춘立春 전에 토우土牛를 내어 농사의 시기를 보였으니,
청컨대 고사에 의하여 제때에 맞추어 이를 행하소서. 『주례周禮』의
「내재직內宰職」에, '정월에 왕후에게 조詔하여 육궁六宮의 사람들을
거느리고 늦벼와 올벼의 종자에 싹을 틔워서 왕에게 바치도록 한다.'
하였으니, 지금 주상께서 풍년을 빌고 적전籍田을 가는 데 있어 왕후도
반드시 종자를 바치는 예를 행하여야 될 것입니다. 「월령月令」에,
'정월 중기中氣 후에는 희생犧牲에 암컷을 쓰지 말고 나무 베는 것을
금지하며, 새끼와 알을 취하지 말고 여러 사람을 모으지 말며, 드러난
해골을 덮어 묻어 주라.' 하였으니, 원컨대 봄에 행하는 정령政令을
펴서 모두 절후에 따라 금지하는 조항을 알도록 하소서." 하였다.
왕이 이 말을 따라 교하여 서울과 지방에 반포하여 알리게 하였다.220)

「월령月令」의 내용이 이양에 의해 제시되고, 성종이 서울과 지방에
반포하여 시행하라고 하고 있다. 이미 고려 사회가 중농이념에 바탕을

---

218) 이인로 지음, 이태길 옮김, 『국역 파한집』, 문성출판사, 1980, 39쪽. 門生은 宗伯에게
    문장으로 인정을 받아야 특별히 靑雲에 오르게 되므로 옛 사람의 이른바 '종자기와
    백아와가 서로 만남'이다. 그러므로 문생은 지위는 비록 재상에 이르더라도 子姪의
    항렬에 있는 것과 같아서, 감히 종백과 대등한 교제를 할 수 없는 것이다.
219) 全基雄, 앞의 책, 285쪽.
220) 『高麗史節要』권2, 성종 7년 2월.

두고 있으며, 『예기』「월령」뿐만 아니라 『당월령唐月令』과 같은 책을 참고했음을 알 수 있다.221) 성종대 「월령」에 나타난 이런 부분을 천인합일天人合一이라고 하는데, 천재지변의 발생이 근본적으로 그 이전과는 달리 신하의 책임이 아니라 군주 스스로 부덕한 정치로 말미암아 일어나는 것이라서 군주의 책기수덕責己修德이 기본을 이룬다고 하였다.222)

이상으로 나말여초 유학의 전개를 최치원부터 출발해서 최언위, 최승로까지 살펴보았다. 최치원은 신유학의 선구를 이루고 있었다. 최언위도 도당 유학 당시 발흥기의 신유학을 수학하고 돌아왔는데 그의 사상은 태조대의 「훈요십조」에 계승된다. 최승로의 유교사상은 그의 「시무 28조」를 통해서 알 수 있는데, 이는 수신修身과 이국理國으로 표현되는 신유학이다.

---

221) 한정수, 「고려전기 유교적 중농이념과 월령」 『역사교육』 74, 2000, 134쪽.
222) 이희덕, 「고려초기의 자연관과 유교정치사상」 『역사학보』 94·95, 1982, 185쪽.

제3편 최충崔冲의 생애와 정치 활동

최충의 생애에 영향을 끼친 사상은 부친이 지어준 자字인 호연浩然에서 짐작할 수 있다. 호연지기浩然之氣에 내재된 사상이 최충의 생애와 후손들의 생애에 어떤 영향을 미치는지가 검토의 대상이다. 최충의 생애와 정치 활동에는 좌주인 최항崔沆의 지도와 학문적 동지 관계인 동료들의 협력이 도움 되었을 것이다. 최충의 초기 입사기入仕期에는 주로 대간臺諫 직관職官만 수행하고 있는데 이때 함께 관직 생활을 하는 인물이 황주량이다. 대간은 신유학의 발달과 함께 중시된 제도였다. 최충이 대간 직관을 수행하면서 올린 육정육사六正六邪와 자사육조刺史六條의 중요성은 그 때문이다. 최충이 재상宰相을 수행하면서는 국방, 군사와 외교 문제뿐만 아니라 법률을 정비하는데도 적극 참여하고 있다. 이때 어떤 사상적 경향성을 바탕으로 이런 임무를 수행하는지도 관심거리이다.

## 제1장 최충의 생애와 교유

최충의 생애는 크게 네 시기로 구분된다. 학문 수학기, 초기 입사기入仕期, 후기 입사기入仕期, 치사致仕 이후 교학 시기이다. 특히 이 기간은 대거란 전쟁, 전후 복구, 평화 및 문화발전을 이룩하던 때였다. 당시 최항과 최충의 역할이 주목된다. 또한 지우인 황주량과 최제안도 어떤 시대적 역할을 하는지 검토할 필요가 있겠다.

## 1) 최충의 가계와 생애

### (1) 가계

〔표 3〕최충의 가계도 1

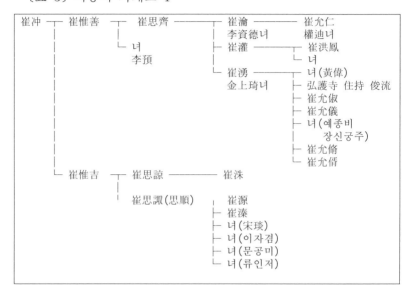

최충의 가계도는 위의 〔표〕와 같다.[1] 최충의 부친인 최온崔溫은 주리州
吏 출신으로[2] 해주의 향리였다. 최충의 자를 호연浩然으로 정한 것을
보면 이미 부친 당대에 『맹자』를 존숭하고 있었던 것을 알 수 있다.
최온에 대한 더 이상의 기록과 최충 형제에 대한 기록도 보이지 않는다.

---

1) 朴龍雲, 「고려시대의 해주최씨 가문 분석」『고려사회와 문벌귀족 가문』, 경인문화
사, 2003.
최상정 편, 『해주최씨세보』[奎 847-v.1-5]
2) 『新增東國輿地勝覽』권43, 黃海道, 海州牧.

최충에 의해서 가문이 번성한 경우였기 때문일 가능성이 크다. 상대적으로 최충의 조상에 대한 기록에 비해서 최충 후손들에 대한 기록이 더 풍부하게 남아 있게 된 이유이다. 최충의 큰아들은 최유선崔惟善이다. 그는 현종대에 을과에 합격하였고, 벼슬이 중서령에 이르렀다. 시호는 문화文和이고 문종文宗의 묘정에 배향되었다. 둘째 아들 최유길崔惟吉은 문종 27년(1073)에 호부시랑戶部侍郎이 된 뒤, 1075년에 태자빈객상서 우복야를 거쳐 상서좌복야가 되었다. 1077년 수사공판삼사사가 된 뒤 수사공섭상서령에 이르렀다.

최유선의 아들인 최사제(?~1091)는 문종 8년(1054)에 과거에 급제한 뒤, 1081년 예부상서로 사은사謝恩使가 되어 송나라에 다녀온 뒤 우산기상시가 되었다. 선종 5년(1088)에 중추원사, 이듬해 참지정사를 역임하고, 1090년 수사공 문하시랑 동중서문하평장사 감수국사 판이부사 상주국에 이르렀다. 시호는 양평良平이다.

최유길의 큰 아들인 최사량(?~1092)은 18세에 과거에 급제하여 문종 30년(1076)에 공부시랑으로 사은사謝恩使가 되어 송나라에 다녀온다. 이때 최사량이 소식의 『전당집』을 수입하고 있다. 선종 1년(1084)에 동지중추원사로 지공거知貢擧가 되어 과거를 주관하였다. 1086년에는 중추원사로 승진하고, 이듬해에는 참지정사 겸서경유수사가 되고 이 해에 검교 태자태사 수국사를 겸하였다. 둘째 아들인 최사추(1034~1115)는 최충 이후 가장 영향력이 큰 인물이었는데, 그의 사위가 이자겸이라는 점 때문이었다.

〔표 4〕 최충의 가계도 2

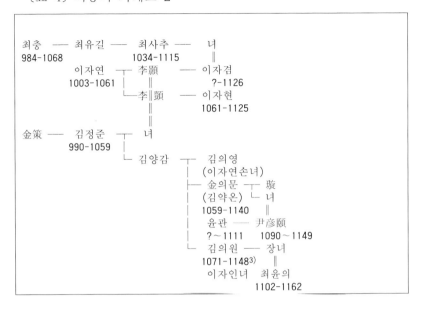

위의 '최충의 가계도 2'는 최충과 김양감 집안을 중심으로 구성하였
다.4) 이 가계도를 검토하여 보면 이자연 집안을 중심으로 최충, 김양감
집안이 중첩된 연혼으로 연결되어 있다. 이자연은 특히 최충이 치사하는
그 시점에 문하시중이 되고 있다는 점이5) 주목할 만하고, 이때 김양감의
부친인 김정준도 내사시랑평장사에 임명하고 있다. 이자연과 김정준은
사돈 관계이다. 이자연은 임명된 직후인 8월에 형정에 대한 건의를 올리고
있다.6) 형정과 임금의 관계를 하늘과 땅의 관계로 설정하고 있는 것이다.

---

3) 池斗煥, 「고려시대 사족세력의 형성과 변천(1)」『한국사상과 문화』14, 2001, 108쪽에
   는 1066년이 출생연도로 표시되어 있음.
4) 池斗煥, 위의 논문.
5) 『高麗史節要』 권4, 문종 9년 7월.
6) 『高麗史節要』 권4, 문종 9년 8월.

한편으로는 문종 초기 최충을 중심으로 새롭게 개편된 형정을 시행하는데
앞장서는 모습이다.

## (2) 생애

최충崔冲은 고려 성종 3년에 태어나 문종 22년에 85세로 별세한다.
연도별로 생애를 네시기로 구분하여 살펴보고자 하는데 기본 자료는
『고려사』, 『고려사절요』, 『崔冲硏究論叢』 및 『儒學史上 崔冲의 位相』의
「연보」에 의거한다.7) 네 시기는 수학기修學期, 초기 입사기入仕期, 후기
입사기入仕期, 치사致仕 이후 교학敎學 시기이다.

수학기修學期는 최충이 출생한 성종 3년(984)에서 최충이 22세 되던
목종 8년(1005) 4월까지로 정하였는데 과거 합격을 상한으로 하였다.
최충은 어릴 때 가학家學에서 공부한 것으로 추정되는데 학문의 방향은
최충의 자字를 호연浩然으로 지은 부친의 의도가 내재되어 있다고 생각된
다. 왜냐하면 호연浩然은 호연지기浩然之氣에서 차용한 것으로 『맹자』의
수양론과 관계되기 때문이다. 당대 북송에서도 사대부들이 호연지기를
바탕으로 한 수양론을 통해서 천하를 자신의 임무로 삼고 있었다는 점은
좋은 본보기였다.8)

최충은 목종 8년에 최항이 주관한 과거에 장원 급제한다. 이때의 과거
제도는 의미가 있다. 목종 7년(1004) 3월에 과거제도를 고치고 있기
때문이다.

---

7) 다만 『崔冲硏究論叢』 및 『儒學史上 崔冲의 位相』의 「연보」에는 최충의 출생 연도를
   족보에 의거해서 성종 5년(986)으로 비정하는데, 『高麗史』와 2년 차이가 난다.
8) 제4편 제3장의 「浩然之氣에 나타난 儒敎思想」 참조.

봄 3월에 과거법科擧法을 고쳐 정하였다. 전에는 늘 봄에 선비를 시험하여 뽑아 두었다가 더러 가을·겨울에 와서 방榜을 발표하였었는데, 이때에 와서 비로소 3월에 과장科場을 개설하여 10일 동안 문을 잠그고, 첫날은『예경禮經』10조를 첩시貼試하며, 이튿날은 시詩·부賦를 시험하고, 하루가 지나서 시무책時務策을 시험하여 과거의 등급을 정하여 아뢰고는 문을 열기로 정하였다. 명경明經 이하의 여러 업업은 전년 11월에 뽑아 두었다가 진사進士와 함께 같은 날에 방을 발표하기로 정하고, 이를 항구적인 법식으로 삼았다.9)

고려 전기 과거에서 가장 큰 변화는 바로 이때인 목종 7년과 예종 14년이었다. 목종 7년에는 처음으로『예경禮經』10조를 첩시貼試하였으며, 예종 14년에는 처음으로 경의經義를 시험 보였다.10) 그런데 바로 이 목종 7년 과거시험의 첫 장원급제가 황주량이었고11) 다음해 장원급제는 최충이다. 그런데 이 둘의 좌주가 최항崔沆이었다.

목종 8년(1005)에 과거 급제 이후 관직에 진출하고 있는데, 이때부터 50세까지를 초기 입사기로 분류할 수 있다. 당시 천추태후가 자신의 외족인 김치양을 중용하면서 서경 세력을 형성하고는 자신과 김치양 사이에 태어난 아들에게 왕위를 계승하기 위해 대량원군大良院君을 살해하고자 하였다. 이때 대량원군을 옹립하는 대표적인 인물이 최항崔沆이었다. 아마 최충도 최항이 옹립하는 당위성을 파악하고 직간접적으로 참여하였기 때문에 이때의 상황에 대해서 다음과 같이 논평할 수 있었을

---

9)『高麗史節要』권2, 목종 7년 3월.

10) 朴龍雲,「고려시대의 과거 - 제술과의 운영 -」『고려시대 음서제와 과거제연구』, 일지사, 2000, 251~253쪽.

11)『高麗史節要』권2, 목종 7년 4월 ; 黃周亮 등 15명과 명경 4명에게 급제를 주었다.

것이다.

> 천추태후千秋太后가 음란하고 방종하여 몰래 나라를 위태롭게 하여
> 왕위를 빼앗으려 하였는데, 목종께서 백성들이 현종의 촉망함을 알아
> 천추태후의 악당惡黨을 배제하고 멀리 사자를 빨리 보내 맞아와 왕위를
> 전하여 왕실이 튼튼하도록 하였으니, 이른바 '하늘이 장차 일으키려
> 하면 누가 능히 그를 폐하리오.' 하는 말을 어찌 믿지 아니하랴.12)

이때 강조가 정변을 일으켜 목종을 폐위하고 살해하게 되는데, 이를
구실로 거란이 침략하게 된다. 현종 원년(1010) 당시 최항은 거란의
2차 침입에 대비해서 급하게 팔관회를 복구하고 있었고, 최충은 서경장서
기西京掌書記로서 수제관修製官이 되어 전쟁에 참여하고 있었다. 개경이
함락되고 현종이 나주로 피신할 정도로 어려운 전쟁이었다는 점은 최충의
대외관에 지대한 영향을 미쳤을 것이다. 거란의 2차 침입 때 최충은
서경西京에 머물면서 방어하고 있었을 가능성이 큰 데, 이때 최충에게
양규楊規의 분전과 장렬한 전사가 인상적이었던 모양이다. 그래서 이후
양규의 아들 양대춘을 적극 천거하게 된다.

> 좌복야左僕射 최충崔冲이 왕에게 아뢰기를 "대춘은 지조가 탁월하고
> 지략이 많으며 군사 방면에도 통달한 인재입니다. 만일 국경에 사고가
> 있을 때에는 이 사람을 제쳐 놓고는 보낼 만한 인재가 없으니 그를
> 외직에 배치하지 말아야 한다."고 주장했다.13)

---

12) 『高麗史節要』 권3, 현종 22년 5월.
13) 『高麗史』 권94, 열전 7, 양규.

양대춘도 부친인 양규를 닮아서 지략이 많고 군사 방면에서도 탁월했다는 것을 최충이 잘 파악하고 있는 장면이다. 현종은 동왕 2년(1011) 2월 15일에 청주 행궁에서 연등회를 개최하고, 2월 23일에 개경으로 귀환하였다. 최충은 5월에 참전한 공로 때문인지 우습유에 제수된다. 현종 3년(1012)에 최항은 황룡사탑을 수리하고 있는데, 신라 선덕여왕이 9개국에서 조공을 받기 위한 것을 재현하고자 한 것이다. 최항이 팔관회 복구와 황룡사탑 수리를 모두 담당하는 것은 문화계와 사상계를 주도하는 입장이었기 때문이고, 또 이런 문화적 자산을 통해서 자긍심을 발현하고자 하는 의도 때문일 것이다. 물론 현종대에 조판된 것으로 추정되는 초조대장경으로 인해 거란을 물리쳤다고 고려민들이 생각하게 되었다는 것도 같은 의미라고 할 수 있다. 여하튼 최항이 정계와 학계에서 차지하는 위치는 그를 좌주로 둔 최충의 입장에서는 관직 진출 이후에 많은 도움이 되었을 것이다.

최충은 현종 4년(1013) 9월에 우습유右拾遺로 수찬관修撰官에 임명된다. 최항은 감수국사에, 김심언은 수국사에, 주저·윤징고·황주량·최충은 수찬관에 각각 임명되었다. 이는 거란의 침략으로 실록이 불탄 것을 다시 편찬하기 위한 것이다. 이때 최충은 김심언과 교류하게 되고, 이후 김심언의 육정육사六正六邪 봉사를 차용하여 같은 내용의 봉사를 올리게 된다.

현종 5년부터 거란은 자주 고려 국경을 침입하기 시작하였고, 이런 와중에 최충은 현종 7년(1016) 1월에 우보궐로 임명되는데 정6품이다. 거란의 잦은 침입은 현종 9년 12월에 소배압蕭排押의 대규모 침입으로 이어졌다. 현종 10년(1019) 2월 6일에는 거란의 소배압을 격퇴한 강감찬이 개선한다. 현종 11년(1020) 1월에 최충은 기거사인起居舍人에 임명되는데, 이때 최충의 좌주인 최항은 추충진절위사공신推忠盡節衛社功臣의 칭호를 부여받는다.14) 최항이 팔관회 부활과 황룡사탑 수리에 공이 있었고, 그것이 거란을 물리치는데도 도움이 되었다는 의미로 공신호를 내린 것이라고 생각된다. 이런 시대적인 분위기에서 현종 11년 최치원崔致遠에게 내사령內史令을 증직하고 선성先聖의 묘정에 종사從祀하고, 현종 13년 설총薛聰에게 홍유후弘儒侯를 증직하고 선성의 묘정에 종사하게 된다.15)

이후 고려와 거란은 현종 11년 12월에 국교를 예전의 평상 상태로 회복하고 있다. 최충은 평탄한 관직 생활을 이어가면서 현종 15년 (1024) 12월에는 중추직학사中樞直學士에 임명되었고, 현종 16년 (1025) 12월에는 한림학사翰林學士 내사사인內史舍人 지제고知制誥에 임명되었다. 이해에 「증시원공국사승묘지탑비명贈諡圓空國師勝妙之塔碑銘」을 지었다. 그런데 최충의 입장에서 원공국사 비문을 지을 수밖에 없는 이유가 있다. 바로 전해인 현종 15년 6월에 좌주인 최항이 졸卒하고 있기 때문이다. 학계를 대표하는 최항을 대신할 인물은 최충이라고 현종 이 판단했을 것이다. 이어서 현종 17년(1026) 4월에는 「봉선홍경사갈기 奉先弘慶寺碣記」를 짓게 된다. 이 공로 때문인지 현종 17년(1026) 11월에 는 태자중윤太子中允에 임명된다. 이후 최충은 탄탄한 관직 생활을 이어가 게 되는데, 현종 18년(1027) 1월에는 급사중給事中, 현종 20년(1029) 11월에는 우간의대부右諫議大夫, 현종 21년(1030) 5월에는 태자우논덕 太子右論德이 된다. 현종의 최측근으로서 활동하고 있는 것이다. 현종 22년(1031) 5월에 현종이 훙薨하자 사신史臣으로서 논찬을 썼다.

---

14) 『고려사절요』 권3, 현종 11년 정월.
15) 『고려사절요』 권3, 현종 13년 정월.

"오랑캐와 화호를 맺고, 전쟁을 멈추고 문덕文德을 닦으며, 부세를 가볍게 하고 요역을 가볍게 하며, 준수한 인재를 등용하고 정사를 공평하게 하여 서울과 지방이 평안하고 농업과 잠업이 자주 풍년이 들었으니 나라를 중흥시킨 왕이라 이를 수 있다."하였다.16)

현종대 정치 상황을 간략하게 정리하였지만 핵심을 간파하고 있는 것이다. 현종을 계승한 덕종에게도 중신으로 계속 기용되고 있다. 이는 덕종이 태자일 때 사부의 역할을 하면서 신뢰를 다졌기 때문일 것이다. 최충은 덕종 2년(1033) 정월에 우산기상시右散騎常侍로 제수되었다가 4월에는 우산기상시를 띠고 동지중추원사에 제수되었으며, 육정육사六正六邪와 자사육조刺史六條를 올렸다. 이는 덕종이 병약하여 후계 구도의 문제점이 발생할 염려 때문에 올린 것이다.17)

최충은 덕종 3년(1034) 7월에 형부상서刑部尙書로 임명되면서 후기 입사기 활동을 시작하게 된다. 최충의 염려대로 덕종 3년(1034) 9월에 덕종이 훙薨하게 된다. 정종 원년(1035) 정월에는 중추사 형부상서가 된다. 정종 원년(1035) 3월에는 지공거가 되어 김무체金無滯 등을 뽑았다. 정종 3년(1037) 7월에는 참지정사 수국사가 되었다. 정종 6년(1040) 7월에는 우복야로서 양대춘을 외직에 보임하지 말라는 건의를 올렸다. 앞에서 서술한 대로 거란의 침입 때 분전하다가 전사한 양규의 아들인 양대춘에 대한 고려인 것이다. 정종 7년(1041) 8월에는 판서북로병마사 상서좌복야로 평로진平虜鎭과 영원진寧遠鎭을 축성하였다. 이 공로 때문인지 정종 7년(1041) 10월에는 내사시랑 평장사로 승진하였

---

16) 『高麗史節要』 권3, 현종 22년 5월.
17) 제3편 제2장 「臺諫活動」 참조.

다. 정종 9년(1043) 2월에는 수사도 수국사 상주국 문하시랑이 된다. 정종대에는 서적의 조판이 주목되는데, 동왕 11년(1045)에는 비서성秘書省에서 『예기정의禮記正義』 70본과 『모시정의毛詩正義』 40본을 인쇄하여 올리고 있다.[18]

문종은 정종 12년(1046) 8월에 정종이 훙薨하자 뒤를 이어 즉위한다. 문종 치세 38년 동안(1046~1083) 고려는 정치가 잘 행해지고 문물제도가 크게 갖추어졌으며, 국력이 강성하여 문화가 찬연히 빛나고 태평이 오래 지속되었다. 이에 대해서 이제현李齊賢도 다음과 같이 말하고 있다.

긴요하지 않은 관직을 생략하여 일이 간편하였고 비용이 절약되어 나라가 부유해지니 국창國倉의 곡식이 해마다 쌓여가고 집마다 넉넉하고 사람마다 풍족하니 당시에 태평이라 일컬었다. 송나라 조정이 매양 포상하는 명을 내렸고, 요는 해마다 왕의 생신을 경축하는 예를 표시하였다. 동으로는 왜가 바다를 건너 보배를 바쳤고, 북으로는 맥貊이 관문을 두드리고 살아갈 터전을 받았다.[19]

국내 정치와 함께 주변 민족과의 정세가 안정화 되었다는 표현이다. 이런 문종의 치세를 함께 하면서 중요한 직책을 수행하는 신하가 최충이었다. 먼저, 문종이 즉위할 때 최충은 시중 최제안과 함께 평장사로 정사의 잘잘못을 논하였다. 문종 원년(1047) 4월에 문하시중이 되었다.[20] 문종 원년(1047) 6월에는 문하시중으로 율령서산을 산정하였다. 또 이때 문종이 문덕전文德殿에서 군국軍國의 서무庶務를 질문하였다. 문종 원년

18) 『고려사절요』 권4, 정종 11년 4월.
19) 『고려사절요』 권5, 문종 37년 8월.
20) 『高麗史』에는 문하시랑이라고 하였으나 시중에 맞는 것 같다.

(1047) 11월에는 개부의동삼사가 더해진다. 문종 2년(1048) 11월에는 문하시중門下侍中으로 협향祫饗에 집사執事한 자의 관직 등급을 올려주는 데 해당하였다. 문종 3년(1049) 2월에는 수태보守太保에 임명되었다. 문종 4년(1050) 정월에는 개부의 동삼사 수태부, 추충찬도공신으로 임명되었다. 문종 4년(1050) 11월에는 도병마사 문하시중으로 서북 흉민대책을 건의하였다. 문종 4년(1050) 12월에는 여진 외교를 건의하였다. 문종 5년(1051) 10월에는 식목도감사式目都監使가 되어서 씨족을 기록하는 일에 대해 건의하였다. 문종 7년(1053) 12월에는 70세가 되자 문종이 유종儒宗을 제제制制하였다. 문종 8년(1054) 4월에는 장손 사제思齊가 병과 제1로 급제하였다.

문종 9년(1055) 7월에 72세로 내사령으로 치사하고 문헌공도를 세우면서 교학 시기를 전개하게 된다. 문헌공도 설립 이후에 사학이 연이어 성립되면서 십이도를 형성하게 된다. 십이도는 최충의 문헌공도文憲公徒, 시중을 지낸 정배걸鄭倍傑의 홍문공도弘文公徒, 참정參政 노단盧旦의 광헌공도匡憲公徒, 제주祭酒 김상빈金尙賓의 남산도南山徒, 복야僕射 김무체金無滯의 서원도西園徒, 시중 은정殷鼎의 문충공도文忠公徒, 평장사平章事 김의진金義珍의 양신공도良愼公徒, 평장사 황영黃瑩의 정경공도貞敬公徒, 류감柳監의 충평공도忠平公徒, 시중 문정文正의 정헌공도貞憲公徒, 서석徐碩의 서시랑도徐侍郎徒, 설립자 미상의 귀산도龜山徒가 그것이다. 가장 융성한 것이 문헌공도였다. 사학 12도에서 제1번인 것은 의미가 있다고 생각된다. 호원의 학안이 『송원학안』에서 제1번인 것과 유사하기 때문이다.

문종 12년(1058) 4월에는 문종이 치사 고신문에 다시 내사령을 더해주고, 물품을 하사하였다. 문종 21년(1067) 5월에 국로國老 잔치에 참여하였다. 이때의 장면을 기록한 글이 있다.

　지금 최중령崔中令이 왕지王旨를 받들고 궁중 잔치에 들어가니,
유선惟善이 그때 상서령尙書令으로 자질子姪들을 거느리고 붙들어
모시었다. 평장사平章事 김행경金行瓊의 시詩 중에 이르되, "상서령이
중서령을 붙들고, 을장원이 갑장원을 붙들었네.〔尙書令擁中書令 乙
壯元扶甲壯元〕"하였다.21)

　최충의 아들인 상서령 최유선이 부친인 중서령 최충을 모시는 장면인
데, 유선은 을장원이었고, 최충은 갑장원이었기 때문에 이런 말을 한
것이다. 문종 22년(1068) 9월에 85세로 대미를 장식한다. 이상 최충의
생애를 표로 정리하면 다음과 같다.〔표 5~7〕

---

21) 『東文選』 권15, 送洪敏求進士.

[표 5] 최충 연표 - 초기 입사기入仕期

| 나이 | 왕력 | 서기 | 직관 | 품계 | 하는일 |
|---|---|---|---|---|---|
| 1세 | 성종 03년 | 984 | 출생 | | |
| 22세 | 목종 08년 4월 | 1005 | 급제 | | |
| 27세 | 현종 원년 5월 | 1010 | 西京掌書記에서 修製官 옮김 | 7품 | |
| 28세 | 현종 02년 5월 | 1011 | 우습유 | 종6품 | |
| 30세 | 현종 04년 9월 | 1013 | 우습유 수찬관 | | 『7대실록』 편찬 |
| 31세 | 현종 05년 11월 | 1020 | | | 무신들의 文職 臺閣 겸직 반대 |
| 33세 | 현종 07년 1월 | 1016 | 좌·우보궐 | 정6품 | |
| 37세 | 현종 11년 1월 | 1020 | 기거사인 | 종5품 | |
| 41세 | 현종 15년 12월 | 1024 | 중추직학사 | | |
| 42세 | 현종 16년 12월 | 1025 | 한림학사 내사사인 지제고 이해에 「贈諡圓空國師勝妙之塔碑銘」 지음 | 종4품 | |
| 43세 | 현종 17년 3월 | 1026 | 내사사인 지공거 | 종4품 | 崔晛 급제시킴 |
| 〃 | 현종 17년 4월 | 1026 | 「奉先弘慶寺碣記」 지음 | | |
| 〃 | 현종 17년 11월 | 1026 | 태자 중윤 | 정5품 | |
| 44세 | 현종 18년 1월 | 1027 | 급사중 | 종4품 | |
| 46세 | 현종 20년 11월 | 1029 | 우간의대부 | 정4품 | |
| 47세 | 현종 21년 5월 | 1030 | 太子 右諭德 | 정4품 | |
| 48세 | 현종 22년 5월 | 1031 | 史臣 | | 현종 薨 崔冲 논찬 |
| 48세 | 현종 22년 겨울 | 1031 | | | 거란 출병 반대 |
| 50세 | 덕종 02년 정월 | 1033 | 우산기상시 | 정3품 | |

〔표 6〕 최충 연표 - 후기 입사기入仕期

| 나이 | 왕력 | 서기 | 직관 | 품계 | 하는일 |
|---|---|---|---|---|---|
| 51세 | 덕종 03년 4월 | 1034 | 동지중추원사 | 종2품 | 六正六邪, 刺史六條 |
| 〃 | 덕종 03년 7월 | 1034 | 형부상서 중추사 | 종2품 | 중추사 |
| 52세 | 정종 원년 정월 | 1035 | 중추사 형부상서 | | |
| 〃 | 정종 원년 3월 | 1035 | 지공거 | | 金無滯 급제시킴 |
| 54세 | 정종 03년 7월 | 1037 | 참지정사 수국사 | 종2품 | 현종실록 편찬 |
| 54세 | 정종 03년 7월 | 1037 | 참지정사 수국사 | | |
| 57세 | 정종 06년 7월 | 1040 | 좌복야 | 정2품 | 楊帶春 안북대도호 부부사 임명 반대 |
| 58세 | 정종 07년 8월 | 1041 | 판서북로병마사 상서좌복야 | | 영원, 평로진에 성 축조 |
| 〃 | 정종 07년 10월 | 1041 | 내사시랑 평장사 | 정2품 | |
| 60세 | 정종 09년 2월 | 1043 | 수사도수국사상주국 | | |
| 63세 | 문종 즉위년 8월 | 1046 | 평장사 | | 정사 잘잘못 논의 |
| 64세 | 문종 원년 4월 | 1047 | 문하시중 | 종1품 | |
| 〃 | 문종 원년 6월 | 1047 | 문하시중 | | 율령서산 산정 |
| 〃 | 문종 원년 6월 | 1047 | | | 문덕전에서 군국의 서무를 질문 |
| 65세 | 문종 02년 8월 | 1048 | | | 정종 묘정에 배향 |
| 65세 | 문종 02년 11월 | 1048 | 문하시중 | 종1품 | 祫饗에 執事 한자 관직 등급 올림 |
| 66세 | 문종 03년 2월 | 1049 | 수태보 | | |
| 67세 | 문종 04년 정월 | 1050 | 개부의 동삼사 수태부, 추충찬도공신 | | |
| 〃 | 문종 04년 11월 | 1050 | 도병마사 문하시중 | 종1품 | 서북 휼민대책 건의 |
| 〃 | 문종 04년 12월 | 1050 | | | 여진 외교 건의 |
| 68세 | 문종 05년 10월 | 1051 | 식목도감사 | | |
| 70세 | 문종 07년 12월 | 1053 | | | 문종 유종 制 |

〔표 7〕 최충 연표 - 치사致仕 이후

| 나이 | 왕력 | 서기 | 직관 | 품계 | 하는일 |
|---|---|---|---|---|---|
| 72세 | 문종 09년 7월 | 1055 | 내사령 치사 | | 문헌공도 |
| 75세 | 문종 12년 4월 | 1058 | 내사령 치사, 물품 하사 | | |
| 78세 | 문종 15년 | 1061 | 중서령 치사 | 종1품 | |
| 85세 | 문종 22년 9월 | 1068 | 졸 | | |

## 2) 최충의 좌주座主와 교유 관계

### (1) 좌주座主 최항崔沆

최충의 좌주인 최항(972~1024)은 최언위의 손자이다. 최충과 최항의 관계는 이후에도 이어지고 있다. 최항의 아들인 최유부崔有孚의 좌주가 최충이기[22] 때문에 이중으로 좌주와 문생 관계를 형성하고 있다. 좌주와 문생의 관계가 부자와 같았다는 고려 사회에서 최충에게 최항은 든든한 후원자 역할을 했음이 분명하다. 그래서 현종대 거란의 2차 침입 이후에 『7대실록』의 편찬에 감수국사 최항, 수국사 김심언 및 주저·윤징고·황주량 등과 함께 최충도 참여하게 된다. 최충의 능력으로 가능했던 점도 있었지만 지공거인 최항의 영향력이 개입되었을 소지가 충분하다. 최항이 지공거로서 선발했던 황주량도 함께 편찬 작업에 참여하고 있기 때문이다. 최항의 학문을 구체적으로 살펴보자.

최항(972~1024)의 본관은 경주慶州로 자는 내융內融이다. 최항의 부친이 자를 내융內融으로 지었다는 것은 「고려국영취산대자은현화사비음기高麗國靈鷲山大慈恩玄化寺碑陰記」를 참고할 필요가 있다.

신이 성인의 지극한 가르침을 들으니, 유교의 경전에서는 뜻을 기르고 부지런히 닦으면 정교政敎가 잘 된다고 하였고, 불교의 가르침에서는 마음을 경건하게 하면 복록福祿을 얻게 된다고 하였습니다. 이른바 서로가 삼교三敎의 으뜸이라고 하지만 서로 같은 근원을 가지고

---

22) 『林下筆記』권12, 崔文憲門生 ; 최문헌이 貢擧한 자들이 열네 사람이었는데, 그중에 乙科의 세 사람인 金無滯와 李從現과 洪德成이 함께 尙書에 除拜되고, 李象廷과 崔尙과 崔有孚가 서로 이어서 參政이 되었다.

있는 것으로서, 참된 이치를 안으로 깨달으면[內融] 교화의 공덕이
밖으로 드러난다고 하는 것입니다.23)

　채충순이 지은 현화사비에 실린 내용이다. 채충순은 최항과 함께 현종
을 옹립하는 역할을 하는 인물이다. 정치적 입장을 같이 한다는 점에서
최항과는 막역한 관계였고, 내융內融의 의미를 잘 알고 비문을 지었을
것이다. 최항의 아버지가 최항에게 지어 줄 때의 의미는 "참된 이치를
안으로 깨달으면 교화의 공덕이 자연히 밖으로 드러난다."로 볼 수 있다.
체용體用으로 해석할 수 있는 부분이고, 유교와 불교의 근원이 일치한다는
의미이다. 할아버지인 평장사 최언위崔彦撝로 부터 이어지는 사상적 여맥
일 가능성도 배제할 수 없다.

　최항은 성종 10년(991) 20세의 나이로 장원급제 한다. 최항의 좌주는
백사유였다. 백사유도 광종 24년(973)에 장원급제 한다. 이후 최항은
우습유지제고右拾遺知制誥에 발탁되었고, 그 뒤 여러 벼슬을 거쳐 내사사
인內史舍人이 되었다. 목종 때는 거듭 지공거知貢擧가 되어 훌륭한 인재를
많이 뽑아 왕의 신임을 받았으며, 이부시랑吏部侍郎과 중추원사中樞院使
를 지냈다. 그러나 김치양金致陽이 반역을 꾀하자 채충순蔡忠順 등과
함께 계책을 세워 현종을 옹립하였다. 이때 최항은 현종의 사부로 임명되
고 있다.

　한림학사 최항崔沆을 사부師傅로 삼고, 교하기를, "왕자王者가 삼로
　三老를 아버지처럼 섬기고, 오경五更을 형처럼 섬기는 것은 현인의

---

23) 조선총독부편,『朝鮮金石總覽』上, 아세아문화사, 1976, 247쪽. "臣聞　聖人之至鑒也
　儒書黽志勤修則政教是興　佛法在心虔敬則福祿克□　所謂雖各□三教　而共在一源
　眞理內融　化門外顯者也"

도움을 입어 덕을 돕기 위한 것이다. 나는 어릴 때 부모의 상을 당하여 법훈法訓을 듣지 못했으므로, 우러러 옛날의 법식을 따라 사부가 될 만한 이를 얻고 싶었다. 한림학사 최항은 밝은 식견과 높은 재주가 진실로 동료 중에 뛰어나니, 정당문학에 임명하여 과인의 사부로 삼는다." 하였다.24)

사부로 삼았던 이유는 '어버이처럼 여길 현인'이 필요하였기 때문이다. 또한 현종은 최항에게 교훈을 얻고 싶다는 표현을 사용하고 있다. 최항이 주청하여 현종 1년(1010)에 팔관회를 부활하고 있다.

　　팔관회를 부활시키고 왕이 위봉루威鳳樓에 거둥하여 풍악을 관람하였다. 예전에 성종이 팔관회 시행에 따르는 잡기가 정도正道에 어긋나는데다가 번거롭고 요란스럽다 하여 이를 모두 폐지하고, 다만 그날 왕이 법왕사法王寺에 행차하여 향불을 피우고 구정毬庭으로 돌아와서 문무관의 조하朝賀만 받았다. 이것을 폐지한 지가 거의 30년이나 되었는데, 이때에 와서 정당문학 최항崔沆이 청하여 이를 부활시켰다.25)

앞서 성종 1년(982)에 최승로崔承老의 주청으로 폐지되었던 것을 부활하였던 것이다. 그런데 정도에 어긋나고, 번거롭고, 요란스러운 행사인 팔관회를 폐지한지 30년이나 지난 후에 부활하게 된 것에는 어떤 이유가 있을까? 그 이유를 황룡사탑의 수리와 관련된 자료를 통해서 살펴보자.

──────────────

24) 『高麗史節要』 권2, 목종 12년 7월.
25) 『高麗史節要』 권3, 현종 원년 11월.

벼슬하기를 즐기지 아니하여 나이 70이 되기 전에 글을 올려 치사致
仕하기를 청하고는, 여러 번 불러도 나오지 않았다. 그러나 불교를
지나치게 믿어 황룡사탑의 수리를 청하고 몸소 가서 감독하여 자못
백성들의 농사일을 방해하기도 하였다. 또 사제私第에 불경과 불상을
만들어 두었다가 마침내 집을 내놓아 절을 삼았다.26)

이 내용은 최항의 졸기에 나오는 것으로, 부활을 주도한 최항에 대해서
불교를 지나치게 신봉하였기 때문에 황룡사탑을 수리하게 되었다고 설명
한다. 그러나 최항이 벼슬을 치사하고도 황룡사 9층탑의 수리를 자청하고
공사를 감독하고 있는 의미를 파악해야 한다. 신라 선덕여왕 때 세운
황룡사탑은 9개국에서 조공을 받을 수 있다는 기원에서 세운 탑이기
때문이다.

신인은 "황룡사의 호법룡護法龍은 나의 맏아들이오. 범왕梵王의 명
령을 받고 그 절에 와서 보호하고 있으니, 그대가 본국에 돌아가
절 안에 구층탑을 이룩하면 이웃 나라는 항복해 오고 구한九韓이
조공朝貢을 바치니 국조國祚가 길이 태평할 것이며, 탑을 세운 뒤에는
팔관회八關會를 베풀고, 죄인을 놓아주면 외적外賊이 침범하지 못할
것이오. 또 우리를 위하여 경기京畿 남안南岸에 정사精舍 한 채를
지어 내 복을 빌어주오. 나도 또한 그 은덕을 갚겠소."라고 말하였
다.27)

황룡사탑을 세우는 것과 팔관회를 시행하는 것을 동시에 시행하고

---

26)『高麗史節要』 권3, 현종 15년 6월.
27)『三國遺事』 권3, 황룡사의 9층탑.

있다. 그렇게 하면 외적이 침범하지 못할 것이라고 여겼기 때문으로
보인다. 9층탑의 각 층에 비정된 국가를 살펴보면, 제1층은 일본을,
제2층은 중화를, 제3층은 오월吳越을, 제4층은 탁라托羅를, 제5층은 응유
鷹遊[백제]를, 제6층은 말갈靺鞨을, 제7층은 단국丹國[거란]을, 제8층은
여적女狄[여진]을, 제9층은 예맥穢貊이다.28) 최항이 황룡사탑의 수리를
자청한 것은 거란과의 전쟁이 끝난 후에 표현된 대외관의 발현이었다.
비록 전쟁이 끝나고 고려, 거란, 송이 평화 관계를 지속하면서 고려가
거란의 연호를 사용하고 있지만 오히려 거란보다 문화적으로 우수하다는
자존감을 표현한 것이다. 그래서 팔관회도 부활하였을 가능성이 크다.
현종대 부활된 팔관회가 덕종대에 어떻게 운영되는지를 통해서 그 의미를
살펴보자.

　　팔관회를 베풀고 신봉루에 거둥하여 백관들에게 포酺를 내렸다.
　　법왕사法王寺에 행차하여 그 이튿날 크게 팔관회를 열고 또 포를 내렸으
　　며 음악을 관람하니, 안팎에서 표문을 올려 경하드렸다. 송나라 상인과
　　동서번東西蕃과 탐라가 토산물을 바치니, 그들에게 앉아서 예식을
　　보게 해 주었는데 이후로 일정한 절차가 되었다.29)

　　팔관회를 관람하고 식을 행하는 모습이 마치 번국藩國에서 조공을
받는 절차처럼 보인다. 선덕여왕 때 황룡사 9층탑을 세운 목적이 9개의
국가에서 조공을 받기 위한 것을 재현하는 듯하다. 비록 언급한 국가가
송나라, 동번, 서번, 탐라 밖에는 없지만 동번과 서번을 적극 해석하면

---

28)『三國遺事』권3, 황룡사의 9층탑.
29)『高麗史節要』권4, 덕종 3년.

여진, 거란, 일본을 포함하기 때문에 총 9개국에 가름할 수 있다. 팔관회를 통해 당시 고려의 위상을 확인할 수 있는 것이다.30)

최항은 황룡사탑을 수리하면서 경주의 조유궁朝遊宮을 헐고 그 재목을 사용하고 있다. 그리고 의욕이 강하였던지 수리에 몰두하면서 백성들의 농사일도 방해하고 있다. 왜 이렇게 무리하게 강행하였을까? 대거란 전쟁 때문이었을 것이다. 현종 1년(1010) 팔관회를 복구한 직후에 거란의 침입이 있게 되고, 현종 3년(1012) 황룡사탑을 수리한 이후에 거란의 3차 침입(1018)이 있었기 때문이다. 그래서 현종이 즉위하면서 동왕 1년에 팔관회를 복구하고 현종 3년에 황룡사탑을 수리한 것은 현종대 대외관을 보여주는 가장 중요한 사실이었다. 이러한 대외관은 대거란 전쟁의 승리에 기여하였고 최충에게 계승되고 있다. 이후 고려의 화이론으로 자리 잡고 있었기 때문에 몽골이 침입했을 때도 강력하게 저항을 하게 된 원동력이 되었던 것이다. 몽골은 고려의 저항 의지를 꺾기 위해서 경주에 침입해 황룡사탑을 불태울 수밖에 없었을 것이다.31)

현종대의 위기 상황을 표현하는 것은 현종 3년의 교敎에서 알 수 있다.

「홍범洪範」의 팔정八政에 식食을 우선으로 하였으니 이것은 진실로 나라를 부유하게 하고 군사를 강하게 하는 도리이다〔富國强兵之道〕. 요사이 사람들의 습속이 부박하고 화려해져서 본업本業을 버리고 말업末業에 힘써 농사지을 줄을 모르니, 여러 도의 금기錦綺 등 여러 직물을 파는 갑방甲坊의 장수匠手들을 모두 줄여서 농업에 종사하게 하라.32)

---

30) 구산우, 「고려 현종대의 대거란전쟁과 그 정치·외교적 성격」, 『역사와 경계』 74, 2010, 121쪽.
31) 『高麗史節要』 권16, 고종 25년 윤4월.

　현종은 「홍범洪範」의 팔정八政 중에서 식食을 우선하는 게 부국富國과 강병强兵의 도리라고 하였다. 고려에는 식食을 최우선으로 했다는 것에 관한 사료가 보이지 않아 중국의 경우를 찾아보면 다음과 같다.

『한서』成帝　4년. 詔曰 夫洪範八政 以食爲首 斯誠家給刑錯之本也[33]

『한서』「식화지」 洪範八政 一曰食 二曰貨 食謂農殖嘉穀 可食之物[34]

『晉書』「식화지」 洪範八政 貨爲食次 豈不以交易所資 爲用之至要者乎
　　　　　　　若使百姓用力於爲錢 則是妨爲生之業 禁之可也[35]

『魏書』「식화지」 夫爲國爲家者 莫不以穀貨爲本 故洪範八政 以食爲首[36]

　「홍범洪範」에 나오는 팔정八政과 식食을 최우선으로 했다는 것을 연결하는 것은 『한서漢書』 성제成帝 4년에 처음 등장하고 있다. 『한서』「식화지」에서는 역시 「홍범洪範」 팔정八政의 처음을 '일왈식一曰食'으로 두고 있다. 『진서晉書』「식화지」에서는 본업을 중시하고 말업末業을 금지하는 게 옳다고 말하고 있다. 『위서魏書』「식화지」에서는 백성들을 부유하게 하여야만 인의와 예절을 안다고 하였다. 그런데 이것은 『논어』에 근본을 둔 생각이다.

　자공이 정치를 물으니 공자께서 대답하기를, "식량이 풍족하고 군대가 풍족하면 백성들이 믿는다."고 하였다.[37]

---

32) 『高麗史節要』 권3, 현종 3년 3월.
33) 『漢書』 권10, 成帝　4년 정월.
34) 『漢書』 권24상, 食貨志.
35) 『晉書』 권26, 지 16, 食貨.
36) 『魏書』 권110, 食貨志.
37) 『論語』 권12, 「顔淵」. "子貢問政 子曰 足食 足兵 民信之矣"

『논어』에는 식량과 군대를 중요시하고 있다. 그러므로 현종은 「홍범洪範」에 나오는 팔정八政과 식食을 최우선으로 했다는 것을 부국강병과 연결하였을 것이다. 현종 3년에 이런 교서가 나온 시기도 주목할 만하다. 현종 2년(1010)에 거란의 2차 침범이 있었기 때문에 전쟁 직후의 어려운 상황을 극복해야하는 시점에 국민들을 위무해야만 하는 과정과 일치하고 있다.

이후 현종 9년(1018)에 거란의 3차 침입을 막아낸 이후, 대거란 전쟁의 체험을 통한 자의식의 성장과 북송대의 유교 문운의 부흥에 자극을 받아 고려에서는 유교 부흥책으로 동국도통東國道統을 수립하고자 하였다. 그 결과 현종 11년에 최치원을 성묘聖廟에 종사從祀하였고, 현종 13년에 설총을 종사하고 이어 최치원을 문창후文昌侯로, 설총을 홍유후弘儒候로 추봉追封하였다.38) 더욱이 현종 18년 4월에는 태조~목종간의 공신 21명을 역대왕의 묘정에 배향하고 있다.39)

### (2) 교유 관계

#### ① 황주량黃周亮

최충의 문집이 전해지지 않아서 직접적인 교유록을 확인할 수 없는 상황에서 『고려사』와 『고려사절요』를 통해서 최충과 가장 밀접한 연관성이 있는 인물을 찾아본 결과 황주량과 최제안을 찾을 수 있었다. 황주량은 최충보다 1년 먼저 과거에 합격하는데 좌주가 최항이다. 이후 관직 활동을

---

38) 김용곤, 「고려 현종대의 문묘종사에 대하여」『고려사의 제문제』, 삼영사, 1986, 543쪽. 최치원의 문묘종사는 경주계 유신들에 의해서 추진되었다고 한다.
39) 『高麗史』 권5, 현종 18년 4월.

살펴보면, 황주량은 대관직을 최충은 간관직을 각각 수행하고 있다. 또 태자 사부의 역할도 최충과 함께 하고 있다. 덕종이 홍薨하고 정종이 즉위하면서 오묘에서 체천을 해야 하는 상황에서 가장 이치에 맞게 예법을 설명하고 있는 신하도 황주량이었다. 다음으로 최충과 교유하고 있는 인물은 최제안이다. 그는 최승로의 손자이다. 최제안도 최충·황주량과 함께 태자의 사부 역할을 하면서, 거란에 대한 외교 정책에 같은 입장을 표명하고 있다. 최제안은 최항의 집에서 「훈요십조」를 입수하여 공개하고 있기 때문에 왕위 계승에서 중요한 역할을 하고 있다. 이는 최충에게도 영향을 미치게 된다.

특히 황주량은 최충과 같이 최항을 좌주로 둔 인물이다. 좌주 문생간의 관계를 사승관계라고 인정할 때 최충과 황주량은 사형師兄과 사제師弟 간의 관계라고 할 수 있다. 다음 장의 대간활동에서 확인 할 수 있듯이 황주량이 최충 보다 1년 먼저 최항이 주관한 과거에 합격하고 있기 때문에 황주량이 사형일 가능성이 크다. 그리고 이후 행적을 보면 최충과는 밀접한 연관성을 띠고 있다. 현종 4년에는 최항, 김심언, 최충과 함께 『7대실록』편찬 작업에 참여하고 있다. 현종 15년에는 황주량黃周亮은 어사중승御史中丞, 최충은 중추직학사中樞直學士에 임명되고 있다. 현종 17년에도 황주량은 태자소첨사太子少詹事, 최충은 태자중윤太子中允에 임명되고 있다. 현종 20년에는 이가도李可道·이응보異膺甫·황보유의皇甫兪義와 함께 개경에 나성을 축조하였다. 그 공으로 이해 11월에 황주량黃周亮은 국자제주國子祭酒 한림학사翰林學士가 되고, 최충은 우간의대부右諫議大夫가 되고 있다. 다음해에는 중추부사에 임명되었다. 현종 21년에는 황주량黃周亮이 태자우서자太子右庶子가 되고, 최충은 태자우유덕太子右諭德이 된다.

덕종 원년에는 수국사로 임명되었는데 『현종실록』 편찬과 관련되었을 것이다. 덕종 2년에는 판어사대사로 임명되는데 이때 최충은 우산기상시에 임명되고 있다. 덕종 3년에는 정당문학 판한림원사에 임명되었다. 덕종에 대한 이제현의 찬에서 황주량과 최충에 대해서 언급하고 있다.

덕종德宗은 상喪당했을 때 능히 아들 된 효성孝誠을 극진히 하였고 정치를 함에 부도父道를 고치지 아니하여 구신舊臣인 서눌徐訥·왕가도王可道·최충·황주량黃周亮과 같은 이를 임용하니 조정朝廷에는 기만하거나 은폐하는 일이 없었고 백성은 그 생生을 편안하게 하였다. 비록 봉조鳳鳥가 아니라 하더라도 존호尊號를 덕德이라 함이 또한 마땅하지 아니한가.[40]

덕종대의 구신으로 최충과 황주량을 지칭하는데, 이들 때문에 조정에 기만하거나 은폐하는 일이 없었고 백성이 편안하였다고 한다. 정종 2년 (1036)에는 왕이 소목의 제도에 대해서 물어보자 답하고 있다.

덕종의 신주를 태묘에 부묘祔廟하였다. 예전에 왕이 소목昭穆의 제도를 대신에게 묻자 서눌·황주량 등이 아뢰기를, "현종을 태묘에 부묘할 때에 형제는 소목을 같이한다는 예문에 따라, 혜종·정종·광종·대종은 반열을 함께 하여 소가 되고 경종·성종은 반열을 함께 하여 목이 되었으며 목종穆宗이 소가 되었는데 현종을 목 자리에 모셨으니, 이소二昭·이목二穆이 태조의 묘廟와 함께 오묘五廟가 되었습니다. 그런데 지금 덕종을 부묘하면 그 수가 오묘를 넘으니, 청컨대 혜·정·광 삼종三宗을 체천遞遷하여 태조묘 서벽西壁에 모시고, 대종

---

40) 『高麗史節要』 권4, 덕종 3년 10월.

戴宗은 추존한 임금이니 신주를 능에 옮겨다가 제사지내는 것이 옳습니다." 하였고, 유징필劉徵弼은 아뢰기를, "태조가 증조 항렬에 있어서 친親이 끝나지 않았으므로 혜·정·광 삼종은 반드시 옮길 필요는 없고, 다만 대종만을 능으로 옮기고 덕종을 다음 방에 부묘하는 것이 옳습니다." 하니, 황주량 등이 아뢰기를, "유징필이 친이 다하지 않았다는 뜻을 말하는 것은, 역시 한꺼번에 네 묘를 체천하여 헐기 어려우므로 그가 이렇게 말하였습니다만, 신이 들으니 옛법에 '친이 고조를 지나면 그 묘를 없앤다.' 하였으니, 이로 말미암아 살펴보면 아버지·할아버지·증조·고조로부터 위로 친이 끝났는지 아닌지를 따지는 것이지 방친旁親으로 논하는 것이 아닙니다. 혜·정·광은 종조從祖의 항렬에 있어서 친할아버지와 비교가 되지 않으며, 예전에 진晉 나라의 종아鍾雅가 아뢰기를, '경황제景皇帝를 백조伯祖라는 이유로 태묘에서 제사지내는 것이 아니니, 「백조」라는 글귀를 없애야 옳다.' 하자 진 나라 조정이 그 말을 따랐으니, 종조가 태묘에 들어가지 못하는 것이 분명합니다. 그러니 혜·정·광·대종의 신주는 모두 옮겨 없애야 마땅합니다." 하였다. 그 뒤에 왕이 이르기를, "한꺼번에 네 신주를 체천하는 것이 내 뜻에 너무 미안하다." 하고, 다시 유징필이 아뢴 대로 하려하니, 황주량이 다시 아뢰기를, "태조가 일묘一廟가 되고, 혜·정·광·대종이 소로 일묘가 되고 경·성종이 목으로 일묘가 되며, 목종이 소가 되고 현종이 목이 되니, 오묘의 수가 이에 갖춰지지만, 계파의 차례로 말하자면 현종이 목종의 숙叔이 되니, 만일 먼저 임금이 되었다면 경종·성종과 함께 항렬을 함께 할 수 있겠지만 목종의 자리를 이었기 때문에 현종을 목종 아래 두 번째 목의 자리에 부묘하였습니다. 그런데 체천하여 열어야 하는데 유징필은 오직 한꺼번에 사묘를 옮겨 없애기 어려운 것만 논하고 소목의 수효는 논하지 않으니, 종묘의

예는 나라의 큰일인데, 어찌 억측으로 단정해서야 되겠습니까. 만일 덕종을 소로 하면 삼소三昭·이목二穆이 태조 묘와 함께 육묘가 되니 예전 제도가 아니요, 만일 계파의 차례를 논하여 현종을 첫 번째의 목으로 하여 경종·성종 다음에 모시고 목종을 그 아래에 낮춰 모신다면『춘추공양전春秋公羊傳』에 이른바, '희민僖閔의 역사逆祀'와 같이 되는 것입니다." 하는데, 서눌이 아뢰기를, "황주량이 아뢴 것이 옛 제도에 맞기는 하나 노나라는 제후로서 소목 외에 문세실文世室·무세실武世室이 있었으니, 혜·정·광 삼종 또한 옮겨 없애서는 안 됩니다." 하니, 따랐다.41)

고려는 제후국이므로 오묘五廟 제도를 채택하고 있는데, 5묘는 태조를 중심으로 이소二昭·이목二穆이다. 따라서 덕종이 훙薨하면 차례로 올라가서 제일 처음의 소昭에 해당하는 혜종·정종·광종 및 추존한 임금인 대종을 체천하는 게 예법에 맞다고 할 수 있다. 그런 의미에서 예법을 가장 잘 이해하고 있는 인물은 황주량이다. 다만 유징필劉徵弼의 입장이나 현왕現王인 정종의 입장에서는 혜종·정종·광종·대종을 한꺼번에 체천하는 것이 미안하게 생각되었을 것이다. 그래서 황주량의 의견보다는 서눌의 견해를 채택하고 있다. 서눌은 서희의 아들이다.

황주량은 정종 3년에는 내사시랑 동 내사문하평장사 판상서 예부사에 임명되고, 최충은 참지정사 수국사에 임명되고 있다. 황주량의 벼슬이 항상 최충을 앞서가고 있음이 확인된다.

5월에 동계병마사의 보고에, "위계주威鷄州에 있는 여진의 구둔仇屯

---

41) 『高麗史節要』 권4, 정종 2년 12월.

·고조화高丬化 두 사람이 그 도령都領인 장군 개로와 재물을 다투다가 개로의 취한 틈을 타서 때려 죽였습니다." 하였다. 대신에게 의논하게 하니, 문하시중 서눌 등이 의논하여 아뢰기를, "여진이 비록 다른 종족이나 이미 귀화하여 이름이 우리 호적에 올라서 일반 백성과 같으니 본래 우리나라 법대로 따라야 할 것이고 이제 재물을 다투는 일 때문에 그의 윗사람을 때려 죽였으니 그 죄를 용서해서는 안 됩니다. 법대로 처리하소서." 하였다. 내사시랑 황주량 등은 의논하여 아뢰기를, "이들이 비록 귀화하여 우리의 번리藩籬가 되기는 하였으나 겉만 사람이고 속은 짐승 같아서 사리를 알지 못하고 풍교에 익숙하지 않으니, 형벌을 가해서는 안 됩니다. 또 법조문에, '교화 밖[化外]의 여러 사람들은 저희끼리 서로 죄를 범한 경우 각각 제 나라 풍속대로 처리한다.' 하였고, 더구나 그 이웃에 사는 늙은이들이 이미 저희의 풍속대로 범인 두 집의 재물을 내다가 개로의 집에 보내주어 그 죄를 갚았으니, 어찌 다시 죄를 논하여 처단하겠습니까." 하니, 왕이 황주량 등의 의논을 따랐다.[42]

황주량은 여진에 대해서 "겉만 사람이고 속은 짐승 같아서 사리를 알지 못하고 풍교에 익숙하지 않다."고 하였다. 여진에 대한 외교에서 최충과 비슷한 화이론을 내세우고 있는 것이다. 정종 9년에는 특진수태보 문하시중 판상서이부사에 임명되고 있다.

평장사 류소柳韶가 거란의 성성城을 공파攻破하기를 청하자 왕이 재집宰執에게 내려 의논하게 하니 서눌과 황보유의·황주량黃周亮·최제안崔齊顔·최충崔冲·김충찬金忠贊 등은 다 불가하다고 하는데 왕가

---

42) 『高麗史節要』 권4, 정종 4년 5월.

도가 이단李端과 더불어 아뢰기를, "이때를 가히 잃지 못할 것입니다."
라 하고 출병出兵하기를 고청固請하였다. 왕이 유사有司에게 명命하여
대묘大廟에 점쳐서 과연 출병하지 아니하였다.43)

이때 황주량은 거란에 대해서 출병하기를 주장하는 왕가도의 주장에
반대하고 있는데, 그 내용은 최충의 주장과 같은 화이론이었다.

### ②  최제안崔齊顔

최제안崔齊顔(?~1046)은 최승로의 손자이고 숙肅의 아들이다. 현종
11년(1020)에 거란에 천령절千齡節을 경하하기 위해서 사신으로 파견되
었다. 천령절은 거란 황제의 생일을 축하하는 기념일이다. 이때는 거란과
의 3차 전쟁이 끝난 직후였기 때문에 외교적으로 대단히 중요한 시점이었
다. 최제안이 파견되었다는 것은 외교적 역할을 잘 수행할 적임자로
선발되었다는 의미였다. 최제안 자신으로서는 화이론을 직접 체험하게
되는 계기가 되었을 것이다. 현종 17년(1026)에는 태자우서자太子右庶子
가 된다. 이때 함께 한 인물이 태자소첨사太子少詹事인 황주량黃周亮과
태자중윤太子中允인 최충이었다. 황주량 및 최충과는 나중에 덕종이 되는
태자의 스승이라는 동질감을 형성하게 된다.

현종 22년에 동왕이 승하하고 덕종이 즉위한 그해 11월에는 거란에
대한 대책이 논의되고 있다. 이때 거란의 성을 공격하자는 의견이 대두되
는데 반대하는 인물은 서눌, 황보유의, 황주량, 최제안, 최충, 김충찬이
다. 거란과의 전쟁에 어떻게 대처하는지에 따라서 정치 세력을 구분하고

---

43)『高麗史』권94, 열전 7, 王可道.

있는데, 일단 최제안은 대거란 강경론에 반대하고 있는 모습을 보이고 있다. 최제안에 동조하는 인물이 황주량, 최충이다. 이 직후 덕종 3년에는 호부상서戶部尙書로 승진한다. 이때 황주량은 이부상서, 최충은 형부상서가 된다.

정종 즉위년에는 이부상서가 되는데 이때 황주량이 예부상서가 된다. 정종 3년에 황주량黃周亮은 내사시랑 동내사문하평장사를 맡고, 최제안崔齊顔은 상서좌복야 참지정사 중추사를 맡고, 최충崔冲은 참지정사 수국사를 맡게 된다. 정종 9년에는 문하시랑 동내사문하평장사와 상주국을 맡게 된다. 정종 12년(1046)에는 경행經行을 담당하게 된다.

> 신축辛丑에 시중侍中 최제안崔齊顔에게 명하여 구정毬庭에 나아가 분향하고 가구街衢의 경행經行을 배송拜送케 하였다. 경성京城의 가구 街衢를 세 길[道]로 나누어 각 길마다 채루자彩樓子로『반야경般若經』 을 메고 앞서 가게 하고 승도僧徒들은 법복法服을 갖추어 걸어가면서 경經을 독송讀誦하며 감압관監押官도 또한 공복公服을 입고 보행으로 따라가면서 가구街衢를 순행巡行한다. 이는 백성을 위하여 복을 비는 것으로 이름하여 경행經行이라 하였다. 이로부터 해마다 상례常例를 삼았다.44)

경행에 사용되는『반야경般若經』은『인왕반야경』으로서 호국사상의 정치이념을 담고 있다.『법화경法華經』,『금광명경金光明經』과 함께 호국 삼부경護國三部經으로 불린다. 이 행사를 담당한 직후 문종이 즉위하는데 군사 제도에 대해서 건의하고 있다.

---

44)『高麗史』권6, 정종 12년 3월.

문종文宗이 즉위하매 시중侍中 최제안崔齊顏 등이 아뢰기를, "병서兵 書에 이르기를 만인萬人의 군대軍隊는 3천인을 취取하여 기奇로 삼고 천인의 군대軍隊는 300인을 취取하여 기奇를 삼는다고 하였습니다. 청컨대 6위군衛軍의 한 장군將軍의 영領 아래마다 200인씩을 뽑아 선봉군先鋒軍을 삼으소서." 하니 이를 따랐다.[45]

기奇는 기병奇兵이란 뜻으로 적敵을 불의不意에 공격하는 군대를 말한 다. 이 건의를 마지막으로 이해에 졸하고 있다. 그의 병이 위독해지자 문종이 친히 문병하게 되는데 아픈 가운데도 조복을 입고 배사拜謝한 후 그 다음날 죽었다. 문종은 그의 죽음에 대하여 제制를 내리고 있다.

제制하여 이르기를, "고故 시중侍中 최제안崔齊顏의 한 아들은 비록 나이 아직 벼슬에 나가기에는 미치지 못하였으나 8품 직職을 특히 하사할 만하다."라고 하고 이름을 계훈繼勳이라 하사하여서 우권優眷 함을 보였다.[46]

제制에서 아들의 이름까지 계훈繼勳으로 지어주고 있다. 이는 훈위勳位 를 계승하라는 지극한 의미를 담았다고 생각된다. 『고려사』 열전에서 최제안에 대한 평가에서 가장 중요하게 생각하는 것이 바로 「훈요십조」이 다.

처음 태조의 신서훈요信書訓要를 전란戰亂으로 잃었는데 최제안崔 齊顏이 최항崔沆의 집에서 얻어 간직하여 두었다가 바치니 이로 인하여

---

45) 『高麗史』 권81, 병 1, 五軍.
46) 『高麗史』 권93, 열전 6, 최제안.

세상에 전하게 되었다.47)

이 의미에 대해서는 최충의 대간활동에서 다시 다루도록 하겠다.
이상으로, 최충의 생애와 좌주 및 교유관계를 살펴보았다. 최충의
생애는 네시기로 구분하여 서술하였다. 최충의 가학家學은 존맹사상이었
고, 좌주인 최항을 통해서는 최언위의 사상을 전수받게 되고, 대간으로서
육정육사六正六邪와 자사육조刺史六條의 봉사를 올린다. 대간의 발달은
북송신유학의 특징 중 하나였다. 또 북송과 비슷한 특징을 잘 보여주는
것은 화이론적 대외관이다. 씨족을 등록하는 문제를 거론한 것은 범중엄
이 과거에 합격하고도 임용할 수 없는 7가지 규정과 유사하였다. 좌주인
최항은 대거란 전쟁에 대비해서 팔관회 복구와 황룡사탑 수리를 담당하고
있었다. 최충과 교유하는 대표적인 인물은 황주량과 최제안이다. 황주량
은 대관직을 최충은 간관직을 수행하면서 태자 사부의 역할도 함께 하고
있다. 최제안은 최항의 집에서 「훈요십조」를 입수하여 공개하고 있기
때문에 왕위 계승에서 중요한 역할을 하고 있다. 이는 최충에게도 영향을
미치게 된다.

---

47)『高麗史』권93, 열전 6, 최제안.

## 제2장  대간활동臺諫活動

최충崔冲은 과거 합격 이후에 50세까지 거의 대간臺諫 직관職官을 담당하면서 육정육사六正六邪와 자사육조刺史六條의 건의를 올리고 있다. 최충이 올린 육정육사六正六邪와 자사육조刺史六條는 김심언金審言의 봉사를 차용한 것이다. 최충의 봉사는 덕종의 후계 구도에 어떤 역할을 하는지 살펴볼 필요가 있고, 주공周公과 성왕成王의 관계를 설정한 이유도 파악해야 한다고 본다. 최충의 대간활동은 가문의 전통이 되어 후손들에게 계승되고 있음도 주목할 부분이다.

### 1) 김심언의 육정육사六正六邪와 자사육조刺史六條

김심언(?~1018)이 봉사를 올렸을 당시의 직관은 우보궐로서 간관諫官을 띠고 있었다. 김심언의 봉사에 실려 있는 '육정육사' 및 '자사육조'를 검토하기 전에 당시 상황에 대해서 잠시 서술하고 넘어가도록 하겠다. 우선 성종은 동왕 2년(983)에 전국의 12개 주목州牧에 외관을 파견하는데, 이것은 최승로의 건의에 따른 것이었다.48) 이는 성종의 유교적 왕권 강화와 중앙집권책으로 군현제의 정비와도 관계가 있다고 한다.49) 성종의 이런 정책은 이후 성종 10년의 순화별호淳化別號의 제정에서도 잘 나타나고 있는데, 성종의 유교체제 확립과 중국 제도의 수용을 잘 보여주는 것이라고 한다.50) 물론 성종의 이런 정책은 성종 2년의 과거제도에서 예부시 합격자들을 왕이 다시 친시하는 복시覆試를 실시하고 있는 점에서

---

48) 『고려사』 권93, 열전 6, 최승로.
49) 김갑동, 앞의 책, 147쪽.
50) 우태연, 「고려초 지명별호의 제정과 그 운용(상)」 『경북사학』 10, 1987, 10쪽.

도 잘 알 수 있다.51)

과거는 교육제도와 밀접한 관련을 가질 수밖에 없기 때문에 성종은
동왕 5년에는 "유교를 숭상할 마음이 간절하여 주공周公과 당우唐虞를
본받아서 학교에서 인재를 양성하겠다."는 명을 내린다.52) 성종 6년
8월에는 다시 명을 내려 "만일 열성으로 경서를 연구하고 효제孝悌로
소문이 있거나 의술이 쓸 만한 사람이 있다면 목牧, 주州, 현縣의 관원들로
하여금 한漢나라 고사故事에 근거하여 구체적으로 기록하고 중앙에 추천
하는 것을 항식恒式으로 삼도록 하라."53)고 할 정도로 교육에 열성이었다.
이런 유학 숭상의 분위기는 성종 9년(990) 7월에 김심언이 봉사를 올린
후에도 계속되고 있었으니, 9월에 성종은 효자·순손順孫·의부義夫·절
부節婦를 찾아서 기거랑인 김심언을 보내어 상을 주고 있는데, 효자가
충신이 될 것이라는 판단에 의해서였다.54) 이 직후 서경 행차를 공표하였
고, 10월에 서경을 방문하고 있다.

이런 조치들의 목적은 12월에 조카 송誦을 책봉하여 개령군開寧君으
로55) 삼기 위한 사전 정지 작업의 일환이라고 보인다. 왜냐하면 김심언이
봉사를 올린 후 5개월 만에 후계를 책봉하고 있다는 점은 성종과 김심언이
사전에 어떤 협의가 있었을 가능성을 시사하고 있다.

성종은 김심언의 봉사 직후에 그로 하여금 효자 등에게 상을 내리도록
하고 있고, 또 김심언이 미리 봉사를 올려서 서경에 사헌대 분대를 설치한

---

51) 『고려사』 권74, 선거 2, 국학 ; 성종成宗 2년(983)에 처음으로 왕이 친히 시험장에
    나가서 복시覆試를 실시하였다. 그러나 그렇게 하는 것이 상례로는 되지 않았다.
    왕이 친히 복시를 실시할 때에는 통례로 부부賦를 가지고 시험을 쳤다.
52) 『고려사』 권74, 선거 2, 국학.
53) 『고려사』 권74, 선거 2, 국학.
54) 『고려사절요』 권2, 성종 9년 9월.
55) 『고려사절요』 권2, 성종 9년 12월.

이후에 서경을 방문했다는 것도 성종과 김심언이 사전에 협의했을 가능성을 시사하는 것이다. 기존의 연구에 의하면 성종은 즉위 이후에 서경을 경시하고 동경을 중시하고 있었는데 그것은 경주계인56) 최승로의 영향 때문으로 보는데 이때 마침 최승로가 사망한 이후에 서경을 위무慰撫하고 있는 것이다.57) 서경 방문에는 이유가 있지 않은가 한다. 왜냐하면 천추 태후가 황주 황보씨로 서경 세력과 연결되어 있기 때문에58) 후계 구도를 안전하게 조성하기 위한 방문이라고 보인다. 황주 황보씨는 광종의 유일한 왕비인 대목왕후가 경종의 모후가 되고, 경종비 헌애왕후·헌정왕후 자매가 각기 목종과 현종의 모후가 됨으로써 가장 유력한 외척의 지위를 유지하고 있었다.59) 당시 왕위 계승은 왕후 세력과 관련하여 결정되었다고 보는 것이 일반적인 견해이기 때문에 이 경우도 개령군의 어머니인 천추태후 또는 천추태후의 세력에 의해 영향 받을 가능성이 있었다. 결국 왕위 계승에서 황주 황보씨가 승리하면서 천추태후의 아들인 개령군 송이 후계가 되었다고 한다.60)

그런데 이 경우에는 다른 가능성도 배제할 수 없다. 성종과 서경 세력과의 관계를 검토하면서 이유를 찾아보도록 하자. 성종은 왕위에 오른 후 서경 세력은 물론 외척 세력의 발호를 견제하기 위해서 제2비 문화왕후 김씨와 제3비 연창궁부인 최씨는 종실에서 맞아오지 않았는데, 그들이 서경 세력과 연계된 가문이 아니었기 때문이었다.61) 이때 주목되는

---

56) 기존의 연구성과에서 성종대 정치세력을 지역 출신으로 구분할 경우에는 경주계, 나주계, 근기계로 분류하고 있다.(구산우, 앞의 논문, 1992. 이정훈, 앞의 논문.)
57) 김갑동, 앞의 책, 154~155.
58) 김당택, 앞의 책, 61쪽.
59) 全基雄, 앞의 책, 271쪽.
60) 김당택, 위의 책, 63쪽.
61) 김갑동, 「천추태후의 실체와 서경세력」『역사학연구』38, 2010, 91쪽.

인물이 연창궁부인 최씨의 부친인 최행언崔行言이다. 그는 성종 2년의 과거에 장원 급제하고 있다.62) 그가 어디 출신이며 정계에서 어떠한 활동을 하였는지에 대해서는 알 수 없지만 최언위의 아들 중에 행귀行歸, 행종行宗이 있는 점으로 미루어 경주 출신으로 추정된다고 하였다.63) 최승로가 사망한 이후에 경주 출신의 정치 세력에게는 중요한 후원자가 될 가능성이 큰 인물이었다. 벼슬은 우복야를 역임하고,64) 현종대에 좌복야로 추증되고 있다.65) 연창궁부인 최씨는 또 현종의 제2비인 원화왕후를 낳게 된다. 최행언의 납비는 학문을 바탕으로 경종대 이후에는 정치주도 세력으로 부상하였던 신라계 6두품 출신 지식층의 대두와 관련이 있다고 하였다.66) 또한 성종이 천추태후의 아들인 개령군 송을 후계로 삼으면서 동시에 천추태후 집안인 황주 황보씨 및 서경 세력에 대한 견제 장치를 설정한 것으로 이해할 수 있다.

그런데 당시 나주계가 쇠퇴하고 있는 과정에서 김심언은 어떤 정치적 인식을 하였던 것일까? 그는 지금까지 경주계와 연결되어 있다고 여겨진 인물이지만, 성종 9년의 봉사를 계기로 김심언은 국왕의 측근 세력으로 새롭게 자리하게 된 것이67) 아닌가 한다. 봉사를 올린 것은, 대간직인 우보궐을 맡았기 때문에 가능하였을 것이다. 물론『고려사』김심언조에

---

62)『고려사절요』권2, 성종 2년 5월.
63) 김갑동, 위의 논문, 2010, 88쪽.
64)『고려사』권88, 열전 1, 연창궁 부인 최씨 ; 연창궁延昌宮 부인 최崔씨는 우복야右僕射 최행언行言의 딸이니 원화元和 왕후를 낳았다.
65)『고려사』권88, 열전 1, 원화 왕후 최씨 ; 현종 8년 12월에 왕후의 외조부 최행언崔行言에게 상서좌복야 벼슬을 추증하고 외조모 김金씨에게 풍산군 대부인을 추증하고 어머니 최崔씨에게 낙랑군 대부인을 추증하였다. 그가 죽으니 시호를 원화 왕후라고 하였다.
66) 全基雄, 박사 논문, 118쪽.
67) 김갑동, 앞의 책, 157쪽.

는 우보궐 겸 기거주로서 봉사를 올린 것으로 되어 있지만,『고려사절요』
에는 성종 9년 7월에 우보궐이 되고 성종 9년 9월에 기거랑이 되고
있다. 우보궐로서 봉사를 올린 2개월 뒤에 기거랑으로 승진하고 있다고
보아야 하지 않을까 한다. 성종이 이렇게 빨리 승진을 시킨 것은 봉사
내용 때문에 가능하였을 것이다. 혹시 우보궐 겸 기거주로서 봉사를
올렸다면 더욱 의미가 있을 수 있다. 왜냐하면 기거주는 임금의 주변에서
일어나는 일들을 기록하는 역할을 하고 있기 때문에 성종 임금의 당시
상황을 가장 잘 이해하고 있는 인물이기 때문이다. 또 봉사 내용에서
서경에 분대를 설치하자는 의견을 제시하였기 때문인지 이후 김심언은
서경 유수가 되기도 한다.68)

우선 김심언과 관련된 인물들의 관력을 검토하고자 한다. 김심언과
최충이 봉사와 건의를 올렸던 시점의 관직인 대간을 살펴보았다. 이후
성종대에서 덕종대까지 대간에 임명된 인물들 중에서 김심언 및 최충과
관련된 인물을 표로 작성하여 보았다. 작성하는 기준은 좌주·문생 관계
및 이들의 친인척과 정치적 협력자들을 중심으로 하였다.

---

68)『고려사절요』권3, 현종 5년 8월.

〔표 8〕 김심언 및 최충 관련 인물의 대관직 제수

| 연도 | 대관직 | | | 간관직 | | |
|---|---|---|---|---|---|---|
| | 이름 | 관직 | 품계 | 이름 | 관직 | 품계 |
| 성종 9년 7월 | | | | 김심언 | 우보궐 | 정6품 |
| 성종 9년 9월 | | | | 김심언 | 기거랑 | 종5품 |
| 성종대 | | | | 최량 | 좌산기상시 | 정3품 |
| 성종 10년 이후 | | | | 최항 | 좌습유 | 종6품 |
| | | | | | 내사사인 | 종4품 |
| 목종 12년 정월 | | | | 채충순 | 급사중 | 종4품 |
| 목종 12년 3월 | | | | 최항 | 좌산기상시 | 정3품 |
| 목종 12년 3월 | | | | 김심언 | 우산기상시 | 정3품 |
| 목종 12년 3월 | | | | 채충순 | 좌간의대부 | 정4품 |
| 현종 2년 5월 | 황주량 | 시어사 | 종5품 | 최충 | 우습유 | 종6품 |
| 현종 4년 1월 | 황주량 | 시어사 | 종5품 | | | |
| 현종 4년 9월 | 황주량 | 시어사 | 종5품 | | | |
| 현종 4년 9월 | | | | 최충 | 우습유 | 종6품 |
| 현종 7년 1월 | | | | 최충 | 우보궐 | 정6품 |
| 현종 8년 12월 | | | | 채충순 | 좌산기상시 | 정3품 |
| 현종 11년 1월 | | | | 최충 | 기거사인 | 종5품 |
| 현종 15년 2월 | 황주량 | 어사중승 | 정3품 | | | |
| 현종 15년 12월 | 황주량 | 어사중승 | 성3품 | | | |
| 현종 16년 12월 | | | | 최충 | 내사사인 | 종4품 |
| 현종 17년 3월 | | | | 최충 | 내사사인 | 종4품 |
| 현종 17년 6월 | 황보유의 | 어사대부 | 정3품 | | | |
| 현종 18년 1월 | | | | 최충 | 급사중 | 종4품 |
| 현종 20년 8월 | 황보유의 | 어사대부 | 정3품 | | | |
| 현종 20년 11월 | | | | 최충 | 우간의대부 | 정4품 |
| 덕종 2년 1월 | 황주량 | 판어사대사 | 정3품 | 최충 | 우산기상시 | 정3품 |
| 덕종 3년 3월 | 이작충 | 어사대부 | 정3품 | | | |
| 덕종 3년 4월 | | | | 최충 | 우산기상시 동지중추원사 | 종2품 |

이 편에서 분석의 대상으로 삼고자 하는 김심언(?~1018)과 최충은 모두 최항崔沆(972~1024)과 관련되어 있다. 먼저, 최항과 김심언의 관련성을 살펴보도록 하자. 『고려사』 열전에 따르면 최항은 최언위崔彦撝의 손자로서 대대로 유학儒學을 업으로 삼았다고 한다.69) 앞에서 보았듯

---

69) 『고려사』 권93, 열전 6, 최항.

이 최언위는 성종의 제2비인 연창궁 부인 최씨의 집안일 가능성이 크다. 또 최항의 좌주는 백사유였다. 김심언의 좌주이자 스승은 최섬崔暹이다. 그는 광종 9년 5월 고려에서 최초로 시행된 과거에서 갑과甲科에 급제한 인물이다.[70] 최초의 시험에서 수석을 하였다는 점에서 지명도가 높다고 할 수 있다. 그런데 최항과 최섬은 모두 경주계로 분류하고 여기에는 최승로도 포함하고 있다.[71] 그런데 나주계로 분류되는 김심언이 최섬의 사위가 되었다는 것은 경주계와 나주계의 연결이라고 해도 좋을 것이다. 즉, 나주계인 김심언이 최섬을 고리로 하여 경주계와 연결되었다는 것을 유추할 수 있다. 그래서 성종의 중앙집권화 정책을 강력하게 추진하던 경주계에 나주계가 동조하는 것이[72] 가능하였을 것이다. 경주계인 최승로가 성종 7년 문하시중에 임명되어 성종 8년 5월에 죽을 때까지 정국을 이끌었는데 이때 경주계와 나주계가 중심 세력이 되어 3성 6부를 비롯한 중앙 정치기구의 개편을 비롯하여 다양한 방면에서 대대적으로 유학적 체제정비가 추진되었다고 한다.[73] 그런데 성종 9년 최지몽 사후에는 나주계를 이끌 구심적 인물이 없었으며, 성종 14년 4월 최량의 사후에는 경주계의 구심적 인물이 사라져서 근기계가 부상되었다고 한다.[74]

경주계와 나주계의 영향력이 쇠퇴하는 성종 9년에 김심언이 봉사를 올려서 '육정육사'와 '자사육조' 및 서경 분대의 설치를 주장하고 있는 것은 경주계·나주계의 의도가 내재되어 있다고 보인다. 물론 이때 김심언은 간관인 우보궐의 직책을 띠고 있다. 김심언의 졸기에 보면 스승인

---

70) 『고려사절요』 권2, 광종 9년 5월.
71) 구산우, 앞의 논문, 1992, 100쪽.
72) 구산우, 위의 논문, 145쪽.
73) 구산우, 위의 논문, 136~137쪽.
74) 구산우, 위의 논문, 138쪽.

최섬도 간관인 '상시' 즉 산기상시 직책을 띠고 있었다고 한다.75) 다음으로 김심언의 봉사 내용을 분석하여 보자.

김심언의 봉사는 그 구조가 다른 봉사와는 다르게 특이한 형태를 취하고 있다. 김심언의 봉사 원문을 구분하여 정리하면 다음과 같다.

A-① 九年 七月 上封事 王下敎 褒奬曰

A-② 朕自御洪圖思臻盛業內設百寮外分牧守 無曠分憂之任欲施利俗之方 柰沖人之庸昧想政敎之陵夷 昨省右補闕兼起居注金審言所上封事二條

A-③ 其一曰 周開盛業 姬旦上無逸之篇 唐啓中興 宣宗製百僚之誡

A-④ 按說苑六正六邪 文曰 (중략) 故上安而下理

A-⑤ 又按漢書 刺史六條政 一則察民庶疾苦失職者 二則察墨綬長吏以上居官政者 三則察盜賊民之害及大奸猾 四則察田犯律四時禁者 五則察民有孝悌廉潔行修正茂才異者 六則察吏不薄入錢穀故散者

A-⑥ 請將六正六邪文及刺史六條 俾委攸司 於二京六官諸署局 及十二道州縣官廳堂壁 各寫其文 出入省覽 以備龜鑑

A-⑦ 其二曰 設職分司帝王令典開都列邑古今通規 我國家以西京境壓鯨津地連鴈塞寫金湯而設險模鐵瓮以築城署百官置萬戶分司文武甚多而廉恥者無人薦奏非違者無人糺彈涇渭同流薰猶一致 請依唐東都置知臺御史例分司憲一員使得糺理則下情上達黜陟惟明物泰時雍非朝卽夕

A-⑧ 所奏如是 予甚嘉之 汝心敦補政志切匡時錄正邪二理諷我襟懷 令內外諸司用爲勸戒其下內史門下頒示內外司存依所奏施行76)

75)『고려사절요』권3, 현종 9년 9월.

이를 형식 및 내용으로 정리하면 다음 표와 같이 된다.

[표 9] 김심언 봉사의 형식 및 내용 분류

| 사료번호 | 형식 | 내용 |
|---|---|---|
| A-① | 봉사(封事)를 올림 왕하교(王下敎) 왈(曰) | 봉사를 먼저 올리고, 성종이 하교하면서 포장(襃奬)하는 내용 |
| A-② | 짐(朕) … 내설백료 외분목수(內設百寮外分牧守) … 김심언 봉사 2조 | 성종이 백관 및 외관을 설치한데에 따라서 김심언이 봉사를 올렸다는 내용 |
| A-③ | 주공의 「무일지편(無逸之篇)」 선종의 백료지계(百僚之誡) | 주공의 「무일」을 인용 당나라 선종의 백료지계를 인용 |
| A-④ | 안(按) 『설원(說苑)』 육정육사 | 『설원(說苑)』에서 육정육사를 인용 |
| A-⑤ | 안(按) 『한서(漢書)』 자사육조를 인용 | 『한서(漢書)』에서 자사육조를 인용 |
| A-⑥ | 김심언 청(請) … 이경(二京) 육관(六官) 및 십이도(十二道) 주현관(州縣官) | 김심언이 '육정육사'와 '자사육조'를 중앙과 지방 관청의 벽에 게시하여 귀감이 되게 하자는 내용 |
| A-⑦ | 사헌대 분사(分司) 설치 | 김심언이 사헌대 분대를 설치하도록 청하는 내용 |
| A-⑧ | 여심가지(予甚嘉之) | 마지막으로 성종이 치하하는 구조 |

이 내용은 『설원說苑』과 『한서漢書』에 실려 있는 내용과 조금 차이가 있다. 이 부분은 선학의 연구에서 자세히 밝히고 있다.77) 고려식의 변환이라고 할 수 있는 것이다.

우선 사료 A-①에서 확인할 수 있듯이 김심언이 봉사를 올린 것에 대해서 왕이 하교하면서 먼저 포장襃奬하고, 전체 봉사내용을 다시 설명하고 있다. 문장 구조를 볼 때 사료 A-①이 나머지 사료 A-②~A-⑦을 지배하고, 마지막 A-⑧은 또 성종이 마무리하고 있는 형태이다. 예를 들면 '김심언 봉사 왈曰'의 형식이 아니라 '왕 하교 왈曰'의 형식을 취하고

---

76) 『고려사』 권93, 열전 6, 김심언.
77) 김갑동, 앞의 논문, 1994 참조.

있다는 점이다. 물론 이 문장이 김심언이 봉사를 올릴 당시의 문장인지 조선 초기에『고려사』를 편찬할 당시에 가감加減이 있었는지 확인하기 곤란하지만 문장 구조를 볼 때 '김심언이 봉사를 올리고' 난 뒤에 '왕이 하교'하고 다시 '포장褒獎 왈曰'의 형식을 취하고 있다. 결국, 김심언의 봉사가 마치 성종의 말처럼 보이는 현상이 드러난다.

왜 이런 형식을 취하였을까? 성종과 김심언이 공감대가 형성되어서 그렇다고 보인다. 그 공감대는 사료 A-②에서 잘 나타나 있다. A-②에서 성종 자신이 등극 한 이래 실행하고자 했던 일을 언급하면서 그것과 김심언이 올린 봉사 내용이 일치하고 있다는 의미로 설명을 이어간다. 그런데 성종이 시행하고자 했던 일은 중앙에 백관을 설치하고〔內設百寮〕 지방에 수령을 파견하여〔外分牧守〕 근심을 나누는 임무에 빈틈이 없게 하고자 한 것이었다. 이중에서 성종의 정책과 관계되는 것은 '내설백료內設百寮 외분목수外分牧守'라고 할 수 있다. 이 부분이 실제 역사에서 진행된 부분은 중앙에 3성 6부를 설치한 것과 지방 12목에 관리를 파견한 것으로 확인할 수 있다. 그러나 사료에서 보듯이, 성종의 입장에서 이런 정책이 실제로는 잘 이루어지지 못하고 있다는 자탄自歎을 하고 있다. 사료 A-③에서 봉사 내용 2조 중에서 제1조를 언급하고 있는데, 주나라 주공의 「무일」과 당나라 선종의 백료지계를 통해서 설명하고 있다. 제1조를 올린 이유에 해당하는 부분이다. 내용에서 언급된 주공周公은 조카인 성왕成王을 도와 왕업을 이루게 한 인물이다. 「무일」은 주공이 조카인 성왕에게 정치에 대한 교훈으로 내린 글이다. 그 중에서 '내설백료內設百寮 외분목수外分牧守'와 관계된 내용을『서경』에서 찾을 수 있다.78) 안으로는 '백규사

---

78)『書經』「周書」周官. "曰 唐虞稽古 建官惟百 內有百揆四嶽 外有州牧侯伯 庶政惟和 萬國鹹寧"

악백규사악百揆四嶽', 밖으로는 '주목후백州牧侯伯'을 하겠다는 것으로, 성종이 시도한 정책 부분과 일치하고 있음을 알 수 있다.

그렇다면 주공이 성왕에게 「무일」을 내린 것처럼 성종도 조카인 개령군 송誦에게 「무일」과 같은 의미의 봉사를 김심언의 이름으로 대신 내린 것이라고 할 수 있다. 주나라 성왕의 이름이 송誦이라는 점과 개령군의 이름이 송誦이라는 점은 무관하지 않다고 본다. 개령군이 책봉될 당시의 나이가 11세이고, 경종의 장자였다. 비록 송誦이 태어났을 당시 이름을 누가 지었는지, 혹은 그 이름을 책봉 당시에 개명 하였는지에 대한 것은 확인할 수 없다. 분명한 것은 성왕成王의 이름이 송誦이고, 개령군 이름이 동일하다는 점에서 유사성을 보이고 있다. 그래서 책봉 당시에 의도적으로 개령군의 이름을 송이라고 개명하였을 가능성이 크다. 이때 「훈요십조」가 큰 참고가 되었을 것이다. 왜냐하면 「훈요십조」에는 주공周公과 성왕成王의 관계가 포함되어 있기 때문이고[79] 또 후계 문제도 언급되어 있기 때문이다.[80] 그래서 성종은 후계자인 개령군에게 태조의 「훈요십조」를 준수하였다는 명분을 부여한 것이다. 게다가 개령군은 경종의 아들이기 때문에 더욱 명분이 컸다고 할 수 있다. 한편으로 성종은 송誦을

---

79) 『고려사』권2, 태조 26년 4월 ; 열째로, 나라를 가진 자나 집을 가진 자는 항상 만일을 경계하며 경전과 력사 서적을 널리 읽어 옛일을 지금의 교훈으로 삼는 것이다. 주공(周公)은 큰 성인으로서 「무일」 한 편을 성왕(成王)에게 올려 그를 경계하였으니 마땅히 그 사실을 그림으로 그려 붙여 드나들 때에 항상 보고 자기를 반성하도록 하라.

80) 『고려사』권2, 태조 26년 4월 ; 셋째로, 적자(嫡子)에게 왕위를 계승시키는 것이 비록 떳떳한 법이라고 하지마는 옛날 단주(丹朱)가 착하지 못하여 요가 순에게 나라를 위양한 것은 실로 공명정대한 마음에서 나온 것이다. 후세에 만일 국왕의 맏아들이 착하지 못하거든 왕위를 지차 아들에게 줄 것이며 지차 아들이 또 착하지 못하거든 그 형제 중에서 여러 사람들에게 신망이 있는 자로써 정통을 잇게 할 것이다.

후계로 삼으면서 '내설백료內設百寮 외분목수外分牧守'가 정비되기를 희망
하였던 것이라고 볼 수 있다. 이는 실제로 성종 14년 10도의 설치로
구체화 된다. 10도는 당나라 10도를 모방한 것으로 군사적 체제인 절도사
제를 바탕으로 하여 지방호족 세력을 통제하며, 동시에 절도사체제를
순찰함으로써 집권화를 굳히기 위한 것이었다.[81]

　　다음으로 당나라 선종宣宗의 백료지계百僚之誡를 검토하도록 하자.
사료의 내용으로 볼 때, 당나라 중흥은 선종이 백관을 경계하는 글을
지었기 때문이라고 하였다. 그런데 김심언은 왜 당 태종의 정관지치貞觀之
治 같은 훌륭한 정치를 언급하지 않고 당나라 쇠락기 중에서 일시적
중흥기인 선종대를 언급하고 있을까? 물론 선종이 태종의『정관정요』를
탐독하고, 태종이 위징의 간언을 받아들였듯이 위징의 5대손인 위모魏謨
를 등용하면서 비슷한 정치를 시도하고 있다. 그래서 역사에서는 선종을
'소태종小太宗'이라고 칭하고 그 시대를 '대중지치大中之治'라고 불렀
다.[82] 김심언은 이런 역사적 사실을 알고 있었을 소지가 충분하다. 왜냐
하면 김심언은 이후『7대실록』의 편찬에 발탁될 정도로 역사에 박식한
인물이었기 때문이다. 그런데도 당 태종을 언급하지 않고 선종을 거론하
고 있는 것은 다른 이유가 있지 않은가 한다. 앞선 연구자도 이 부분을
주목하였지만 그 내용을 분석하지는 않았다.[83] 필자가 보기에, 김심언은
고려 성종대成宗代를 당나라 선종대처럼 처리해야 할 문제가 많은 시기로
인식했을 것이다. 우선 사신의 평가를 보면, 선종은 세 가지를 해결하고
있다. 권호權豪들이 자취를 감추고, 간신들이 법을 두려워하고, 환관〔閹

---

81) 최정환,『고려 정치제도와 녹봉제 연구』, 신서원, 2002, 36쪽.
82)『百度百科』唐宣宗.
83) 김갑동, 앞의 논문, 1994, 13쪽. 선종이 백관을 경계한 글이 선종 대중 원년에
　　나왔다고 하면서도 그 내용에 대해서는 분석을 하지 못한 아쉬움이 있다.

寺]들의 기운이 꺾이고 있다.[84] 또한 '우이당쟁牛李党爭'을 해결하고 있다. 우당牛党의 영수는 우승유牛僧孺이고 이당李党의 영수는 이덕유李德裕이다. 이들의 주장 중에서 중요 부분은 인재의 선발에 관한 것이다. 우당은 다수가 과거 출신자라서 과거를 통과한 인재를 선발하자는 주장이고, 이당은 문음 출신자라서 문음을 통해서 인재를 선발하자고 하였다. 선종은 이덕유를 축출하면서 우이당쟁을 정리하고 있다.[85]

성종이 이 부분을 봉사에서 언급한 것은 김심언으로 대변되는 과거 출신자들의 입장이 반영되었기 때문이었을 것이다. 당시 김심언은 최승로 사후에 경주계가 퇴조되는 현상 속에서 새로운 정치 세력을 형성하면서 과거 출신자들의 연대를 형성하려고 했을 가능성이 있다. 당나라 선종대의 '우이당쟁'을 해결하였던 것처럼 과거 출신자가 중심이 되는 정계 개편을 상정했을 것이다. 앞의 대간 구성원에서 알 수 있듯이 최항을 중심으로 하고 과거 합격자들이 그 뒤를 계승하고 있는 새로운 경주계라고 할 수 있는 세력이 형성되고 있었다. 여하튼 김심언이 보기에는 선종의 이런 정책 성공은 백료지계百僚之誠 때문이라고 생각했을 것이다. 백료지계에 대해서 선종이 제制한 내용을 『구당서』에서 찾아보면 다음과 같다.

예전에 낭관이 출재出宰하거나 경상卿相이 군을 다스리는 것은 백성과 접촉하는 관리를 소중하게 여겨서 정치를 하는 근본을 서두르는 것이었다. 경박한 풍조가 오래도록 유행하다가 이 도道 때문에 점차

---

84) 『舊唐書』 권18하, 대중 13년. "史臣曰 臣嘗聞黎老言大中故事 獻文皇帝器識深遠 久歷艱難 備知人間疾苦 自寶曆已來 中人擅權 事多假借 京師豪右 大擾窮民 洎大中臨馭 一之曰權豪斂迹 二之曰姦臣畏法 三之曰閹寺讋氣 由是刑政不濫 賢能效用 百揆四嶽 穆若淸風 十餘年間 頌聲載路"

85) 『百度百科』, 牛李党爭.

잦아들게 되고 대립되던 길들이 열리게 되니 현귀顯貴들이 모이게
되었다. 사람을 다스리는 방법을 마음에 두지 않고, 백성들의 어렵고
위태로움을 찾아서 천하의 이병利病을 해결하려는 것은 가능하지
않다. 정치의 시작은 유풍儒風을 두텁게 생각하고, 조정의 근신들은
모두 고문顧問에 대비해야 하는데 만일 사람들의 질고疾苦를 알지
못한다면 어찌 짐朕의 권구眷求에 대응할 수 있겠는가? 지금 이후로는
간의대부·급사중·중서사인으로서 일찍이 자사와 현령을 맡았던
적이 없거나 혹 뇌물에 연루된 자는 재신에 의의擬議하지 말라.86)

백성을 직접 다스리는 지방관의 중요성을 언급하고, 백성의 마음을
헤아려야 한다고 하였다. 당 선종이 생각한 정치의 시작은 '유풍儒風을
두텁게 하는 것'이었다. 이것은 성종의 '유교정치이념'의 표방과 표리를
이루는 것이다. 또 지방관의 중요성을 언급하면서, 간의대부·급사중·
중서사인은 반드시 지방관을 역임하라는 것이다. 이상, 사료 A-③에서
볼 때 김심언이 올린 봉사 내용 제1조는 중앙관과 지방관에 대한 경계를
위해서 였음을 알 수 있는데, 경계하는 방법을 '서술한 것은 사료 A-④와
A-⑤이다. 사료 A-④는 『설원』에서 인용하였다고 하는데 유향의 『설원』
은 고려에서 유행하고 있었다. 그런데 사료 A-④의 내용은 『정관정요』에
도 그대로 인용되어 있고 위징魏徵이 올린 글에서도 확인할 수 있다.
원본인 『설원』과 함께 『정관정요』를 통해서도 '육정육사'를 잘 알고 있었

---

86) 『舊唐書』 권18하, 대중 원년. "古者郎官出宰 卿相治郡 所以重親人之官 急爲政之本
自澆風久扇 此道稍消 頡頏淸途 便臻顯貴 治人之術 未嘗經心 欲使究百姓艱危
通天下利病 不可得也 爲政之始 思厚儒風 軒墀近臣 蓋備顧問 如其不知人疾苦
何以膺朕眷求 今後諫議大夫給事中中書舍人未曾任刺史縣令或在任有贓累者 宰
臣不得擬議"

을 것이다. 왜냐하면 광종대 이후로는 『정관정요』를 애독하고 있기 때문
이다.87) 다음에서도 확인할 수 있다.

　　신이 삼가 보건대, 개원의 사신 오긍吳兢이 『정관정요』를 지어 올려
　현종에게 태종의 정치를 닦도록 권한 것은, 대개 사체가 서로 비슷하여
　한 집안의 일에서 벗어나지 않고 그 정치는 아름답고 밝아서 본보기가
　될 만하기 때문이었습니다.88)

　최승로가 이 내용을 성종 원년에 올리고 있기 때문에 성종에게도 많은
참고가 되었을 것이다. 이 부분 때문에 김심언도 '육정육사'를 올리면서
『설원』을 거론하고 있지만 『정관정요』도 중요하게 참고하였을 것이다.
또 『정관정요』 중시는 당 태종의 납간納諫과도 관련이 있기 때문이었음은
앞의 당나라 선종대宣宗代 서술에서도 확인할 수 있다. 사료 A-④의
'육정육사' 중에서 먼저 '육정'의 내용은 다음과 같다.

　육정은, 첫째 사단이 발생하지 않고 조짐이 나타나기 전에 혼자만이
　흥망의 기미를 보고 미연에 방지하는 것은 성신聖臣이요, 둘째 허심탄
　회하여 선인善人을 등용하고 상하의 길을 틔우며, 예의로 임금을 권면
　하고 장구한 계책으로 임금을 깨우치며, 임금의 좋은 점을 따르고
　임금의 나쁜 점을 바로잡는 것은 양신良臣이요, 셋째 일찍 일어나고
　늦게 자며 현인賢人을 등용하는 일에 게을리 아니하며, 자주 옛일을
　일컬어 임금의 뜻을 분발시키는 것은 충신忠臣이요, 넷째 일의 성패를
　밝게 살펴 전화위복하게 하는 것은 지신智臣이요, 다섯째 문文을 지키

---

87) 『고려사절요』 권2, 광종 원년.
88) 『고려사절요』 권2, 성종 원년 6월.

고 법을 받들며 녹봉을 사양하고 주는 것을 사피하며 음식을 검소하게 하는 것은 정신貞臣이요, 여섯째 임금의 엄안嚴顔을 범하여 임금의 과실을 말하는 것은 직신直臣이다.[89]

올바른 신하의 경우는 성신聖臣·양신良臣·충신忠臣·지신智臣·정신貞臣·직신直臣이다. 사료 A-④ 중에서 '육사'의 신하는 다음과 같다.

육사는, 첫째 관직에 안일하고 녹봉을 탐내며 공무에 힘쓰지 않고, 세상 조류에 따라 이리저리 눈치나 보는 것은 구신具臣이요, 둘째 임금이 말한 것은 모두 좋은 말이라 하고 임금이 하는 일은 모두 잘한 일이라 하며, 아유구용하여 임금과 좋게 지내는 것은 유신諛臣이요, 셋째 말을 교묘하게 꾸미고 얼굴을 보기 좋게 꾸미며 선인을 투기하고 현인을 질투하며 등용하고 싶은 사람에 대해서는 그의 착한 점만 밝히고 나쁜 점은 숨기며, 퇴출시키고 싶은 사람에 대해서는 그의 잘못된 점만 밝히고 좋은 점은 숨기어 임금으로 하여금 상벌을 부당하게 하고 호령이 행해지지 못하게 하는 것은 간신奸臣이요, 넷째 지혜는 족히 잘못을 정당화시킬 만하고 언변은 족히 꺼낸 말을 시행시킬 만하며 안으로는 골육지친을 이간하고 밖으로는 조정에 난을 꾸미는 것은 참신讒臣이요, 다섯째 권세를 독차지하여 경중을 농간하고, 당여를 조성하여 부호를 노리며, 왕명을 마음대로 하여 자신의 영화를 도모하는 것은 적신賊臣이요, 여섯째 임금에게 간사한 태도로써 아첨하고 임금을 불의에 빠뜨리며 붕당을 이루어 임금의 총명을 가리어 흑백과 시비를 구별치 못하게 하며 임금의 악을 국내에 퍼뜨리고 이웃 나라에 들리게 하는 것은 망국亡國의 신하이다.[90]

---

89) 『고려사』 권93, 열전 6, 김심언.

'육사'의 신하는 구신具臣·유신諛臣·간신奸臣·참신讒臣·적신賊臣·망국亡國의 신하이다. '육정육사'는 중앙관·지방관의 구별 없이 모든 관료에 해당한다고 할 수 있으나 중앙의 관료에게 더 적합하다고 볼 수 있다. '육정육사'의 내용을 통해 볼 때 다른 정치 세력을 공격할 때 사용할 수 있는 중요 수단이 될 수 있다는 점에서 이용 가치가 큰 것이다. 선종이 말한 '정치의 시작은 유풍儒風을 두텁게 하는 것'이라는 점은 성종의 입장과도 일치하는 부분이라고 할 수 있다. 최승로 사후에 중단될 수 있는 '유교정치이념'의 지속을 성종은 기대하였을 것이고, 김심언의 입을 통해서 자신의 의도를 관철하고자 하였을 것이다. 그러면서 자신의 후계자인 개령군 송誦에 대해 신료들의 '육정'을 기대하고 만일 그렇지 못할 경우에는 '육사'가 된다는 경고도 포함하고 있는 것이다. 국가의 흥망은 군왕이 아닌 신하에 달려 있기 때문이었다.91)

사료 A-⑤는 지방관에 관한 경계를 담고 있는데, 특히 '자사육조'에 관한 내용을 담고 있다.

첫째 백성 중의 질고자와 실직자를 살피고, 둘째 흑수장리黑綬長吏 이상 관직에 있는 자를 살피고, 셋째 도적이 백성에게 피해를 주는 일과 큰 간활奸猾을 살피고, 넷째 사냥에서 사시의 금법을 범한 자를 살피고, 다섯째 백성 중에 효제孝悌·염결廉潔·행수行修·정무正茂·재이才異한 자를 살피고, 여섯째 관리 중에 전곡錢穀을 장부에 기입하지 않고 일부러 없애는 자를 살핀다.92)

90) 『고려사』 권93, 열전 6, 김심언.
91) 이기백, 「고려귀족사회의 형성」, 『한국사』 4, 국사편찬위원회, 1977, 197~212쪽.
92) 『고려사』 권93, 열전 6, 김심언.

이 부분에 대해서 기존의 연구 성과에 의하면 '육정육사'에 대해서만 관심을 집중하고 있는 경우도 있고,[93] '육정육사'와 '자사육조刺史六條' 전체를 언급하고 있는 경우가 있다.[94] 그 중 김갑동의 연구에 의하면 김심언의 '자사육조'와 한나라의 '자사육조'는 내용에서 차이가 있다고 하면서 성종이 동왕 2년에 지방 12목에 관리를 파견한 것과 관련이 있다고 하였다. 지방 세력의 통제를 위한 조치였다는 점에서 타당한 견해라고 할 수 있다.

A-⑥은 김심언이 '육정육사'와 '자사육조'를 어떻게 처리할 것인가에 대해서 언급하고 있는 부분이다. 이 내용을 중앙과 지방 관청의 벽에 게시하여 귀감이 되게 하자는 것이다.

사료 A-⑦은 서경분사西京分司의 분사헌分司憲에 관한 내용이다. 이 부분이 제2조이다. 제1조가 '육정육사' '자사육조'임을 감안할 때 같은 비중을 분사헌分司憲에 두고 있다는 사실에서 중요성을 짐작할 수 있다.

직제를 설정하고 임무를 분장하게 하는 것은 제왕들의 좋은 법전이요, 수도를 정하고 고을을 설치하는 것은 고금의 통칙입니다. 우리나라 서경은 경계가 바다에 접하였고 육지는 북녘 국경에 연접되어 있으므로 금성탕지金城湯池를 본떠서 요해지를 설하고 철옹성을 모방하여 성을 쌓았으며 여러 관청을 창설하고 만호萬戶를 두었으며 분사分司의 문무 관원이 심히 많은데 염치를 아는 자를 추천하는 사람도 없고 잘못하는 자를 규탄하는 사람도 없으니 청탁이 혼동되고 시비가 분별되지 못하고 있습니다. 청컨대 당나라에서 동도東都에 지대어사知臺御史를 둔 전례를 따라 사헌司憲 1명을 배치하여 그로 하여금 규찰하게

---

93) 이정훈, 앞의 논문.
94) 김갑동, 앞의 논문, 1994.

하면 하부 실정이 상부에 전달되어 상벌이 명확하고 나라가 태평하며 세상이 화평해 질 것을 조석 간에 볼 수 있을 것입니다.95)

서경의 중요성을 먼저 언급하고 제도의 설치를 주장하고 있는 것이다. 그러면서 당나라 구례에 따라 분사헌分司憲의 설치를 주장하고 있다. 특히 서경에만 분사를 설치하자는 이유가 무엇인가 하는 점을 다음에서 확인 할 수 있다. 김심언이 봉사를 올린 성종 9년 7월 직후인 9월에 서경에 대한 교敎를 내린다.

교하기를, "우리 태조께서 서경을 처음 설치하고 종실의 지친을 보내어 요해의 땅을 지키게 하며, 매양 봄과 가을에는 행차하여 재제齋祭를 올리고, 오랑캐[戎虜]를 막아 변경 지역을 튼튼하게 하고자 하였다. 이제 장차 관하關河의 평탄함과 험난함을 두루 순시하고 백성들의 편안함과 걱정을 아울러 알아보며, 윤목尹牧의 인원수를 증감하고, 산천의 제사를 취사하여 정하려 한다. 행차의 의장과 시종 관료와 어선御膳·악관樂官은 모두 마땅히 덜어내도록 하고, 서도유수관과 연로 주·현의 수령과 여러 진鎭의 융수戎帥는 함부로 그 임지를 떠나지 말도록 하라." 하였다.96)

10월에는 서경에 행차하고 있다. 그리고 서경에 수서원修書院을 설치하고, 사적史籍을 초서抄書하여 서경에 간수하도록 하였는데, 그 원관院官은 어사御史에게 뽑아 올려서 임명하고 있다.97)

---

95) 『고려사』 권93, 열전 6, 김심언.
96) 『고려사절요』 권2, 성종 9년 9월.
97) 『고려사절요』 권2, 성종 9년 12월.

사료 A-⑧은 이상의 주장에 대해서 성종 자신의 입장을 재차 표명한 부분이다.

그대의 건의 내용이 이와 같으니 나는 이 건의를 심히 가상히 여기는 바이다. 그대는 국정을 보좌하고 시국을 바로잡으려는 뜻으로 정正과 사邪의 두 이치를 기록하여 나의 심회를 깨우쳐 주었다. 서울과 지방의 여러 기관들로 하여금 이것을 가지고 하부의 소속 관원을 고무 경계하여야 하겠으니 이것을 내사 문하에 내려 보내 서울과 지방 관청들에 선포하여 그가 주달奏達한 바에 의하여 시행할지어다.

김심언의 봉사에 대해서 성종은 관원들의 권계勸戒로 삼도록 하고 있다. 그러면서 내외사內外司에서 주달한 바를 시행하라고 하였다. 이상에서 볼 때 김심언의 봉사 내용은 성종과의 교감에서 나왔음을 알 수 있다. 성종은 개령군 송을 입후立後하면서 사전 정지 작업의 일환으로 중앙과 지방 관료들에 대한 유교적 원칙을 강조할 필요성이 있었다. 김심언은 나주 출신으로서 경주계와 정치적 입장을 같이하면서 최승로 이후의 세력 연장을 도모하고 있었다. 성종과 김심언의 정치적 입장이 합일하는 부분이었다. 성종 자신은 주나라 주공이 성왕을 보호했던 것처럼 개령군 송을 비호하겠다는 의지를 보이면서『서경』「무일」을 강조하고, 중앙과 지방 관제 정비 의도를 다시 밝히고 있다. 이때 「훈요십조」도 중요하게 참고 되었을 것이다. 이와 함께 당나라 선종의 경계警戒을 인용하면서 과거 출신자들을 우대하겠다는 의사를 보이면서 대관과 간관들을 지방에 파견하겠다는 의사를 보이고 있다. 개령군 송을 세우면서 중앙과 지방 관료들에게 '육정'을 통해서 충성을 약속받고 '육사'를 통해서 강력하게 통제하겠다는 의사를 보인 것이라고 할 수 있다. 그러면서 지방 감독을 철저히 하겠다는 의사를 보인 것이 '자사육조'이다. 이어서 성종의 정책에 협조와 동시에 감시가 필요했던 서경 세력에게는 분사헌分 司憲을 설치하겠다는 것이다.

## 2) 최충의 육정육사六正六邪와 자사육조刺史六條

최충이 덕종대에 육정육사六正六邪 및 자사육조刺史六條를 올리기 이전에 현종대에 먼저 김심언이 봉사를 올린 자사육조刺史六條와 같은 이름으로 봉행육조奉行六條가 시행된다. 현종 9년(1018) 2월에 새로 모든 주州와 부府의 관원이 지켜야 할 봉행육조奉行六條를 제정하였다.98) 물론 이때의 봉행육조는 고려의 상황에 맞게 변형된 자사육조刺史六條였으며,99) 육정육사六正六邪 및 자사육조刺史六條를 동시에 올린 것이 아니고 봉행육조奉行六條만을 올린 것이기 때문에 지방 제도와도 관련 있음을 알 수 있다.100) 안무사를 폐지하고 새로운 지방 제도를 시행하고 있는 시점이었기 때문에 봉행육조奉行六條로 지방 관리들의 복무를 규정하고 있다. 육정육사六正六邪 및 자사육조刺史六條를 함께 건의하였을 때와 차이가 있음을 알 수 있다. 그래서 관리들의 복무규정을 설정한 이외에는 다른 정치적 이유와 목적을 찾을 수는 없다. 최충의 건의는 김심언의 봉사를 차용한 것이기 때문에 내용이 동일하다고 할 수 있다.

한편, 최충崔冲의 좌주인 최항은 현종을 옹립하면서 현종대에 중요한

---

98) 『高麗史』 권75, 선거 3, 수령의 등용.
99) 김갑동, 앞의 논문, 1994 참조.
100) 『高麗史節要』 권3, 현종 9년 2월 ; 여러 도의 안무사를 폐지하고 4도호·8목·56지
　　주군사와 28진장·20현령을 두었다.

역할을 수행한다. 여기에다 최충은 현종대에는 간관으로서 많은 역할을 하고 있다. 특히 무신난을 일으키는 김훈 등이 무관이 문관을 겸하도록 청하는 것에 대해서101) 최충은 이런 시기에 무신들의 문직文職 겸대를 반대하고 있다. 또 최충의 대외관을 알 수 있는 사건이 일어나는데 거란에 대한 대책 문제이다. 현종 22년에 동왕이 승하하고 덕종이 즉위한 그해 11월에 거란에 대한 대책이 논의되고 있다.

> 평장사 서눌 등 29명이 의논하기를, "거란이 우리가 청한 말을 듣지 않으니 사신을 보내지 말아야 합니다." 하고, 중추사 황보유의 등 33명은 의논하기를, "만약 국교를 단절한다면 그 피해가 반드시 백성을 괴롭게 하는 데 이를 것이니, 화호를 계속하여 백성을 휴식시키는 것만 못합니다." 하였다. 왕이 서눌과 왕가도王可道의 의논을 좇아 하정사賀正使는 정지하고 성종聖宗의 태평太平이라는 연호는 그대로 썼다.102)

황보유의 등은 거란과의 국교 단절이 전혀 국가에 도움이 되지 않는다고 설명한다. 왕은 서눌과 왕가도의 의논을 따라서 거란 성종의 태평이라는 연호를 그대로 쓰면서 현現 거란 정권을 인정하지 않고 있다. 이 논의 직후 거란의 성을 공격하자는 의견이 대두된다.

> 평장사 류소柳韶가 거란의 성을 탈취하자고 건의하였으므로 왕이

---

101) 『高麗史節要』 권3, 현종 5년 11월 ; 을유일에 김훈 등이, 무관 常參官 이상은 모두 문관을 겸하게 하도록 청하고 또 御史臺를 폐지하고 金吾臺를 설치하며 또 三司를 폐지하고 都正署를 설치하도록 청하니 그 말을 따랐다.
102) 『高麗史節要』 권3, 현종 22년 11월.

이를 재상들의 토의에 붙였더니 서눌과 황보유의, 황주량黃周亮, 최제
안崔濟顏, 최충崔冲, 김충찬金忠贊 등은 모두 반대하였고 왕가도와
이단李端 등은 "기회를 놓쳐서는 아니 된다."고 출병을 고집하니 왕이
해당 관리에게 지시하여 태묘太廟에서 점을 쳐서 가부를 결정하기로
했는데 결과는 출병하지 않기로 되었다. 미구에 왕가도는 사직하고
고향으로 돌아가서 병을 조섭하다가 덕종 3년(1034)에 죽었다.103)

이때 반대하는 인물은 서눌, 황보유의, 황주량, 최제안, 최충, 김충찬이
다. 당시는 거란과의 전쟁에 어떻게 대처하는지에 따라서 정치 세력을
구분하고 있는데, 일단 최충은 대거란 강경론에 반대하고 있는 모습을
보이고 있다. 최충은 현종을 옹립한 대거란 온건 세력에 포함되고 있으며,
현종 측근 세력인 대거란 강경론 세력과 대립하는 모습을 보이고 있다.
현종대까지는 대거란 강경론자들이 우세하다가 위의 사료에서 류소의
거란 출병 논의가 계기가 되어서 덕종대에는 변화가 일어났다고 한다.104)
변화가 일어날 수 있는 요인은 단순히 강경론과 온건론으로만 설명할
수 없다고 본다. 그래서 변화의 계기를 최충의 대외관과 연관해서 확인해
보도록 하자.

11월에 도병마사 문하시중 최충 등이 아뢰기를, "서북의 주·진이
지난해에 흉년이 듦으로 인하여 백성이 가난하고 궁핍하여 남자는
부역에 지치고 여자는 꾸어먹은 쌀을 갚느라 지치니, 어떻게 견디어
나가겠습니까. 성지를 수선하는 외에 일체 역사는 모두 금단하게

---

103) 『高麗史』 권94, 열전 7, 왕가도.
104) 김당택, 「현종·덕종대 대거란(요) 관계를 둘러싼 관리들 간의 갈등」『고려
    양반국가의 성립과 전개』, 146~147쪽.

하소서." 하니, 따랐다.105)

물론 이 사료는 문종대에 언급된 것이지만 평소 최충의 대외관을 파악할 수 있다고 생각되었다. 그는 흉년이 들었기 때문에 성지를 수선하는 아주 중요한 것 이외에는 부역을 줄이라고 한다.

> 최충이 아뢰기를, "동여진 추장 염한鹽漢 등 85명이 일찍이 여러 차례 국경을 침범하여 변방 백성을 노략질해 갔으므로 경관京館에 억류한 지가 오래되었으나, 오랑캐는 겉만 사람이고 속은 짐승이어서 형법으로도 응징할 수 없고 인의로도 교화할 수 없습니다. 구류시킨 지가 이미 오래되어 앙심을 먹고 원한을 품을 것이며, 수구首丘의 정이 반드시 그 근본을 잊어버리지 않을 것이고 또 드는 비용이 너무 많으니, 모두 놓아 보내소서." 하니, 따랐다.106)

이 사료는 여진에 대해서 언급한 것이지만, 강경론만으로는 국방 문제를 해결할 수 없다는 인식을 보여준다. 이런 최충의 대외관에 대해서 북송의 신유학적 화이론이라고 인식하고 있다.107)

그런데 거란 정벌에 반대하는 중심인물을 보면 최제안이 포함되어 있다. 최충의 좌주인 최항은 이미 현종 15년(1024)에 사망하고 있기 때문에 최제안(?~1046)이 경주계의 중심이 되고 있는 것이다. 최제안

---

105)『高麗史節要』권4, 문종 4년 11월.
106)『高麗史節要』권4, 문종 4년 12월.
107) 池斗煥,「최충의 신유학 사상」,『儒學史上 崔冲의 位相』, 海州崔氏大宗會, 1999, 328~329쪽에서 "최충의 화이론은 인의를 따르는 것은 화이고 인의를 저버리고 약육강식 논리를 따르는 것이 오랑캐[夷]라는 맹자에서 주장된 인의에 입각한 화이론이었다."고 하고 있다.

은 최승로의 손자이고, 최항은 최언위의 손자로서 둘 다 경주계의 핵심
인물들이라고 할 수 있다. 태조대에 「훈요십조」를 제정할 당시에도 최언
위의 사상을 바탕으로 작성하고 있다는 연구가108) 참고된다. 최항이
사망한 이후에는 최제안이 경주계를 대변하고 있다는 사실은 최제안이
최항의 집에서 「훈요십조」를 발견하여 공개한 것과 관계된다. 기존 연구
에 의하면 「훈요십조」는 목종이 폐위되는 과정에서 시종하였던 최항이
목종으로부터 전해 받아 소장하게 되었다고 하는데,109) 이것을 최제안이
공개한다는 것은 중요한 계기가 있었을 것이다. 덕종의 후계 구도와
관련이 있을 가능성을 확인해 보자.

　이미 덕종은 그해 9월에 훙薨하면서 "짐朕의 병이 낫지 않고 이미
위태로운 지경에 이르렀으니 마땅히 애제愛弟 평양군平壤君 왕형王亨으로
보위寶位를 계승토록 하라."고110) 분명히 언급하고 있다. 후계 문제가
정종으로 정해진 시점이었다. 그러나 덕종의 사망이 예견되는 시점에서
공개했을 가능성이 있다는 점이고, 극히 필요한 시대였다고 한다.111)
왜냐하면 「훈요십조」는 후계 문제를 명확히 규정하고 있기 때문에 최제안
은 미리 후계를 정하자는 의미로 공개했을 것이고, 그 이유 때문에 정종이
즉위하면서 최제안이 바로 이부상서로 임명되었을 가능성이 있다.

　그런데 최제안이 덕종에 대해 왜 이런 조치를 시행하고 있었을까 하는
점은 그의 관력과 관계가 있다. 현종 17년(1026)에 최제안은 태자우서자
太子右庶子112)가 되어 후일 덕종이 되는 태자의 스승이 된다. 덕종을

---

108) 장일규, 「최치원의 유교적 정치이념과 사회개혁안」, 『한국고대사회연구』 38, 2005, 2007.
109) 김성준, 「十訓要와 高麗太祖의 政治思想」, 『韓國思想大系 Ⅲ』, 成均館大學校 大東文化研究院, 1979.
110) 『高麗史』 권5, 덕종 3년 9월.
111) 문경현, 『고려사 연구』, 경북대학교 출판부, 2000, 290쪽.

보호할 만한 충분한 이유가 있는 인물이다. 그가 판단했을 때 덕종이
병으로 인해 혹시 일찍 붕어하면 후계 문제가 염려스러웠을 것이다.
그래서 기준이 되는 「훈요십조」를 공개하면서 대내외에 왕위 계승의
문제를 다시 한 번 부각시키고 있다. 그런데 이때 최제안과 함께 덕종의
사부가 되는 학자가 있으니 바로 황주량과 최충이다. 앞에서 보이듯이,
최충은 최제안과 함께 현종 17년 11월에 태자중윤이 되고,113) 현종
21년 5월에는 태자우유덕이 되고 있다.114) 최제안과 같은 입장에서
비슷한 판단을 했을 것이다. 또한 그런 목적으로 현종은 이들 세 학자에게
태자의 사부를 맡겼을 가능성이 큰 것이다. 그래서 덕종 3년에 최충은
간관諫官인 우산기상시로서 육정육사六正六邪와 자사육조刺史六條를 언
급하고 있는 것이다.

덕종 초엽에 우산기상시 동지중추원사로 전임되었다. 그가 왕에게
진언하기를 "성종 때에 중앙과 지방의 각 관청들의 벽에는 모두 설원의
육정육사六正六邪의 글과 한나라에서 자사에게 준 6조령 등을 써 붙였
는데 이미 오랜 세월이 경과되었은즉 그것을 고쳐 써 붙여 관직에
있는 자들로 하여금 잘못을 시정하고 올바른 정사를 하도록 알려
주는 것이 필요하다."고 하니 왕이 그의 의견대로 시행하였다.115)

『고려사』세가에는 우산기상시를 띠고 동지중추원사로 간언했다고

---

112) 『高麗史』권5, 현종 17년 11월 ; 황주량으로 태자 소첨사를 삼고 최제안으로
　　태자 우서자를 삼고 최충으로 태자중윤을 삼았다.
113) 『高麗史』권5, 현종 17년 11월.
114) 『高麗史』권5, 현종 21년 5월 ; 갑인일에 김맹을 태자소부로, 유징필을 태자빈객으
　　로, 황주량을 태자우서자로, 최충을 태자우유덕으로 각각 임명하였다.
115) 『高麗史』권95, 열전 8, 최충.

한다. 대간인 동시에 재상직을 수행하면서 간언을 했다는 점에서 의의가 크다. 최충이 제시하는 육정육사六正六邪는 『정관정요』를 기준으로 하는 것이라고 한다.116) 그런데 김심언도 『정관정요』를 참고했을 가능성이 크다는 점에서 최충과 공통점을 보이고 있다. 특히 간쟁의 경우에는 당 태종과 간관 위징과의 관계를 통해서 볼 때 태종이 이상적인 군주상으로 인식되고 있었기 때문에 『정관정요』의 영향이라고 할 수 있다. 그래서 최충이 이후 문종대에 치사하려고 했을 때 내린 칭호에서도 당나라 학자를 존숭하는 모습을 확인할 수 있다. 최충과 비교되는 인물로는 '당웅唐雄, 예형禰衡, 주이朱异, 극선郤詵, 숙향叔向, 장화張華, 여회如晦, 위서魏舒, 도홍경都弘慶'이라고 하였다. 당웅은 '당나라 태종 당시의 영웅'을, 여회는 두여회杜如晦로 명상으로서 이름을 드러낸 인물을 상징한다.117) 따라서 당 태종의 『정관정요』를 간쟁의 표준으로 삼게 되었을 것이다. 그런데 최충은 왜 다시 이 봉사를 재론하였을까? 다음에서 그 단서를 찾을 수 있다.

입법立法 초에는 비록 깨우쳐지고 두려워하여 잘 되다가도 그것이 오래가면 해이되기가 쉬우므로, 모름지기 대대로 이를 닦아 일으키고 떨쳐 새롭게 한 후에라야 성공할 수 있는 것이다. 충冲이 주청한 것은 진실로 그 요령要領을 얻은 것이다.118)

물론 안정복의 『동사강목』에서 언급한 내용은 원사료라기 보다는 사론史論의 성격이 강하다. 그래서 필자도 사론의 성격으로 인용하는

---

116) 池斗煥, 앞의 논문, 1999, 325쪽.
117) 李聲昊, 「최충에 대한 역대 인식 변화와 문묘종사 논의의 이해」, 103쪽.
118) 『東史綱目』 권7상, 덕종 2년 정월.

것이다. 왜냐하면 최충의 건의에 대한 안정복의 평가에 필자도 동의하기
때문이다. 안정복도 김심언의 봉사 내용이 오래되어 해이해지기 쉽다고
하면서 최충이 다시 언급하게 되었다고 해석하는 것이다. 이것은 김심언
이 봉사를 올릴 당시의 상황과 비슷한 상황이 도래했다고 볼 수 있다.
김심언이 올렸을 당시인 성종대의 상황은 후계자 책봉 때문에 중앙과
지방 관료들에게 경계를 하였던 때였다. 또 서경西京 세력에 대한 경계도
역시 담고 있었다.

　최충도 최제안과 마찬가지로 관심을 기울인 것은 덕종의 후계 문제가
아니었던 가 한다. 선학의 연구에서는, 최충이 육정육사六正六邪와 자사
육조刺史六條를 재론한 것은 덕종의 요사夭死에 대한 걱정으로 관료들을
경계하기 위한 것이라고 한다.119) 다만 필자는 성종대 올린 김심언의
봉사와 마찬가지로 최충이 올린 내용도 후계 문제 때문이라고 생각한다.

　우선 최충이 육정육사六正六邪와 자사육조刺史六條를 재론한 이유는
주공周公과 성왕成王의 관계에서 확인할 수 있다. 최충이 현종 사후에
행한 다음 논찬에서 살펴보자.

　　그러다가 국사를 바로잡은 뒤에는 거란과 화친을 맺어 군사들을
　　쉬게 하고 문학에 힘쓰며 부세와 요역을 경감하며 재주 있고 우수한
　　인재를 등용하여 정사를 공평하게 하였으며 백성들을 편안하게 하여
　　안팎이 무사하였으며 해마다 농사가 잘 되었으니 그〔현종〕를 주나라
　　의 성왕成王, 강왕과 한나라의 문제, 경제에 비기더라도 손색이 없을
　　것이다.120)

---

119) 이희덕,「최충의 사상과 유교정치윤리」『儒學史上 崔冲의 位相』, 海州崔氏大宗會,
　　　1999.
120)『高麗史』권5, 현종 22년 5월.

현종을 성왕成王과 같은 이상적인 군주로 칭송하고 있는 것이다. 아마 「훈요십조」를 이때 다시 공개한 것도 하나의 이유가 되었을 것이다. 왜냐하면 앞에서도 보았듯이 「훈요십조」에는 주공周公과 성왕成王의 관계가 포함되어 있기 때문이다.121)

한편 최충은 사후에 주공周公과 비교되고 있다는 점도 주목할 만하다. 왜냐하면 현종顯宗을 성왕과 비교할 때 주공周公과 비교되는 인물이 최충이기 때문이다.122) 성종 때 김심언은 최승로의 화풍華風을 계승하여 봉사를 올리고 있는데 최충은 다시 김심언의 입장을 계승하고 있는 것이다.123) 최충의 이런 의식은, 대對 거란 전쟁의 승리로 인해 그동안 토풍土風을 추구하던 경향에서124) 다시 화풍華風을 추구하는 경향으로 변화가 일어났다고 볼 수 있는 것이다. 대규모 전쟁이 끝난 이후 평화 상태가 지속되면서 지금까지 추구하던 토풍土風에 변화가 일어날 수 있는 시점이었다. 최충의 사상과 교학敎學에서 이미 북송과 동일한 체제를 이룬 것에서도 이런 가능성을 확인할 수 있다. 한편, 김심언과 최충이 공통적으로 화풍을 추구했다는 것은 간쟁 활동을 충실히 할 수 있는 이념적 기반을 갖추었다는 뜻이다. 최충은 최승로 이후에 화풍華風의 중심인물이었고, 최승로의 유교정치이념을 계승한 인물이었다.

그런데 현종을 계승한 덕종대의 상황은 여러 가지 어려움에 처해 있었

---

121) 『高麗史』 권2, 태조 26년 4월.
122) 李聲昊, 「최충에 대한 역대 인식 변화와 문묘종사 논의의 이해」, 2012 참조.
123) 최승로에 대해서는 토풍과 화풍을 절충했다는 견해도 있다.
　　　馬宗樂, 「고려시대 유교사의 추이와 개성」 『한국중세사연구』 18, 2005, 11쪽.
124) 구산우, 「高麗 成宗代 對外關係의 展開와 그 政治的 性格」 『한국사연구』 78, 1992, 62~64쪽에서 최승로를 중심으로 하는 화풍華風 추구 세력이 중국 문화를 도입하는데 적극적이었다가 대 거란 전쟁으로 인해서 土風 중심의 경향이 일어났다고 본다.

는데, 특히 국가적 차원에서 가뭄이 지속되고 있었다. 기록을 보면 덕종 2년 이전에 나타나고 있으니, 현종 10년(1019) 5월,[125] 현종 11년 7월,[126] 현종 14년 6월,[127] 현종 16년 4월,[128] 현종 18년 5월[129] 등이다. 흉년에 관한 기록도 이때 나타나고 있는데, 현종 9년(1018) "흥화진이 요즈음 병란과 흉년을 겪어 백성 중에 춥고 배고픈 사람이 많으므로 면포綿布와 소금·장을 주었다."[130]고 하였다. 현종 20년 (1029)에는 제기의 증설을 중지하고 있다.[131] 또 덕종 원년(1032)에는 상황이 더욱 심각하였음을 알 수 있다.[132] 그래서 이어진 기록에는 "왕이 구정毬庭에서 친히 제사를 지내어 비오기를 빌었다."고[133] 하였다. 이 부분을 조선시대에는 다음과 같이 인식하고 있다.

그리고 오늘날에 가장 급한 일로서 구황 정책보다 더 급한 일이 있겠습니까. 『주례』 황정은 당연히 강명하고 신칙하여야 될 것입니다.

---

125) 『高麗史節要』 권3, 현종 10년 5월 ; 가뭄이 들었으므로, 죄수들의 죄상을 심리하였다.
126) 『高麗史節要』 권3, 현종 11년 7월 ; 가을 7월에 오랜 가뭄이 들었으므로, 죄수의 죄상을 심리하였다.
127) 『高麗史節要』 권3, 현종 14년 6월 ; 6월에 가뭄이 들었으므로 죄수의 죄상을 심리하였다.
128) 『高麗史節要』 권3, 현종 16년 4월 ; 여름 4월에 가뭄이 들었으므로 왕이 정전을 피하고 상선을 감하며 도살을 금하고 풍악을 철거하며 원통한 옥사를 심리하고 망제望祭를 지내는 여러 곳에서 비오기를 빌었다.
129) 『高麗史節要』 권3, 현종 18년 5월 ; 5월에 가뭄이 들었으므로 정전을 피하고 상선을 줄였으며 옥의 죄수를 너그럽게 처결하였다.
130) 『高麗史節要』 권3, 현종 9년 2월.
131) 『高麗史節要』 권3, 현종 20년 4월.
132) 『高麗史節要』 권4, 덕종 원년 3월 ; 가뭄이 들었으므로, 봉은·중광 두 절에 부역하는 인부를 놓아 보내고, 여름 4월에 정전을 피하며, 반찬을 줄이고 도살을 금하며, 죄가 가벼운 죄수를 놓아 주었다.
133) 『高麗史節要』 권4, 덕종 원년 4월.

지난 고려 성종 때에 김심언이 소를 올려 유향의 『설원』에 있는 육정육
사六正六邪와 『한서』에 있는 자사육조刺史六條를 써서 벽에다 붙여
놓고 드나들며 읽어 귀감으로 삼을 것을 청하자, 왕이 큰 포상을
내리고 아뢴 대로 시행하였습니다. 그 뒤에 최충이, 이것이 세월이
오래 되어 바랬으니 다시 써 붙여서 신칙하고 권려하는 도리를 알도록
하여야 된다고 하자, 또 그대로 따랐는데, 그 말은 모두가 절실하고,
또 예전에 훈계한 내용입니다.[134]

구황정책이 가장 중요하다고 먼저 언급하고 『주례』의 황정을 신칙해야
한다고 하면서 김심언과 최충의 육정육사六正六邪와 자사육조刺史六條를
언급하고 있는 것이다. 김심언의 봉사와 최충의 건의를 황정으로 이해할
수 있는 부분인 것이다. 황정이 필요하면서 또 덕종이 일찍 붕어한다면
여러 가지 문제가 일어날 소지가 있었기 때문에 최충은 간관으로서 이런
일을 미연에 방지해야 할 의무가 있다고 판단한 것이다. 최충은 덕종의
임종이 가까워진 7월에는 형부상서와 중추원사로 전임되어 군국의 기밀
을 장악하고 있었으며, 그 때문에 왕위의 계승은 순탄하게 이루어졌다고
한다.[135] 그래서 이제현李齊賢은 덕종의 사찬史贊에서 다음과 같이 말하
고 있다.

"그러나 덕종이 상중에 능히 아들로서의 효도를 극진히 하였고,
정사를 하는 데에 그 아버지가 하던 일을 고치지 않았으며, 옛 신하인
서눌徐訥·왕가도王可道·최충崔冲·황주량黃周亮 같은 무리를 임용
하여 조정에는 속이거나 숨기는 자가 없었고, 백성은 생업에 편안하였

---

134) 『仁祖實錄』 권46, 인조 23년 10월 9일.
135) 이희덕, 앞의 논문, 1999, 192쪽.

으니, 비록 봉새가 아니었다 하더라도 존호를 덕이라고 올림이 또한 마땅하지 않습니까." 하였다.136)

인용문에서 최충과 황주량을 옛 신하로 표현하고 있다. 그런데 현종 당시에 최충과 황주량은 고위직 관리가 아니었는데도 이제현이 이런 표현을 사용한 것은 이들이 대간으로서 충실한 역할을 하였기 때문에 조정에서 속이거나 숨기는 자가 없었다는 표현이다.

### 3) 최충 후손들의 대간활동

최충의 아들인 최유선에 대해 "대대로 유종儒宗이며 정승의 가문으로 두 조정을 보필하여 비록 혁혁한 명성은 없었으나 사람들이 모두 존중하였다."고 하면서137) 아버지인 최충을 계승하는 유종儒宗으로 인식하고 있다. 그는 강력한 배불 의지를 천명하면서 금석문을 남긴 흔적이 보이지 않는데, 이것은 소실된 자료가 많기 때문에 단정하기는 어렵지만 일단 이 시기에 와서 유불 사상의 분화가 형성되어가고 있는 것으로 추측할 수 있다고138) 한다. 최유선의 시호는 문화文和이다. 그는 당 태종이 행한 간언의 예를 따르고 있다.

처음으로 흥왕사興王寺를 덕수현德水縣에 짓고, 그 현을 양천楊川으로 옮겼다. 지중추원사 최유선崔惟善이 간하기를, "옛날에 당태종唐太宗은 신성神聖하고 영무英武하여 비할 데가 없었는데, 백성이 도첩度牒

---

136) 『高麗史節要』 권4, 덕종 3년 9월.
137) 『高麗史節要』 권5, 문종 29년 1월.
138) 이혜순, 『고려전기 한문학사』, 이화여자대학교 출판부, 2003, 153~154쪽.

을 받아 중이 되는 것과 사관 짓는 것을 허락하지 않아 그의 아버지인 고조高祖의 뜻을 따랐으므로 사전史傳이 모두 칭찬하였습니다. 우리 태조의 「훈요訓要」에, '국사國師 도선道詵이 국내 산천 지세의 순역順逆을 살펴서 절을 세울 만한 곳이면 짓지 않은 곳이 없었으니, 후세의 사왕嗣王 및 공후·귀척·후비后妃·신료는 앞 다투어 원찰願刹을 지어 지덕을 손상시키지 말라.' 하였습니다. 지금 전하께서 조종의 오랜 터전을 계승하여 태평한 세월이 오래되었으니, 마땅히 절용節用하고 백성을 사랑하여 가득찬 복을 유지하고 이루어 놓은 왕업을 지켜서 후사에게 물려주어야 하는데, 어찌하여 백성의 재물을 없애고 백성의 힘을 다해서 급하지 않은 비용에 이바지하여 나라의 근본을 위태롭게 하려 하십니까. 신은 이에 매우 의심스럽습니다." 하니, 왕이 옳게 여겨 답하였다. 그 뒤 어느 날 한가한 자리에 들어가 모시고 있었는데 왕이 조용히 위로하고 장려하기를, "간쟁하는 것은 충성이며, 임금이 좋아하는 대로 따르는 것은 아첨이다." 하니, 유선이 대답하기를, "창업하기는 오히려 쉬워도 수성守成하기가 더 어렵습니다." 하였다.[139]

사찰을 새로 창건하려는 문제에 대한 간언으로 「훈요십조」를 지켜야 한다는 뜻이다. 이에 대해 문종은 간쟁을 하는 신하가 바로 충성을 다하는 신하란 뜻으로 격려하고 있다. 그러자 다시 최유선은 현 당대는 창업하는 시기가 아니고 수성하는 시기이므로 더욱 조심해야 한다는 뜻으로 화답하고 있다.

5월에 서북면 병마사가 아뢰기를, "서여진 추장 만두불漫豆弗 등이

---

139) 『高麗史節要』 권4, 문종 1년 2월.

동여진 번인의 전례를 따라 주·군을 설치해 주도록 청하고, 평로진平
虜鎭 근처의 번수蕃帥인 유원장군 골어부骨於夫 및 멱해촌요결覔害村要
結 등 역시 또한 우리 국적에 붙여 영구히 번병이 되기를 원하였는데,
점검하자 호수戶數 35호, 인구 2백 52명이었으니 판도版圖에 등재謄載
해 주소서." 하니, 따랐다. 또 아뢰기를, "삼산촌三山村 도적이 사람을
죽이고 재물을 약탈하므로 복속된 번인 도령都領 다어개多於皆 등이
정주낭장定州郎將 문선文選과 함께 출격하여 공을 세웠으니 은상恩賞
을 더해 주소서." 하니, 시중 최유선 등이 논의하기를, "삼산촌 도적은
본래 변경을 침범한 도적이 아니었는데 지금 번군蕃軍이 조정의 명을
기다리지 아니하고 사사로운 원수를 갚은 것입니다. 만약 포상을
내리면 도리어 원망만 사게 될 터이니 상을 내리는 것은 시행하지
마소서." 하니, 따랐다.140)

대 여진 정책에서 여진 정벌의 공로에 대한 지나친 은상은 오히려
상대를 자극하고 원망하게 할 우려가 있다는 표현이다. 큰일에는 정벌하
고 작은 일에는 은혜를 베풀라는『맹자』의 '큰 나라가 작은 나라를 섬기는
것[以大事小]'을 실천하는 모습이다. 고려가 대국大國으로서 소국小國인
여진에 대처해야 한다는 의미이다. 최유선의 대 여진 정책도 부친인
최충의 대외관과 닮아 있다는 것을 보여준다. 후손의 간언 중에는, 국방과
군사 문제 이외에도 평화로운 시기의 간언도 있다.

여름 4월에 서경에 이르러 대동강 위에서 술자리를 열었는데, 호종
한 여러 왕씨와 대신·시신·서경유수 분사의 3품관 이상이 모시고
잔치하였다. 바람은 맑고 날씨가 화창하니 왕이 기뻐서 시신들과

---

140)『高麗史節要』권4, 문종 2년 5월.

함께 노래를 부르고 화답하였다. 이때에 국가에 일이 없으니 왕이 문학을 숭상하고 잔치하며 놀기를 좋아하였다. 지제고 최약崔瀹이 상서하기를, "옛날 당 나라 문종文宗이 시학사의 관직을 설치하려하니, 재상이 아뢰어 말하기를 '시인은 흔히 경박하니 만일 고문을 한다면 임금의 총명을 동요시킬까 두렵습니다.' 하니, 문종이 그만 중지하였습니다. 제왕은 마땅히 경전의 학문을 좋아하여 날마다 선비들과 경전·역사를 토론하고, 정사하는 도리를 물어서 백성의 풍속을 교화하기에 겨를이 없어야 할 것입니다. 어찌 아이들의 수식에만 치중한 문예를 일삼아서 자주 경박한 시인들과 함께 음풍소월吟風嘯月하여 천품의 순백하고 바른 것을 상실하는 일이 있게 할 것입니까?" 하니, 왕이 좋게 받아들였다.141)

예종이 대동강에서 잔치하면서 노래하는 모습이다. 이에 대해 최약崔瀹이 간언하면서, 경전과 역사를 토론하고 백성의 풍속을 교화해야 한다고 하였다. 최약은 최사제의 아들이고, 최유선의 손자이다. 최충에게는 증손자가 된다. 이 일에 대해서 참소하는 자가 있었다.

그런데 어떤 문사가 틈을 타서 왕에게 고하기를 "최약이 말한바 경박한 자란 저희들을 제외한 다른 사람을 지적한 것이 아니라, 바로 저희들을 두고 한 말입니다. 최약은 시詩를 모르는 까닭에 이런 말을 하는 것입니다."라고 하니 왕이 노하여 최약을 춘주부사春州府使로 좌천시켰다.142)

---

141)『高麗史節要』권8, 예종 11년 4월.
142)『高麗史』권95, 열전 8, 최충.

최약이 시를 모른다고 비방한 것이다. 이 때문에 최약은 춘주 부사로 좌천된다. 그곳에 부임한 후 어떤 사람의 시詩에 화답하여 다음과 같은 시를 지었다.

> 우리 집이 대대로 성조의 은을 입었으니
> 충성과 청백으로 계승하여 가문을 떨어뜨리지 않으려네
> 반딧불 빛으로 햇빛에 보태고저
> 조그만 잔으로 감히 사원을 헤아리랴
> 풍월이나 읊고 공 없음이 부끄러워라
> 구름 하늘〔대궐〕을 바라보니 벌써 꿈이로세
> 놀란 땀 씻기 전에 감동의 눈물 나오니
> 귀양 가면서도 수령 행차로세143)

"대대로 성조의 은을 입었다."는 표현에서 명문가의 자부심을 표현하고 있다. 그래서 충성과 청백으로 계승하여 가문의 위상을 떨어뜨리지 않겠다고 한다. 최충이 남긴 「계이자시戒二子詩」를 충실히 수행하고 있는 모습이다.

이상으로, 김심언과 최충의 대간활동에 대해 살펴보았다. 김심언은 성종이 개령군 송誦을 후계로 입후立後하면서 사전 정지 작업의 일환으로 중앙과 지방 관료들에 대한 유교적 원칙을 강조할 필요성이 제기될 때 육정육사六正六邪 및 자사육조剌史六條의 건의를 올렸다. 성종 자신은 주나라 주공周公이 성왕成王을 보호했던 것처럼 개령군 송을 비호하겠다

---

143) 『東文選』 권12, 出守春州和人贈別. "吾家世受盛朝恩 欲繼忠淸不墜門 但把螢輝增聖日 敢將蠡測議詞源 自慙風月無功業 回望雲霄已夢魂 駭汗未收還感淚 謫來猶得駕朱幡"

는 의지를 보이면서 『서경』 「무일편」을 강조하고, 중앙과 지방 관제 정비 의도를 다시 밝힌 것이 '육정육사'이다. 이와함께 당나라 선종의 백료지계 百僚之誡를 인용하고 있다. 당의 선종대 처럼 유풍儒風을 두터이 하고, 과거 출신 인재를 선발하자는 주장이다. 그러면서 지방에는 감찰제도를 실시하겠다는 의사를 보인 것이 '자사육조'이다. 이어서 성종의 정책에 협조와 동시에 감시가 필요했던 서경세력에게는 분사헌分司憲을 설치하 였다.

최충은 덕종이 병약하여 후계 구도에 문제의 소지가 발생할 시점에 건의를 올린다. 이때도 성종대와 동일하게 주공周公과 성왕成王의 관계를 설정하고 있는데, 최충은 스스로 주공에 비유되고 있다. 이는 「훈요십조」 와도 관련되어 있다. 최충은 과거 출신의 간관으로서 임금에게는 성왕成王 이라는 성인聖人을 이상으로 제시하고 있고, 신하들에게는 육정六正의 신하를 이상으로 제시하면서 육사六邪의 신하는 바람직하지 못한 신하로 지적하고 있다. 이어서 최충 후손들의 대간활동을 살펴보았다. 아들인 최유선도 당 태종의 간언의 예를 따르면서 대간활동을 하고 있으며, 대외 관계에 관해서도 최충과 유사한 견해를 표방하고 있다. 최충의 증손자이자 최유선의 손자인 최약崔瀹도 이런 전통에 따라 대간활동을 하고 있다.

## 제3장 재상활동宰相活動

최충崔冲의 재상활동은 주로 군사, 외교, 법률 분야에서 이루어진다. 군사 및 외교에 대해서 최충은 『맹자』의 화이론을 적극 적용하고 있다. 또 법률 고정에 참여하면서 실제 이신석의 씨족 등록 문제를 적극 거론하고 있다는 점은 중요한 사실이다. 북송에서 과거 시행과 관련하여 중요하게 취급되었던 점도 주목할 부분이다.

### 1) 군사와 외교

최충이 대간활동을 하던 당시에도 이미 동지중추원사 직함을 수행하고 있었기 때문에 재상의 반열에 올랐다고 할 수 있다. 이후 정종 원년(1035)에는 중추사 형부상서를 제수 받고, 성종 3년(1037)에는 참시성사 수국사를 제수 받고 있다. 최충이 군사 및 외교에 관해 활동한 사례는 정종 6년(1040)에 나타난다.

> 대춘帶春은 정종靖宗 6년에 안북대도호부부사安北大都護府副使로 있었는데 좌복야左僕射 최충崔冲이 왕에게 아뢰기를 "대춘은 지조가 탁월하고 지략이 많으며 군사 방면에도 통달한 인재입니다. 만일 국경에 사고가 있을 때에는 이 사람을 제쳐 놓고는 보낼 만한 인재가 없으니 그를 외직에 배치하지 말아야 한다."고 주장했으나 왕은 이 제의를 듣지 않았다.144)

---

144) 『高麗史』 권94, 열전 7, 양규.

최충이 양대춘에게 이런 인식을 보이는 이유는 양대춘의 부친인 양규(?~1011) 때문이었다. 양규는 거란의 2차 침입 때 용감하게 분전하다가 전사하였다. 그래서 공부상서工部尚書에 추증되고, 부인 은률군군殷栗郡君 홍씨洪氏에게는 교서와 함께 양곡 100석이 하사되었으며, 아들 대춘帶春에게는 교서랑校書郎이 제수除授되었다. 또 1019년에는 공신녹권功臣錄券이 내려지고, 1024년에는 삼한후벽상공신三韓後壁上功臣에 추봉追封되었던 인물이었다. 그의 아들인 양대춘도 양규와 버금가는 인물임을 최충이 알아보고 국방에 대한 의논을 하고자 했던 것이다. 이후 양대춘의 업무 추진을 살펴보면 최충의 의도가 이해된다.

문종 원년 2월에 서북로 병마사兵馬使 양대춘楊帶春이 보고하기를 "저의 관할 하에 있는 연주連州 방어진防禦鎭의 장리長吏·군민軍民 등 8백여 명이 말하기를 '방어 부사副使 소현蘇顯은 부임 이래 농사와 누에치기를 장려하기에 힘쓰고 백성들을 잘 돌보아 주었다'고 하였습니다. 그의 정치의 실적이 두드러지게 나타났으니 마땅히 왕에게 보고 하여야 할 것이라고 생각합니다."라고 하였더니, 왕이 명령을 내려 이부吏部로 하여금 제도에 따라 적당히 등용하도록 하였다.[145]

서북로 병마사로서 군사와 농상을 함께 살피고 있는 모습을 볼 수 있다. 뒤에 직문하성위위경直門下省衛尉卿에 이르렀다. 그가 병이 났을 때 문종이 조회하는 것을 면하고 다만 겸관兼官으로 일만 보게 하였을 정도로 신임하는 인물이었다. 최충은 정종 7년(1041)에는 군사활동의 일환으로 영원과 평로에 성을 쌓았다.

---

145) 『高麗史』 권79, 식화 2, 농상.

7년에 최충崔冲이 영원寧遠, 평로平虜 두 진에 성을 쌓았다. 영원성은 길이가 7백 59간, 보자堡子가 여덟이다. 구내 금강초소〔金剛戍〕의 구간의 길이는 42간, 선위초소〔宣威戍〕의 구간은 61간, 선덕초소〔宣德戍〕의 구간은 50간, 장평초소〔長平戍〕의 구간은 53간, 정잠鼎岑의 보초 구간은 38간, 鎭河의 보초 구간은 42간, 철용초소〔鐵墉戍〕의 구간은 61간, 정안초소〔定安戍〕의 구간은 32간이고 관성關城은 1만 1천 7백간이었다. 평로성平虜城은 길이가 5백 82간, 보자가 여섯이다. 구내의 도융초소〔擣戎戍〕의 구간은 36간, 진융초소〔鎭戎戍〕 구간은 30간, 직잠초소〔直岑戍〕는 41간, 항마초소〔降魔戍〕는 50간, 절충초소〔折衝戍〕는 30간, 정융초소〔靜戎戍〕 구간은 30간이요, 관성關城은 1만 4천 4백 95간이다.146)

최충이 천리장성의 축조에 직접 참여하고 있는 모습이다. 앞서 황주량은 개경의 나성을 축조하고 있었는데 비하여 최충은 변경의 장성을 축조하면서, 황주량과 최충이 안팎으로 성곽을 건설하고 있었다. 이때 최충과 함께 이신석의 씨족에 대한 문제를 건의한 왕총지도 장성 건설에 참여하고 있다.

정종 때에 우승선, 급사중으로 임명되었는데 도병마 부사 박성걸朴成傑 등과 함께 왕에게 아뢰기를 "동로東路의 정변진靜邊鎭은 외부의 적들이 틈만 노리고 있는 곳이므로 주민들이 안정하여 살 수 없으니 농한기를 기다려서 그곳에 성지城池를 설치합시다."라고 하니 왕이 그의 제의를 따랐다. 그리고 벼슬이 지주사예빈경知奏事禮賓卿으로 승진되었다. 정종 10년에 동북면 병마사 참지정사 김령기金令器와

---

146)『高麗史』권82, 병 2, 성보.

더불어 정주定州, 장주長州 두 고을과 원흥진元興鎭에 성을 축조하였
다.147)

왕총지가 맡은 부분은 동북면이었다. 고려의 천리장성은 덕종대부터
축조하고 있었다.

평장사 류소柳韶에게 명하여 북쪽 경계에 관방關防을 새로 설치하게
하여, 서해 가의 옛 국내성國內城 경계로 압록강이 바다로 들어가는
곳에서부터 시작하여 동쪽으로 위원威遠·홍화興化·정주靜州·영해
寧海·영덕寧德·영삭寧朔·운주雲州·안수安水·청새淸塞·평로平
虜·영원寧遠·정융定戎·맹주孟州·삭주朔州 등 13성을 거쳐, 요덕
耀德·정변靜邊·화주和州 등 3성에 대어 동쪽으로 바다에 이르니,
길이가 천여 리에 뻗치고 돌로 성을 만들었으며 높이와 두께가 각각
25척이었다.148)

『신증동국여지승람新增東國輿地勝覽』에는 "연무延袤 1천여 리를 돌로
성을 쌓았는데, 높이와 두께가 25척씩이며, 속칭 만리장성萬里長城이라
한다."고149) 하였다. 천리장성은 관방關防의 설치였고, 대외적으로 국경
획정을 선포하는 의미를 담고 있었다. 이런 시설물이 구축됨으로써 고려
의 국경이 선의 개념으로 형성되었고, 동시에 왕조적 영토의식을 좀
더 적극적으로 개척해 나갈 수 있었다고 하였다.150) 고려의 장성에
대한 인식은 국경선으로서의 의미 외에, 여진 및 거란에 대해 문화적·혈

---

147) 『高麗史』 권95, 열전 8, 왕총지.
148) 『高麗史節要』 권4, 덕종 2년 8월.
149) 『新增東國輿地勝覽』 권53, 평안도, 의주목.
150) 신안식, 「高麗前期의 北方政策과 城郭體制」 『역사교육』 89, 2004, 88~89쪽.

통적으로 다를 뿐 아니라, 고려를 우위에 놓음으로써 이들과 섞여서는 안 된다는 문화적 구분선의 의미도 내포하고 있었다. 최충은 직접 장성의 축조 담당하면서 화이론적 문화의식을 더욱 체화했을 것이다. 문종 4년 (1050) 11월에는 도병마사 문하시중으로서 서북 흉민에 대한 대책을 건의하고 있다.

> 11월에 도병마사 문하시중 최충 등이 아뢰기를, "서북의 주·진이 지난해에 흉년이 듦으로 인하여 백성이 가난하고 궁핍하여 남자는 부역에 지치고 여자는 꾸어먹은 쌀을 갚느라 지치니, 어떻게 견디어 나가겠습니까. 성지를 수선하는 외에 일체 역사는 모두 금단하게 하소서." 하니, 따랐다.151)

친리장성의 축조가 완료된 시점이기 때문에 더 이상의 역사役事를 중지하고 서북의 백성들에 대한 진휼을 건의하고 있는 것이다. 바로 앞서서 왕총지가 문종 4년 10월에 군사 문제의 절차에 대해 건의하고 있다.

> 겨울 10월에 도병마사 이부상서 왕총지가 아뢰기를, "옛글에, '편안할 때에 위태로움을 잊지 않는다.' 하였고, 또, '적이 오지 않으리라 믿지 말고 우리의 방비를 믿는다.' 하였습니다. 그러므로 국가에서 매양 중추仲秋가 되면 동남반東南班의 원리員吏를 교외에 불러 모아 활 쏘고 말 타는 것을 교습시켰습니다. 더구나 위위衛의 군사들은 나라의 조아爪牙이니 농사가 한가한 틈을 타서 금고金鼓·정기旌旗·좌작坐

---

151) 『高麗史節要』 권4, 문종 4년 11월.

作의 절차를 가르쳐야 합니다. 또 마군馬軍은 모두 단련하지 않았으니 선봉 마병을 뽑아서 1대隊마다 마갑馬甲 10벌씩을 주어서 달아나고 쫓는 법을 익히게 하고, 이어 어사대와 병부육위兵部六衛가 그 교열을 맡게 하소서." 하니, 따랐다.152)

이때 『주역』의 '편안할 때에 위태로움을 잊지 않는다.'는 문구를 인용하면서 논리를 전개하고 있다. 평화시의 군사적 대비에 대해서 서술하고 있는 부분이 눈에 띈다. 왕총지는 정종대 최충과 동일하게 장성 건설에 참여하였고, 평화시의 군사적 문제에 대해 건의를 하고 있고, 나중에 최충과 함께 이신석의 씨족 등록 문제를 거론하고 있는 점으로 보아, 최충과는 법률과 외교 및 군사적 문제에서 동질감을 형성할 가능성이 충분히 있다. 이 직후인 문종 4년(1050) 12월에 최충은 여진에 대한 외교를 건의하고 있다.

최충이 아뢰기를, "동여진 추장 염한鹽漢 등 85명이 일찍이 여러 차례 국경을 침범하여 변방 백성을 노략질해 갔으므로 경관京館에 억류한 지가 오래되었으나, 오랑캐는 겉만 사람이고 속은 짐승이어서 형법으로도 응징할 수 없고 인의로도 교화할 수 없습니다. 구류시킨 지가 이미 오래되어 앙심을 먹고 원한을 품을 것이며, 수구首丘의 정이 반드시 그 근본을 잊어버리지 않을 것이고 또 드는 비용이 너무 많으니, 모두 놓아 보내소서." 하니, 따랐다.153)

이때의 화이론은154) 인의를 따르는 것은 화華이고 인의를 저버리고

---

152) 『高麗史節要』 권4, 문종 4년 10월.
153) 『高麗史節要』 권4, 문종 4년 12월.

약육강식의 논리를 따르는 것이 이夷라는『맹자』에서 주장된 이론이다. 이런 모습은 일찍이 현종에 대한 사관史官 최충崔冲의 평에서도 나타나 있다.

> 춘추 좌전에 "하늘이 그를 흥왕하게 하려 한다면 누가 그를 없앨 수 있겠는가?"라고 하였다. … 그러다가 국사를 바로잡은 뒤에는 융적戎狄과 화친을 맺어 군사들을 쉬게 하고 문학에 힘쓰며 부세와 요역을 경감하며 재주 있고 우수한 인재를 등용하여 정사를 공평하게 하였으며 백성들을 편안하게 하여 안팎이 무사하였으며 해마다 농사 가 잘 되었으니 그〔현종〕를 주나라의 성왕·강왕〔成康〕과 한나라의 문제·경제〔文景〕에 비기더라도 손색이 없을 것이다.155)

거란을 융적으로 보고 인군의 기준을 주 성왕, 강왕, 한나라 문제, 경제로 삼고 있는 것을 볼 수 있다. 최충의 후손인 죽계竹溪 최경장崔慶長은 「문문경무위책問文經武緯策」에서 한나라 문제의 정책에 대해서 "족히 말할게 없다."고 하여156) 고려와 조선의 정책 차이점을 보여주고 있다.

## 2) 법률 고정考定

고려에서 법률은 대개 당률을 사용하여 왔던 것을 알 수 있다.

---

154) 池斗煥, 앞의 논문, 1999, 329쪽.
155)『高麗史』권5, 현종 2년 5월.
156) 최봉주 편,『해주최씨가장』「問文經武緯策」, "應門之兵塵告警 甘泉之烽火夜通 則文帝之文 無足道也"(현재 확인되는『해주최씨가장』은 총4권인데, 그 중에서 편찬자와 편찬연도가 미상인 것을 제외하고 3권을 대조한 결과 최봉주 편,『해주 최씨가장』, 海州崔氏譜所, 1934년 출간본을 대본으로 정하였다.)

고려 일대의 제도는 무릇 모두 당唐을 모방하였는데 형법刑法에서도 또한 당률唐律을 채택하고 시의時宜를 참작하여 이를 썼다.[157]

고려의 환경과 실정을 참작하여 사용하였다고는 하나 기본적으로 당의 율령을 모범으로 하였다는 것은 일단 예와 법을 동시에 계수하였음을 말해주는 것으로 해석해도 무리는 없을 것이다.[158] 대개 당률을 받아들여서 사용하였다고 하더라도 '시의時宜를 참작'했다는 것에 의거하면, 고려에 맞게 「고려령」을 완비하였을 것인데 성종 시기에 최초로 편찬되었고, 문종 시기에 완비되었다고 보는 것이 타당할 것이라고 한다.[159] 그 경위를 살펴보도록 하자.

휘는 치治요, 자는 온고溫古이니, 태조의 일곱째 아들인 욱旭의 둘째 아들이다. 어머니는 선의왕후宣義王后 유씨柳氏이며, 광종光宗 11년 경신(960) 12월 신묘일에 났다. 타고난 자품이 엄정嚴正하며 기품이 너그럽고 넓었다. 법과 제도를 제정하고 절의를 숭상·장려하며, 어진 이를 구하고 백성을 사랑하여 정치가 볼 만한 것이 있었다. 왕위에 있은 지는 16년이요, 수壽는 38세였다.[160]

이 자료는 『고려사절요』에 있는 성종에 대한 소개 글로서 성종대 정치의 전반적인 모습이다. '법과 제도를 제정하여' 정치가 볼 만한 것이 있었다고 하는데, 이때는 당나라 율령을 도입하는 단계라고 할 수 있다.

---

157) 『高麗史』 권84, 형법 1, 서문.
158) 전영섭, 「고려의 율령제와 당의 예법」 『역사와 경계』 70, 2009, 146쪽.
159) 전영섭, 「동아시아 율령네트워크의 형성과 律令體系」 『역사와 세계』 41, 2012, 238쪽.
160) 『高麗史節要』 권2, 성종.

그런데 문종대에 「고려령」을 완비했다는 것은 최충과 관련이 있다. 문종 1년(1047) 최충이 문하시중에 임명되어 문종으로부터 율령의 개정작업에 착수하라는 명을 받았다.

> 6월에 제하기를, "법률은 형벌의 판례이다. 법률이 밝으면 형벌에 지나침이 없고, 법률이 밝지 못하면 죄의 경중이 잘못되는 것이니, 지금 쓰는 율령이 어떤 것은 그릇된 것이 많아서 참으로 마음에 걸린다. 시중 최충을 시켜 여러 율관律官을 모아 거듭 자세히 상고하여 진실로 마땅하게 하는 데 힘쓰고 서업書業과 산업算業 또한 살펴 바루도록 하라." 하였다.161)

이처럼 최충이 문하시중에 임명되자마자 법률의 개정작업에 착수한 이유는 기존의 고려 법률이 법률정신에 어긋나는 짐이 많았기 때문이었다.162) 어떤 법률을 구체적으로 고정하였는지는 알 수 없지만 과거 합격자의 관리 임용에 대해서 최충이 보인 법률적 입장을 통해 확인 가능하다. 최충은 문종 5년(1051)에 식목도감사式目都監使로 임명되었는데 내사시랑內史侍郎 왕총지王寵之 등과 더불어 진언하기를 "과거에 급제한 이신석李申錫은 씨족氏族을 등록하는 절차를 밟지 않았으니 관리로 등용할 수 없다."고 주장했다. 이 문제는 법률적인 문제일 뿐만 아니라 교육과 관련된 규정에도 상당히 중요하다고 할 수 있다. 왜냐하면 범중엄이 인종 경력 3년(1043)에 북송 교육개혁을 이끌면서 학교 교육을 강화하기 위해서 주현의 학교에 적용한 모명冒名과 연관되기 때문이다.163)

---

161) 『高麗史節要』 권4, 문종 원년 6월.
162) 권오영, 「최충의 구재와 유학사상」 『사학지』 31, 1998, 142~143쪽.
163) 『宋史』 권155, 선거 1, 과목 상. "秋賦乃詔州縣立學 士須在學三百日 乃聽預秋賦

이때 주현 학교 재학 300일 규정도 함께 건의하는데, 300일을 채웠다고 하더라도 관리 임용에 금禁하자는 규정을 건의하였다. 바로 '익복匿服, 범형犯刑, 휴행虧行, 모명冒名'에 관한 내용이다. 범중엄이 건의한 다음해인 인종 경력 4년(1044) 3월의 교육개혁에서 7가지 규정으로 제정된다.

○ 상복을 숨기는 자
○ 형책을 범한 적이 있는 자
○ 불효부제의 행적이 분명한 자
○ 예전에 조헌을 어기고 두 번 속벌을 받았거나 속벌을 받지 않아 향리를 해롭게 한 자
○ 본적이 아닌데 호戶·명名을 속이는 자
○ 조·부가 십악사등 이상의 죄를 범한 자
○ 자신이 공상잡류 및 일찍이 승·도로 되었던 자[164]

이때 분명히 모명冒名하는 자에 대해서는 충군充軍하는 처벌을 내리고 있다. 최충은 모명冒名과 씨족을 기록하지 않은 잘못을 동일하게 처리하고 있을 가능성이 크다. 당시 최충의 관직이 식목도감사式目都監使였기 때문에 규정을 잘 이해하고 있는 바탕에서 나온 건의였을 것이다. 이때 최충과 함께 건의한 왕총지도 주목되는 인물이다.

개성감목직開城監牧直 이계李啓가 어떤 일로 인해서 사적으로 기두

___

舊嘗充賦者百日而止 試於州者 令相保任 有匿服犯刑虧行冒名等禁"
164) 『續資治通鑑長編』 권147, 인종 경력 4년 3월. "曰隱憂匿服 曰嘗犯刑責 曰行虧孝弟有狀可指 曰明觸憲法兩經贖銅或不經贖罰而爲害鄉黨 曰籍非本土假戶冒名 曰父祖犯十惡四等以上罪 曰工商雜類或嘗爲僧道(해석은 양종국, 앞의 책, 2001, 105~106쪽 참조.)

旗頭 이인李仁과 구사驅史 가달加達을 파견하여 부군府軍 김조金祚를 체포하게 하였더니 김조가 강물에 빠져 자살한 사건이 생겼는데 상서, 형부刑部는 "이계의 죄상은 외구치사죄畏懼致死罪에 해당하니 마땅히 격투하다가 살인한 죄목에 준하여 단죄하여야 할 것인바 현행 법규에 의하면 그 형형은 범인의 등〔背〕에 곤장을 쳐서 사람 사는 섬으로 귀양 보내고 이인과 가달은 종범으로 취급하여 3천리 밖으로 귀양 보내는 것이 합당합니다."라는 뜻으로 왕에게 아뢰었는데 이자연李子淵의 의견도 형부와 같고 왕총지 등의 견해는 "협박치사죄란 마치 물가에서나 혹은 험준한 곳에서 협박을 받고 공포에 못 이겨 죽은 것을 가리키는바 이 사건에서는 김조가 스스로 물에 빠져 자살하였은 즉 위에서 말한 경우와는 같지 않다. 그러므로 당연히 이인을 주범으로 취급하되 교수형은 면제하고 가달을 종범으로 취급하여 이인의 절반으로 벌할 것이며 이계는 사리로 볼 때 중한 형에 의하여 논죄하는 것이 합당할 것이다."라고 제기하였는데 이에 대한 왕의 판결 명령은 다음과 같았다. "협박치사죄로써 이계를 논죄하는 것은 공정한 처형으로 되지 않을 것 같으니 관리의 적에서 제명하고 녹과전을 수전收田하는데 그치고 기두 외의 종범들은 품신한 바와 같이 집행하라."고 하였다.165)

법률 해석에 관한 문제에서 형부刑部에서 판결한 것보다 훨씬 합리적인 해석을 내 놓고 있다. 따라서 최충과 왕총지는 이신석의 씨족을 기록하는 문제에 대한 법률적 의견도 일치를 보았을 것이고, 그들의 견해가 규정상 타당하였을 가능성이 크다. 이에 대해서 문하시랑 김원충金元沖과 판어사 김정준金廷俊은 반대하고 있다.

---

165) 『高麗史』 권95, 열전 8, 왕총지.

"그의 씨족 등록이 아니 된 것은 그의 조부나 부친의 과실이지 본인의
죄는 아니며 또한 그가 다년간 글공부에 노력한 공으로 과거에 급제하는
영예를 지니었으니 자기 자신에게 아무런 허물이 없는 한 관직을 주는
것이 합당하다."고 의견이 대립되었다.166)

씨족 등록의 잘못은 이신석의 문제가 아니라 조부나 부친의 문제라고
문종은 생각한다. 그리고 이신석 자신의 노력으로 과거에 급제하는 영광
을 이루었다고 생각한다. 그래서 문종은 결단을 내린다.

"최충 등이 주장하는 의견이 사리에 부합되는 원칙이다. 그러나
어진 사람을 쓰되 귀천과 친소를 가리지 않았으니〔立賢無方〕전례에
만 구애할 일은 아니다. 김원충 등의 의견대로 처리하라."고 결정하였
다.167)

문종은 최충과 왕총지의 법률적 해석이 타당하다는 사실을 알지만
어진 이를 뽑는다는 점에서 결정을 내렸던 것이다. 그리고 그 바탕에는
『맹자』의 입현무방立賢無方이 있었다.168) 입현무방立賢無方은 탕왕湯王
이 인재를 쓰는데 집중執中하면서 치우치지 않고, 귀천을 따지지 않는다는
것을 강조한 것이었다. 문종의 『맹자』이해와 고려 존맹사상의 일단을
보여주는 것이라고 할 수 있다. 안정복은 『동사강목』의 안按에서 "이신석
은 씨족을 기록하지 않고도 잠신의 반열에 들었고, 경정상은 철장의

---

166)『高麗史』권95, 열전 8, 최충.
167)『高麗史』권95, 열전 8, 최충.
168)『孟子』권8,「離婁下」. "孟子曰 禹惡旨酒而好善言 湯執中 立賢無方 文王視民如傷
望道而未之見 武王不泄邇 不忘遠 周公思兼三王 以施四事 其有不合者 仰而思之
夜以繼日 幸而得之 坐以待旦"

후예로 직한림원이 되었으니, 문종文宗의 속습俗習에 구애되지 않고 격식을 떠나 사람을 쓰는 것이 이와 같았으므로 그가 일대一代의 치화를 이루게 된 것은 당연하다 하겠다."고169) 하면서 문종의 치세가 당연하다고 말하였다.

이상으로 최충의 재상활동에 대해 살펴보았다. 재상으로 중요한 역할은 변경을 방비할 인재를 추천하는 것인데, 대표적인 인물로 양규의 아들인 양대춘을 천거한 것이다. 이후 직접 국경으로 가서 천리장성의 건설을 진두지휘하고 있다. 장성은 대외적으로 국경 획정을 선포하는 의미를 담고 있고, 국경이 선의 개념으로 형성되면서 영토의식을 좀 더 적극적으로 개척해 나갈 수 있게 되었다. 또한 국경선 이외에도 여진과 거란에 대한 문화적 구분선의 의미도 내포하고 있었다. 최충은 직접 장성의 축조를 담당하면서 화이론적 문화의식을 더욱 체화하게 되었다. 장성의 축조와 함께 최충은 서북 휼민에 대한 대책과 여진에 대한 외교를 건의하고 있다. 최충의 외교론은 화이론으로서, 인의를 따르는 것은 화華이고 인의를 저버리고 약육강식 논리를 따르는 것이 이夷라는『맹자』에서 주장된 화이론을 제시하고 있다. 최충이 문하시중에 임명되자마자 법률의 개정작업에 착수한 이유는 기존의 고려 법률이 법률정신에 어긋나는 점이 많았기 때문이었다. 법률 고정을 완료하면서「고려령」이 갖추어지게 되었던 것이다.

---

169)『東史綱目』권7하, 문종 11년 8월.

청자 참외 모양 병(국립중앙박물관)

# 제4편 최충崔冲의 문헌공도文憲公徒와 유교사상

최충崔冲은 치사致仕한 이후에 문헌공도文憲公徒를 창설하여 교육 활동에 참여하게 된다. 이를 계기로 사학 12도가 완비된다. 문헌공도가 사학 12도의 제1번인 것은 호원학안이 『송원학안』에서 제1번인 것과 좋은 대조를 보인다는 점도 관심의 대상이었다. 문헌공도文憲公徒가 분재교학分齋敎學이란 사실과 분재교학의 사상적 배경도 검토할 필요가 있는데, 북송에서도 비슷한 시기에 호원胡瑗에 의해서 창안되고 있었기 때문이다. 그래서 최충과 호원의 분재교학은 대비하여 살펴볼 필요가 있다고 생각되었다.

문헌공도의 학맥은 김양감, 김인존, 윤관·윤언이, 김부식 등에게 계승되어서 고려 전기 유학계를 형성하게 된다. 학파는 자연히 분기分岐하기 마련이라는 점은 후학들의 대립對立까지도 상정할 수 있게 된다. 특히 윤언이와 김부식의 대립은 주목할 만하다.

최충의 유교사상은 그의 자字인 호연浩然과 그가 남긴 시문詩文, 그에 대해 서술한 시문詩文, 불교비문을 통해서 검토하고자 하였다. 이 자료는 그동안 연구자들이 주목하지 않았다는 점에서 의의가 있다고 생각되었다.

## 제1장 문헌공도文憲公徒의 분재교학법分齋敎學法

분재교학법은 당대 북송과 고려에서 동시에 등장한 교육법이다. 고려에서는 어떤 사상적 배경으로 출현하였는지가 관심의 대상이었는데, 그것을 「계이자시戒二子詩」를 통해서 분석하고자 한다. 최충이 문헌공도를 설치한 이유, 구재九齋 재명齋名의 의미, 교학내용, 교학방법도 검토할 필요가 있다고 생각되었다. 또 호원의 분재교학과는 어떤 차이가 있는지도 생각할

문제점이다. 이후 국자감에 어떤 영향을 미치는지도 검토의 대상이라고
하겠다.

## 1) 문헌공도 설립의 사상적 배경

최충이 직접 체용론에 관해 언급하지는 않았지만 문헌공도는 사상적
배경으로 체용론을 활용하였을 가능성이 크다. 이는 호원이 체용론을
통해서 분재교학법을 시행하고 있다는 점에서 원용할 수 있다. 체용론은
공자의 『논어』에서 이미 그 단서를 보여주고 있으며 위나라 왕필王弼은
본말本末의 개념을 체용론의 원형으로 사용하고 있었다. 불교에서도
체용의 논리는 인과因果의 논리로 사용되고 있었으며 대승기신론의 체·
상·용에서도 언급되어 있다. 체·상·용으로 사상을 구분하는 것은
사상사에서는 보편적인 현상이라고 보아야 한다.[1] 우선 최충의 체용론을
후손에게 남긴 「계이자시戒二子詩」를 통해서 분석하고자 한다. 이는 선학
의 분석에[2] 많은 도움을 받고 있었지만 그의 연구는 체용론을 『중용』의
문구만으로 분석하고, 『대학』의 수신제가와 연계하지 못한 아쉬운 점이
있다.

이 「계이자시戒二子詩」는 『해주최씨가장』에 첫째와 둘째 수가 실려
있고,[3] 『해주최씨문헌집』에도 실려 있으며,[4] 둘째 수는 『보한집補閑集』

---

1) 蔡尙植, 「한국 중세 불교의 이해방향과 인식틀」, 『민족문화논총』 27, 2003, 22쪽.
"불교사뿐만 아니라 사상사는 사상 그 자체의 體[본질]와 相[현실], 用[작용·기능]
을 유기적으로 종합 판단해야 한다."고 하였다.
2) 송준호, 「최충 시의 도학적 성격에 대한 고구」, 『儒學史上 崔冲의 位相』, 海州崔氏大
宗會, 1999.
3) 최봉주 편, 『해주최씨가장』, 「戒二子詩」.(해석은 송준호, 「최충 시의 도학적 성격에
대한 고구」, 『儒學史上 崔冲의 位相』, 海州崔氏大宗會, 1999. 참조)

에도 소개되어 있다.5)

〔표 10〕 계이자시戒二子詩 - 첫째 수

| 吾今戒二子 | 내 지금 두 아들에게 훈계하며 |
|---|---|
| 付與吾家珍 | 덧붙여 우리 집 보배를 준다. |
| 淸儉銘諸己 | 청렴하고 검소함을 몸에 새기고 |
| 文章繡一身 | 문장으로 한 몸을 수놓아라. |
| 傳家爲國寶 | 집에 전하는 것으로 나라에 보배 되고 |
| 繼世作王臣 | 대대로 이어 나라에 신하가 되었었다. |
| 莫學紛華子 | 화려하고 떠들썩한 사람을 배우지 말라 |
| 花開一餉春 | 꽃 피는 것은 봄 한철뿐이니라. |

우선 첫째 줄을 보면 계이자戒二子라고 되어 있어 두 아들 최유선(?~1075)과 최유길에게 준 것이 분명하다. 우리 집안의 보배는 청검淸儉이니 이것을 통해서 명저기銘諸己하라는 것은 곧 수신을 뜻하는 것이며 체體를 뜻한다. 수신을 통해서 문장文章을 갖추게 되었으니 문文이다. 전가傳家한다는 것은 곧 제가齊家를 뜻하는 것으로 용用이라고 할 수 있다. 이어서 대대로 왕신王臣이 되어서 치국에 도움이 되라는 뜻이니 역시 용用이다. 이렇게 체體·문文·용用과 수신제가치국修身齊家治國이 함께 어우러져 있다. 그러면서도 마지막은 화려함을 버리고, 검소해야 함을 다시 한 번 강조하고 있다.

---

4) 국가전자도서관본의 최원부 편, 『해주최씨문헌집』, 해주최씨대동보소, 1962의 표지
   에는 『首陽世稿』로 표기되어 있다. 규장각본에는 『수양세고 - 해주최씨문헌집』으
   로 되어 있다.
5) 『補閑集』 卷之上.

〔표 11〕계이자시戒二子詩 - 둘째 수

| 家世無長物 | 집에 대대로 내려온 큰 물건이 없으나 |
|---|---|
| 唯傳至寶藏 | 오로지 값진 보배를 전하여 간직했으니 |
| 文章爲錦繡 | 문장은 바로 비단이 되고 |
| 德行是珪璋 | 덕행은 곧 옥구슬이 된다. |
| 今日相分付 | 오늘 너희에게 나눠 주노니 |
| 他年莫敢忘 | 부디 이 뒷날 이것을 잊지 말라. |
| 好支廊廟用 | 이것을 잘 가져 조정에 쓰면 |
| 世世盆興昌 | 대대로 더욱 번영하리라. |

두 번째 수를 보면 집안에 내려오는 장물長物은 없으며 오직 전하는 보장寶藏을 잘 간직하라고 하였다. 물질적인 장물長物과 상대되는 보장寶藏이란 다름 아닌 수신이 되어야 하는 것이므로 이를 체라고 할 수 있다. 다음으로 문장으로 금수錦繡를 삼으라고 하였으니 문文이다. 덕행으로 규장珪璋을 이루라는 것은 수신이 이루어진 상태이기 때문에 용用이다. '오늘 너희에게 나눠 주노니'라고 하였으니 이미 제가齊家가 이루어진 형태를 뜻하고 있으며, '조정에 쓰면'이라고 하여 치국을 말하고 있다. 마지막에 '대대로 더욱 번영하리라'라고 하였는데 이때의 번영은 첫째 수의 막학분화자莫學紛華子에 달려 있다고 하였다. 결국 수신에서도 가장 중요한 청렴을 다시 한 번 강조하고 있는 것이다.

이상 첫째 둘째 수를 종합하면 다음과 같다.

〔표 12〕 계이자시戒二子詩 - 종합

| 吾今戒二子 | 최유선, 최유길 | 家世無長物 | 長物≠體 |
| 付與吾家珍 | 家珍＝體 | 唯傳至寶藏 | 寶藏＝體 |
| 清儉銘諸己 | 清儉＝수신＝體 | 文章爲錦繡 | 문장＝수신＝文 |
| 文章繡一身 | 문장＝수신＝文 | 德行是珪璋 | 덕행＝수신＝文 |
| 傳家爲國寶 | 傳家＝齊家＝用, 國寶＝치국＝用 | 今日相分付 | |
| 繼世作王臣 | 王臣＝치국＝用 | 他年莫敢忘 | 敢忘＝제가＝用 |
| 莫學紛華子 | | 好支廊廟用 | 廊廟＝치국＝用 |
| 花開一餉春 | | 世世益興昌 | |

공통적으로 수신제가치국修身齊家治國을 말하면서도 동시에 체·문·용을 잘 설명하고 있다. 이렇게 체용론을 말로만 설파한 것이 아니고 본인이 직접 실천한 사실을 찾아 볼 수 있다.

선비가 세력으로 진출하면 유종의 미를 거두는 일이 드물고 문행文行으로 나아가야 경사慶事가 있는 법이다. 나는 다행히 문행으로 현달해 청검·근신을 마음에 다져 세상을 잘 마칠 수 있었다.6)

선비가 세력으로 진출해서는 유종의 아름다움을 거두기 어렵다고 표현한 것이다. 이는 과거출신자로서의 자부심을 엿볼 수 있는 대목으로 후손들에게도 과거를 통해서 현달해야 함을 강조한 것이다. 최충 자신이 수신을 바탕으로 하여 문행文行을 닦은 후 현달해서는 역시 청렴과 근신을 실천했다는 것을 알 수 있다. 최충이 졸하자 임금이 행한 조문에서도 그것이 잘 드러난다.

---

6) 『補閑集』卷之上. "士以勢力進鮮克有終 以文行達乃爾有慶 吾幸以文行顯 誓以清愼 終于世"

경의 아버지는 거룩한 봉황새와도 같았고, 조정에서는 훌륭한 귀감
이었다. 제나라를 변화시켜 노나라로 만들 수 있는 문장을 지녔으며,
… 그 훌륭한 업적은 역사에 길이 남을 것이다.7)

제나라가 변하여 노나라가 될 수 있다는 문장을 지녔다는 것은 극찬이
었다. 이것은 수신제가치국에 이르렀다는 표현이고 호원과 마찬가지로
중간의 매개체로서 문장을 설정하고 있는 것이다. 범중엄의 「악양루기嶽
陽樓記」에 있는 '先天下之憂而憂 後天下之樂而樂'과도 일맥상통하고 있
다. 이것은 호원의 주역인식과 일치하는 모습이다.8) 최충의 「계이자시戒
二子詩」는 신유학을 수용했을 때만이 가능한 위기지학爲己之學의 수양론
을 담고 있다.9) 결국 「계이자시戒二子詩」의 두 작품에는 존천리存天理
알인욕遏人欲의 인성수양의 인식과 충효겸전의 관념이 내재되어 있다
고10) 한다.

## 2) 문헌공도의 분재교학법分齋敎學法

### (1) 설립

---

7) 『高麗史』 권95, 열전 8, 최충.
8) 王新春, 「胡瑗經學視域下的周易觀」 『周易硏究』 98, 2009, 8~9쪽.
9) 송준호, 앞의 논문, 1999, 291쪽에서 "우리 한시 역사에서 문헌상 남아 있는 작품으로
   서는 이 戒二子詩와 같은 훈계형의 시는 당시까지는 없었다. 더구나 이 작품들처럼
   유가적 수양관과 인성론 위에 뚜렷한 목적성을 가진 훈계형의 시는 전혀 볼 수
   없다. 이 사실은 이 작품들이 유가적 덕목과 가치의 인간적 교화를 위한 최초의
   교화형 시라는 점을 보여주는 것이다. 동시에 이 작품들이 『시경』의 詩敎觀을
   원류로 한 교화주의적 시관을 우리 한시사, 우리 역사에서 최초로 실천한 본보기라
   고 할 수 있다."고 하였다.
10) 송준호, 위의 논문, 1999, 305쪽.

최충이 치사한 해인 문종 9년(1055)에 문헌공도를 세우고 있다.

현종顯宗 이후에 전란이 겨우 멎었으나 미처 문교文教에 힘을 돌리지 못하였다. 이때 최충은 후진들을 집합하여 교양하는 일에 정력을 바쳤으므로 학도들이 모여 들어 거리와 골목에 차고 넘쳤다. 그래서 최충은 드디어 낙성樂聖, 대중大中, 성명誠明, 경업敬業, 조도造道, 솔성率性, 진덕進德, 대화大和, 대빙待聘 등 9개의 서재〔九齋〕로 나누어 교수하였으니 세상에서 그들을 시중 최공의 학도〔侍中崔公徒〕라고 불렀다. 그래서 일체 과거 보려는 자제들은 반드시 먼저 그의 학도로 입학하여 공부하는 것이 상례로 되었다.11)

현종 이후에 전란이 멎으면서 문교에 힘을 돌릴 여유가 생겼기 때문에 문헌공도를 설립한 것으로 설명하고 있다. 또 최충의 능력 때문에 "학도들이 모여 들어 거리와 골목에 차고 넘쳤다."고 한다. 그런데 최충이 문헌공도를 세울 수 있었던 배경에는 다음 사료도 참고 된다.

또 왕이 그에게 준 官誥의 내용은 다음과 같다. … 목숨을 내놓고 곧은 말을 하는 점에서는 당웅唐雄이나 예형禰衡에게 비할 만하고 양梁나라 때의 주이朱異와도 같이 누거만累巨萬의 부를 가졌으며 진晉나라 조정의 극선郤詵과도 같이 과거에 장원 급제하였다. 다능하기로는 숙향叔向을 능가하며 박식하기로는 장화張華 또한 무색할지로다.….12)

---

11)『高麗史』 권95, 열전 8, 최충.
12)『高麗史』 권95, 열전 8, 최충.

'양梁나라 때의 주이朱異와도 같이 누거만의 부'를 소유하여, 국왕이 인정할 정도의 부자였기 때문에 가능했다는 것이다. 최충의 부친인 최온 당대부터 부유하였다는 사실은 다음에서도 확인할 수 있다.

부친인 온溫이래로 여러 세대를 걸쳐서 글에 뛰어난 자손이 나왔다. 재산이 극히 풍요로워 고을에서 가장 부유하였다. 목사 김흥조金興祖가 억지로 주리州吏로 선정하였다가 한참 뒤에 면제하였다.[13]

이 사료는 『고려사』 최충 열전에는 나오지 않기 때문에 당대의 상황인지 후대의 첨가인지는 확언하기 어렵지만, 앞의 '양梁나라 때의 주이朱異' 기사에서 볼 때 부유하였다는 것은 사실일 개연성이 크다. 이는 곽동순郭東珣이 지은 최진崔溱에 관한 글에서도 확인 가능하다.

최주崔湊는[14] 근신함으로 몸가짐을 하였고 부드럽고 아름다우며 원칙을 벗어나지 않았다. 대대로 팔원八元의 미덕을 강구하였고, 집안에는 만석군萬石君의 풍모를 전하였다. 무릇 두 조정을 섬기었을지라도 한결같은 절개를 완전히 하였으며, 비록 일찍 구경九卿의 귀한 반열에 올랐으나 오래 동궁東宮을 시종하는 자리에 머물러 있었으니, 나라 사람들이 모두 어질다 말하였고, 나도 평소부터 잘 알고 있었다.[15]

---

13) 崔尙鼎 編, 『해주최씨세보』. "父溫 累世文子文孫 殖財甚饒 豪於鄕井 牧使金興祖 抑而定吏 尋免之"(奎 847-v.1-5)
14) 『東文選』・『해주최씨세보』에는 崔湊로 표기하고 있지만, 『高麗史』 및 『高麗史節要』의 표기대로 崔溱를 따르기로 한다.
15) 『東文選』 권25, 除任元厚門下平章崔湊中書平章李之氏政堂文學.

곽동순이 글을 지을 당시에도 최진 집안이 만석군이었다는 것이다. 게다가 팔원八元의 미덕을 갖추고 있었고, 부유하면서도 거만하지 않았다고 칭송하고 있다. 팔원八元은 최충에게 적용되는 칭호인데, 최진에게도 동일하게 적용하고 있으니 집안의 전통이 잘 지켜지고 있음을 상징적으로 보여주는 요소라고 할 수 있다. 따라서 최충에서 최진까지 전통으로 계승되었던 것은 재산이라는 물질적 토대와 함께 절개라는 정신적 자산이었다.

한편 북송의 신유학이 결국 고려에서도 새로운 교육제도 성립에 영향을 주었다는 점도 간과할 수 없다. 관학에서는 『맹자』와 『중용』을 가르칠 수 없고 기존 체제를 고수하여 구경九經 중심의 유학을 가르치고 있을 수밖에 없는데 반하여, 사학에서는 왕도정치에 필요한 과목과 내용을 자유롭게 가르칠 수 있으므로 최충의 구재에서는 『맹자』와 『중용』 등의 사서 중심의 유학을 가르치게 되었다고 한다.16) 앞에서 『맹자』, 『중용』, 『대학』을 중시하던 경향은 이미 살펴보았다.

## (2) 재명齋名

구재九齋의 재명에 대해서는 조선시대 학자들도 많은 관심을 가졌으나 명쾌하게 해결하지는 못하고 있었다. 대체적인 요지는 파악하고 있었는데, 최충의 사상을 신유학과 체용론을 통해 파악하려는 것이었다. 18세손 묵수당默守堂 최유해崔有海는 「구재명당서九齋名堂書」에서 체용론을 통해서 설명하고 있다.

---

16) 池斗煥, 「최충의 신유학 사상」『儒學史上 崔冲의 位相』, 海州崔氏大宗會, 1999, 334쪽.

송의 정자·주자가 일어난 뒤에야 강유綱維를 만들고 후인을 인도한 것이 이 구재의 뜻으로 종사하지 않은 것이 없으니 선조의 도학의 연원이 올바른 것이었음은 또 이것들을 근거해서도 미루어 알 수 있는 것이다. … 그러므로 이理는 체體와 용用을 들어서 함께 말한 뒤에라야 그 뜻이 정밀하게 되는 것이니 이것은 성性을 따르는〔率性〕 데에 중요함이 되고, 도로 나가는〔造道〕 시작이 되는 것이다.17)

이는 최충의 사상을 도학의 연원과 연결하고, 체용론을 부여하고 있다는 점에서 의의가 있다. 홍양호는 최충의 위상에 대해서 다음과 같이 언급하고 있다.

고려 성종 병술년丙戌年18)에 출생하였으며 중국으로는 송 태종 옹희雍熙 3년이다. 이때는 주자朱子·정자程子와 같은 여러 학자가 아직 나오지 않고 공자와 맹자의 도가 아직 세상에 밝혀지지 아니했는데 선생께서 해외에서 떨쳐 일어나서 이 도를 자기의 책임으로 생각하였다. 그가 붙인 구재九齋의 명칭 중에 성명, 솔성과 같은 것은 정자程子보다 앞섰고 도를 전한 공적이 천년 뒤에 은연중 들어맞았으니 아아 위대하다.19)

독립적으로 중용을 표장한 것이 정자로부터 시작되었는데 선생께서는 이 중용의 말을 가지고 재실齋室의 이름을 삼아서 학자를 가르쳤으니 성인이 전하신 도의 은미한 말을 깊이 깨달아 알았으며 정자·주자의 뜻과 암합暗合된 것이 이와 같았음을 알 수 있다.20)

---

17) 경희대학교 전통문화연구소 편, 앞의 책, 382~383쪽.
18) 『高麗史』, 『高麗史節要』의 사서에서는 984년으로 기술하고 있다.
19) 경희대학교 전통문화연구소 편, 『崔冲硏究論叢』, 慶熙大學校 出版局, 1984, 390~391쪽.

주자와 정자가 나오기 이전에 선생이 고려에서 홀로 사문斯文을 임무로 삼아서 구재의 재명을 지었다는 표현이다. 가장 관심을 끄는 저술이 『구재연의九齋衍義』21)인데 자세하면서도 역시 성리학적인 관점으로 일관되게 분석하고 있다. 특정한 경전에서 재명을 설명하고 있지는 않지만 경전을 종횡무진으로 인용하면서 설명하고 있다.22) 다른 연구자들의 재명齋名에 대한 연구 성과와 함께 비교해 보면, 다음 연구자들의 견해가 주목된다.23)

〔표 13〕 구재九齋 재명齋名 비교

| 재명 | 권오영 | 朴贊洙 | 李乙浩 | 劉明鍾 | 구재연의 申千湜 |
|------|--------|--------|--------|--------|------------------|
| 樂聖 | 法言 | 法言 | 중용 | 논어 | 성인의 도를 즐긴다. |
| 大中 | 주역 | 주역 | 〃 | 주역 | 서경 주역 |
| 誠明 | 중용 | 중용 | 〃 | 중용 | 通書 |
| 敬業 | 예기 | 예기 | 〃 | 예기 | 예기 |
| 造道 | 맹자 | 東坡集 | 〃 | 맹자 | 맹자 |
| 率性 | 중용 | 중용 | 〃 | 중용 | 중용 |
| 進德 | 주역 | 주역 | 〃 | 모시 | 역경 |
| 大和 | 주역 | 左傳襄公 | 〃 | 주역 | 역경 |
| 待聘 | 예기 | 예기 | 〃 | 상서 | 공자가어 |

이들의 주장에서 공통점은 다만 박찬수朴贊洙, 이을호李乙浩만 제외한다면, 조도造道와 솔성率性에 관한 경전으로 『맹자』와 『중용』을 지명했다

20) 경희대학교 전통문화연구소 편, 앞의 책, 388쪽.
21) 경희대학교 전통문화연구소 편, 위의 책, 411~449쪽.
22) 申千湜, 『고려교육사연구』, 경인문화사, 1995, 308~309쪽의 구재연의에서 분석함.
23) 朴贊洙, 「사학십이도의 성립과 변천」『고려시대 교육제도사 연구』, 경인문화사, 2001, 259쪽.
   李乙浩, 「한국 유학사상 최충의 위치」『崔冲研究論叢』, 慶熙大學校 出版局, 1984, 275~279쪽.
   劉明鍾, 「최충 선생과 문헌공도의 송학수용」『儒學史上 崔冲의 位相』, 海州崔氏大宗會, 1999, 83쪽.

는 점이다. 자연스럽게 최충의 사상이 『맹자』와 『중용』으로 귀결되고 있는 것이다. 『구재연의』에 대해 윤사순尹絲淳은 『대학』과 『중용』이라고 해석하였으며[24] 신천식申千湜은 다양한 경전을 바탕으로 한다고 해석하였다. 이을호李乙浩는 이미 최충 단계의 유학이 4서단계로 진입했다는 주장이다. 구재九齋의 성격은 진학 과정상의 계제階梯가 있었던 것은 아니었고 단순한 분반이었다고 하거나,[25] 단순한 분반이 아니라 교과과정에 따른 진학단계였다는 주장이[26] 있지만 없었을 가능성이 크다. 후대의 자료이기는 하지만 이승장李勝章(1137~1191)은 솔성재率性齋에 입학하여 시대사성試大司成 김돈중金敦中 문하門下에서 1168년에 문과에 급제하고 있다.[27] 박복야朴僕射(1085~1151)는 묘지에 그 이름이 나타나지는 않지만 15세에 개경으로 와 문헌공도文憲公徒의 성명재誠明齋에 들어가 공부하여 20세 되던 해에 성균시成均試에 합격하고 30세에 진사제進士第에 뽑혔다.[28] 이 두 사람의 예에서 볼 때 진학의 차서와 재명은 상관없는 것으로 보인다.

그래서 재명은 심성心性에 따라 분류되었다는 이을호李乙浩의 견해는 최충의 구재를 수기와 치인으로 분석하는 탁월함을 보여준다. 수기(낙성, 대중, 성명)와 치인(경업, 조도, 솔성, 진덕, 대화, 대빙)으로 구분하여 신유학의 수기치인론을 잘 설명하고 있다.[29] 또 다른 견해로, 문철영文喆

---

24) 尹絲淳, 「주자학이전의 성리학 도입문제 - 최충의 구재와도 관련하여 -」 『崔沖硏究論叢』, 慶熙大學校 出版局, 1984, 163~166쪽.
25) 朴贊洙, 앞의 논문, 2001, 236쪽.
26) 朴性鳳, 「국자감과 사학」 『한국사』 6, 국사편찬위원회, 1975.
    尹南漢, 「고려유학의 성격」 『한국사』 6, 국사편찬위원회, 1975.
27) 김용선, 『역주 고려묘지명집성(상)』, 한림대학교 출판부, 2006, 425~426쪽.
28) 김용선, 『역주 고려묘지명집성(하)』, 한림대학교 출판부, 2006, 1158쪽.
29) 李乙浩, 앞의 논문, 279쪽.
    김일환, 「최충 사학의 교학정신에 관한 연구 - 관학과의 비교와 사상사적 의미를

永은『중용』에 바탕을 둔 당시 신유학과의 관련성에 주목하였다. 당시 고려 중기 유학계와 북송 초기 유학계에서 공통적으로 보이고 있던 유학 부흥의 기운이 유교철학의 중요한 내용을 담고 있는『예기』와『중용』에 관심을 돌리게 했고, 그러한 관심이 최충과 범중엄 간에 평행하는『중용』의 중시로 표출되었던 것이라고 하였다.30)

한편, 재명을 통해서 알 수 있듯이 천도天道와 천리天理는 인간에게 내재하는 것으로 규정하여 그것을 깨치는 수기修己의 노력이 관리 전체의 과제이기 때문에, 특히 수기에 관한 재명이 주류를 이루고 있다. 장구나 외우고 과거준비나 일삼는 위인지학이 아니라 존덕성, 도문학을 종지로 하는 위기지학이었다고 한다.31)

### (3) 교학내용 및 방법

최충의 구경삼사九經三史에 대한 연구를 표로 정리해 보면 다음과 같은 학자들의 견해가 있다.32)

---

중심으로 -」『동양철학연구』10, 1989, 227쪽에서도 李乙浩의 견해에 동의하고 있다.
30) 文喆永,「고려중기 사상계의 동향과 신유학」『국사관논총』37, 1992. 54쪽.
31) 金忠烈,「최충 사학과 고려유학」,『崔冲硏究論叢』, 慶熙大學校 出版局, 1984, 42~44쪽.
32) 朴性鳳,「최충의 인간상과 사학 십이도」『최충 연구 논총』, 慶熙大學校 出版局, 1984.
    金忠烈, 앞의 논문, 1984.
    孫仁銖,「한국사학의 전통과 최충의 위치」『崔冲硏究論叢』, 慶熙大 學校 出版局, 1984.
    李乙浩, 앞의 논문.
    池斗煥, 앞의 논문, 1999, 322쪽.
    金庠基,『高麗時代史』, 서울대학교 출판부, 1991.

〔표 14〕 구경삼사九經三史 비교

| 朴性鳳 | 金忠烈 | 孫仁銖 | 李乙浩 | 池斗煥 | 金庠基 | 십삼경 |
|--------|--------|--------|--------|--------|--------|--------|
| 주역 | 역 | 역 | 역 | 주역 | 역 | 역 |
| 상서 | 서 | 서 | 서 | 상서 | 서 | 서 |
| 모시 | 시 | 시 | 시 | 모시 | 시 | 시 |
| 예기 | 예기 | 예기 | 예기 | 예기 | 예기 | 예기 |
| 주례 | 주례 | 주례 | 악기 | 주례 | 주례 | 주례 |
| 의례 | 효경 | 효경 | 효경 | 의례 | 효경 | 의례 |
| 좌전 | 좌전 | 춘추 | 춘추 | 좌전 | 춘추 | 좌전 |
| 곡량전 | 곡량전 | 논어 | 논어 | 곡량전 | 논어 | 곡량전 |
| 공양전 | 공양전 | 맹자 | 소학 | 공양전 | 맹자 | 공양전 |

〔표 14〕에서 삼사三史를 제외한 이유는 연구자들이 삼사三史는 대개 『사기』·『전한서』·『후한서』라는 데 일치를 보고 있기 때문이다. 그리고 구경九經 중에서 학자들 사이에 의견의 일치를 보지 못한 경전은 『효경』이다. 그런데 『효경』은 『논어』·『이아』와 함께 겸경으로 인식되고 있는 경전이었기 때문에 재론의 여지가 있다. 또 이을호李乙浩의 『악기』는 이미 실전되었다는 점에서 재론해야 하고, 『소학』은 남송에 가서야 편집되기 때문에 재론의 여지가 있다. 그래서 가장 타당한 방법이 십삼경에서 경전을 파악해야 한다는 점이다. 그렇게 해야 최충 단계에서 구경삼사九經三史에 대해 정확성을 기할 수 있다고 본다. 그래서 구경九經은 3경·3례·3전의 체제이고, 삼사三史는 『사기』·『전한서』·『후한서』 체제이고, 여기에다 『논어』·『이아』·『맹자』를 추가하여 교육하였다는 주장33)이 타당하다. 실제로 십삼경十三經체제가 중시되었다는 것을 보여주는 것이다.34)

---

33) 池斗煥, 앞의 논문, 1999, 322쪽.
34) 그러나 아직 九經 중심이라는 견해도 있다.(권오영, 「최충의 구재와 유학사상」 『사학지』 31, 1998, 158쪽. 1056년 8월에 九經, 『진서』 『唐書』 『논어』 『효경』

여하튼, 최충의 구재九齋에서의 교학방법의 특징은 학도를 교도敎導로 삼아서 구경삼사九經三史를 교육한 것이다.

학도 중에서 과거에 급제하고 학력이 우수하면서도 아직 관직에 취임하지 않은 자들을 선발하여 교도敎導로 삼고 구경九經과 삼사三史 를 교수하였으며 …35)

이것은 마치 북송의 학유學諭가 '學諭二十人 掌以所授經傳論諸生'36) 라고 하여 제생들에게 경전을 전수하는 역할을 하는 것과 유사하다. 또 구재九齋의 교학방법 중에 하나인 '해마다 여름철에 귀법사의 승방을 빌려 하과夏課'하고 있는데 하과가 무엇인지 고찰할 필요가 있다.

옛날에 최충이 구재를 창설하여 학도를 가르치고 매양 여름에는 이곳으로 피하여 예능藝能을 고사考査하였다.37)

자료에서 보듯이 하과夏課에서 예능藝能을 고사하였다고 한다. 그런데 예능藝能 고사考査는 『송사』에 보이는 월고재생행예月考齋生行藝를 뜻한 다. 원풍학령의 규정이지만 행예行藝가 무엇인지 살펴보면, 행行은 규구 [학규]를 어기지 않는 것을 말하고 예藝는 경전을 공부하고 정문程文38)을

---

등 여러 책을 학원에 나누어 주었으며, 1063년 4월에 태자 勳에게 秘閣의 九經을 내어 준 것은 최충의 九齋의 영향에 의하여 당시 고려 조정에서 九經을 중시하게 된 것으로 판단된다.)
35) 『高麗史』 권95, 열전 8, 최충.
36) 『宋史』 권165, 職官 5, 國子監.
37) 『續東文選』 권21, 遊松都錄.
38) 과거의 고시장에서 쓰는 일정한 법식이 있는 글.

작성하는 것을39) 말한다. 귀법사의 하과에는 행예를 고사하는 학유와 학규가 존재하였다.

이상으로 문헌공도의 분재교학법과 그 사상적 배경에 관하여 고찰하였다. 최충의 문헌공도는 호원과 마찬가지로 체용론을 바탕으로 하고 있다. 「계이자시戒二子詩」를 통해 분석한 결과 최충의 체·문·용은『대학』의 수신제가치국修身齊家治國과 같은 구조였다. 최충의 분재교학의 특징은, 호원과는 달리 수기修己에는 낙성, 대중, 성명과 치인治人에는 경업, 조도, 솔성, 진덕, 대화, 대빙으로 구분하여 수기치인론을 실행하고 있다. 이는 존덕성尊德性, 도문학道問學을 종지로 하는 위기지학爲己之學이었기 때문에 가능하였다. 교학내용은 호원과 마찬가지로 십삼경十三經이 바탕이었음을 알 수 있다. 교학방법은 최충의 사후에 바로 국자감에 영향을 주어 문종 30년에 학정學正과 학록學錄이 설치되어 학규를 담당하게 되었다. 학규가 존재함은 북송대의 특징이고 성종대 국자감 직관과 목종 원년 전시과의 교육직관에는 보이지 않고 있기 때문에 이때 최초로 설치되었던 것이다. 호원과 최충은 비슷한 시기에 유사한 사상을 바탕으로 같은 형식의 교학체제를 실현하고 있었다. 최충 사후에는 국자감에도 영향을 주어 문종 30년(1076)에 정8품 무학박사가 설치되고 있다. 이는 북송의 무학박사가 원풍 3년(1080)에 설치되고 종8품이었던 것에 비하면 시기가 앞서고 대우가 높다.

---

39)『宋史』권157, 志 110, 選擧三. "齋長諭月書其行藝于籍 行謂率敎不戾規矩 藝謂治經程文"

# 제2장 문헌공도文憲公徒의 학맥

최충 사후 문헌공도도 자연히 분파分派가 형성되는데 대표적인 문도는 김양감, 윤관·윤언이, 김인존, 김부식이다. 김양감 이후에 윤관 학파와 김부식 학파로 분기되어 발전하게 된다. 이들은 고려 전기 유학계를 대표하는 중심학자들이다. 그들의 학문적 경향성을 파악하면 문헌공도 학맥 전승의 실체가 더욱 확연히 드러날 것이라고 생각된다.

## 1) 김양감金良鑑

김양감이 문헌공도의 학맥을 계승한 인물이라고 하는 연구는 이미 선학이 제시한 바 있다.[40] 김양감의 할아버지 김책金策은 고려 광종 15년(964)의 과거에 장원 급제하였는데, 이때 조석趙奭이 좌주였다. 김양감의 아버지인 김정준은 문종 5년(1051)에 최충崔冲이 식목도감사 式目都監使로서 내사시랑 왕총지王寵之와 함께 급제 이신석李申錫이 씨족을 기록하지 않은 것을 이유로 등조하지 못하게 청하자, 문하시랑 김원충 金元冲과 더불어 이에 반대하여 관직에 나가게 하였다.

김양감은 문종 5년(1051)에 이자연이 지공거를 담당한 과거에 급제 한다. 김양감의 부친인 김정준과 이자연이 사돈 관계라는 점이 중요하 게 작용하였을 가능성이 있다. 김양감이 과거에 합격한 1051년은 문헌공도가 설립되기[1055년] 이전이다. 그런데도 김양감을 최충의 문도로 언급한 것은 문헌공도가 설립되기 이전부터 최충의 제자였기 때문일 것이다. 그래서 『화해사전』[41][42] 「동방도통도」에서는 최충의

---

40) 劉明鍾, 앞의 논문.

도통을 계승한 문도로 김양감을 언급하고 있다. 김양감의 부인은 최연하崔延嘏의 딸이다. 최연하는 대거란 외교를 담당한 인물이다.

　　현왕은 어려운 때에 반정反正하느라 조금도 겨를이 없었고, 덕왕은 나이가 아직 장년에 미치지 못하였으니, 싸움을 더욱 경계해야 하므로, 왕가도王可道의 화친和親을 끊자고 한 의논이, 우호友好를 계속하여 백성을 편안하게 하자는 황보유의皇甫兪義의 의논만 못하였다. 정왕이 왕위를 이은 지 3년 만에 우리나라 대부大夫 최연하崔延嘏가 거란에 가고 4년에 거란의 사신 마보업馬保業이 와서 이때부터 다시 우호의 맹약을 회복하였으니, 그들을 지성으로 감동시킨 것이 아니었다면 반드시 기이한 계책을 써서 오게 하였을 것이다. 군자가 말하기를, "선대의 뜻을 잘 받들어 그 나라를 보전하였다." 한다.43)

　　이 해가 정종 3년(1037)이다. 이때 왕가도에 반대하는 인물이 황주량, 최충이고 이런 대외관에 동의하면서 사신을 간 인물이 최연하라는 점에서 같은 대외관을 지녔을 가능성이 크다. 이후 최연하는 1040년에 서경유수가 되고, 문종 3년(1049) 2월에는 좌산기상시左散騎常侍가 된다.

　　김양감은 문종 24년(1070)에 상서우승좌간의대부尙書右丞左諫議大夫

---

41) 김정자, 「두문동 72현의 선정인물에 대한 검토」『부대사학』22, 1998, 14쪽에 "『화해사전』은 고려말 불훤재 申賢과 그의 자손에 관한 글을 모아 놓은 것으로 철종 11년(1860) 그의 후손인 평산신씨 집안에서 간행하였다. 규장각소장본(규 12393)『화해사전』은 序와 跋이 없고 본문만이 있는 책으로 그 사료적 가치가 의문시 된다고 하나 권5에 실려 있는 跋尾의 내용을 살펴보면 사료적 가치는 충분히 있다고 보여진다."고 하였다.

42) 근래의 연구에 따르면『화해사전』은 1867년에 저술된 것으로 판단된다. 박재우, 「華海師全의 발견과 저작 연대」『역사문화논총』1, 2005.

43)『益齋亂藁』권9하, 史贊, 靖王.

에 임명되고, 이듬해 상서좌승지어사대사尚書左丞知御史臺事가 되었다. 1074년 태복경太僕卿으로 중서사인中書舍人 노단盧旦과 함께 송나라에 사은사로 가서 종전의 등주登州를 거치는 항로를 요나라의 이목을 피하기 위하여 명주明州로 변경하는 데 합의하고 귀국하였다. 이때 종묘宗廟와 태학太學의 그림을 모사하여 돌아왔다고 한다. 신빙성이 있다고 생각된다. 왜냐하면 『해동역사海東繹史』에서 중국 측 자료인 『도화견문지』를 인용하여 서술한 내용에서 김양감은 중국 측 그림을 수집해 오고 최사량은 상국사相國寺의 벽화를 모사해 왔다고 하였기44) 때문이다. 개봉에서 가장 중요한 사찰의 벽화를 모사했다는 내용으로 볼 때 종묘를 모사하는 것도 가능하였을 것이다.

김양감은 이자겸李資謙과 인척이면서도 나중에 처벌받지 않고 있는데 그것은 아들 김의원〔김약온〕 때문이 아닌가 한다.45) 또 다른 아들 김의영은 이자의의 난에 연루되어 숙종 재위기간에는 김의문과 김의원까지도 『고려사』에 등장하지 않는다. 숙종 6년에 김의영의 부인이 풀려나면서 김의영도 풀려난 듯하다. 이자겸의 등장과 함께 김정준의 손자들이 정계에 복귀하는 것으로 보이지만, 이자겸의 난으로 김의원은 친당으로 지목되어 수령으로 강등된다.46) 김양감의 손녀사위가 윤언이와 최윤의〔최충

---

44) 『海東繹史』 권46, 藝文志 5, 그림[畫] ; 熙寧 갑인년(1074)에 歲遣使 金良鑑이 조공하러 들어와 중국의 도화를 찾아다니면서 열심히 구매하였는데, 조금이나마 잘 그린 그림은 열 가운데 한둘도 없었다. 그런데도 오히려 300여 꾸러미의 돈을 썼다. 병진년(1076) 겨울에 다시 崔思訓을 사신으로 보내어 들어와 조공하면서 畫工 몇 사람을 데리고 들어와 相國寺의 벽화를 模寫해 가지고 가게 해 달라고 주청하니, 조서를 내려 허락하였다. 이에 모두 모사하여 가지고 돌아갔는데, 모사하는 사람은 그림 그리는 법이 자못 정교하였다.[崔思訓은 崔思諒의 오기이다.]
45) 『高麗史節要』 인종 18년 2월 ; 이자겸이 정권을 잡자 이익을 좋아하는 자들이 다투어 아부하였지만, 약온은 자겸과 4촌 형제였는데도 따르지 않았으며, 벼슬이 비록 영화롭고 현달하였으나 부귀로 남에게 교만을 부리지 않았다.

의 현손]이다. 김양감 집안과 이자겸 집안이 연결되고 있는데, 이자겸의 사촌인 이자현은『능엄경』을 통해 간화선을 수용하였다고 하면서 신유학을 쉽게 수용할 수 있는 사상적 기반을 마련하였다고 한다.47)

이상에서 볼 때 김양감은 대송 사행을 수행하는 중심인물이고, 종묘와 태학을 모사해 왔으며, 직접 소식과 연계되어 있기도 하고, 무학박사 직관 설치에도 관여 하였다.

## 2) 윤관尹瓘·윤언이尹彦頤

윤관도 김양감과 함께 최충의 문헌공도라고 한다. 또 김양감의 아들인 김의원〔김약온〕과는 사돈관계이다. 특히 윤관이 숙종대에 고위직으로 진급하고 출세한 데에는 「윤언영의 처 유씨 묘지명」에 따르면,48) 며느리 (윤언잉尹彦榮의 배필)가 숙종비인 명의태후明懿太后의 동생이었던 사실이 작용했던 듯하다. 윤관의 사돈인 류홍柳洪의 자녀들은 각각 최사추와 김상기金上琦의 사위와 며느리가 된다.49) 윤관은 숙종을 통해서 문종의 4째 아들인 대각국사 의천과 연계되는 것으로 보인다. 특히 대송 관계에서 대각국사가 추진하던 일을 윤관이 계승하고 있는 것으로 확인된다. 또 윤관은 북송에 사행으로 가서 정자와『주역』을 논하고 시를 수창한다. 윤관이 정자를 만날 수 있었는지에 대한 가능성을 검토해 보자.

윤관이 송나라에 사신으로 간 경우는 고려의 기록에 의하면 숙종 3년 (1098) 가을 7월이다.50) 이때 윤관尹瓘과 조규趙珪가 송나라에 왕위를

---

46) 池斗煥, 「고려시대 사족세력의 형성과 변천(1)」『한국사상과 문화』14, 2001.
47) 蔡尙植, 「성리학과 유불교체의 사상적 맥락」『역사비평』26, 1994, 307쪽.
48) 김용선, 『역주 고려묘지명집성(상)』, 65쪽.
49) 정수아, 「윤관세력의 형성 – 윤관의 여진정벌과 관련된 몇 가지 문제의 검토를 중심으로 –」『진단학보』66, 1988, 5~7쪽.

이었음을 고하고 방물을 진상하였다. 송을 떠나는 것은 다음해인 원부 2년(1099) 1월로 보이는데,[51] 송나라에 서적을 요청하고 있다.[52] 특히 『태평어람』과 의서醫書를 희망하고 있다. 그런데 우리 측 사료에 보이는 숙종 3년(1098)의 기록 이전에, 송나라 측 사료에는 원우 5년(1090)에 왔다는 기록이 보인다.[53] 『고려도경高麗圖經』에 "고려는 원우 5년(1090)부터 원부 원년(1098)에 이르기까지 공사貢使를 두 번 보내왔다."고[54] 하는 것이 그것이다. 「이천선생연보」에서 확인해 보면, 원우 5년 정월에 정자는 정태중공우丁太中公憂하여 관직을 떠나있게 된다.[55] 만일 윤관이 정자를 만났다면 정자가 복상 중에 있었던 1090년이 되어야 한다. 왜냐하면 윤관이 두 번째로 북송에 간 원부 원년(1098)에 정자가 이미 귀양을 가 있었기 때문인데, 소성 4년(1097) 11월에 사천의 부주涪州로 편관編管되었다가[56] 원부 3년(1100) 정월에 휘종徽宗이 즉위하여 협주峽州로 옮기고, 사월에 사면을 받아 선덕랑宣德郎을 회복하여 낙양으로 돌아오고, 10월에 통직랑通直郎을 회복하고 서경국자감을 권판權判한다.[57] 이상에서 볼 때 윤관은 1090년에 정자와 만났을 가능성이 있다.

---

50) 『高麗史節要』 권6, 숙종 3년 7월.
51) 『續資治通鑑長編』 권505, 哲宗 2년 정월. "乙巳餔伴高麗所言高麗使尹瓘等 欲十三日朝辭 詔高麗使到闕未久宜以朝廷再三優異待遇 款留之意委曲開諭"
52) 『續資治通鑑長編』 권505, 哲宗 2년 정월. "高麗國進奉使尹瓘等言 乞賜太平御覽等書 詔所乞太平御覽 幷神醫普救方 見校定俟後次 使人到闕給賜"
53) 『續資治通鑑長編』 권504, 哲宗 1년 11월. "是月高麗遣使尹瓘等入貢([元符]二年正月二日餔伴高麗所言高麗使尹瓘等欲十三日朝辭詔留之檢實錄等書並無尹瓘入見月日 又按王雲鷄林志云 元祐五年元符元年貢使再至 徐兢圖經亦云元祐五年則已見十二月五日 獨元符元年須別考詳姑附十一月末又按高麗使者自元祐以來屢至京師不知王雲何故但舉兩名豈彼時只此貢使歟當幷考詳)"
54) 『宣和奉使高麗圖經』 권2, 世次.
55) 『二程全書』 권29, 「이천선생연보」.
56) 『宋史』 권18, 소성 4년. "丁丑 詔放歸田里程頤涪州編管"

아니면 오연총을 통해서 간접적으로 조우했을 가능성도 배제할 수는
없다. 다음 기사를 살펴보자.

> 가을 7월에 상서 왕하王嘏·시랑 오연총吳延寵을 송나라에 보내어
> 황제의 등극登極을 축하하였다.58)

이때가 숙종 5년(1100) 7월이다. 오연총은 숙종 6년(1101) 6월에
돌아오는데 이때 『태평어람』을 가져 온다. 『태평어람』의 의미에 대해서
는 유장儒將의 개념 부분에서 설명하고, 윤관의 활동은 제5편의 무학재
설치와 관련하여 후술하도록 하겠다. 윤관이 예종 2년(1107) 2월에
여진을 정벌한 이후에 영주〔북청〕의 청사 벽에 남긴 글에는 그의 대외관이
잘 나타나 있다.

> 맹자 말씀에 약弱은 본래 강강强强을 당적하지 못하며 소小는 본래 대大를
> 당적하지 못한다 하였는데 내가 이 말을 외우기를 오래 하였으나
> 이제 이 말을 믿겠도다.59)

이 문장은 『맹자』 「양혜왕상」에 보이는 글이다.60) 이때 보인 윤관의
관점은 여진을 작은 국가로 칭하고 고려를 대국으로 여기고 있는 것이다.

---

57) 『二程全書』 권29, 「이천선생연보」.
58) 『高麗史節要』 권6, 숙종 5년 7월.
59) 『高麗史』 권96, 열전 9, 尹瓘.
60) 『孟子』 권1, 「梁惠王上」. "王曰 若是其甚與 曰 殆有甚焉 緣木求魚 雖不得魚 無後災
以若所爲 求若所欲 盡心力而爲之 後必有災 曰 可得聞與 曰 鄒人 與楚人戰 則王
以爲孰勝 曰 楚人 勝 曰 然則小固不可以敵大 寡固不可以敵衆 弱固不可以敵強
海內之地 方千里者九 齊集有其一 以一服八 何以異於鄒敵楚哉 蓋亦反其本矣"

그래서 여진은 고려에 대해서 군사적으로 대항하면 안 된다는 점을 강조하고 있다. 모든 문제를 군사적으로 풀 수 없기 때문에 근본 문제를 바로 잡아야 한다는 점을 명시하고 있다. 이때『맹자』를 인용한 것은 최충의 문헌공도에서『맹자』를 공부하였기 때문에61) 그 영향이 윤관에게 미쳤다고 할 수 있다.

윤관의 아들인 윤언이(1090~1149)62)도 최충의 문헌공도일 가능성이 큰데, 그의 아들인 윤돈의와 손자인 윤돈양이 모두 문헌공도 출신이기63) 때문이다. 이 두 인물은 숙질간이다.「윤언이묘지명」에서 김자의金子儀는 "사람들이 일찍이 나와 함께 말하였다. '공은 곧 해동海東의 공자孔子입니다.'"고 하였다. 최충이 해동공자이기 때문에 계승한다는 의미라고 할 수 있다. 여기서 김자의 뿐만 아니라 '사람들이' 함께 하였다는 여론을 강조하고 있다. 그는『역해易解』를 저술하고 있고,「만언서」를 올리고 있다는 점에서 왕안석과 비교되고 있다. 윤언이는 정지상 및 권적과도 교유하고 있다.64)

인종 6년(1128) 8월에 윤언이尹彦頤(1090~1149)는 예부시랑으로 송나라에 표문을 올리고 있다. 인종 7년(1129) 3월에는 왕이 국학을 시찰하여 대사성大司成 김부식에게 명하여『서경』「무일」편을 강의하고, 기거랑 윤언이尹彦頤 및 제생에게 토론하게 하였다. 인종 10년(1132)

---

61) 劉明鍾, 앞의 논문, 93쪽.
62) 윤언이 묘지명에 의하면 졸한 해에 나이 60이라고 했음을 근거로 졸한 1149년을 역산하여 1090년 출생으로 산정하였다.
63) 이중효,「고려 예종-의종대 國學의 七齋生」,『역사학보』194, 2007, 54쪽.
64)『高麗史』권96, 열전 9, 尹瓘 ; 윤언이는 登第하여 仁宗朝에 거듭 옮겨 起居郎이 되었는데 左司諫 鄭知常과 右正言 權適과 더불어 時政의 득실을 논하니 임금이 이를 좋게 받아들였고 國子司業으로 옮겨 經筵에 나아가 經義를 강론하니 華犀帶 1腰를 하사하였으며 寶文閣直學士로 옮기었다.

3월에는 국자사업國子司業으로 『주역』의 「건괘乾卦」를 강의하였다. 이는 당시 존경적 학풍을 보여주는 것으로, 『서경』과 『주역』이 강조되고 있는 추세를 반영하고 있다. 그런데 윤언이의 학풍이 김부식과는 차이가 있음을 보여주는 사례가 있다.

> 숭문전崇文殿에 나아가 평장사 김부식에게 명하여 『주역』과 『상서』를 강의하게 하고, 한림학사 승지 김부의金富儀, 지주사 홍이서洪彝敍와 승선 정항鄭沆, 기거주 정지상, 사업司業 윤언이 등으로 하여금 어려운 부분을 질문·토론하게 하니, 부의는 바로 부철富轍이다.
> 김부의에게 명하여 『상서』「홍범洪範」을 강의하게 하고, 윤언이는 「중용」을 강의하게 하였다.65)

이때 윤언이는 「중용」을 강하고 있다. 윤언이가 「중용」과 『주역』을 중시한 것은 고려에 북송의 정자학이 전수된 것이라고 한다.66) 한편 당시 정황에 대해서 『고려사』에서는 다음과 같이 묘사하고 있다.

> 어느 날 임금이 국자감國子監에 행차하여 김부식에게 명하여 『주역』을 강론케 하고 윤언이를 시켜 묻고 논란케 하자 윤언이가 『주역』에 매우 정精하여 종縱으로 횡橫으로 변론辨論하고 힐문하니 김부식이 대답하기가 어려워 땀이 흘러 얼굴을 적시었다.67)

윤언이가 『주역』에서는 김부식보다 더 정통했음을 알 수 있다. 그

---

65) 『高麗史節要』 권10, 인종 11년 5월.
66) 劉明鍾, 앞의 논문, 94쪽.
67) 『高麗史』 권96, 열전 9, 尹瓘.

이유에 대해서는『주역구의周易口義』제요提要를 앞의 제2편에서 검토하여 보았는데 다시 한 번 인용하면서 검토하고자 한다.

소백온의『문견전록聞見前錄』에 정자가 사식謝湜에게 준 글을 기록하였는데 "『주역』을 읽을 때는 먼저 왕필·호원·왕안석 세 사람의 세 가지 원리를 보아야한다."고 하였다. 유소반劉紹攽의『주역상설周易詳說』에는 "주자가 이르기를 … 정자가 주렴계를 종사하였음만 알고 강역講易은 근본이 익지선생에게 많이 있음을 알지 못한 것이다. 전인前人들이 미치지 못한 바를 설명하였으니 지금 정자의『역전』을 참고하면 알 수 있다.『주자어류』에도 또한 호안정의『주역구의』를 '분효정당分曉正當'이라고 칭하였으니 이 책은 송대에 있어서 진실로 의리역학의 종장이다.68)

북송의 의리역학을 집대성한 정자 역학의 근원을 호원으로 이해를 하고 있다는 내용이다. 윤관을 계승한 윤언이가 정자의 역학을 계승했다고 한다면 당연히 호원과 왕안석의 역학을 계승하고 있고, 왕안석의 역학이 의리역학이라는 것을 파악하고 있었다고 보아야 한다.69) 그래서 정자의 역학까지 계승한 것임을 알 수 있다. 왕안석-정자로 연결되는『주역』해석을 윤관-윤언이로 연결할 수 있는 가능성이 있다는 것이다.

윤언이와 김부식의 관계가 틀어진 것이 대각국사 비문을 둘러싼 감정 때문이라고 하지만 학문적 입장뿐만 아니라 불교 사상에서도 차이가

---

68)『周易口義』提要.
69) 김창현, 「고려중기 윤언이의 사상과 파주 金剛齋」,『기전문화연구』31, 2004, 18쪽에서 윤언이는 왕안석의 주역 사상에 영향을 많이 받았다고 언급하고 있고, 정자의 역학에 대한 언급은 없다.

있었음을 알 수 있다.70) 그런데 제5편에서도 언급하겠지만 윤언이가
볼 때 부친인 윤관이 설치에 관여했다고 생각되는 무학재를 김부식이
폐지한 것과도 관련이 있었다. 윤언이에게는 부친인 윤관의 업적과도
관련이 있다는 점에서 중요하게 생각했을 것이다. 윤관의 여진 정벌이
실패하고 처벌이 논의되는 중에 무학재가 설치되었다는 점에서 윤언이는
여진의 강성함에 대해서 고려의 입장을 표명해야 한다고 보았다. 그래서
인종 10년(1132)에 왕이 서경에 행차하였을 때 윤언이가 칭제건원을
주장하였다고 한다.71) 이때의 사정을 「윤언이묘지명」에는 다음과 같이
서술하고 있다.

바야흐로 금[大金]이 전성기를 맞아 우리나라를 신하라고 부르게
하고자 하였다. 여러 사람들이 어지럽게 논의하였는데, 공이 홀로
간쟁하여 말하기를, "임금이 환난을 당하면 신하는 수치를 당하세
되는 것이니, 신하는 감히 죽음을 아끼지 않습니다. 여진女眞은 본래
우리나라 사람들의 자손이기 때문에 신복臣僕이 되어 차례로 임금[天]
께 조공을 바쳐왔고, 국경 근처에 사는 사람들도 모두 우리 조정의
호적에 올라있는지 오래 되었습니다. 우리 조정이 어떻게 거꾸로
신하가 될 수 있겠습니까." 하였다. 이때의 권신[李資謙]이 임금의

---

70) 최병헌, 「문학·사학·철학 통합의 방법과 사학연구 - 김부식의 사학과 인문학
   전통의 재인식 -」『서울대 인문논총』 43, 2000, 230쪽.
71) 『東文選』 권35, 廣州謝上表 ; 그런데 막상 中軍의 上奏한 바를 보니 이르기를
   "언이가 知常으로 더불어 死黨을 맺어 대소사를 모두 같이 상의하였고, 지난
   임자년 西幸하셨을 때 글을 올려 年號를 세우고 황제를 일컫기를 청하였으며,
   또 국학생들을 유인하여 前件 일을 아뢰게 하였으니, 이는 대개 大金 나라를
   격노시켜 일을 내어 틈을 타서 마음대로 제 붕당 외의 사람들을 처치해서 不軌를
   도모함이니, 人臣의 도리가 아니다." 함이었나이다.

명령을 제멋대로 정하여 이에 신하를 칭하면서 서약하는 글을 올렸
다.72)

기본적으로 화이론적 입장에서 여진 정책을 추진해야 한다는 것을
말하고 있다. 그런데 이런 입장은 서경 천도를 주장하고 여진 정벌을
주장하는 정지상 일파와 같은 논리로 분류될 가능성이 컸다. 그래서
김부식은 윤언이를 정치적 반대파인 정지상과 연관되어 있다고 생각하게
되었던 것이다.

> 5월에 중군병마사가 아뢰기를, "추밀원부사 한유충은 국가의 안위를
> 돌보지 않고 무릇 군사에 관한 기무를 번번이 막았으며, 보문각 직학사
> 윤언이는 정지상과 함께 서로 깊이 결탁하였으니, 그 죄를 용서할 수
> 없습니다." 하였다. 이에 유충을 충주목사忠州牧使로 좌천시키고, 언이
> 는 양주방어사梁州防禦使로 삼았다.73)

윤언이가 정지상과 결탁하였기 때문에 그 죄를 용서할 수 없다고 한다.
이에 대해서 윤언이는 다음과 같이 말하고 있다.

> 신이 엎드려 소식蘇軾의 펌직貶職된 때에 임금에게 올린 표를 읽으
> 니, ··· 자첨子瞻의 호일豪逸한 재주로도 오히려 이렇듯 잔소리로
> 변명하거늘, 하물며 언이彦頤의 외로운 몸으로 어찌 입을 다물고 잠잠
> 하오리까. 하도 사정의 궁박窮迫함이 이렇사온대 우러러 진술함을
> 어찌 그만둘 수 있나이까.74)

---

72) 김용선, 『역주 고려묘지명집성(상)』, 165쪽.
73) 『高麗史節要』 권10, 인종 14년 5월.

자신의 심정을 소식이 폄적 당하였을 때와 비교하고 있다. 자신이 정지상과 같은 입장이 아니라는 점을 부각하면서 소식蘇軾과 비교하고 있다. 이는 자신의 정치적 입장이 김부식과 같은 구법당 계열임을 은연중에 강조하는 것으로 볼 수 있다.

### 3) 김인존金仁存

김인존金仁存(?~1127)도 문헌공도이다. 경주 김씨로 김주원의 후손이고, 그의 부친은 김상기金上琦(1031~?)이다. 김인존은 『논어신의論語新義』를 지었다. 예종睿宗이 동궁으로 있을 적에 『논어』를 강론하였는데, 『논어신의』를 찬술하여 진강進講하였다고 하니 왕안석의 아들 왕방의 『논어신의』와 연관성이 있는 듯하다. 예종 12년에는 「청연각기」를 저술하고 있다. 그런데 「청연각기」의 앞부분에서 주목할 만한 것은 송 황제의 서화書畵를 받들었다고 하는 것이다.

왕께서는 총명하시며 깊고 아름다우시며 진실하고 빛나는 덕을 가지고 유학儒學을 숭상하시어 중국의 문화를 즐겨 사모하셨다. 그러므로 대궐 옆이며 영영서전迎英書殿의 북편과 자화전慈和殿의 남편에 따로 보문각寶文閣과 청연각淸讌閣의 두 건물을 세우셨다. 한 곳에는 송宋 황제가 지은 조칙詔勅과 글씨, 그림을 받들어 걸어 놓고 교훈으로 삼았으며, 반드시 절하고 몸가짐을 엄숙히 한 뒤에 이를 쳐다보았다.75)

---

74) 『東文選』 권35, 廣州謝上表.
75) 『東文選』 권64, 淸讌閣記.

송 황제의 글 중에서 걸어두고 교훈으로 삼았다는 것은 송 황제 진종의
「권학문勸學文」일 가능성도 있다. 또 다른 한 곳에는 다음과 같은 내용을
기술하고 있다.

> 한 곳에는 주공周公·공자孔子·맹자孟子·양웅揚雄 이하로 고금의
> 서적을 모아 놓고 날마다 늙은 스승과 공부가 높은 학자들과 더불어
> 토론하시며 선왕先王의 도를 천명하시어 마음에 간직하고 공부하며
> 쉬기도 하고 놀기도 하였다. 한 건물 안에서 삼강오상지교三綱五常之敎
> 와 성명도덕지리性命道德之理가 사방에 충만하였다.[76]

『맹자』를 수용하고 있음을 알 수 있고, 성명性命과 도덕道德에 관한
이치가 사방에 충만하였다고 하면서 북송신유학과의 연관성을 표현하고
있다.[77] 이어서 학교 용어인 「반궁泮宮」을 언급하고 있다.

> 그러므로 반궁泮宮에 있어서는 "선생과 군자들이 함께 더불어 즐기
> 었다." 하였는데, 그 시에 이르기를, "노魯 나라의 임금이 이르심이여,
> 대학에서 술을 마시나이다. 이미 좋은 술을 마시온지라, 영원히 늙지
> 않게 하시옵소서." 하였다.[78]

「청연각기」를 저술하면서 굳이 최충이 귀법사에서 시행한 유상곡수와
같은 예를 들었다는 점은 무엇을 뜻하는 것일까? 문헌공도로서 일상적으

---

76) 『東文選』 권64, 淸讌閣記.
77) 文喆永, 『고려유학 사상의 새로운 모색』, 경세원, 2005, 34쪽에서 "理의 표현은 실로
　　고려중기 유학계의 신유학 이해의 도를 짐작하게 해주고도 남음이 있다."고 하였다.
78) 『東文選』 권64, 淸讌閣記.

로 행하던 모습을 표현한 것이라고 짐작된다.

## 4) 김부식金富軾

김부식(1075~1151)의 부친은 김근이고 조부는 김위영이다. 김근은 박인량과 함께 북송에 사신을 가서 문명을 떨치고 『소화집小華集』을 간행하고 왔다.79) 소화小華란 그 의미가 소중화小中華라고 할 수 있다. 박인량은 문종의 애책문에서도 소중화小中華라는 표현을 사용하고 있었다는 점에서80) 소중화란 의미를 당대에 일반적으로 사용하고 있었던 것 같다. 고려가 북송의 사상과 문화의 수입에 상당히 적극적이었다는 점을 보여주는 것이고, 고려 문화 수준에 대한 자부심을 표현한 것이다.81) 이런 문화 수입 양상은 다음에서도 확인 가능하다.

심근은 아들의 이름을 김부필金富弼, 김부일金富佾, 김부식金富軾, 김부철金富轍로 짓고 있다. 김근이 북송에 가기 전인 1075년에 출생한 김부식의 이름에서 소식蘇軾을 차용하였다는 것은 소식의 문명이 널리 퍼져 있었다고 짐작할 수 있다.82) 김부식과 함께 김부철의 이름에서는 소철蘇轍을 차용하고 있다.83) 김근이 이른 시기에 소식의 문명文名을 알고 있었다는 점은 김양감과 최충 집안을 통해서 가능했을 것이다. 그 가능성을 검토하면서 김양감의 사행에 대해 살펴보자. 김양감은 희녕 6년(1073)에 명주를 통해서 수도 개봉으로 향했는데, 개봉으로 가는

---

79) 『高麗史節要』 권6, 숙종 원년 9월.
80) 『東文選』 권28, 文王哀冊.
81) 정선모, 「북송사행을 통해서 본 박인량의 문학사적 위상」『한국한문학연구』 46, 2010.
82) 정선모, 「소식 문학 초기 수용 양상고」『동방한문학』 36, 2008, 293~294쪽.
83) 정선모, 위의 논문, 293~294쪽.

도중에 중요한 인물을 접촉하게 되는데 바로 항주 통판으로 재직하고 있던 소식이다. 이때 소식蘇軾이 김양감에게 준 시 「응상지凝祥池」가 남아 있다.[84]

소식의 시문 유행은 최충 집안과도 관련이 있다. 문종 30년(1076) 고려 사신 최사량崔思諒 등이 동파가 항주杭州에서 지은 작품집『전당집錢塘集』을 구입하여 귀국하고 있는데[85] 고려에서 소식의 시문에 대한 수요가 있었다는 증거라고 한다.[86] 최사량은 바로 최충의 손자이다. 이 시문집은 소식이 항주 통판 재임 중에 지은 시문을 임의로 편찬하여 간행한『전당집』이었다. 그 중에 「희자유戲子由」는 소식이 1071년 항주통판으로 폄척되었을 때 쓴 시로 이 때문에 1079년 '오대시안烏臺試案 사건'으로 사지에 몰렸었다.

『전당집』의 시 「희자유戲子由」의 내용을 살펴보면, 법률과 권농관에 대한 비판,[87] 법 만능의 세상에 대한 비판이 보이고 있다.[88] 시 「어만자魚蠻子」에서는 "개혁당 상대부에게 말하지도 마라."[89]고 직접 신법당을 비판하고 있다. 이런 내용의『전당집』이 유행하였다는 것은 고려에서 신법에 대한 입장이 어떻다는 것을 보여주기 충분하다.[90] 다만, 고려

---

84)『東坡全集』권21, 凝祥池. "似知金馬客 時夢碧雞坊 氷雪消殘臘 煙波寫故鄉 鳴鑾自容與 立馬久回翔 乞與三韓使 新圖到樂浪(原註: 時高麗使 在都下 每至勝境 輒圖畫以歸)"

85) 조규백,「고려시대 문인의 소동파 시문 수용 및 그 의의(2)」『퇴계학과 한국문화』40, 2007, 205쪽.

86) 정선모, 앞의 논문, 2008, 293~294쪽.

87)『東坡全集』권3, 戲子由. "讀書萬卷不讀律 致君堯舜知無術 勸農冠蓋鬧如雲 送老虀鹽甘似蜜"

88)『東坡全集』권3, 戲子由. "坐對疲氓更鞭箠 道逢楊虎呼與言 心知其非口諾唯 居高忘下眞何益"

89)『東坡全集』권3, 戲子由. "人間行路難 踏地出賦租 不如魚蠻子 駕浪浮空虛 空虛未可知 會當算舟車 蠻子叩頭泣 勿語桑大夫"

사회에서는 겉으로 드러내면서까지 신법에 반대하지는 못하지만 구법에 대한 지지 세력이 존재하였던 것 같다. 특히 최사추의 묘지명에서도 "공은 어려서부터 공부하여 경사자집經史子集에 널리 통달하였는데, 글을 하면서 반드시 인의성명仁義性命의 설을 근본으로 삼았다."91)고 하면서 북송신유학을 수용하고 있었는데 그의 유학적 요소는 구법에 가까웠다고 보인다. 그래서 구법舊法을 존중하고 신법新法에 반대하고 있는 모습이 나타나고 있다. 소식의 시문 유행과 관련하여 김양감과 최충의 후손인 최사량과 최사추는 같은 학문적 입장을 지지한다고 보이고, 김부식으로 계승되었다고 할 수 있다. 김부식은 북송의 사신이 왔을 때 자신의 이름의 유래에 대해서 질문하자 "대개 사모하는 바가 있었다."고 대답한다.92) 소식의 이름에서 차용하였다는 사실에 대해 직접적으로는 이야기하지 않고 있다. 아직까지 북송 신법당의 채경蔡京이 집권하고 있었기 때문이었다.

이런 학문적 연원으로 인해, 김부식이 문헌공도 출신일 가능성이 크다는 점은 이미 선학이 언급하고 있었다.93) 한편 김부식에게 "맹가孟軻의 인의仁義로써 임금을 공경하였다."는 표현이 사용되고 있다는 점이다.94) 이는 도통道統의 계승과 관련된 것이다. 최충에게 해동공자의 칭호가 부여되고 있었는데 김부식에게 또 맹자의 칭호가 부여되고 있다는 점은 공자—맹자로 이어지는 도통의 계승을 표현한 것이었다. 최충 당대에

---

90) 「희자유」와 「어만자」 해석은 기세춘·신영복 편 『중국역대시가선집 4』, 돌베개, 1994 참조.

91) 김용선, 『역주 고려묘지명집성(상)』, 50쪽.

92) 『宣和奉使高麗圖經』 권8, 人物, 김부식.

93) 김준석, 「김부식의 유교사상 - 삼국사기 논찬의 검토」 『한남대논문집』 14, 1984, 263쪽.

94) 『東文選』 권25, 除金富軾守太保餘並如故.

고려에는 소순蘇洵(1009~1066)의 저서인 『시법謚法』이 도입되고 있었
는데, 소순의 『시법』은 도통론을 적용한 책이었다.95) 따라서 공자-맹자
의 도통이 고려 당대에 최충-김부식으로 계승된다고 인식하게 된 것은
김부식이 문헌공도 출신이라는 점 때문이었다.

　이상으로 최충 문헌공도의 학맥 전승에 관하여 서술하였다. 최충 사후
문헌공도의 「학맥」은 김양감, 윤관·윤언이, 김인존, 김부식에게 전수되
었다. 이들에게는 최충의 교육활동이 호원과 연관성을 보였듯이 북송신유
학자와의 연관성이 보였다. 즉 소식, 정자, 왕안석, 사마광 등으로 구법당
과 신법당을 망라하고 있다.

---

95) 李聲昊, 「최충에 대한 역대 인식 변화와 문묘종사 논의의 이해」, 2012, 105~106쪽.

# 제3장 최충의 유교사상

최충의 자字 호연浩然은 『맹자』의 호연지기를 차용한 것이다. 이것은 북송의 존맹사상으로서 수양론과 관계가 되는데 그 의미를 파악해야 고려 사상계를 이해하는데 도움이 된다고 판단되었다. 또 최충이 직접 지은 시문詩文에서 유교사상을 추출할 때 기존 연구를 보완할 수 있다고 생각되었다. 또한 그가 지은 불교佛敎 비문碑文에 많은 유교사상을 내포하고 있다는 점과 불교 비문에 포함된 『장자莊子』의 내용은 고려 사상계 연구에 새로운 지평을 제공할 수 있다고 판단되었다.

## 1) 호연지기浩然之氣에 나타난 유교사상

『맹자孟子』의 호연浩然으로 자字를 지었다는 것은 부모의 의도이자 당시 학문적 분위기가 내포된 것이다. 고려뿐만 아니라 북송에서도 존맹사상이 등장하는데96) 이것을 주여동周予同은 맹자 승격운동이라고 하였다.97) 송대에 이렇게 존맹사상이 등장한 것은 『맹자』에 포함된 도통론道統論, 함호기涵浩氣, 벽이단闢異端, 담심성談心性, 변왕패辨王霸와 관계된다고 할 수 있다.98) 도통론의 연원은 당대 한유韓愈까지 거슬러 올라간다. 그는 「원도原道」를 지어 도통론을 표방하였다.

---

96) 李傳印, 「孟子在唐宋時期社會和文化地位的變化」, 『中國文化硏究』 33, 2001.
    楊遜, 「略論唐代孟學複興的歷史背景和封建統治思想的演變」, 『湘潭大學社會科學學報』, 25-4, 2001.
97) 楊朝亮, 「試論 宋初三先生 在儒學發展史上的 歷史地位」, 『中國社會科學院硏究生院學報』, 2002-3, 102쪽.
98) 李傳印, 앞의 논문, 51쪽.

요임금이 이 도를 순임금에게 전했고, 순임금은 우왕에게 전했고, 우왕은 탕왕에게 전했고, 탕왕은 문왕·무왕·주공에게 전했고, 문왕·무왕·주공은 공자에게 전했고, 공자는 맹가孟軻에게 전했는데, 맹가가 죽은 뒤에는 제대로 전승되지 못했다.99)

요-순-우-탕-문왕-무왕-주공-공자-맹자로 이어지는 도통이 형성되면서, 맹자를 중시하는 신유학이 성립한다. 한유는 『대학』, 『중용』 등 유가의 경전을 높이 드러내어 인의仁義를 중심으로 하는 유가의 윤리도덕과 성경誠敬을 위주로 하는 수양방법을 제창하였다.100) 그 수양방법이 호연지기浩然之氣를 함양하는 것이었다. 호연지기浩然之氣를 좀 더 구체적으로 분석해 보도록 하자.

논점의 출발은 부동심不動心에 관한 것이다. 맹자의 제자인 공손추公孫丑가 부동심에 대해서 묻자, 맹자는 40세 이후에는 부동심하고 있다고 대답하면서 이는 고자告子도 하였던 것이라고 한다. 또 부동심하는 북궁유北宮黝와 맹시사孟施舍의 용기는 증자曾子보다 못한 것으로 증자는 수약守約하였다고 한다.101) 부동심은 마음을 보존하거나 본성을 기르는 것과

---

99) 韓愈 지음, 이종한 옮김, 『한유산문역주』 1, 소명출판, 2012, 54쪽.
100) 구스모토 마사쓰구 지음, 김병화·이혜경 공역, 『송명유학사상사』, 예문서원, 2009, 23쪽.
101) 『孟子』 권3, 「公孫丑上」. "公孫丑問曰 夫子加齊之卿相 得行道焉 雖由此霸王不異矣 如此則動心否乎 孟子曰 否 我四十不動心 曰 若是則夫子過孟賁遠矣 曰 是不難 告子先我不動心 曰 不動心有道乎 曰 有 北宮黝之養勇也 不膚橈 不目逃 思以一豪挫於人 若撻之於市朝 不受於褐寬博 亦不受於萬乘之君 視刺萬乘之君若刺褐夫 無嚴諸侯 惡聲至 必反之 孟施舍之所養勇也 曰 視不勝猶勝也 量敵而後進 慮勝而後會 是畏三軍者也 舍豈能爲必勝哉 能無懼而已矣 孟施舍似曾子 北宮黝似子夏 夫二子之勇 未知其孰賢 然而孟施舍守約也 昔者曾子謂子襄曰 子好勇乎 吾嘗聞大勇於夫子矣 自反而不縮 雖褐寬博 吾不惴焉 自反而縮 雖千萬人吾往矣 孟施舍之守氣 又不如曾子之守約也"

관계되기 때문에 중요한 것이라고[102] 할 수 있다. 이때 공손추가 맹자孟子
와 고자告子의 부동심이 어떻게 다른지 다시 질문한다. 맹자는 고자가
말한 '부득어언不得於言 물구어심勿求於心'이 틀렸다고 대답하면서 '지지
언志至焉 기차언氣次焉'이 올바른 것이라고 한다. 다만 이때 주의하여야
할 점이 기氣가 먼저 움직일 때가 있는데 바로 그것이 '今夫蹶者趨者今夫
蹶者趨者 是氣也而反動其心'라는 것이다.[103] 공손추가 과연 기氣를 어떻
게 기르는지 다시 질문한다. 이때 맹자가 대답한 것이 바로 '양호연지기養
浩然之氣'로서 호연지기를 기르는 방법이었다. 이는 지언知言 때문에 가능
하고, 집의集義가 되어야 한다고 하였다. 한편 조심할 점은 억지로 기르는
조장助長이다. 이는 싹을 오히려 말라죽게 하는 방법이기 때문이다.[104]
이런 설명의 과정은 호연지기와 부동심이 연결되어 있음을 보여준다.[105]

공손추가 지언知言이란 무엇인지 다시 질문하자, 맹자는 피사詖辭,
음사淫辭, 사사邪辭, 둔사遁辭와 같은 말은 정치에 해를 끼치는 것이라고
한다. 마치 최충이 육정육사六正六邪를 건의한 것이 지언知言 때문이라고

---

102) 박재주, 「맹자의 부동심의 도덕철학적 의미」『동서철학연구』18, 1999, 45쪽.
103) 『孟子』권3, 「公孫丑上」. "曰 敢問夫子之不動心與告子之不動心 可得聞與 告子曰
不得於言 勿求於心 不得於心 勿求於氣 不得於言 勿求於心 可 不得於言 勿求於心
不可 夫志 氣之帥也 氣 體之充也 夫志至焉 氣次焉 故曰 持其志 無暴其氣 旣曰
志至焉 氣次焉 又曰 持其志 無暴其氣者 何也 志壹則動氣 氣壹則動志也 今夫蹶者
趨者 是氣也而反動其心"
104) 『孟子』권3, 「公孫丑上」. "敢問夫子惡乎長 曰 我知言 我善養吾浩然之氣 敢問何謂
浩然之氣 曰 難言也 其爲氣也至大至剛 以直養而無害 則塞于天地之間 其爲氣也
配義與道 無是餒也 是集義所生者 非義襲而取之也 行有不慊於心則餒矣 我故曰
告子未嘗知義 以其外之也 必有事焉而勿正 心勿忘 勿助長也 無若宋人然 宋人有
閔其苗之不長而揠之者 芒芒然歸 謂其人曰 今日病矣 予助苗長矣 其子趨而往視
之 苗則槁矣 天下之不助苗長者寡矣 以爲無益而舍之者 不耘苗者也 助之長者
揠苗者也 非徒無益 而又害之"
105) 성태용, 「맹자의 호연지기 양성론에 대하여」『철학과 현실』7, 1990, 233쪽.

도 할 수 있을 듯하다. 지언知言이란, 말을 안다는 것인데 언어의 근본이 마음에 있음을 안다는 것이다.106) 맹자는 이어서 성인이 다시 나와도 내 말을 부정하지 않을 것이라고 자신감을 보인다. 공손추는 맹자의 말을 완전히 이해하지 못하고 말을 잘하면 성인聖人인지 질문한다. 맹자가 대답하기를 일찍이 공자도 자신이 성인인지는 알지 못하지만 다만 '학불염이교불권學不厭而教不倦'이라고 대답한다.107) '학불염이교불권學不厭而教不倦'은 최충이 해동공자로 인정받는 이유이다.

호연지기는 도덕적 수양론과 관계되는데 원래 맹자의 수양론은 성선설性善說에 근본하고 있다.108) 맹자는 수양론에 대해서 말하기를 "仁者如射 射者正己而後發 發而不中 不怨勝己者 反求諸己而已矣"라고109) 하면서 본인 자신에게 달려있다고 하였다. 수양론의 실천 방법은 "入則無法家拂 士 出則無敵國外患者 國恒亡 然後知生於憂患而死於安樂也"와110) 관계 된다고 한다.111) 이때 불사拂士는 임금을 정도로 보필하는 현사賢士를 말하는데, 마침 최충이 원공국사의 부친을 표현할 때 사용하던 용어와 일치하고 있다.112) 수양론으로 완성된 모습을 인생에 적용하면 "居天下

---

106) 김태오, 「맹자의 부동심의 교육적 의미」『교육철학』13, 1995, 71쪽.
107) 『孟子』권3, 「公孫丑上」. "何謂知言 曰 詖辭知其所蔽 淫辭知其所陷 邪辭知其所離 遁辭知其所窮 生於其心 害於其政 發於其政 害於其事 聖人復起 必從吾言矣 宰我 子貢善爲說辭 冉牛閔子顔淵善言德行 孔子兼之 曰 我於辭命 則不能也 然則夫子 旣聖矣乎 曰 惡 是何言也 昔者子貢問於孔子曰 夫子聖矣乎 孔子曰 聖則吾不能 我學不厭 而教不倦也 子貢曰 學不厭 智也 教不倦 仁也 仁且智 夫子旣聖矣 夫聖 孔子不居 是何言也"
108) 劉玉娥, 「浩然之氣 － 孟子人生最高精神境界」『河南師範大學學報』29-3, 2002, 10쪽.
109) 『孟子』권3, 「公孫丑上」.
110) 『孟子』권12, 「告子下」. "入則無法家拂士 出則無敵國外患者 國恒亡"
111) 劉玉娥, 앞의 논문, 10쪽.
112) 제4편 제3장의 「贈諡圓空國師勝妙之塔碑銘」과 儒敎思想 참조.

之廣居 立天下之正位 行天下之大道 得志與民由之 不得志獨行其道 富貴
不能淫 貧賤不能移 威武不能屈 此之謂大丈夫"와113) 일치한다고 한
다.114) 그래서 맹자는 군자의 임무가 천하를 자임하는 것이라고 말했다고
한다.115) 이는 송대 사대부들이 천하의 일을 자기의 임무로 삼는 것과도
유사하다. 대표적으로 범중엄의 「악양루기嶽陽樓記」에 있는 '先天下之憂
而憂 後天下之樂而樂'이116) 표현하고 있다. 그래서 송에서 존맹사상이
유행하였다고 생각할 수 있다.

이상에서 『맹자』의 호연지기를 검토하였는데, 맹자의 논리는 부동심
不動心 - 지언知言 - 호연지기浩然之氣 - 집의集義 - 학불염이교불권學不厭而
敎不倦과 연계되어 진행되고 있다는 점이다. 맹자의 호연지기 논리는
지언知言과 집의集義를 통해서 부동심不動心을 이루고 마지막에는 학불염
이교불권學不厭而敎不倦의 상태가 되는 것이다. 결국 맹자의 부동심과
호연지기의 최종 목적이 공자와 같은 성인이 되는 것이다. 이는 최충의
일생과 완전히 부합하고 있다. 최충은 부친이 지어준 호연浩然이란 자字의
의미를 준수하면서 『맹자』의 호연지기를 통해서 심성을 수양하였으며,
벼슬 생활에는 부귀에 흔들리지 않았고, 은퇴 이후에는 문헌공도를 세워
교회불권敎誨不倦을 실천하면서 당대 사람들에게 해동공자로 칭송되었
다.

최충崔沖의 호연浩然이란 자字가 고려 시대에 일반적인 용례인지는
확인하기 어렵지만 상당히 선구적인 것임은 분명하다. 흥미롭게도 호연
이란 자를 사용하고 있는 것을 고려 시대 다른 용례에서 찾아 볼 수

---

113) 『孟子』 권6, 「滕文公下」.
114) 劉玉娥, 앞의 논문, 8쪽.
115) 徐吉鵬, 「浩然之氣古今談」 『理論與現代化』 2001-5, 2001, 48쪽.
116) 『范文正集』 권7, 「嶽陽樓記」.

있다. 이집李集의 경우이다. 물론 그는 고려 후기 주자성리학이 도입된 이후의 인물로서 당시는 주자성리학이 학계에서 주류를 형성하여 가는 분위기였기 때문에 고려 전기와 분명한 차이점이 존재한다. 하지만 호연이란 자를 같은 의미로 사용하였을 가능성이 크다는 점에서 참고가 될 수 있다. 이집李集(1327~1387)은 본명이 원령元齡이고 호가 둔촌遁村이다. 그가 이름과 자字를 바꾼 계기는 신돈과 관계된다. 이숭인李崇仁 (1347~1392)의 『도은집』에 수록된 「송이호연부합포막서送李浩然赴合浦幕序」에서 그 정황을 알 수 있다.

무신년(1368) 가을에 이군이 역적 신돈辛旽의 눈에 거슬리는 일을 하자, 신돈의 문객 중에 위세를 부리는 자가 이군을 예측할 수 없는 화에 빠뜨리려고 하였다. 이에 이군이 미복微服 차림으로 노친을 등에 업고 처자를 이끌고서 남쪽 경상도로 도주하여 궁벽하고 험준한 숲속의 계곡 사이에 숨어 살면서 사슴과 한 무리가 되어 거하였다. 그러다가 얼마 지나지 않아서 위세 부리던 자가 죽었고, 또 그로부터 4년 뒤인 신해년(1371)에 신돈도 복주伏誅되었다.[117]

이집은 당시 권세를 부리던 신돈의 눈에 거슬리는 일을 하게 되어 경상도로 피신하지 않을 수 없었다고 한다. 이때의 어려움에 대해, '흡사 꿈속에 있다가 깨어난 것'과 같으며 '죽었다가 살아난 것'과 같다고 하였다. 또 이것은 '실로 나의 몸이 다시 태어났다'고 말할 만하기 때문에 이름을 고쳐서 집集이라 하고 자字는 호연浩然이라고 고치려 한다고 하였다. 그러면서 이숭인에게 이름과 자字에 대한 글을 부탁하고 있다.[118] 이에

---

117) 『陶隱集』 권4, 文, 送李浩然赴合浦幕序.
118) 『陶隱集』 권4, 文, 送李浩然赴合浦幕序.

대해 이숭인은 다음과 같이 그 의미를 부여하고 있다.

> 맹자孟子가 호연지기浩然之氣를 논하면서 "그 기운은 의리義理가
> 안에 축적된 결과 나오는 것이다.〔是集義所生者〕"라고 하였다. 그런
> 데 군의 경우는 이 기운을 평소 무사無事한 때에 길러 두었다가 변고를
> 당하여 어렵고 힘든 날에 실제로 그것을 징험하였다.119)

이집의 행동과 생각이 맹자의 호연지기와 일치하고 새로 지은 이름은
맹자의 "그 기운은 의리義理가 안에 축적된 결과 나오는 것이다.〔是集義所
生者〕"와120) 일치한다고 하였다. 또 이숭인이 보기에 이집은 '평소 무사無
事한 때에 길러 두었다가 변고를 당하여 어렵고 힘든 날에 실제로 그것을
징험'하였다고 표현하고 있다. 이에 대해서 목은 이색(1328~1396)도
동의하고 있다.

> 생각건대 우리 광주廣州 이씨는
> 불의를 보면 비분강개하는 군자
> 그의 자가 바로 호연이기에
> 감히 그 뜻을 이렇게 풀었노라121)

이집李集은 '불의를 보면 비분강개하는 군자'인데, 그것은 '자字가 바로
호연浩然이기'에 가능했다는 뜻이다. 그가 평소에 성인이 이룬 경지를
이루기 위해서 잘못된 길을 버리고 올바른 도에 매진했기 때문이라는

---

119) 『陶隱集』 권4, 文, 送李浩然赴合浦幕序.
120) 『孟子』 권3, 「公孫丑上」. "是集義所生者 非義襲而取之也"
121) 『牧隱文藁』 권13, 書後, 題浩然字說後.

내용이다. 또 목은은 그가 이름과 자를 바꾼 것에 대해서 좀 더 의미를 부여하고 있다.

그대가 『맹자』를 진실로 맛보고 즐거워하니 성인의 도를 찾는 경지에 거의 이르렀도다. 내가 이 까닭으로 다른 글은 상고하지 아니하고 『맹자』에 대한 것으로써 말을 마치겠다. …『맹자』는 말하기를 "하늘이 장차 어떤 사람에게 큰 사명을 내리려 할 때에는, 그의 육신을 굶주리게 하고 하는 일마다 뜻대로 되지 않게 하여, 그동안 잘 하지 못했던 일을 더욱 잘 하게끔 만들어 준다."라고 하였다. 호연은 참으로 그 몸이 굶주렸고 그 하는 바도 어그러졌으니, 실지로 큰 임무가 그에게 내릴 것을 기필할 수 있었을 것이다.[122]

이색이 보기에 '성인의 도를 찾는 경지'에 거의 이를 정도라고 하였다. 또 신돈을 만나서 어려움을 겪은 것은 하늘이 큰일에 쓰기 위해서 일부러 어려움을 겪게 한 것이라고 해석하고 있다. 그래서 실지로 '큰 임무가 그에게 내릴 것을 기필할 수 있을 것이라고' 하였다. 다음 자료는 비록 목은이 다른 인물에게 준 글이지만 호연지기의 의미는 동일하다고 생각되어서 소개하고자 한다.

호연지기浩然之氣는 천지의 원초적인 기운이다. 그래서 천지가 이로 인하여 제자리를 잡게 되는 것이다. 호연지기는 만물의 근원적인 기운이다. 그래서 만물이 이로 인하여 제대로 육성되는 것이다. 이 기운이 하나로 합쳐진 것을 체體라 하고, 따라서 이 기운이 발휘되는 것을 용用이라 한다. 이 기운은 범위가 제한되어 있지도 않고, 틈새로

---

122) 『東文選』 권72, 記, 遁村記.

빠져나가 줄어드는 법도 없으며, 기질의 후박厚薄·청탁淸濁이나 이하
夷夏의 구분이 있다고 해서 차별하는 일도 없다. 그러니 호연浩然이라
고 이름하는 것이 또한 옳지 않겠는가. 요堯의 인仁과 순舜의 지智로부
터 부자夫子의 온량공검양溫良恭儉讓에 이르기까지, 이 모두는 실로
자강불식自彊不息과 순역불이純亦不已의 기반 위에서 발현되는 것이
라고 하겠다.123)

호연지기는 '기질의 후박厚薄·청탁淸濁이나 이夷·하夏의 구분'이 없
다고 하였다. 또한 '요堯의 인仁과 순舜의 지智로부터 부자夫子의 온량공검
양溫良恭儉讓에 이르기까지' 모두 '자강불식自彊不息과 순역불이純亦不已'
할 때 가능한 것이라고 한다. 호연지기를 기르면 누구나 성인을 희망할
수 있다는 말이다. 결국 이집李集의 일생은 『맹자』에 나타난 호연지기의
논리인 부동심不動心 　지언知言 - 호연지기浩然之氣 - 집의集義 - 학불염이
교불권學不厭而敎不倦과 일치하고 있음을 확인할 수 있다. 그래서 이색은
이집의 학문에 대해서 '교화되지 않을 사람 그 누가 있겠는가'라고 표현하
고 있다.124) 이름과 자字를 고친 이유에 대해서는 정도전鄭道傳도 「호연자
후설浩然字後說」을 지어 설명하고 있다.

이것을 말한다면 이군이 이름과 字를 고친 것은, 장차 평소부터
길러 온 바를 지키기를 굳게 하여 더욱 힘쓰자는 것을 뜻한 것이다.
이것을 우환에 곤하기 때문에 그 평일을 징험하여 고쳤다고 말하는
것은 이군을 아는 자가 아니다.125)

---

123) 『牧隱文藁』권10, 說, 浩然說贈鄭甫州別.
124) 『牧隱文藁』권13, 書後, 題浩然字說後.
125) 『東文選』권97, 說, 浩然字後說.

　주변에서 어려움을 겪고 나서 생각한 바가 있어서 고쳤냐는 물음에 정도전이 대답하는 내용이다. 어려움을 겪었기 때문에 고친 것이 아니라는 뜻이다. 말하자면 평소에 생각한 소신을 그대로 썼을 뿐이라는 것이다. 이는 이숭인이 「송이호연부합포막서送李浩然赴合浦幕序」에서 말한 내용과 일치하고 있다. 한편 이집李集의 자字에 대해 글을 지은 인물들이 이숭인, 이색, 정도전이란 사실도 중요하다고 생각된다. 이들은 모두 신진사대부이자 성리학자이기 때문이다. 결국 호연浩然이란 자字는 성리학적 의미를 내포하고 있다는 뜻이다.

　이집李集이 이름과 자를 고친 것은 맹자의 수양론에 따른 것이고 그것은 성인을 희망하고 최종적으로는 맹자의 학불염이교불권學不厭而敎不倦과 연결되고 있다. 그런데 이는 모두 최충에게도 적용되는 부분이다. 최충은 성인을 희망한다는 의미에서 문헌공도의 재명齋名을 낙성樂聖으로 짓고 있으며, 문헌공도는 교회불권敎誨不倦의 의미로 설치하였기 때문에 당대 사람들이 해동공자로 칭송하였던 것이다. 결국 고려 전기 최충崔冲의 자와 고려 후기 이집李集의 자는 동일한 의미에서 동일한 목적으로 지은 것임을 알 수 있다.

　이상에서, 최충의 자字인 호연에 나타난 유교사상은 『맹자』의 호연지기에서 차용한 것으로 존맹사상과 관계되었다. 존맹사상은 당대 고려와 북송에서 수양론과 관계되었으며, 사대부들이 천하를 자기의 임무로 삼는 계기가 되었다. 최충도 호연지기의 수양론을 자신의 평생 과업으로 삼아서 실천하고 있었음을 확인할 수 있었다. 또 최충에게 호연지기浩然之氣가 수신修身과 관계됨은 다음의 「계이자시戒二子詩」에서도 확인할 수 있다.

## 2) 시문詩文에 나타난 유교사상

최충이 직접 지은 시문이 드문 상황에서 그가 남긴 「계이자시戒二子詩」는 유교사상을 파악할 수 있는 좋은 자료이다. 비록 앞에서 언급한 내용이지만 다시 한 번 인용한다.

> 내 지금 두 아들에게 훈계하며
> 덧붙여 우리 집 보배를 준다.
> 청렴하고 검소함을 몸에 새기고
> 문장으로 한 몸을 수놓아라.
> 집에 전하는 것으로 나라에 보배 되고
> 대대로 이어 나라에 신하가 되었었다.
> 화려하고 떠들썩한 사람을 배우지 말라
> 꽃 피는 것은 봄 한철뿐이니라.
>
> 집에 대대로 내려온 큰 물건이 없으나
> 오로지 값진 보배를 전하여 간직했으니
> 문장은 바로 비단이 되고
> 덕행은 곧 옥구슬이 된다.
> 오늘 너희에게 나눠 주노니
> 부디 이 뒷날 이것을 잊지말라.
> 이것을 잘 가져 조정에 쓰면
> 대대로 더욱 번영하리라.126)

---

126) 최봉주 편, 『해주최씨가장』「戒二子詩」.(해석은 송준호, 앞의 논문, 참조)

앞에서 분석하였듯이 이 두 시는 최충 사상의 정수를 보여준다고 할 수 있다. 특히『대학』의 수신제가치국修身齊家治國의 내용을 시에 담고 있는 것은 북송 신유학의 위기지학爲己之學의 수양론과 관계된다. 이는 『맹자』의 호연지기와 관계되는 수양론을 자신의 후손에게 남긴 것으로 볼 수 있다. 다른 시로서『동문선』에 실려 있는「시좌객示座客」은[127] 최충의 저작이 아니라는 것이 이미 학계에서 공인되어 있기 때문에[128] 생략하기로 한다. 다음으로 최충의 유교사상을 잘 파악할 수 있는 부분은 왕위 계승에 관한 글이다. 현종이 홍薨하였을때의 논찬을 확인해 보자.

사신史臣 최충崔冲이 말하기를, "옛글에 일컫기를, '하늘이 장차 일으키려 하면 누가 능히 그를 폐 하리오.' 라고 하였다. 천추태후千秋太后가 음란하고 방종하여 몰래 나라를 위태롭게 하여 왕위를 빼앗으려 하였는데, 목종께서 백성들이 현종의 촉망함을 알아 천추태후의 악당惡黨을 배제하고 멀리 사자를 빨리 보내 맞아와 왕위를 전하여 왕실이 튼튼하도록 하였으니, 이른바 '하늘이 장차 일으키려 하면 누가 능히 그를 폐하리오.' 하는 말을 어찌 믿지 아니하랴. 그러나 이모姨母가 끼친 화근으로 인하여 병권兵權을 가진 신하가 반역을 일으키고, 강한 인국隣國이 틈을 엿보아 침범하여 서울의 궁궐이 모두 잿더미가 되어 임금이 파천하니 불행이 극도에 달하였다. 반정反正한 뒤에는 오랑캐와 화호를 맺고, 전쟁을 멈추고 문덕文德을 닦으며, 부세를 가볍게

---

127)『東文選』권12, 示座客. 水閣風欞苦見招 簿書叢裏度流年 朱櫻紫筍時將過 紅槿丹榴態亦妍 病久却嫌邀客飮 性慵偏喜聽鶯眠 良辰健日終難再 急趁花開作醉仙
128) 이혜순,『고려전기 한문학사』, 이화여자대학교 출판부, 2003, 31쪽에 이 문제를 거론한 최초의 인물은 조선시대 이수광으로 그의『지봉유설』에서 저자가 최항일 가능성을 언급하였고, 현대 학자는 이종문이라고 한다.(이종문,「최항의 시에 대하여」『어문논집』26, 1986.)

하고 요역을 가볍게 하며, 준수한 인재를 등용하고 정사를 공평하게
하여 서울과 지방이 평안하고 농업과 잠업이 자주 풍년이 들었으니
나라를 중흥시킨 왕이라 이를 수 있다." 하였다.129)

최충은 목종이 천추태후의 음모를 물리치고 현종을 즉위 시킨 일을
칭송하면서 "하늘이 장차 일으키려 하면 누가 능히 그를 폐 하리오.〔天將
興之 誰能廢之〕"라는 문장을 인용하고 있다. 이는 『좌전』 희공 23년에
나오는 내용이다. 원문을 확인해 보자.

　　내가 듣건대 희성 중 당숙의 계승자가 가장 나중에 약해지는 자가
　될 것이라 한다. 그 당숙의 계승자는 장차 공자 중이에게서 나올
　것이다. 하늘이 장차 일으키려 하면 누가 능히 그를 폐 하리오. 하늘을
　거스르면 반드시 큰 재앙이 있을 것이다.130)

『춘추』를 인용하면서 왕위 계승의 정당성을 입증하고 있는 것이다.
이에 대해서 이제현도 동의하면서 논찬에 대해 언급하고 있다.

　　이제현이 말하기를, "최충의 말은 세상에서 이른바 천명天命이다.
　구천句踐은 쓸개를 씹어 회계산會稽山의 치욕을 씻었고, 소백小白은
　거莒의 고난苦難을 잊었기 때문에 화환禍患을 제齊 나라에 남기었다.
　왕이 천명만 믿고 욕심을 방종히 부려 법도를 파괴하면 비록 나라를
　얻었을지라도 반드시 잃고 마는 것이다. 이런 까닭으로 군자는 세상이

---

129) 『高麗史節要』 권3, 현종 22년 5월.
130) 『左傳』 희공 23년. "吾聞姬姓唐叔之後其後衰者也其將由晉公子乎 天將興之 誰能
　　廢之 違天 必有大咎"

다스려질 때에 어지러워질까 생각하고 편안할 때에 위태로워질까 생각하여, 끝을 신중히 하기를 처음과 같이 하여 천명에 보답하니, 현종과 같은 이는 공자가 이른바 '나는 그에게 불만이 없다.'는 것이다." 하였다.[131]

이제현은 최충의 말을 긍정적으로 인식하고 있다. 인용문의 "나는 그에게 불만이 없다."는 내용은 『논어』에서 인용한 것이다.[132] 최충과 이제현 모두 고려 시대 유종儒宗으로 불리고 있기 때문에 당대에서는 최고 권위 있는 언급이었다. 이에 대해서는 여말선초의 학자인 정도전도 인정하면서 "시중侍中 최충崔沖의 이른바 '하늘이 일으켜 주는 바를 누가 능히 막으랴.'라고 한 것이 어찌 그렇지 않으랴?" 하였다.[133] 최충의 사상에 대한 내용은 다음의 이제현의 글에서도 확인할 수 있다.

22년 9월 15일(갑신)에 중서령中書令 최충崔沖이 졸하니, 시호는 문헌공文憲公이다. 최충이 문하의 생도를 가르치기 위해 나누어 구재九齋를 만들었으니, 그 이름은 낙성樂聖・대중大中・성명誠明・경업敬業・조도造道・솔성率性・진덕進德・대화大和・대빙待聘이다. 공경들의 적자와 서자로부터 아래로 주현州縣의 거자擧子에 이르기까지 모두 그의 이름을 적중籍中에 붙여서 성인의 도덕을 익히게 하였으니 문물文物이 이로 말미암아 더욱 성하였다.[134]

---

131) 『高麗史節要』 권3, 현종 22년 5월.
132) 『論語』 권8, 「泰伯」.
133) 『三峯集』 권12, 經濟文鑑別集下.
134) 『益齋亂稿』 권9상, 世家, 有元贈敦信明義 保節貞亮 濟美翊順功臣太師 開府儀同三司 尙書右丞相 上柱國忠憲王世家.

이제현이 판단하기에는 최충의 학문이 사장학이 아니라 성인의 도덕과 관계된다고 판단한 것이다. 이는 앞서 언급한대로 최충과 이제현이 동일하게 유종儒宗으로 불린 이유와 관계가 된다. 최충의 후손인 최자는 최충의 학문에 대해서 다음과 같이 표현하고 있다.

광종光宗 현덕顯德 5년에 비로소 과거의 제도를 실시하여 현량문학 賢良文學의 선비를 거용하니, 현학玄鶴이 와서 춤을 추었으며, 당시 왕융王融·조익趙翼·서희徐熙·김책金策같은 이가 다 웅재雄才였었다. 경종景宗·현종을 지나는 두어 대 사이에 이몽유李夢遊·류방헌柳邦憲은 문文으로 현달하고, 정배걸鄭倍傑·고응高凝은 사부詞賦로 진출하고, 문헌공文憲公 최충崔冲은 명세命世의 인물로 유학을 일으켜 우리 도가 크게 흥기하였다.[135]

오도吾道는 『논어論語』 권4 「이인里人」에 나오는 '오도吾道 일이관지一以貫之'를 염두에 둔 표현일 것이다. 최자는 최충의 후손이기 때문에 해동공자海東孔子의 의미를 더욱 현창하고자 하였을 것이다. 그래서 『논어論語』의 오도吾道를 강조한 것이라고 볼 수 있다. 성리학자인 목은 이색은 최충崔冲과 구재九齋에 관한 시詩를 남기고 있는데 그중 이색 자신이 직접 구재九齋에서 공부하였던 사실을 검토하면 다음과 같다.

모진 더위에 조금의 서늘함도 얻을 길 없어
찐득찐득한 땀 흘러 무쇠 창자 녹아내릴 제
자하동 깊은 골짜기의 푸른 소나무 아래

---

135) 『東文選』 권84, 序, 續破閑集序.

돌 틈의 맑은 샘물은 눈서리처럼 차가웠지
하과夏課 베푼 당중에는 바람 이슬 서늘할 제
강운强韻을 애써 읊느라 창자를 검게 태웠네
선생이 방명 부르고 제생이 응답할 적엔
적적한 빈 뜰에 달빛이 서리 빛처럼 밝았지
매미 소리가 또 초가을을 알리려 하여라
덧없는 인생 회고하니 애가 끊일 지경일세
그 당시의 친구들은 하나도 만날 수 없고
거울 속의 흰 머리털만 한탄스러울 뿐이네136)

그런데 이색에게 가장 감명 깊었던 내용은 하과夏課였던 모양이다. 하과에서 강운强韻을 열심히 하고 있는 장면이다. 하과는 귀법사歸法寺에서 행하던 여름 공부였다. 앞선 세대인 이규보의 글에서도 비슷한 내용이 확인된다.

혼자서 숙직하니 전각이 더 쓸쓸한데
연꽃 같은 촛불만 화당에 비치누나
이슬 맺힌 선인장에는 가을 기운 썰렁하고
달 밝은 사창에는 밤도 참 길다
칠보상 앞 궁루 흘러내리고
구화장 속 어로 향내 풍기네
샛별이 돋을 때까지 시 한 편 다 끝내니
높은 하늘 아침 해 기뻐 보인다137)

---

136) 『牧隱詩藁』 권18, 有懷九齋.
137) 『東國李相國集』 동국이상국문집연보.

그는 구재九齋의 성명재誠明齋 출신으로 하과夏課에서 지은 시를 자랑하고 있다. 이때의 시제는 내직옥당內直玉堂이었고 당시 그의 나이가 15세에 불과할 때였다. 그는 특히 문헌공도 즉, 구재 출신이라는 자부심이 강하였던 것 같다. 그래서 귀법사와 하과夏課에 대한 글을 몇 편 남기고 있다. 『동국이상국문집東國李相國文集』에 있는 「귀법사천상유감歸法寺川上有感」, 「귀법사천변歸法寺川邊」, 「차운이시랑견화次韻李侍郎見和」의 시가 그것과 관련된 것이다. 이색李穡의 다음 시도 주목의 대상이다.

처음으로 문헌공이 구재를 열어
송악에 천고토록 유풍을 떨쳤도다[138]

이색李穡이 구재 출신의 학자라는 점 때문에 최충의 학문이 천고에 유풍儒風을 떨쳤다고 긍정적으로 인식하게 되었을 것이나. 이는 구재 이후에 이색 자신까지 그대로 유풍儒風이 계승되고 있다는 의미로도 해석할 수 있다. 왜냐하면 최충-이제현-이색으로 이어지는 유종儒宗에 대한 칭호는 동질적인 문화집단을 형성하고 있었기 때문이다.[139] 최충 가문의 영광을 언급할 때 인용하는 시문에 대해서도 살펴볼 필요가 있겠다.

자주 인끈 금 휘장을 아들 손자 모두 차고
구장鳩杖을 함께 모셔 황은에 취하였네
상서령이 중서령을 옹위하여 들어오고

---

138) 『牧隱詩藁』권34, 送全羅崔按廉. "始闢九齋文憲公 松山千古振儒風"
139) 馬宗樂, 「고려 후기 성리학 수용의 역사적 의의」『한국중세사연구』17, 2004, 257쪽.

을장원이 갑장원을 붙들어 모시었네

네 사람이 참예하긴 천 년에도 드문 일

한 가문에 지금 두 분이 계시네

대대로 정승 되기 그도 희한하거든

부자가 장원이니 그 더욱 훌륭하네

몇 날을 진신들이 그 얘기로 꽃 피우고

오늘 아침 거리에는 이 소문으로 떠들썩하다

뒤를 이은 큰 공업이 청사에 흐르니

천 붓을 가졌다 한들 어찌 다 말씀하리〔雖禿千毫不足言〕140)

김행경金行瓊이 지은 시로 최충과 그 아들인 최유선이 함께 연회에
참석하는 모습을 묘사하고 있다. 이때 최충 부자가 과거에서 장원을
한 사실과 함께 상서령과 중서령을 역임한 사실을 언급하고 있다. 마지막
시구의 독천호禿千毫란 문장은 북송 황서黃庶(1019~1058)의 시구에서
빌려온 것이다. 그가 지은 등견산루登見山樓의 시에141) 보이는 문장이다.
황서黃庶 자신도 유명한 시인詩人이지만 북송 최고의 시인詩人으로 불리는
황정견黃庭堅(1045~1105)의 아버지로서 송기宋祁(998~1061), 안
수晏殊(991~1055), 문언박文彦博(1006~1097) 등 북송의 구법당 세
력과 교분이 두터운 인물이라는 점에서 당시 학문적 경향을 잘 보여주고
있다. 김행경이 최충을 묘사하고 있는 모습은 최충의 제자 혹은 문객이기
때문에 가능하였을 것이다. 최충과 김행경이 같은 사상과 학문을 바탕으
로 하고 있기 때문인데, 최충을 중심으로 하는 학파가 북송 학계와 긴밀하
게 연결되어 있음이 증명된다고 할 것이다. 또한 최충 및 최충과 관련된

---

140) 『東文選』 권18, 七言排律, 賀崔中令赴內宴.
141) 『御選宋金元明四朝詩』 권26, 登見山樓.

시문에서는 최충-이제현-이색으로 이어지는 유종儒宗의 전통을 확인할 수 있다.

### 3) 「증시원공국사승묘지탑비명贈諡圓空國師勝妙之塔碑銘」과 유교사상

최충의 유교사상을 파악할 수 있는 사료가 거의 없는 상황에서 활용할 수 있는 것이 바로 불교 비문이다. 그 중 「증시원공국사승묘지탑비명贈諡圓空國師勝妙之塔碑銘」은 지종智宗(930~1018)의 탑비이다. 지종은 946년 영통사靈通寺에서 구족계를 받았다. 953년 희양산熙陽山의 형초선사逈超禪師를 만나 환대를 받았고, 954년 승과僧科에 합격하였으며, 959년 오월吳越에 유학하여 영명사永明寺의 연수延壽 문하에서 2년 동안 수학하여 연수로부터 심인心印을 전해 받았다. 이후 국청사國淸寺의 정광淨光으로부터 「내정혜론大定慧論」을 배워 친대교天台敎를 전수받았다. 970년에 귀국하자 광종은 대사大師의 법계를 내리고, 금광선원金光禪院에 머물게 하였으며, 975년 중대사重大師를 더하고 마납가사磨衲袈裟를 시여하였다. 경종이 즉위하여 삼중대사三重大師를 제수하고, 성종은 적석사積石寺로 옮겨 거주하게 하고, 혜월慧月이라는 호를 내렸다. 성종 9년(990)부터 5년 동안 궁중에서 설법하였다. 목종은 광천편소지각지만원묵선사光天遍炤至覺智滿圓默禪師라는 호를 더하고, 불은사佛恩寺 호국외제석원護國外帝釋院 등에서 머물게 하였다. 현종은 대선사大禪師를 제수하고, 광명사廣明寺에 주석하도록 청하였으며, 적연寂然이라는 법호를 주었다. 현종 3년(1012) 왕사王師가 되었으며, 3년 후에는 보화普化라는 법호를 받았다. 1018년 원주 현계산 거돈사居頓寺로 옮겼다가 입적하였다.

그의 불교사적 위치는 제관諦觀 이후 고려 초기의 천태학을 계승한

데 있다. 선종 봉림산문鳳林山門 찬유燦幽의 영향을 받은 그는 오월에서 승통僧統 찬녕贊寧과 천태현天台縣의 재상 임식任埴 등과 교유하였다. 그가 입적한 이후 현종 16년(1025)에 최충이 「증시원공국사승묘지탑비명贈諡圓空國師勝妙之塔碑銘」을 쓰게 된다. 이때 최충은 42세로서 장년일 무렵이다. 또한 한림학사翰林學士 내사사인內史舍人 지제고知制誥의 관력을 역임할 때였다. 학문적으로도 완숙기에 접어들 때였기 때문에 이 비문을 저술하면서 자신의 학문적 역량을 총동원하였을 것이다. 그래서 이 탑비의 내용에서 최충의 유교사상을 파악하는 것이 가능하다고 생각된다. 또 「증시원공국사승묘지탑비명贈諡圓空國師勝妙之塔碑銘」은「봉선홍경사갈기奉先弘慶寺碣記」에 비해서 내용도 길고 인용 경전도 풍부하다. 비문의 구성과 내용을 서술 차례대로 살펴보도록 하자.

비석의 머리글 부분은 원공국사와 저자 최충의 관직을 서술하고 있다. 이어서 불도佛道는 일심一心을 깨닫는 것이고, 선禪의 근원은 담적하나 제법諸法과 더불어 초연하다고 하면서, 불교의 원리는 권權과 실實, 색色과 공空, 무無와 유有로 설명하고 있다. 우리나라에 선맥이 들어온 이후의 활동상을 설명하면서 "해이해진 대음大音의 음조音調를 잘 조절하며, 퇴폐한 큰 교망敎網을 제대로 정돈할 수 있는 자가 그 누구이겠는가! 오직 우리 스님만이 능히 할 수 있다고 하겠다."고 하였다. 또한 원공국사가 비록 승려이지만 국가를 보좌할 수 있는 인물이라고 지칭하면서 불사拂士라고 한다. 불사拂士는 『맹자』에 나오는 용어이다.[142]

이어서 원공국사의 가문에 대한 설명이 이어지는데 여기서 유교 경전을 많이 인용하고 있다. 원공국사 부친인 행순行順에 대해서 '의義를 가슴에 품고 인仁을 머리에 이고〔抱義戴仁〕'라고 하였다. 포의대인抱義戴仁은

---

142)『孟子』 권12,「告子下」."入則無法家拂士 出則無敵國外患者 國恒亡"

『예기禮記』「유행儒行」에 보인다.

　　유자儒者는 충신으로 갑주를 삼고, 예의로 방패를 삼으며, 인을
　　머리에 이고 다니고, 의를 가슴에 안고 처한다.143)

　　본문의 유儒에 대해서『예기정의禮記正義』소疏에서는 '이는 유학자가
스스로 자립하는 것을 밝힌 것이다〔此明儒者自立之事也〕'고 하여 유자儒
者로 표현하였다. 이는 원공국사 부친을 유자儒者로 인식하고 있으며
포의대인抱義戴仁을 바탕으로 하여 충신忠信과 예의禮義가 있음을 표현한
것이다. 마치 법경대사의 부친을 '우명노역尤明老易 아호금시雅好琴詩'라
고 표현하여 유학의 독서층으로 이해하고 있는 모습과 일치한다.144)
평소의 모습을 이겸거과履謙居寡로 욕심이 없이 "개제군자愷悌君子가 항상
복을 구하되 자신에게 돌리지 아니한다."고 하였다. 이의 원문은『시경』
「대아大雅」, 한록旱麓의 "무성한 칡넝쿨이여 나뭇가지에 뻗어 있네. 화락한
군자여 복을 구함이 삿되지 않도다."이다.145) 최충은 원공국사 부친을
유자儒者이자 군자君子로 인식하고 있는 것이다. 이어서 '구루장인痀僂丈人
자응신이유도自凝神而有道'라고 하였다. 원문은『장자』「달생」이다.

　　공자가 제자들을 돌아보며 말하기를, "뜻을 한 가지 일에 집중하여
　　꼭 귀신과 다를 것 없는 사람은 바로 이 곱사등이 노인을 두고 한
　　말일 것이다."고 하였다.146)

---

143)『禮記』「儒行」. "儒有忠信以爲甲冑 禮義以爲干櫓 戴仁而行 抱義而處 雖有暴政
　　　不更其所 其自立有如此者"
144) 全基雄,『나말여초의 문인지식층 연구』, 부산대학교 박사학위논문, 1993, 68쪽.
145)『詩經』「大雅」旱麓. "莫莫葛藟 施于條枚 愷悌君子 求福不回"
146)『莊子』「外篇」達生. "孔子顧謂弟子曰 用志不分 乃凝於神 其痀僂丈人之謂乎"

이 문장은 비록『장자』에 나오는 것이지만, 유가에서도 인정하는 내용이다.『주자어류』에 다음과 같이 표현되어 있다.

先生語過以爲學須要專一用功 不可雜亂 因擧異敎數語云 用志不分
乃凝於神 置之一處 無事不辦[147]

주자朱子의 표현대로 "힘쓰지 않으면 안된다."고 할 정도였고, 조선에서도 송시열도 인정할 정도였다.[148] 이는 간재艮齋 전우田愚도 동의하고 있다.[149] 정자程子는 다음과 같이 표현하고 있다.

又如莊子用志不分 乃凝於神 亦是如此敎人 但他 只是箇空寂 儒者之
學 則有許多道理 若看透徹 可以貫事物 可以洞古今[150]

비록『장자』에 나오는 말이지만 공자가 직접 언급한 것이기 때문에 유가에서 인정하고 있는 것이다. 이는 당시 북송의 유교에서『장자』를 인정하고 있는 방향과 일치하고 있다.

원공국사의 모친에 대해서는 "양홍梁鴻의 처妻와 같고, 그 명망은 노래자老萊子의 부인과 같았다."고 표현하고 있다. 두 부인은 모두 현모양처를 상징하는 인물이다. 이어서 원공국사 아버지 부부의 금실을 "그 아름다움이 봉점鳳占에 나타났고, 자손의 번연蕃衍함은 그 경사스러움이 초영椒詠

---

147)『朱子語類』권118.
148)『宋子大全附錄』권3, 年譜 2. "先生曰 莊子云 用志不分 乃凝於神 此雖外家說
先儒取以爲心經註"
149)『艮齋先生文集後編』권8, 書, 答朴鍾模. "莊子云 用志不分 乃凝於神 此雖異端之說
然其一心有成 則與吾儒無別"
150)『심경부주』권1.

을 표하였다."라고 하였다. 봉점鳳占은『좌전左傳』에 나오는 말로써,151) 복처卜妻와 같은 뜻으로 처妻를 맞아들이거나 시집을 보내기 위해 남녀 궁합에 대한 점을 치는 것을 말한다. 번연蕃衍은『시경』「국풍」초료椒聊에 나오는 것이다.152) 초료椒聊는 산초山椒를 가리키는데, 산초의 열매가 지극히 많으므로 자손이 번창 하거나 왕성함을 비유하는 말이다.

이 부부 사이에 원공국사가 탄생하였는데, 태어날 당시의 모습을 표현하면서 "그 자태姿態는 기억岐嶷함을 드러냈고 성품 또한 영특함을 타고났다."고 하였다. 기억岐嶷함은『모시』에 나오는 말로써,153) 지혜롭고 총명함을 말하고 있다. 이어서 "강보襁褓 중에 있을 때부터 이미 그 뜻은 풍진風塵 밖에 있었다."고 하였다. 강보襁褓는 어린 시절을 지칭하는 말로『대대례』「보전保傳」에 나오는 말이다.154) 그의 성장 가능성은 남상濫觴으로 표현하고 있다.『공자가어孔子家語』「삼서三恕」에 "무릇 강이 민산에서 발원되는데, 그 근원이 잔을 띄울 수 있나."고155) 하면서 아무리 큰 인물이라도 처음에는 잔을 띄울 수 있는 작은 물에서 출발한다는 뜻으로 발전 가능성을 보였다는 뜻이다.

나이 여덟 살에 죽마를 던지고 진승眞乘을 탐구하려는 마음을 가지게 되었으며, 그 모습은 청출어람靑出於藍과 같다고 하였다. 청출어람은『순자』「권학」에 나오는 말이다.156) 사람들은 이때의 모습에 대해서

---

151)『左傳注疏』莊公 22년. "初懿氏 卜妻敬仲 其妻占之 曰 吉 是謂鳳凰于飛 和鳴鏘鏘 有嬀之後 將育于姜 五世其昌 竝于正卿 八世之後 莫之與京"

152)『詩經』「唐風」椒聊. "椒聊之實 蕃衍盈升"

153)『詩經』「大雅」生民.

154)『大戴禮』「保傳」. "昔者 周成王幼 在襁褓之中 召公爲太保 周公爲太傅 太公爲太師"

155)『孔子家語』「三恕」. "子路盛服見於孔子 子曰 由 是倨倨者何也 夫江始出於岷山 其源可以濫觴 及其至於江津 不舫舟 不避風 則不可以涉 非惟下流水多邪 今爾衣服旣盛 顔色充盈 天下且孰肯以非告汝乎"

156)『荀子』「勸學」. "君子曰 學不可以已 靑取之於藍 而靑於藍 冰水爲之 而寒於水"

구성耈成이라고 표현하고 있다. 구성耈成은 『서경書經』「강고康誥」에 나오는 말로써157) 원공국사에 대해서 유학幼學이라고 칭하지 못하고 연로年老하고 덕망이 있는 인물로 대우해야 한다는 뜻이다. 광순廣順 3년 (953) 희양산曦陽山으로 형초선사逈超禪師를 찾아갔다.

초공超公이 이를 듣고 마음에 부합하여 도道가 깊은 줄 알고 말하기를, "너는 종멸鬷蔑의 일언一言과 완첨阮瞻의 삼어三語와 같다."하면서 게송偈頌을 지어 그의 뛰어남을 칭송하였다.158)

형초선사가 원공국사를 종멸鬷蔑과 완첨阮瞻에 비유하고 있다. 종멸鬷蔑에 비유함은 원공국사의 인품을 설명하는 것이다. 『좌전左傳』「소공昭公」28년에 따르면, "숙향이 정鄭 나라에 갔을 때, 정나라 대부大夫인 종멸鬷蔑의 얼굴이 매우 못생겼었는데, 숙향을 만나보기 위해 숙향에게 술대접하는 심부름꾼을 따라 들어가 당堂 아래에 서서 한 마디 훌륭한 말을 하자, 숙향이 마침 술을 마시려다가 종멸의 말소리를 듣고는 '반드시 종멸일 것이다.' 하고, 당 아래로 내려가서 그의 손을 잡고 자리로 올라가 서로 친밀하게 얘기를 나누었다."고 하였다.159) 비록 외모가 볼품없었지만 인품이 훌륭하다는 뜻이다. 숙향이 인정하는 인물이 바로 종멸이었다. 특히 숙향은 『고려사』에서 최충과 비교되는 인물로 지칭되는데 "다능多能함으로 말하면 숙향叔向이 수레바퀴를 부축할 것이오[扶輪] 박물博物로

---

157) 『書經』「周書」康誥. "王曰 嗚呼 封 汝念哉 今民將在祇遹乃文考 紹聞衣德言 往敷求于殷先哲王用保乂民 汝丕遠惟商耈成人宅心知訓 別求聞由古先哲王用康 保民 弘于天若德 裕乃身不廢在王命"

158) 이지관, 『교감역주 역대고승비문(고려편 2)』, 가산불교문화연구원, 1995.

159) 『左傳』권52, 昭公 28년. "昔叔向適鄭 鬷蔑惡欲觀叔向 從使之收器者 而往立於堂下 一言而善 叔向將飮酒聞之曰 必鬷明也 下執其手以上曰"

말하면 장화張華가 자리를 피할 것이라."고 하였다.160)

형초선사는 원공국사를 '완첨阮瞻의 삼어三語'에 비유하고 있는데 그 뜻을 살펴보자. 완첨은 본래 과언寡言한 사람으로 왕융이 그에게 "성인聖人의 교敎와 노장老莊의 사상이 같은가, 다른가?"라고 물었다. 이 때 완첨은 "삼교三敎가 같지 않겠는가.〔將無同〕"라고 삼어三語로써 대답하였다.161) 이로 보면 형초선사는 삼교三敎가 같다고 인식하고 있으며, 원공국사에 대해서 완첨阮瞻이 인정한 것과 같이 유교·도교·불교에 박식한 인물로 이해하고 있다는 뜻이다. 주렴계, 이정二程, 장재張載 등의 신유학도 삼교 융합에서 출발했던 것을 보면162) 이해가 가능하다.

형초선사로 인해 원공국사는 인정을 받게 되고, 승과에 합격하게 된다. 이때 높은 도덕을 갖추었다고 하는데〔累百之高名〕, 한유의 글을 인용하고 있다.163) 최충은 이때 광종光宗의 승과에 대해서도 높이 평가하면서 "생활과 문화를 하나로 통일시켰다.〔正契車書之混〕"고 하였다. 이는『중용』에서 인용한 것이다.164) 국사의 공부하는 방법에 대해서 "스님은 당당하게 의논의 광장에 들어가 중론衆論을 꺾고 앞장서 진리의 세계〔理窟〕를 탐색하였다."고 표현하고 있다. 이굴理窟은『진서晉書』「장빙張憑」에 나오는 용어로써165) 진리의 세계란 뜻이다. 이런 진리의 세계를 파악하고 있었기 때문인지 원공국사는 중국 유학을 희망하지 않고 우후牛後가 되는 것처럼 나타나지 않고 정진하였다. 그런데 꿈에 증진대사證眞大

---

160)『高麗史』권95, 열전 8, 최충.

161)『晉書』권49, 열전 19, 阮瞻. "見司徒王戎 戎問曰 聖人貴名敎 老莊明自然 其旨同異 瞻曰 將無同 戎咨嗟良久 卽命辟之 時人謂之三語掾"

162) 劉明鍾,『주자의 인간과 사상』, 세종출판사, 2000, 35쪽.

163)『別本韓文考異』권12, 「送浮屠文暢師序」. "得所得叙詩 累百餘篇"

164)『中庸』. "今天下 車同軌 書同文"

165)『晉書』권75, 열전 45, 張憑. "帝召與語 歎曰 張憑 勃窣爲理窟"

師가 나타나 권유한다.

> 동산東山에 올라서지 않고서 어찌 노魯나라가 작다고〔小魯〕 느낄
> 수 있으며, 바다의 넓음을〔觀海〕 보지 않고 어찌 황하黃河의 협소함을
> 알겠는가.166)

작은 학문에 만족하지 말고 큰 배움을 택하라는 뜻이다. 인용문의
소노小魯와 관해觀海는 모두『맹자』「진심상」에 나오는 글로서 원문 내용
은 "공자가 동산에 올라가서는 노나라를 작게 여겼고, 태산에 올라가서는
천하를 작게 여겼으니, 그러므로 바다를 본 사람에게는 다른 물은 물이
되기 어렵고, 성인의 문하에 종유한 사람 앞에서는 다른 사람의 말이
되기 어려운 것이다."로 되어 있다.167) 증진대사가 원공국사에게 권유한
말인데도『맹자』를 인용하면서 공자처럼 큰 배움을 선택하라고 권유하고
있다.

꿈에서 깨어난 스님은 도조차장道阻且長하더라도 구법의 길을 그만둘
수 없다고 말한다. 도조차장道阻且長은『시경詩經』「진풍秦風」 겸가蒹葭에
나오는 내용으로 "긴 갈대 푸르른데, 흰 이슬이 서리가 되었네. 저기
바로 저 사람이 물 저편에 있도다. 물길 거슬러 올라가나, 험한 길이
멀기도 하네. 물결을 따라 내려가 따르려 해도, 완연히 물의 중앙에
있도다."라고168) 하였다. 스님의 입장에서는 비록 멀고 험하더라도 배움

---

166) 이지관, 앞의 책, 1995.
167)『孟子』권13,「盡心上」. "孟子曰 孔子 登東山而小魯 登太山而小天下 故觀於海者
　　難爲水 遊於聖人之門者 難爲言"
168)『詩經』「秦風」蒹葭. "蒹葭蒼蒼 白露爲霜 所謂伊人 在水一方 遡洄從之 道阻且長
　　遡游從之 宛在水中央"

의 길을 포기할 수 없다는 의지를 표현한 것이다. 원공국사는 이런 결심으로 개경으로 들어가서〔入洛〕광종을 만나게 된다. 왕은 "미郿땅의 십什이란 곳에 전별연錢別筵을 베풀고 송별送別의 시詩를 읊으면서, 서로 헤어짐을 아쉬워하였다."고 한다. 미郿 땅은『시경』「대아大雅」숭고崧高에 나오는 내용이다.169) "서로 헤어짐을 아쉬워하였다."는 것은 한유韓愈의 시詩인 「납량연구納涼聯句」에 나오는 내용이다.170)

이에 원공국사는 '산을 넘고 물을 건너〔跋涉〕' 중국으로 건너간다. 원문은『시경』「국풍」재치載馳의 "대부들이 산 넘고 물 건너오니, 내 마음이 근심스럽구나."이다.171) 어려운 길을 건너, 중국 오월 지방의 영명사永明寺 연수선사延壽禪師를 친견한다. 연수선사는 원공국사를 청안靑眼으로 바라보았다. 청안靑眼은『진서晉書』의 완적阮籍 열전에 나오는 내용으로 반가운 사람을 만나면 청안靑眼을 뜨고, 반갑지 않은 사람을 만나면 백안白眼을 떴다는 고사에서 나온 말이다.172) 깨달음을 얻었다는 표현으로는 현동玄同과 조철朝徹을 사용하고 있다. 현동玄同은『도덕경』에 나오는 표현이다.173) 자신의 지혜와 덕을 밖으로 드러내지 않고 속인과 어울리면서도 참된 깨달음을 얻었다는 표현이다. 조철朝徹은『장자』에서 빌려온 문장이다.174) 그런데 조철朝徹은 공자의『논어』의

---

169)『詩經』「大雅」崧高. "往近王舅 南土是保 申伯信邁 王餞于郿 申伯還南 謝于誠歸"
170)『別本韓文考異』권8,「納涼聯句」. "與子昔睽離 嗟余苦比剟"
171)『詩經』「鄘風」載馳. "載馳載驅 歸唁衛侯 驅馬悠悠 言至于漕 大夫跋涉 我心則憂"
172)『晉書』권49, 열전 19, 阮籍. "籍又能爲靑白眼 見禮俗之士 以白眼對之 及嵇喜來弔 籍作白眼 喜不懌而退 喜弟康聞之 乃齎酒挾琴造焉 籍大悅 乃見靑眼"
173)『道德經』56장. "知者不言 言者不知 塞其兌 閉其門 挫其銳 解其分 和其光 同其塵 是謂玄同"
174)『莊子』「內篇」大宗師. "吾猶守而告之 參日而後能外天下 已外天下矣 吾又守之 七日而後能外物 已外物矣 吾又守之 九日而後能外生 已外生矣 而後能朝徹 朝徹 而後能見獨 見獨 而後能無古今 無古今 而後能入於不死不生"

'조문도朝聞道 석사가의夕死可矣'와 같은 뜻이다.175)

이후 대정혜론大定慧論으로써 천태종지天台宗旨를 가르치는 교수사教授師로 추대되었다. 이때의 명분이 바로 "스님 자신이 도리와 교훈의 모범이다.〔師是彝是訓〕"는 것 때문이다. 이 문장은『서경』「홍범」의 다섯 번째 강령인 황극皇極에 나오는 "임금이 세운 법을 펴서 말하면 이것이 바로 떳떳한 도리이고 교훈이니, 이는 바로 상제의 가르침인 것이다."라는 문장에서 빌려온 것이다.176) 원공국사의 가르침이 북송신유학에서 중시 여기는「홍범」의 황극皇極과 동일하다는 의미이다. 그 방법론으로는 여절여차如切如磋를 제시하고 있었다. 이는『시경』「위풍衛風」기오淇澳 '유비군자有匪君子 여절여차如切如瑳 여탁여마如琢如磨'의 문장에서 빌려 온 것이다. 주자朱子의『대학장구』에도 같은 문장이 실려 있고177) 주자 이후에 주목 받은 문장이기 때문에 최충이 활용하였다는 것이 의미가 있다고 보인다. 그것은 여절여차如切如磋를 도학道學으로 표현하였기 때문이다. 깨달음의 과정은『장자』「우언」에서 빌려왔는데 9년 만에 비로소 현묘한 도에 들어갔다는〔九年之妙〕 내용을 인용하고 있다.178) 원공국사의 지혜에 대해서는 "지혜의 칼날이 예리하여 족히 용을 도살할 만하다.〔屠龍〕"고 하였다. 도룡屠龍도 역시『장자』에 나오는 내용이다.179) 또 "이미 중곡中鵠의 이치를 감당할 수 있음을 알았다."고 하였다.

---

175)『論語』권4,「里人」. "子曰 朝聞道 夕死可矣"
176)『書經』「洪範」皇極. "曰皇 極之敷言 是彝是訓 于帝其訓 凡厥庶民 極之敷言 是訓是行 以近天子之光"
177)『大學』傳之三章. "有斐君子 如切如磋 如琢如磨 瑟兮僩兮 赫兮喧兮 有斐君子 終不可諠兮 如切如磋者 道學也 如琢如磨者 自脩也"
178)『莊子』「雜篇」寓言. "顔成子遊 謂東郭子綦曰 自吾聞子之言 一年而野 二年而從 三年而通 四年而物 五年而來 六年而鬼入 七年而天成 八年而不知死不知生 九年而大妙"
179)『莊子』「雜篇」列御寇. "朱泙漫學屠龍於支離益 單千金之家 三年技成 而無所用其巧"

중곡中鵠은『예기』혹은『중용』에 나오는 정곡正鵠을 빌려온 것이다.180)

고려로 돌아오는 과정에 증진대사證眞大師가 꿈에 나타나 말하기를, "너는 능히 소기所期의 목적을 성취하였거늘 어찌 본국으로 돌아가지 않는가.〔胡莫詠歸耶〕"하였다. 영귀詠歸는『논어』「선진」에 나오는 문장을 빌려왔다.181) 이때 취재臭載가 없도록 당부한다. 취재臭載는 배에 실은 물건을 침몰시켜 부패하게 하는 것으로 패망을 비유한다.『서경』「반경盤庚」에 "마치 배를 타는 것과 같으니, 네가 건너가지 않으면 실은 물건을 부패시키고 말 것이다."고 하였다.182) 또 식미式微를 경계하였다.『시경』「패풍邶風」에 있는 문장을 빌려왔는데,183) 망할 수 있는 경지를 경계한 것이다.

광종 13년(962)에 귀국길에 오른다. 이때의 표현을 역동易東이라고 하였다.『한서漢書』에 나오는 "우리 역이 동으로 간다.〔易以東矣〕"라는 문장에서 빌려왔다.184) 최충은 원공국사가 귀국하는 것을 마치『주역』의 원리가 고려로 온다고 생각을 한 것 같다. 그리고 원공국사의 명銘에서는 "공자孔子가 되돌아옴과 다름이 없도다."라고 표현하고 있다. 광종은 국사에 대해서 "현인賢人을 우대하는 뜻을 더욱 두텁게 하고, 선인善人을 권장하는 인仁을 보다 돈독히 하였다."고 하였다. 문도들이 공부하기 위해서 모이는 모습은 '도리무언桃李無言이나 하자성혜下自成蹊와 같이 법문 듣고 공부하기 위해'라고 표현하였다. 도리무언桃李無言과 하자성혜

---

180)『中庸』. "射有似乎君子 失諸正鵠 反求諸其身"
181)『論語』권11,「先進」. "莫春者 春服旣成 冠者五六人 童子六七人 浴乎沂 風乎舞雩 詠而歸"
182)『書經』「商書」盤庚. "若乘舟 汝弗濟 臭厥載"
183)『詩經』「邶風」式微. "式微故不歸 微君之故 胡爲乎中露 式微胡不歸 胡爲乎泥中"
184)『漢書』권88, 儒林傳, 丁寬. "梁項生從田何受易 時寬爲項生從者 讀易精敏 材過項 生 遂事何 學成 何謝寬 寬東歸 何謂門人曰 易以東矣"

下自成蹊는 『사기史記』에 나오는 속담인 "복숭아꽃 오얏꽃은 말이 없으나 그 아래 자연히 길이 생긴다."를 차용한 것이다.185)

국사의 영예로움은 "공동崆峒의 아름다움보다 더하다."고 하였다. 공동崆峒은 『장자』「재유在宥」에 나오는 용어로 황제黃帝가 광성자廣成子에게 도道를 물으며 존경한 것보다186) 더 고매하였다는 뜻이다. 국사와 임금의 관계는 "선실宣室에서 왕과 함께 대화함과 같은 것이다. 그리하여 비로소 임금의 마음을 깨닫게 하였다."고 하였다. 선실宣室에서 임금을 깨닫게 한 것은 한나라 가의賈誼를 떠올리게 한다. 『사기』에 따르면, 한漢나라 가의賈誼가 좌천되어 장사왕長沙王의 태부太傅로 있다가 일 년 남짓 만에 소명召命을 받고 조정으로 돌아오니, 문제文帝가 선실宣室에 있다가 그에게 귀신의 본원本源에 대해 물었다. 이에 가의가 귀신의 유래와 변화 등을 자세히 이야기하다가 한밤에 이르자 문제가 그 이야기에 빠져서 자기도 모르게 자리를 앞으로 당겨 몸을 가의 가까이로 다가왔다고 한다.187) 임금과 신하의 친밀한 관계를 설명하는 내용이다. 이후 현종이 '신도神圖를 이어받아 나라를 다스린' 이후에 국사에게 적연寂然이라 칭호를 내렸다. 그리고 다음과 같이 언급하고 있다.

　　짐朕이 들으니 위로 헌황軒皇으로부터 아래로 주발周發에 이르기까
　지 모두 사보師保의 도움을 받아 그 법력法力으로 나라를 복되게 하였으
　니, 이는 덕이 높은 중현衆賢을 존숭하는 것이며, 또한 감히 그 하나는

185) 『史記』 권109, 李將軍列傳. "諺曰 桃李不言 下自成蹊"
186) 『莊子』「外篇」在宥. "黃帝立爲天子十九年 令行天下 聞廣成子在於空同之上 故往
　　見之"
187) 『漢書』 권48, 賈誼傳. "後歲餘 文帝思誼 徵之 至入見 上方受釐 坐宣室 上因感鬼神
　　事 而問鬼神之本 誼具道所以然之故 至夜半 文帝前席 旣罷"

의지하고 그 두 가지는 경만輕慢할 수 없는 것이다〔不敢倚一慢二者
也〕.188)

헌황軒皇은 황제헌원씨黃帝軒轅氏이고, 주발周發은 주周 나라의 무왕武
王을 말한다. 이들 모두 사보師保의 도움을 받아 나라를 통치하였다는
표현으로 원공국사에 대한 존경의 표시이다. 존숭의 표현은 의일만이倚一
慢二로 이어진다. 이 내용은『맹자』「공손추하」를 인용한 것이다.189)
또 "이제 대선사大禪師를 보니 지식은 무리에서 뛰어났고, 마음은 환중環中
인 허공 밖에 초출超出하였다."고 하면서『장자』「제물론」의 환중環中을
인용하고 있다.190) 원공국사를 왕사로 초빙하기 위해서 삼반지의三返之
儀를 하여서 성공하고 있다. 삼반지의는 삼고초려三顧草廬와 같은 뜻으로
『사기』에 있는 내용을 인용한 것이다.191) 삼고초려한 이유는 '강장絳帳을
열어 주기를 바라'는 뜻 때문인데, 학당에서 선생께서 기르쳐 주시기를
바란다는 말이다. 이 강장絳帳의 고사는 후한後漢 때 대유大儒인 마융馬融
이 고당高堂에 앉아 붉은 빛 비단 휘장을 드리우고 생도生徒를 그 앞에
앉히고 가르쳤다는 일화에서 온 말이다.192)

이렇게 초빙한 이후에 임금과 함께 하는 왕사의 모습은 "날마다 고치고
달마다 변화하였다.〔日改月化〕"고 한다. 이는『장자』「전자방」을 인용한

---

188) 이지관, 앞의 책, 1995.
189)『孟子』권4,「公孫丑下」. "天下有達尊三 爵一 齒一 德一 朝廷莫如爵 鄕黨莫如齒
　　輔世長民莫如德 惡得其一以慢二哉"
190)『莊子』「內篇」, 齊物論. "彼是莫得其偶 謂之道樞 樞始得其環中 以應無窮"
191)『史記』권75, 孟嘗君列傳. "三反而不致一入"
192)『後漢書』권60상, 馬融. "融才高博洽 爲世通儒 敎養諸生 常有千數 涿郡盧植
　　北海鄭玄 皆其徒也 善鼓琴 好吹笛 達生任性 不拘儒者之節 居宇器服 多存侈飾
　　常坐高堂 施絳紗帳 前授生徒 後列女樂 弟子以次相傳 鮮有入其室者"

것으로193) 유학자들도 인정하는 글이다. 여조겸에게서 확인할 수 있다.194) 국사가 병을 앓게 되는 모습은〔綿留氣序〕『문선』에서 인용하는데,195) 이때 어떤 친관親串이 "대저 병을 앓게 되면 비록 성현聖賢일지라도 불안하고 서서栖栖하다."고 걱정한다. 친관親串은 친압한 사람이란 뜻으로『문선』에서 인용하였다.196) 서서栖栖는『논어』「헌문」에 있는 내용에서 빌려온 것이다.197) 제자인 미생묘微生畝가 공자를 걱정하듯이 국왕이 국사를 걱정한다는 뜻이다. 병중에도 많은 제자들이〔十全〕 법문을 듣기를 원하였다. 제자들의 모습은『주례』에서 인용하였다.198) 이에 대해 국사는 "어찌 안도선생安道先生이 명기命期가 되고서야 비로소 떠나갔음을 알 것인가?"라고 하였다. 안도선생은 전진의 부견符堅이 불러 상보尙父 벼슬을 맡기려 하였으나, 끝내 사양하면서 남은 삶을 대종垈宗에 돌아가 산중山中에서 죽게 해달라고 간청하였다. 부견이 오히려 이를 가상하게 여겨 자기의 수레로 호송하게 하였다. 그리하여 약 50리 쯤 가다가 관關이라는 화음산華陰山에 이르러 죽었다.199) 안도선생처럼 국사는 원주 거돈

---

193)『莊子』「外篇」田子方. "一晦一明 日改月化 日有所爲"

194)『呂氏家塾讀詩記』권26. "東萊呂氏曰 賢之行非一端 必曰有孝有德 何也 蓋人主
　　常與慈祥篤實之人處 其所以興起善端 涵養德性 鎭其躁而消其邪 日改月化 有不
　　在言語之間者矣"

195)『文選』. "縣留其序"

196)『文選』. "因歌遂成賦 聊用布親串"

197)『論語』권14,「憲問」. "微生畝 謂孔子曰 丘何爲是栖栖者與 無乃爲佞乎"

198)『周禮』「天官」醫師. "歲終則稽其醫事 以制其食 十全爲上 十失一次之 十失二次之
　　十失三次之 十失四爲下"

199)『晉書』권94, 張忠. "使者至 忠沐浴而起 謂弟子曰 吾餘年無幾 不可以逆時主之意
　　浴訖就車 及至長安 堅賜以冠衣 辭曰 年朽髮落 不堪衣冠 請以野服入覲 從之
　　及見堅謂之曰 先生考磐山林 考磐山林 研精道素 獨善之美有餘 兼濟之功未也
　　故遠屈先生 將任齊尙父 忠曰 昔因喪亂 避地泰山 與鳥獸爲侶 以全朝夕之命 屬堯
　　舜之世 思一奉聖顔 年衰志謝 不堪展效 尙父之況 非敢竊擬 山棲之性 情存嚴岫
　　乞還餘齒 歸死岱宗 堅以安車送之 行達華山 歎曰 我東嶽道士 沒於西嶽 命也

사에서 말하기를 "이제 나는 곧 무물無物로 되돌아 가려한다."고 하였다. 마지막으로 조용하고 엄숙한 표정으로 대중들을 돌아보고는〔顧以眞泠〕 "상부喪訃를 임금께 주달奏達하여 국가의 의전규정儀典規定을 어렵게 하지 말라."고 하면서 열반하였다. 고이진령顧以眞泠은 『장자』「산목」의 내용을 빌려온 것이다.200)

열반에 들 당시의 모습에 대해 최충은 "구름은 수심에 잠겨 암담黯黮하였으며 … 모든 자연들이 삽연颯然히 변화를 나타냈다."고 묘사하고 있다. 삽연颯然은 두보杜甫의 시에서 문장을 빌려왔다.201) 제자들의 모습에 대해서는 "문도門徒 경충慶充 등은 벽용擗踊하면서 호곡하여〔三號〕 오장五臟이 찢어지는 것 같았다.〔分崩五內〕"고 표현하고 있다. 벽용擗踊은 벽용擗踴이라고도 쓰는데, 『효경』에서 빌려왔다.202) 부모와 자식 간의 이별을 상징하고 있는 것이다. 삼호三號는 『예기』에서 빌려왔고,203) 분붕分崩은 『논어』에서 인용하였다.204)

장사가 끝나고 '예의로 임금께 주문奏聞하니', 임금이 "신신藎臣에 명命을 내려 장례의 조문弔問을 대행代行하도록 하고, 역명易名의 의전儀典을 거행하라."고 한다. 신신藎臣은 최충 자신을 말하는데, 그 뜻은 『시경』에 나오는 내용을 차용하였다.205) 역명易名은 춘추 시대 위衛나라 대부인 공숙문자公叔文子가 졸하자 그의 아들이 임금에게 시호를 청하기를, "세월

　　　　奈何 行五十里 及關而死 使者馳驛白之 堅遣黃門郞韋華持節策弔 祀以太牢 襃賜
　　　　命服 謚曰安道先生"
200)『莊子』「外篇」山木. "異日 子桑又曰 受之將死 眞泠禹曰 汝戒之哉 形莫若緣
　　　情莫若率 緣則不離 率則不勞 不離不勞則 不求文以待形 不求文以待形 固不待物"
201)『杜詩詳註』권7, 秦州雜詩. "俛仰悲身世 溪風爲颯然"
202)『孝經』「喪親」. "擗踴哭泣 哀以送之"
203)『禮記』「喪大記」. "皆升自東榮 中屋履危 北面三號 卷衣投於前 司命受之 降自西北榮"
204)『論語』권16,「季氏」. "邦分崩離析 而不能守也 孔子曰 民有異心曰分 欲去曰崩"
205)『詩經』「大雅」文王. "王之藎臣 無念爾祖 無念爾祖 聿修厥德"

이 흘러 장사를 지낼 때가 되었으니 이름을 바꿀 것을 청합니다."에서 빌려온 것이다.206)

그리고 명銘에서 원공국사의 '도덕이 날마다 새로워서〔日新〕' 다시 한 번 '공자孔子가 되돌아옴과 다름이 없었기〔似孔居魯〕' 때문에, '여러 임금이 존경하였네〔摳衣〕'라고 하였다. 일신日新은 『대학』에 나오는 용어이다.207) 구의摳衣는 『공자가어』에 나오는 용어이다.208) 이렇게 최충이 공자를 존숭하고 인용하고 있기 때문에 당대에 최충 자신도 해동공자로 칭송되는 이유가 되었을 것이다. 명銘의 마지막에서 국사의 학문을 이극지미理極知微로 평가하고 있다. 큰 이치와 작은 이치 모두에 통달하였다고 묘사하고 있는데, 지미知微는 『주역』에 나오는 내용이다.209)

다음은 최충이 인용한 경전 통계이다.

---

206) 『禮記』「檀弓下」. "日月有時將葬矣 請聊以易其名者"
207) 『大學』傳之二章. "湯之盤銘曰 苟日新 日日新 又日新"
208) 『孔子家語』王言解. "摳衣而退 負席而立"
209) 『周易』「繫辭下」. "介如石焉 寧用終日斷可識矣 君子知微知彰 知柔知剛 萬夫之望"

〔표 15〕「증시원공국사승묘지탑비명贈謚圓空國師勝妙之塔碑銘」 인용문 - 오경五經 및 기타

| 경전 | 용어 | 경전의 출전 부분 | 원문 |
|---|---|---|---|
| 『시경』 | 岐嶷 | 『詩經』「大雅」生民 | 誕實匍匐 克岐克嶷 |
| | 蕃衍 | 『詩經』「唐風」椒聊 | 椒聊之實 蕃衍盈升 |
| | 道阻且長 | 『詩經』「秦風」蒹葭 | 遡洄從之 道阻且長 |
| | 跋涉 | 『詩經』「鄘風」載馳 | 大夫跋涉 我心則憂 |
| | 郿 | 『詩經』「大雅」崧高 | 申伯信邁 王餞于郿 |
| | 如切如磋 | 『詩經』「衛風」淇澳 | 『대학』에도 포함 |
| | 式微 | 『詩經』「邶風」式微 | 式微胡不歸 胡爲乎泥中 |
| | 藎臣 | 『詩經』「大雅」文王之什 | 王之藎臣 無念爾祖 無念爾祖 聿修厥德 |
| | 愷悌 | 『詩經』「大雅」旱麓 | 愷悌君子 求福不回 |
| 『서경』 | 師是彛是訓 | 『書經』「洪範」皇極 | 曰皇 極之敷言 是彛是訓 |
| | 耇成 | 『書經』「周書」康誥 | 汝丕遠惟商耇成人 |
| | 臭載 | 『書經』「商書」盤庚 | 若乘舟 汝弗濟 臭厥載 |
| 『주역』 | 知微 | 『周易』「繫辭下」 | 介如石焉 寧用終日斷可識矣 君子知微知彰 知柔知剛 萬夫之望 |
| 『예기』 | 抱義戴仁 | 『禮記』「儒行」 | 戴仁而行 抱義而處 |
| | 三號 | 『禮記』「喪大記」 | 北面三號 捲衣投于前 |
| | 易名 | 『禮記』「檀弓下」 | 日月有時將葬矣 請聊以易其名者 |
| 『대대례』 | 襁褓 | 『大戴禮』保傅 | 昔者 周成王幼 在襁褓之中 |
| 『춘추좌전』 | 鳳占 | 『좌전』莊公 22년 | 其妻占之 曰 吉 是謂鳳凰于飛 |
| | 覈蔑 | 『좌전』昭公 28년 | 必覈明也 下執其手以上曰 |
| 『주례』 | 十全 | 『周禮』「天官」醫師 | 歲終則稽其醫事 以制其食 十全爲上 十失一次之 十失二次之 十失三次之 十失四爲下 |
| 『효경』 | 擗踊 | 『孝經』「喪親」 | 擗踴哭泣 哀以送之 |
| 『공자가어』 | 濫觴 | 『孔子家語』三恕 | 夫江始出於岷山 其源可以濫觴 |
| | 摳衣 | 『孔子家語』王言解 | 摳衣而退 負席而立 |

〔표 16〕「증시원공국사승묘지탑비명贈諡圓空國師勝妙之塔碑銘」

인용문 – 사서四書

| 경전 | 용어 | 경전의 출전 부분 | 원문 |
|---|---|---|---|
| 『대학』 | 如切如磋 | 淇澳 | 『시경』에도 포함 |
| | 日新 | 『大學』 | 湯之盤銘曰 苟日新 日日新 又日新 |
| 『논어』 | 分崩 | 『論語』「季氏」 | 邦分崩離析 而不能守也 孔子曰 民有異心曰分 欲去曰崩 |
| | 朝徹 | 『論語』「里仁」 | 朝聞道夕死可矣 |
| | 詠歸 | 『論語』「先進」 | 童子六七人 浴乎沂 風乎舞雩 詠而歸 |
| | 栖栖 | 『論語』「憲問」 | 丘何爲是栖栖者與 無乃爲佞乎 |
| 『맹자』 | 拂士 | 『孟子』「告子下」 | 入則無法家拂士 出則無敵國外患者 國恒亡 |
| | 倚一慢二 | 『孟子』「公孫丑下」 | 天下有達尊三 爵一 齒一 德一 朝廷莫如爵 鄕黨莫如齒 輔世長民莫如德 惡得其一以慢二哉 |
| | 小魯 | 『孟子』「盡心上」 | 孟子曰 孔子 登東山而小魯 登太山而小天下 故 觀於海者 難爲水 遊於聖人之門者 難爲言 |
| | 觀海 | 『孟子』「盡心上」 | 상동 |
| 『중용』 | 正契車書之混 | 『中庸』 | 今天下 車同軌 書同文 |
| | 正鵠 | 『中庸』 | 射有似乎君子 失諸正鵠 反求諸其身 |

〔표 17〕「증시원공국사승묘지탑비명贈諡圓空國師勝妙之塔碑銘」

인용문 - 역사서歷史書

| 역사서 | 용어 | 역사서 출전 부분 | 원문 |
|---|---|---|---|
| 『사기』 | 桃李無言<br>下自成蹊 | 『史記』 李將軍列傳 | 諺曰 桃李不言 下自成蹊 |
| | 宣室 | 『漢書』 賈誼 | 誼具道所以然之故 至夜半 文帝前席 旣罷 |
| | 三返之儀 | 『史記』 孟嘗君 | 三返而不致一入 |
| 『한서』 | 易東 | 『漢書』 丁寬 | 易以東矣 |
| 『후한서』 | 絳帳 | 『後漢書』 馬融 | 融居宇器服 多存侈飾 常坐高堂 施絳紗帳 前授生徒 後列女樂 |
| 『晉書』 | 阮瞻三語 | 『晉書』 阮瞻 | 瞻曰 將無同 |
| | 靑眼 | 『晉書』 阮籍 | 籍大悅 乃見靑眼 |
| | 理窟 | 『晉書』 張憑 | 張憑 勃窣爲理窟 |
| | 安道先生 | 『晉書』 張忠 | 褒賜命服 諡曰安道先生 |

〔표 18〕「증시원공국사승묘지탑비명贈諡圓空國師勝妙之塔碑銘」

인용문 - 문학서文學書

| 문학서 | 용어 | 문학서 출전 부분 | 원문 |
|---|---|---|---|
| 『초사』 | 黭黮 | 『楚辭』 九辯 | 彼日月之照明兮 尙黭黮而有瑕 |
| 『문선』 | 綿留氣序 | 『文選』 | 緜留其序 |
| | 親串 | 『文選』 | 因歌逐成賦 聊用布親串 |
| 사마상여 | 听然 | 「上林賦」 | 亡是公听然而笑 |
| 두보 | 颯然 | 「秦州雜詩」 | 俛仰悲身世 溪風爲颯然 |
| 한유 | 累百之高名 | 「送浮屠文暢師序」 | 得所得敘詩 累百餘篇 |
| | 睽離 | 「納涼聯句」 | 與子昔睽離 嗟余苦比剝 |
| 『전국책』 | 牛後 | 『戰國』 韓策 | 鄙語曰 寧爲雞口 無爲牛後 |

〔표 19〕「증시원공국사승묘지탑비명贈諡圓空國師勝妙之塔碑銘」

인용문 – 노장경전老莊經典 및 순자荀子

| 노장 | 용어 | 노장 출전 부분 | 원문 |
|------|------|------|------|
| 『순자』 | 靑出於藍 | 『荀子』勸學 | 君子曰 學不可以已 靑取之於 藍 而靑於藍 氷水爲之 而寒 於水 |
| 『도덕경』 | 玄同 | 『道德經』 제56장 | 和其光 同伐塵 是謂玄同 |
| | 强名 | 『道德經』 제25장 | 强爲之名曰大 大曰逝 逝曰遠 遠曰反 故道大 天大 地大 王 亦大 域中有四大 而王居其一 焉 人法地 地法天 天法道 道 法自然 |
| 『장자』 | 痀僂丈人 | 『莊子』「外篇」達生 | 乃凝於神 其痀僂丈人之謂乎 |
| | 朝徹 | 『莊子』「內篇」大宗師 | 朝徹而後能見獨 |
| | 九年之妙 | 『莊子』「雜篇」寓言 | 一年而野 二年而從 三年而通 四年而物 五年而來 六年而鬼 入 七年而天成 八年而不知死 不知生 九年而大妙 |
| | 屠龍 | 『莊子』「雜篇」列御寇 | 朱泙漫學屠龍於支離益 |
| | 崆峒 | 『莊子』「外篇」在宥 | 黃帝立爲天子十九年 令行天下 聞廣成子在於空同之上 故往見 之 |
| | 環中 | 『莊子』「內篇」齊物論 | 謂之道樞 樞始得其環中 以應 無窮 |
| | 日改月化 | 『莊子』「外篇」甲子方 | 一晦一明 日改月化 日有所爲 |
| | 顧以眞冷 | 『莊子』「外篇」山木 | 眞冷禹曰 汝戒之哉 |

최충이 인용한 서적의 통계를 보면 유가 경전류와 제자백가류, 역사서 및 문학 관련 서적들이 포함된다. 유가 경전류와 제자백가류에는 『시』・ 『서』・『역』, 『예기』・『주례』・『대대례』, 『춘추좌전』, 『효경』・『공자가 어』, 『대학』・『논어』・『맹자』・『중용』을 인용하고 있다. 역사서로서는

『사기』・『한서』・『후한서』・『진서晉書』・『진서陳書』를 인용하고 있다. 이 인용 경전을 통해서 최충의 구경九經은 십삼경十三經 체제를 바탕으로 하고 있음을 확정할 수 있겠다. 또 하나의 특징을 발견할 수 있는데, 북송신유학을 수용하고 있다는 점이다. 『대학』・『논어』・『맹자』・『중용』을 인용하고 있기 때문이다. 그래서 최충 당대에 이미 사서 단계로 진입했다고 해도 과언이 아니다. 물론 『중용』이 아직 『예기』에서 분리되었는지 아닌지는 속단할 수 없지만, 『맹자』를 포함하고 있는 것은 특기할 만하다. 『맹자』의 강조는 북송신유학의 특징이고, 그런 특징은 문학 부문에서의 인용문에서도 확인할 수 있다. 문학 부문에서는 『문선』과 『초사』를 바탕으로 하면서 인용한 인물은 사마상여, 두보, 한유였다. 특히 한유는 문학을 통해서 도道를 추구하는 인물이었다.

도가道家 경전류에서는 『장자』의 인용이 압도적으로 많이 발견된다. 유가, 도가를 합쳐서도 가장 많은 인용 비율이다. 최충이 이렇게 『장자』를 중시하는 이유는 아래 「봉선홍경사갈기奉先弘慶寺碣記」에서 다루도록 하겠다.

## 4) 「봉선홍경사갈기奉先弘慶寺碣記」와 유교사상

홍경사는 현종顯宗이 불행하게 세상을 떠난 아버지 안종安宗 욱郁을 기념하여 지은 사찰로, 큰 절을 지어 나그네들에게 편의를 제공하고자 했던 안종의 뜻을 달성하고자 한 것이다. 건립 목적을 살펴보자.

『장자莊子』에는, "여관旅館을 설치하여 인의仁義를 보인다.〔設蘧廬而視仁義〕" 하였으며, 『진서晉書』에는, "여관을 만들어서 공무로 다니는 사람이나 사사로 다니는 사람을 구제한다.〔論逆旅以濟公私〕" 하였다. 지금 직산현稷山縣의 성환역成歡驛에서 북쪽으로 1마장쯤 되는 곳에 새로 절을 세운 것은 곧 그러한 종류에 속한다. 이 땅에는 전연 객주집이 없어서 사람의 집이라고는 볼 수 없으며, 그런데다가 갈대가 우거진 늪이 있어서 강도가 상당히 많으므로, 비록 갈래 길로서 요충지이지만 사실은 왕래하기가 매우 불편하였으므로, 태평성대에 이곳을 그대로 둘 수가 없는 곳이었다.210)

홍경사가 세워진 곳은 직산현稷山縣 성환역成歡驛 근처로 사람들의 통행이 많은 곳이었지만 여행자들의 숙소가 없고 강도들이 출몰하는 곳이었기 때문에 건립하게 되었다고 한다.

홍경사가 완공된 것은 현종 12년(1021)이었고, 최충이 이 비석을 쓴 것은 비갈의 마지막에 "임금께서 왕위에 오르신지 18년 되는 해, 태평太平 연호年號 제6년 여름 4월 일에 삼가 기기를 씀."이라고 기록한데서211) 알 수 있듯이 현종 17년(1026) 4월에 저술하였다. 최충이 비갈을

---

210) 『東文選』 권64, 記, 奉先弘慶寺記.
211) 『東文選』 권64, 記, 奉先弘慶寺記.

쓰게 된 이유는 최항과 연관이 있을 가능성이 있다. 봉선 홍경사의 공사가 시작되는 것은 현종 7년(1016)으로 최항崔沆(972~1024)이 내사시랑 평장사內史侍郎平章事를 맡고 있을 때였다.212) 『동사강목』에서는 현종 7년 11월 기사에 최항이 관직을 맡으면서 홍경사 공사가 시작되는 것으로 기술하고 있다는 점에서213) 유추할 수 있다. 최항은 최충의 좌주였고 최항의 아들인 최유부崔有孚의 좌주가 최충이었기 때문에214) 겹으로 인맥이 연결되어 있다.

이런 목적을 설명하면서 최충은 『장자』의 '설거려이시인의設蘧廬而視 仁義'와 『진서晉書』의 '논역려이제공사論逆旅以濟公私'를 언급하고 있다. 그런데 『장자』와 『진서』에는 이 문장이 없다. 최충이 자의대로 문장을 변용하여 사용하고 있다. 『장자』의 「외편」천운天運의 원문을 살펴보자.

名公器也 不可多取 仁義 先王之蘧廬也 止可以一宿而不可久處 覲而 多責 古之至人 假道於仁 託宿於義 以遊逍遙之墟 食於苟簡之田 立於不 貸之圃215)

'인의선왕지거려야仁義先王之蘧廬也'라고 되어 있는 것을 최충이 '설거 려이시인의設蘧廬而視仁義'라고 변용하여 사용하고 있다. 원 뜻과는 전혀 다른 내용이다. 이는 인의仁義에 대한 해석에서 차이가 난다. 「제물론」에서는 "무릇 진정한 도道는 칭할 수 없고, 진정한 변설은 말하지 않으며, 진정한 인仁은 인이 아니다."라고216) 하였다. 장자는 또한 "내 입장에서

---

212) 『高麗史節要』권3, 현종 7년 11월.
213) 『東史綱目』권7상, 현종 7년 11월.
214) 『林下筆記』권12, 崔文憲門.
215) 『莊子』「外篇」天運.
216) 『莊子』「內篇」齊物論. "夫大道不稱 大辯不言 大仁不仁"

본다면, 인의仁義의 단서와 시비是非의 길이 복잡하게 얽혀서 어수선하기 때문에 구별을 알 수 있겠는가?"라고217) 하여 유가의 윤리 관념과 시비판 단을 부정하고 있다.218) 이에 반해 최충은 인의仁義를 긍정적 방향으로 본다는 차이점이 있다. 그 해석은 유교식 사유방식임을 짐작할 수 있는 것이다. 최충이 비록『장자』를 인용하였다고 하더라도 그 내용은 유교식 이라는 사실은 고려 사상계에서 중요한 요소가 아닐 수 없다. 이는 송대 유학자들이 장자를 호의적으로 보았던 것과도 연관이 있을 것이다. 이런 요소는 한유韓愈(768~824)에서부터 출발하고 있다. 한유는 일찍이 장자를 전자방의 문인으로 보고 자하 계열의 유가로 분류한 영향 때문이었 을 것이다.219) 이후 북송에서 왕안석은 장자가 성인의 도를 알았다고 하였으며, 소식은 장자가 공자를 도와준 사람으로 인식하였으며, 남송에 서 주자朱子는 장자가 도체를 알았지만 의리를 따지지는 않았다고 표현하 였다.220) 한유의 「진학해進學解」에서 장자에 대한 언급을 살펴볼 필요가 있겠다.

　위로는 한없이 큰 순 임금과 우 임금 때의 글, 읽기 어렵고 이해하기
　까다로운 「주서周書」의 고誥와 「상서商書」의 반경盤庚, 근엄한 문체의
　『춘추春秋』, 허식적이고 과장된 듯한『좌전左傳』, 기이하면서도 법도
　에 맞는『역경易經』, 정대하고 아름다운『시경詩經』 등의 문장을 본받
　았고, 아래로는『장자莊子』와『이소離騷』, 사마천司馬遷의 『사기史
　記』, 공교工巧한 점은 같으나 취향은 서로 다른 양웅揚雄과 사마상여司

---

217)『莊子』「內篇」齊物論. "自我觀之 仁義之端 是非之塗 樊然殽亂 吾惡能知其辯"
218) 윤무학, 「莊子의 寓話에 반영된 儒家」『동양철학연구』55, 2008, 339쪽.
219) 전호근, 「장자 구워삶기 - 노장 전통의 신유가적 변용 -」『시대와 철학』17, 2006, 118쪽 주6번 참조.
220) 전호근, 위의 논문, 118~135쪽 참조.

馬相如의 글에까지 미쳤다.221)

한유는 「진학해」에서 문장으로서는 『장자』, 『이소』, 사마상여를 강조하고 있다. 한유가 유종으로 불렸듯이 최충도 유종으로 불렸고, 최충 자신이 스스로 사마상여와 비교하고 있는 것도 우연이 아니다. 「봉선홍경사갈기奉先弘慶寺碣記」에 다음과 같이 표현하고 있다.

곧 유생儒生에게 명하여 이 거룩한 사실을 기록하라 하셨는데, 신은 생각이 부족하며 학식이 얕아서 사마장경司馬長卿처럼 모방하는 문장을 쓸 수는 없사오나, 서생으로서 문채 나는 작품을 감히 흉내 내 보고자 한다. 대략 전말을 기록하여 역사 자료로서의 도움이 되게 하였다.222)

사마장경司馬長卿이 바로 사마상여이다. 불교 비문을 짓고 있다고 하더라도 자신의 본분에 대해서는 유생으로 언급하고 있다. 그리고 불교 비문을 짓는 이유는 역사 자료라고 분명히 밝히고 있다. 특히 송대 사대부와 불교의 관계를 파악할 필요가 있다. 그들은 일상적으로 선승들과 교유하였고, 소동파의 경우에도 백 명이 넘는 선승과 교유하였고, 그의 유명한 산문인 「적벽부」는 장자의 「제물론」과 비슷한 것으로 알려지고 있지만 선사상의 「법계일상法界一相」과도 유사한 내용이라고 한다.223) 북송신유학자들은 불교를 비판하지만 불교에 영향을 받고 있으면서,

---

221) 『別本韓文考異』 권12, 進學解. "上規姚 渾渾無涯 周誥殷盤佶屈聱牙 春秋謹嚴 左氏浮誇 易奇而法 詩正而葩 下逮莊騷 太史所錄 子雲相如同工異曲"
222) 『東文選』 권64, 記, 奉先弘慶寺記.
223) 蔡尙植, 앞의 논문, 1994, 306~307쪽.

도교의 우주론에도 영향을 받고 있었다.224) 불노佛老 양교의 영향과 자극은 신유학 성립에 없어서는 안 될 사상적 핵심이었고,225) 위진魏晉의 현학과 수당隋唐의 불교가 송대 신유학에 영향을 미치고 있었다는 것을 증명하고 있다.226)

이상으로, 최충의 자字 호연浩然, 그가 남긴 시문詩文, 그에 대한 시문, 그가 지은 불교 비문을 통해서 당대 유교사상을 검토하여 보았다. 호연지기는 북송에서 수양론과 관계되기 때문에 유행하고 있었으며, 이것은 사대부들이 천하를 자기의 임무로 삼게 되는 원동력이었다. 최충도 호연지기의 수양론을 평생 실천하면서 살았다는 것이 확인되었으며, 은퇴 이후에는 문헌공도를 수립하여 공자의 교회불권敎誨不倦을 실천하였기에 당대에 해동공자로 칭송받게 되었다. 이는 수신修身과 관계가 되는데, 마침 최충이 남긴 대표적인 시詩인 「계이자시戒二子詩」에서 수신修身, 제가齊家를 확인할 수 있었다. 현종顯宗의 사찬史贊에서는『좌전』을 통한 유교사상을 파악할 수 있었다. 그에 대해 시를 지은 김행경은 북송대 유명한 시인인 황서黃庶의 글을 인용하여 칭송하고 있다. 최충이 지은 불교 비문에서도 유교사상을 확인할 수 있었는데, 십삼경十三經 체제를 바탕으로 하고 있었다. 또 다른 특징은 북송신유학을 수용하고 있다는 점인데, 이미 사서四書 단계로 진입했다고 해도 과언이 아니다. 문학 부문에서는『문선』·『초사』를 바탕으로 하면서 사마상여, 두보, 한유의 문장을 인용하고 있다.

---

224) 김우형·이창일,『내일을 위한 신유학 강의 – 새로운 유학을 꿈꾸다 –』, 살림, 2006, 45쪽.
225) 김병환,「周惇頤의 삶과 사상에 미친 佛敎와 道家·道敎의 영향」『중국학보』 60, 2009, 584쪽.
226) 吳丹,「宋明新儒學本體論的思想來源與特徵」『社會科學戰線』2011-12, 220~222쪽.

「원공국사비」의 또 다른 특징은 『장자』를 다수 인용하고 있는데, 특히 '깨달음'과 관련된 부분이 대표적이다. 「홍경사비」에서는 『장자』의 '설거려이시인의設遽廬而視仁義'와 『진서晉書』의 '논역려이제공사論逆旅以濟公私'를 언급하고 있다. 그런데 『장자』의 원문은 '인의선왕지거려야仁義先王之遽廬也'이다. 장자와 최충은 인의仁義를 해석하는 방향에서 차이점이 있다. 최충이 비록 『장자』를 인용하였다고 하더라도 그 내용을 유교식으로 고친 것은 한유의 영향일 가능성이 크다. 한유는 「진학해」에서 문장으로서는 『장자』, 『이소』, 사마상여를 강조하고 있었다. 한유가 유종으로 불렸듯이 최충도 유종으로 불렸고, 최충 자신이 스스로 사마상여와 비교하고 있는 것도 우연이 아니다.

원주 거돈사지 원공국사탑비

# 제5편 최충의 문헌공도文憲公徒와 무학武學

북송 구법당·신법당의 무학은 어떤 차이점이 있는지, 또 그 연원은 어디에서 기원하는지를 살펴보고자 하는 이유는 고려에서도 비슷한 전개 방식을 보이고 있기 때문이다. 고려와 북송의 무학은 모두 유장儒將을 양성하기 위한 것이라는 점도 관심의 대상이었다. 고려가 북송보다 무학 박사를 먼저 설치하는 이유, 도입을 주도한 중심인물, 그와 연관된 북송의 학자를 검토하는 것도 중요하게 생각되었다. 또 무학박사를 바탕으로 칠재七齋에 무학을 설치하는 중심인물과 폐지를 주도하는 인물이 모두 문헌공도였다는 공통점도 관심의 대상이라고 할 수 있다.

# 제1장 북송의 무학武學 설치와 운영

북송은 문치주의를 강조하다보니 문약文弱에 흐르기가 쉬웠다. 그래서 새로운 무장의 개념인 유장儒將을 도입하게 된다. 이는 문무겸전을 위한 것으로 이에 대한 대책이 무학武學의 설립이었다. 하지만 북송의 구법당과 신법당은 무학에 대한 입장 차이가 분명하였다. 또 흥미로운 사실은 두 정파가 모두 호원胡瑗에게서 기인한다는 점이다. 이 두 학파의 무학에 대한 입장 차이를 분석하는 것은 결국 고려 무학의 성격과 관련하여 중요한 시사점을 제시해 준다.

## 1) 북송의 유장儒將

후주後周의 세종世宗을 계승하여 960년에 건국한 송宋의 당면 과제는 강력한 중앙집권적 황제체제를 구축하는 일이었다. 당唐과 오대십국의 혼란기가 군사적인 문제 때문이라고 생각해서 무인武人에 대신하여 문관

文官이 국정을 담당하는 문신관료체제를 채택하게 된다. 그러나 이런 체제는 또 다른 문제를 야기하고 있었다. 즉 군사권이 황제 한 사람에게 집중됨으로써 장차 그 병력을 다스릴 능력이 없는 경우가 생겼다. 평시에는 병졸을 지휘할 장수가 없고, 장수에게는 고정된 군사가 없으며, 전시에는 장졸들에게 용감성이 없고 펼칠 지모가 없어서 군대의 전투력은 심각하게 쇠약해졌다. 거란과 서하西夏에게 연달아 패배함으로써 국가가 점점 쇠약해지는 상황에 처하게 되었다.1) 이런 현실에서 호원의 경의재와 치사재라는 개념이 등장하고, 이와 함께 유장儒將에 대한 논의가 등장하게 된다.2) 유장의 개념을 최초로 적용하는 경우에는 보통 『춘추좌전』에서 극곡郤縠을 인용하고 있다.

> 조최趙衰가 말하였다. "극곡이 적임자입니다. 제가 그의 말을 자주 들어 보았는데, 그는 예와 악을 좋아하고, 시와 서에 능통하였습니다. 시와 서는 의리의 곳간이고, 예와 악은 덕의 규범이 되고, 덕과 의는 이로움의 근본입니다."3)

조최趙衰가 극곡이 적임자일 수밖에 없는 이유를 설명하고 있다. 그가 예와 악을 좋아하고 시와 서에 능통하였기 때문이다. 당대 시인 설능薛能이 언급하기를, '유장儒將은 모름지기 극곡보다 자만해서는 안되리'4)라고

---

1) 徐遠和 저, 손홍철 옮김, 『二程의 신유학』, 동과서, 2011, 17쪽.
2) 方震華, 「文武糾結的困境 – 宋代的武舉與武學 –」『臺大歷史學報』33, 2004·6, 1쪽에서 '知書之將'으로 표현하면서 무관의 소질을 개선하는 목적이라고 한다.
3) 『春秋左氏傳』권7, 僖公 27年. "趙衰曰 郤縠可 臣亟聞其言矣 說禮樂而敦詩書 詩書義 之府也 禮樂德之則也 德義利之本也"
4) 『御定全唐詩』권559, 淸河泛舟. "都人層立似山丘 坐嘯將軍擁棹游 繞郭煙波浮泗水 一船絲竹載涼州 城中睹望皆丹臛 旗里驚飛盡白鷗 儒將不須誇郤縠 未聞詩句解風流"

하면서 유장이라면 극곡을 모범으로 삼아야 하고, 그보다 능가해야만 한다고 이상형을 제시하고 있다. 당대에 와서 극곡을 유장이라고 처음 부르게 된 사실을 알 수 있다. 『구당서』에서는 『춘추좌전』을 그대로 인용하면서 유장을 설명하고 있다.

옛날 진후晉侯가 장수를 선임할 때 예와 악을 좋아하고, 시와 서에 능통한 자를 선발하였습니다. … 배행검은 문아하고 방략하면서 옛날 현장賢將에게 뒤짐이 없어서 융적을 다스리고 변방을 편안히 하였으며 뛰어난 심술이 있어서 유장儒將 중에서도 탁월하였습니다.[5]

역시 예악시서에 능통한 배행검을 현장賢將이면서 탁월한 유장儒將이라고 설명하고 있다. 이후에 현장賢將이란 표현은 유장儒將과 같은 뜻으로 사용되었다.[6]

북송에서는 진종眞宗이 즉위한 997년에 좌정언 손하孫何가[7] 상주하여 유장儒將을 쓰도록 청하면서 '문유文儒 중에서 방략을 아는 선비를 택해서 변장의 임무를 맡겨서 시험하라'[8]고 하고 있다. 문관 출신의 유장이

---

5) 『舊唐書』 권84, 열전 34, 裴行儉. "昔晉侯選任將帥 取其說禮樂而敦詩書 … 裴聞喜 [裴行儉] 文雅方略 無謝昔賢 治戎安邊 綽有心術 儒將之雄者也"
6) 『三峯集』 권7, 陣法, 論將帥 ; 賢將: 禮樂을 좋아하고 詩書에 독실하며, 信義에 밝고 威惠가 있게 되면, 사졸이 따르기를 좋아하고 賢能한 사람이 힘을 다한다.
7) 『續資治通鑑長編』에서는 진종 즉위년(997)에 상주한 것으로, 『宋名臣奏議』에는 진종 함평 원년(998)에 상주한 것으로 되어 있는데, 우선 『장편』을 따르기로 한다. 『九朝編年備要』에는 관직이 우정언으로 되어 있고, 다른 여러 책에는 좌정언으로 되어 있어서 좌정언을 따르기로 한다.
8) 『九朝編年備要』 권5. "其一 參用儒將曰 將者 人之司命 國家安危之主 晉漢至唐 皆選儒臣統兵 當時武臣未有出其右者 五代始分事任 交相是非 古謂元戎無不統攝 爰自近代 又有供軍糧料 隨軍轉運之日 使者往返 託稱上旨 動必中覆 實戻成算 陛下 於文儒之中 擇有方略之士 試以邊任委之 勿使小人撓其權 閫外制置一以付之 境內

필요하다는 의미로 문무겸전文武兼全을 말한다. 그런데 무관 출신의 유장儒將에 대한 개념도 등장하는데, 바로 우정언右正言 조안인趙安仁이 제시한 주장으로 그는 유장으로 극곡郤縠과 두예杜預(222~284)를 인용하면서 "군신君臣, 부자父子의 도리와 충효忠孝, 제순弟順의 이치를 아는 것이 안변安邊과 제적制敵에 도움이 된다."고9) 하였다. 조안인이 주장하는 것은 일부지용一夫之勇이 아니라 유학자처럼 경전과 지략을 이해하는 장수가 필요하다는 점이다. 이때의 개념은 문무겸전文武兼全이 아니라 무문겸전武文兼全이다. 극곡은 당대에, 두예는 북송대에 유장으로 인정받고 있었다. 특히, 두예는『춘추좌전春秋左傳』의 서序를 쓰고 있기 때문에 무문겸전武文兼全의 유장으로 인식되었다.

그런데 북송에서 유장儒將의 개념을 총 정리하는 서적이 발간되는데, 바로『태평어람』이다. 이 책은 송 태종의 명에 의해서 977년에 편찬되는데 이후 유장의 개념 확산에 일조하게 된다. 이때 극곡과 두예도 포함되어 있기 때문에 손하孫何도 997년에 상주하면서 이 책을 참고하였을 것이다. 두예에 대해서는 다음과 같이 설명하고 있다.

두예는 몸은 말을 탈수 없을 정도이고 손은 활을 쏘아 종이를 뚫지 못하는데도 매번 큰일에 임해서 장수의 자리를 차지하였다.10)

---

租稅 權利一以與之 監陣先鋒之類悉任偏將 受其節度 文武參用 必致奇績"
9)『續資治通鑑長編』권45. "當今士卒素練而其數甚廣 用之邊方 立功至少 誠由主將之無智略也 豈非有一夫之勇者 不足以爲萬人之敵乎 昔郤縠將中軍 敦詩書 說禮樂 杜預平吳 馬上治春秋 蓋儒學之將 則洞究存亡 深知成敗 求之當世 亦代不乏賢 太祖太宗親選天下士 今存在中外 不啻數千人 其間知兵法可爲將者 固有之矣 若選而用之 則總戎訓旅 安邊制敵 不猶愈於有一夫之勇者乎 況其識君臣父子之道 知忠孝弟順之理與 夫不知書者 固亦異矣"
10)『太平御覽』권277, 병부 8, 유장. "晉書曰 杜預 身不跨馬 手不穿札 而每在大事

두예가 무예에 뛰어난 재능을 지닌 장수가 아니라는 의미이다. 그런데도 불구하고 두예는 진晉의 장수로서 오吳를 정벌하는데 일등 공신이 되면서 큰일을 완수하고 있다. 이후에는 『좌전』을 전공하면서 스스로 좌전벽이 있다고[11] 할 정도였다. 따라서 『태평어람』편찬 이후에 북송에서는 유장에 대한 개념이 문무겸전文武兼全에서 무문겸전武文兼全으로 확대되고 있음을 알 수 있다. 소식과[12] 소철은[13] 문관이 무관을 겸전하는 유장을 언급하고 있고, 정자[14]는 용장과 유장을 구분하면서 무문겸전의 유장을 언급하고 있다. 문관이 무장의 자질을 지니고, 무장은 문관의 자질을 지녀야 하는 것을 당연시하고 있는 것이다. 또 유장에게 필요한 경전에 대해서 직접 언급하고 있는 학자가 바로 호원胡瑗과 정자程子이다. 호원은 무학교육에 『논어』를 추가하고, 정자는 『논어』 및 『효경』·『맹자』·『좌씨전』을 추가하자고 하였는데,[15] 이 부분은 다음 편에서 구체적으로 서술하도록 하겠다.

輒居將帥之列"
11) 『晉書』권70, 열전 4, 杜預. "帝聞之 謂預曰 卿有何癖 對曰 臣有左傳癖"
12) 소식의 儒將에 대한 개념은 다음 시에서 확인 할 수 있다.『東坡詩集註』권20, 葉待制求先墳永慕亭詩. "靈區有異産 化國無潛珍 承平百年間 簪纓半齊民 建溪富奇偉 葉氏初隱淪 森然見喬木 其下維德人 佳哉鬱葱葱 氣若鳳與麟 聯翩出儒將 豈惟十朱輪 新松無鹿觸 舊栢有烏馴 待翁歸上冢 淚葉乃肯春"
13) 『欒城集』권3. 次韻王君北都偶成. "河轉金隄近 天高魏闕新 千夫奉儒將 百獸伏麒麟 校獵沙場莫 談兵玉帳春 關南知不遠 誰試問蕃隣"
14) 『二程粹言』권상. "自古乘塞禦敵 必用驍猛 招來撫養 多在儒將 今日之事 則異於是 某以荷德之深 思所報也 是以有言 惟公念之"
15) 『宋名臣奏議』권79. "看詳所治經書 有三略六韜尉繚子鄙淺無取 今減去 卻添入孝經論語孟子左氏傳 言兵事"

## 2) 북송의 무학武學

### (1) 구법당舊法黨의 무학武學

유장儒將의 개념이 도입되면서 무거武擧와 무학武學이 필요하다는 논리가 성립하게 되는데, 무거는 당대에 실시되었다가 오대五代 이후에 중지된 상태였다. 범중엄은 인종 천성 3년(1025) 4월에 상서하여 무거武擧를 복구할 것을 주청한다.[16] 천성 7년에 인종은 무거를 설치하도록 한다. 이때의 고시 방법에 대해 소송蘇頌(1020~1101)은 응시자들이 먼저 책론을 통과하고 다음에 무예를 시험하도록 규정하여 책론이 중요시되었기 때문에 무예 시험은 만궁挽弓과 사마使馬 두 종목만 응시함으로써 당대의 무거에 비해서 과목도 적어지고 기준도 낮아졌다고[17] 평가하고 있다.

부필富弼은 경우 원년(1034)에 인종에게 글을 올려 당시 국가 정세는 "문은 이미 풍부하지만 무는 아직 갖추지 못했다."[18]고 표현하고 무학의 설치를 제의하면서 병서지금兵書之禁의 해제를 요구하고 있다.[19] 그런데 강정 원년(1040)에 호주湖州 주학 교수가 되는 호원은 이때 경의재와 치사재 2재를 실립하였다. 경의재는 심성이 소통되어 기국이 있고 대사를 맡을만한 인물에게 육경六經을 강명하고, 치사재는 '치민治民-강무講武-

---

16) 『范文正集』 권7. 奏上時務書. "宜復唐之武擧 則英雄之輩 願在彀中 此聖人居安慮危之備 備而無用 國家之福也"
17) 『蘇魏公文集』 권17, 議武擧條貫.(方震華, 앞의 논문, 6쪽에서 재인용)
18) 『宋名臣奏議』 권82. "孔子曰 有文事者 必有武備 國家 文旣富矣 武未甚備"
19) 『宋名臣奏議』 권82. "宜於太公廟建置武學 許文武官與白身谈得入補 聚自古兵書 置於學中 縱其討習 勿復禁止 … 夫習武者讀太公孫吳穰苴之術 亦猶儒者治五經 捨之則大本去矣 今陛下設制科武擧 求將帥之才 而反禁其所習之書 令學者何所師法 若禁其所習而冀其所立"

언수堰水-산력算曆'을 강명하였다. 치사재에서 강무講武를 긴요하게 여긴 것은 무학 설치와 연관된다. 호원이 호주에서 이미 무학 설립의 단초를 마련한 것은 범중엄의 무거 복구 및 부필의 무학 설치 주장에 영향을 받은 데다 시대적 요구가 있었기 때문이다. 강정 원년(1040)에 서하와의 전쟁에서 변장邊將들이 여러 번 패전을 거듭하게 된다. 이에 많은 뜻있는 지사志士들이 크게 우려하였는데 그들은 문사文事가 있으면 반드시 무비武備도 필요하다고 하면서 무학을 설치하여 군사 인재를 양성하고 군사적 역량을 증강하도록 극력 주장하였다.[20]

그 영향으로 인종 경력 2년(1042)에는 이미 무학교수武學敎授를 임명하고 있으며,[21] 경력 3년 5월에 무학을 무성왕묘에 설치하고 완일阮逸을 교수로 삼고 있다.[22] 원래 "문무관 각 1명을 무학교수로 삼는다."고[23] 하였으나 실제로는 완일 1인을 임명하였다. 이때 무학교수는 1080년에 무학박사로 명칭이 바뀌기 때문에 같은 성격으로 볼 수 있다. 그러나 무학은 95일 만에 바로 파하게 되는데 "옛날 명장인 제갈량, 양호, 두예 등이 어찌 『손자』・『오자서』만 전적으로 공부하였겠는가?"라고[24] 한 때문이다. 무학에서 교육 내용이 중요하다는 점을 지적하면서 역시 호원과 마찬가지로 경전을 포함해야 한다는 의미로 해석할 수 있다. 이에 대해 범중엄도 동의하고 있다.

---

20) 李新偉, 「北宋武學考略」, 『貴州文史叢刊』, 2009-2, 1쪽.
21) 『玉海』 권112. "慶歷二年 十二月 壬寅 詔兩制擧官 爲武學敎授"
22) 『宋史』 권165, 職官 5, 武學. "慶歷三年 于置武學於武成王廟 以阮逸爲敎授"
23) 『續資治通鑑長編』 권138. "壬寅詔 兩制擧文武官各一員 爲武學敎授 從御史中丞賈昌朝之言也"
24) 『宋史』 권165, 職官 5, 武學. "八月 罷武學 以議者言 古名將如諸葛亮羊祜杜預等 豈專學孫吳故也"

신이 가만히 듣건대 국가에서 무학武學을 흥치興置한 이래로 진실로 사람들이 습예하지 않거나 혹은 영웅들이 숨어서 아마도 학생의 반열에 나오지 않는 듯합니다. 만일 이 무학을 설치한지 오래도록 가르칠만한 사람이 없다면 외적이 엿볼까 염려됩니다. 영민한 자질이 없다고 한다면 체제에 불편함이 있습니다. 국자감을 지휘하여 별도로 무학의 이름을 세울 필요는 없습니다. 학생 중에서 병서 익히기를 좋아하는 자는 본감 관원으로 하여금 이런 충량한 사람들을 보명保明하여 조용히 청독聽讀하게 하십시오. 신은 변방의 일을 절실히 보았는데 심히 궁마가 정강精强하고 변방의 일을 잘 아는 사람이 있어도 일찍이 병서를 익히지 않아서 장수의 체신을 알지 못하였습니다. 그래서 발탁할 수 없었습니다. 섬서로와 하동축로의 경략사로 하여금 지휘하여 장좌將佐·사신使臣·군원軍員 중에서 선발하여 문자를 통해 기지機智와 용무勇武를 익히게 하면 얼마 지나서 장수가 될 지기 3·5명 일을 수 있을 것입니다. 경략부서사의 참모 및 관원 등으로 하여금 조용히 병서를 강설하고 승책勝策을 토론하면서 변방을 귀하게 여기면, 무용이 드러나는 자들이 다시금 장수의 책략을 알게 되고 혹은 그 때문에 공을 세우게 되면 장래에 맡길 만한 인재가 있게 됩니다.[25]

범중엄의 의도는 무성왕묘에 별도로 세울 필요가 없다는 것이지 무학교

---

25) 『范文正奏議』 권상, 奏乞指揮國子監保明武學生令經畧部署司講說兵書. "臣竊聞
國家興置武學以來 苦未有人習藝 或恐英豪隱晦恥就學生之列 儻久設此學無人可
敎 則慮外人窺覘 謂無英材 於體未便 欲乞指揮國子監 不須別立武學之名 如學生中
有好習兵書者 令本監官員保明委是忠良之人 卽密令聽讀 臣切見邊上 甚有弓馬精
强 諳知邊事之人 卽未曾習學兵書 不知爲將之體 所以未堪拔擢 欲乞指揮陝西路河
東逐路經畧司 於將佐及使臣軍員中 揀選識文字的有機智勇武 久遠可以爲將者 取
三五人 令經畧部署司參謀官員等 密與講說兵書 討論勝策 所貴邊上武勇已著之人
更知將畧 或因而立功則將來有人可任"

육 자체가 필요 없다는 의미가 아니다. 이어서 경력 4년에 인종은 흥학조서를 반포하고26) 호원의 소호교법을 태학령으로 삼고 있다.27) 이때 석경원錫慶院을 하사하여 태학太學으로 삼고 내사생 200명을 두었는데, 호원에게 엄격한 스승의 풍도가 있었기 때문이고, 또한 당시에 사부詞賦를 숭상하는 풍조 속에서 호원만이 경의經義를 숭상하여 경의재와 치사재를 두었기 때문이다.28) 특히 이 내용은 나중에 주자가 『소학小學』을 편찬할 때 전형적인 스승상으로 포함하고 있다.29)

한편 송 인종은 흥학조서를 반포한 경력 4년(1044)에 서하의 이원호를 서하왕西夏王으로 봉하면서 분쟁이 소강상태로 접어들자, 인종 황우 원년(1049) 9월에 무거를 폐지한다. 그런데 무거의 복설을 주장하는 인물이 바로 소식蘇軾(1037~1101)이다. 소식도 역시 호원胡瑗을 존숭하고 있다.30) 또 그를 포함한 삼소三蘇인 소순蘇洵(1009~1066), 소철蘇轍

---

26) 『宋史』 권432, 열전 191, 胡瑗. "慶曆中 興太學下湖州取其法 著爲令"

27) 『宋大事記講義』 권10. "慶曆四年 三月 詔 以湖州教授胡安定瑗學法 著爲太學令"

28) 『御批歷代通鑑輯覽』 권75. "詔以錫慶院爲太學置內舍生二百人 講殿旣備 … 胡瑗 爲湖州教授 訓人有法 科條織悉備具 以身率先 雖盛暑必公服坐堂上 嚴師弟子之禮 從之遊者 常數百人 時方尙詞賦 湖學獨立經義治事齋 以敦實學 及興太學 詔下湖州 取其法 著爲令式"

29) 『小學』 권6, 善行. "安定先生胡瑗 字翼之 患隋唐以來 仕進尙文辭而遺經業 苟趨祿 利 及爲蘇湖二州教授 嚴條約 雖大暑 必公服終日 以見諸生 嚴師弟子之禮 解經至 有要義 懇懇爲諸生 言其所以治己 而後治乎人者 學徒千數 日月刮劘 爲文章 皆傳 經義 必以理勝 信其師說 敎尙行實 後爲太學 四方歸之 庠舍不能容 其在湖學 置經 義齋治事齋 經義齋者 擇疏通有器局者居之 治事齋者 人各治一事 又兼一事 如治民 治兵水利算數之類 其在太學亦然 其弟子散在四方 隨其人賢愚 皆循循雅飭 其言談 擧止 遇之不問可知爲先生弟子 其學者 相語稱先生 不問可知爲胡公也"

30) 蘇軾, 謁安定胡先生墓. "仲尼設至敎 三千尙躬行 軻氏騁雄詞 楊墨不得傾 垂法炳兩 曜 章爲萬世程 如何鄒魯後 汩汩失其眞 偉哉安定叟 倡道執與京 深悟一貫旨 體用 授諸生 施敎各以類 訧訧盡才英 俱成栴與檉 致用良匪輕 所以蘇湖士 至今懷令名 我來起肅敬 爲釆湖之蘅"(徐建平, 앞의 책, 122~123쪽.)

(1039~1112)이 모두 무거武擧에 대한 논지를 주장한다. 이들은 앞선 세대 구법당의 논지를 계승하고 있다. 소식은 무거의 복구에 대해서31) 『손자』와 『오자서』의 병서 및 병법과 책문策問·기사騎射를 모두 시험해야 한다고 말하고, 천하의 무거武擧 인재를 초빙하는 방법을 제시하고 있다. 또 소철도 무거를 폐지한 것을 비판하면서,32) 무거를 복구해서 무신을 중시해야 한다고 하였다. 즉, 천자가 친시親試를 통해서 천하의 인재들을 기사騎射로 시험해야 한다는 뜻이다.

그러나 인종은 무거 및 무학을 설치하는 대신에 황우 4년(1052)에는 호원을 국자감 직강으로 발탁하여 교육개혁을 더욱 추진한다.

> 선생이 직강이 되자 뜻을 오로지 태학을 운영하는데 두어 진실로 多士들의 교육에 정성을 다하였다. 또한 인물 됨됨이를 잘 분별하여 경술經術을 좋아하는 자, 병전兵戰을 좋아하는 자, 문예를 좋아하는 자, 절의를 좋아하는 자들로 하여금 종류별로 모여서 강습하도록 하였다. 선생은 또한 때때로 이들을 불러 그 배운 바를 논하게 하여 그 이치를 정하였다. 혹 스스로 한 논의를 내어서 학생들마다 대답하게 하여 가부를 삼았다. 혹 당시의 정사에 대해서 절충折衷하게 하였다. 그래서 학생들마다 모두 즐거이 따르고 성효가 있었다. 조정의 명신들

---

31) 『蘇軾全集』 권47, 策別十五. "今夫孫吳之書 其讀之者 未必能戰也 多言之士 喜論兵者 未必能用也 進之以武擧 而試之以騎射 天下之奇才 未必至也 然將以求天下之實 則非此三者不可以致 以爲未必然而棄之 則是其必然者 終不可得而見也"

32) 『蘇轍集』 권7, 進策五道, 臣事上. "今天下有大弊二 以天下之治安 而薄天下之武臣 以天下之冗官 而廢天下之武擧 彼其見天下之方然 則摧沮退縮而無自喜之意 今之武臣 其子孫之家往往轉而從進士矣 故臣欲複武擧 重武臣 而天子時亦親試之以騎射 以觀其能否而爲之賞罰 如唐貞觀之故事 雖未足以盡天下之奇才 要以使之知上意之所悅 有以自重而爭盡其力 則夫將帥之士 可以漸見矣"

은 왕왕 모두 선생의 문도였다.[33)]

국자감 직강으로서 학생들을 경의재와 치사재처럼 분류하여 공부시키고 있는 모습이다. 비록 호원이 국자감에 재직하고 있을 때에 무거와 무학이 중건되지는 못하지만 호원은 무학교육을 충실히 하고 있었다. 평상시 학생들에게 체력단련을 요구하면서 '사전射箭과 투호投壺'를 배우도록 했다는 점에서 알 수 있다. 채준祭遵도 장군이 되어 사士를 뽑을 때 유술儒術을 근본으로 삼았으며, 주연에는 반드시 아가雅歌와 투호投壺를 베풀었다.[34)] 그래서 호원도 「투호의投壺儀」를 저술하였던 것인데, 그 이유는 유장儒將에 대한 존숭 때문이었다. 고려에서도 비슷한 경우를 다음에서 확인할 수 있다.

12월 임오일에 왕이 청연각에 나가서 내시 양온령 지창흡池昌洽을 시켜 『예기禮記』의 「중용中庸」, 「투호投壺」 두 편을 강의하게 하고 보문각 학사들에게 이르기를 "투호를 하는 것은 옛날의 예절인데 이것이 폐지된 지가 오래였다. 송나라에서 보내온 투호는 그것이 매우 정밀하게 만들어진 기구이다. 내 장차 투호를 해 보려 하노니 그대들은 『투호의投壺儀』를 편찬하고 그림까지 첨부하여 바치라."고 하였다.[35)]

---

33) 『宋元學案』 권1, 「安定學案附錄」. "先生初爲直講 有旨專掌一學之政 遂推誠教育多
   士 亦甄別人物 故好尙經術者 好談兵戰者 好文藝者 好尙節義者 使之以類群居講習
   先生亦時時召之 使論其所學 爲定其理 或自出一義 使人人以對 爲可否之 或卽當時
   政事 俾之折衷 故人人皆樂從而有成效 朝廷名臣 往往皆先生之徒也"
34) 『後漢書』 권20, 열전 10, 祭遵. "從弟彤 遵爲將軍 取士皆用儒術 對酒設樂 必雅歌投壺"
35) 『高麗史』 권14, 예종 11년 12월.

예종은 자신이 직접 투호를 실시하겠다는 의지를 보이면서, 보문각
학사들에게 명하여 『투호의投壺儀』를 편찬하도록 한 것이다. 이때는 이미
고려에서도 무학이 설치된 이후였다. 북송과 고려가 동일한 순서와 단계
를 거치고 있는데, 즉 무학을 설치한 이후에는 『투호의投壺儀』를 편찬하면
서 운용하고 있었던 것이다.

호원을 계승한 소순은 가우 3년(1058)에 인종에게 상서하여 자신의
무거에 대한 구상을 제시하면서,[36] 역시 천자가 친시해야 한다는 것과
'문무 일원화'의 원칙을 적용하자고 한다. 그래서 문과에는 제과, 무과에
는 무거를 언급하고 있다. 소순의 상서 직후에 호원도 「청흥무학請興武學」
을 주장하는 글을 올리면서 다시 한 번 무학교육 목표와 내용의 중요성을
강조하고 있다.[37] 무학교육의 목적은 유장儒將이고, 교육내용은 『논어』
와 『손자』・『오자서』를 함께 강의해야 한다는 것이다. 『논어』는 '충효忠
孝・인의仁義의 도리'와 관계되고, 『손자』・『오자서』는 '제승制勝・어적
禦敵하는 방법'과 관계된다. 게다가 호원은 무학에 대한 운영방법을 정하
는 의미로 강정 원년(1040)에 이미 「무학규구」를 저술하여 올렸던 사실

---

36) 『嘉祐集』 권10, 書一首, 上皇帝十事書. "臣愚以爲可復武學 而爲之新制 以革其舊弊
昔之所謂武學者蓋疏矣 其以弓馬得者 不過挽强引重 市井之粗材 以策試中者 亦皆
記錄章句 區區無用之學 又其取人太多 天下之知兵者 不宜如此之衆 而待之又甚輕
其第下者不免於隷役 故其所得皆貪汙無行之徒 豪傑之士恥不忍就 宜因貢士之歲
使兩制各得擧其所聞 有司試其可者 而陛下親策之 權略之外 便於弓馬 可以出入險
阻 勇而有謀者 不過取一二人 待以不次之位 試以守邊之任 文有制科 武有武學
陛下欲得將相 於此乎取之 十人之中 豈無一二 斯亦足以濟矣"

37) 『宋名臣言行錄前集』 권10, 胡瑗安定先生. "仁宗朝嘗上書請興武學 其略曰 頃歲吳
育已建議興武學 但官非其人 不久而廢 今國子監直講內梅堯臣曾注孫子 大明深義
孫復而下皆明經旨 臣曾任邊陲 丹州推官頗知武事 若使堯臣等兼莅武學 每日只講
論語使知忠孝仁義之道 講孫吳使知制勝御敵之術 於武臣子孫中選有智略者二三
百人教習之 則一二十年之間必有成效 臣已撰成武學規矩一卷進呈 時議難之"

도 밝히고 있다. 그래서 인종 사후에 군사교육을 중시한 부필이 추밀사에 임명되자 송 영종 치평 원년(1064)에 무거 설립이 확정되고, 치평 2년부터 무거가 실시된다. 이때는 이미 범중엄과 호원이 생존해 있지 않았기 때문에 그 임무를 부필富弼이 담당하게 된 것이다. 병학의 측정방식의 내용을 보면38) 병법서와 함께 경사經史 중에서 병사兵事에 관한 것을 문목問目으로 삼았다는 점이 한 단계 발전한 것이다.

신법당에서 왕안석이 주도하여 무학을 중건한 이후에 구법당과 신법당의 차이점이 분명하게 드러난다. 무학의 운영에서 구법당의 입장은 왕안석과는 상이하다. 우선 정호의 견해를 살펴보도록 하자. 원풍 2년(1079) 1월에 정호程顥가 태상승太常丞의 신분으로 판무학判武學하였으나 임기 8일 만에 그만두었다. 그가 이렇게 빨리 그만둔 이유는 아마 자신이 생각하는 무학과는 달랐기 때문이었을 것이다. 그것은 송 철종 원우 원년(1086)에 올린 정이程頤의 주의奏議에서 짐작 할 수 있는데, 『삼략三略』·『육도六韜』·『위료자尉繚子』는 비천鄙淺하여 취할 바가 없기 때문에 『논어論語』·『효경孝經』·『맹자孟子』·『좌씨전左氏傳』을 포함시키자고 주장한다.39) 호원이 『논어』와 『손자』·『오자서』를 포함하자고 주장한 것에 비해서 진일보 한 것이다. 정자가 『좌씨전』을 포함하는 이유를 검토하도록 하겠다. 앞에서도 설명한대로 극곡이 유장이 된 이유가 바로 『춘추좌전』 때문이고 기본적으로 『춘추』는 춘추대의를 강명한다는 점에서 중요한 경전이다. 그래서 두예杜預는 특히 『춘추좌씨경전집해春秋左氏經傳集解』를 저술하고 있다. 김부식도 두예에 대해서 전벽傳癖40)이라고

---

38) 『續資治通鑑長編』 권202. "如明經之制 於太公韜略孫吳司馬諸兵法 及經史言兵事者 設爲問目 以能用己意或引前人注釋 辭明理暢 及因所問自陳方略可施行者爲通"

39) 『宋名臣奏議』 권79. "看詳所治經書 有三略六韜尉繚子鄙淺無取 今減去 卻添入孝經論語孟子左氏傳 言兵事"

표현하고 있는데 이는『좌씨전』을 애독해서 붙인 별명이다. 그래서 임종
비林宗庇도 그런 칭호를 붙이고 있다.41) 정자가 무학에 포함하자고 주장
하는 서적인『맹자』는 춘추대의를 계승하는 서적이기 때문이었고, 또
군사적인 물리력으로만 적을 제압하는 것이 아니고 이소사대以小事大와
이대사소以大事小의 외교술을 함께 갖추어야 했기 때문이었을 것이다.
정자가 볼 때 유장儒將이 필요한 이유는, 변방의 적을 막는 데는 용장이
필요하지만 적을 굽히게 만드는 데는 유장을 활용할 수 있기 때문이었
다.42) 왕안석과 정이의 차이점은 왕안석은 삼사제의 인원 및 승보방법을,
정자는 교육내용을 각각 강조한 것이다.

## (2) 신법당新法黨의 무학武學

　인종내 폐지된 무학을 중건하는 중심인물은 왕안석이다. 그는 호원을
존중하여 제도와 사상을 계승하고 있으며,43) 호원胡瑗에게 바친 시에서
다음과 같이 표현하고 있다.

　　선생은 천하 호걸의 으뜸이라
　　소견은 열린 하늘처럼 넓고도 넓으시네
　　문장과 사업은 공자와 맹자에 비견할 수 있으니
　　…
　　원컨대 성제聖帝이시여 태평성대를 경영하시려거든

---

40)『東文選』권23, 及第放牓敎書.
41)『東文選』권45권, 上座主權學士謝及第啓適.
42)『二程粹言』권상. "自古 乘塞禦敵 必用驍猛 招來撫養 多在儒將 今日之事 則異於是
　　某以荷德之深 思所報也 是以有言惟 公念之"
43) 李範鶴,「왕안석 개혁론의 형성과 성격」『동양사학연구』18, 1983, 40~45쪽.

먼저 선생을 거두어 대들보와 기둥으로 삼으소서.44)

호원에 대한 존숭은 계속 이어져, 희녕 5년(1072)에 신종神宗은 호원이 공맹을 계승했다고 승인한다. 이해 6월에 무학武學을 중건하고 있다.45) 다음 사료에서도 확인된다.

옛날에 장수가 나오는 것은 학교에서 이루어진다고 하니 문무의 장단점은 그 이치가 하나이기 때문입니다. 장수의 임명은 백성이 명하여 맡은 것이라서 오래도록 그 인재를 기르면 어찌 무소無素하겠습니까? 홍유하신 인종께서 일찍이 무학을 건립하였습니다. 그런데 여러 의논이 횡횡하여 중간에 없앴으니 식자들이 애석하게 여겼습니다. 국가가 평화롭고 이렇게 한가한 시점에 신등은 무학을 다시 설치할 것을 청하니 교육을 확대하고 선조의 뜻을 추성하는 것입니다.46)

문무의 도道가 하나라고 하면서 인종 때 설치한 무학의 혁파에 아쉬움을 표하고, 지금같이 평화로울 때 다시 설치하는 것이 옳다고 하였다. 그래서 신종이 무성왕묘武成王廟에 무학을 설치하고는 정강靖康 말년까지 폐지하지 않았다. 이때 중건하는 무학의 의의를 '문과 무의 장단점은 그 이치가

---

44) 『王荊公詩注』권20. "先生天下豪傑魁 胸臆廣博天所開 文章事業望孔孟 不復睥睨 蔡與崔 十年留滯東南州 飽足藜藿安蒿萊 獨鳴道德驚此民 民之聞者源源來 高冠大帶滿門下 奮如百蟄乘春雷 惡人沮伏善者起 昔時踽跇今騫回 先生不試乃能爾 誠令得志如何哉 吾願聖帝營太平 補葺廊廟扶傾頹 披虓發繡廣耳目 照徹山谷多遺材 先取先生作梁柱 以次構架桷與榱 羣臣南向帝深拱 戴仰堂陛方崔嵬"

45) 『宋史』권15, 신종 5년.

46) 『宋會要輯稿』숭유 3, 무학. "古者出師 受成於學 文武弛張 其道一也 將帥之任 民命是司 長養其材 安得無素 洪惟仁祖 嘗建武學 橫議中輟 有識悼之 國家承平 及此閑暇 臣等欲乞複置武學 以廣教育 以追成先朝之志"

하나이다[文武弛張 其道一也]'라고 설명하고 있으며, 왕안석도 「만언서
」에서 '선왕지시先王之時에 사인士人이 마땅히 배운 것은 문무文武의 도
道[47]라고 하였다. 이때 왕안석과 지우인 장조張璪도 그 의견에 찬성하고
있다.[48] 왕안석이 무학을 중건한 의의는 태학·무학 구조가 형성되었다
는 점에 있고, 그 원형은 호원의 경의재·치사재라는 점에 있다. 호원은
왕안석의 존숭을 받고 있으면서 동시에 구법당 계열의 지지를 받는 북송신
유학의 원류라고[49] 할 수 있다.

　왕안석의 주도로 희녕 5년(1072)에 무학武學을 중건할 당시에 무학
삼사제가 시행되었음을 알 수 있다. 당시 무학 삼사의 숫자에 대해서는
구체적인 사료가 없으나, 상사上舍 30명, 내사內舍 70명, 외사外舍 100명
으로 비정하고 있다.[50] 상사 생원은 별재別齋에서 급식을 지급하고 기타
생원은 균등히 상선常膳을 제공하였다. 이때의 정원 200명은 호원이
'정흥무학請興武學」에서 제시한 2·300명과 거의 일치하는 숫자이다.
무학박사 직관을 살펴보면, 원풍 3년(1080년)에 무학교수를 무학박사武
學博士라고 칭하게 된다. 중국에서는 송대 무학박사가 최초로 설치된
전임 군사 교육가라고 한다.[51] 주요 직무는 병서와 무예 전수, 역대
용병술의 성패 및 전대의 충의지절을 편찬하고, 진대陣隊 연습을 지도하는
것이었다. 문무관 중에서 병무를 아는 자로 임명하였다. 품계는 한정하지

47) 『臨川先生文集』 권39, 上仁宗皇帝言事書. "先王之時 士之所學者 文武之道也"
48) 『宋史』 권328, 列傳 87, 張璪. "時建議武學 璪言 古之太學 舞干習射 受成獻功
　　莫不在焉 文武之才 皆自此出 未聞偏習其一者也 請無問文武之士 一養于太學"
49) 『宋元學案』 권2, 「泰山學案」. "先文潔公曰 宋興八十年 安定胡先生 泰山孫先生
　　徂徠石先生 始以師道明正學 繼而濂洛興矣 故本朝理學至伊洛而精 實自三先生而
　　始 故晦庵有伊川不忘三先生之語"
50) 李新偉, 앞의 논문, 2009-2, 3쪽
51) 周興濤, 「宋代武學博士考論」 『江西師範大學學報』 41-2, 2008, 1쪽.

않았으니 완일은 태상승으로 무학교수가 되었으며 채석蔡碩 등은 초임으로 부임하였다. 처음에는 1명이었으나 희녕 10년 6월에 고쳐서 2명으로 하였다. 무학박사는 태학박사와 벽옹박사보다는 아래이나 율학박사보다는 위이다.

무학의 외형적인 구조의 문제에 대해서, 구법당 계열은 무거와 무학을 구분한 반면에 왕안석은 무학과 무거를 통합하고자 한 점에서 차이가 있다. 그래서 왕안석은 무학 안에서 삼사 승보제를 시행하고 있고 구법당은 무학교육과 무거의 시행에 초점을 두었다. 내용적인 면에서 구법당 계열은 어떤 교과목을 교육하는지에 중심을 두고 있는데, 대표적으로 정자가 주장한 교과목은 앞에서 서술한 바 있다. 그런데 왕안석과 구법당 계열의 무학은 모두 그 시원을 호원에게 두고 있다. 왕안석은 외형적 구조를 계승하고, 구법당은 교육 내용을 계승하고 있다. 이후 태학과 무학뿐만 아니라 철종 원부 2년(1099)에는 제주諸州에도 삼사법을 시행하도록 하여52) 태학의 삼사법에 따라서 생도들을 승보하도록 하였다.

이상으로 북송의 무학 설치와 운영에 관하여 서술하였다. 북송에서 무거와 무학이 설치되는 논리는 유장儒將의 개념에서 출발하고 있다. 유장은 당대에는 극곡郤縠과 송대에는 두예杜預를 전형적인 인물로 이해하고 있다. 이들 장수는 무관武官이면서 유학지장儒學之將의 자질을 지니고 있었기 때문에 이들 같은 무문겸전武文兼全의 인물을 양성하는 것이 북송대 무학의 목표였다. 유장의 개념을 정리한 서적은 977년에 발행한 『태평어람』이다. 북송의 무학은 구법당과 신법당의 정책에 따라 형식과 내용면에서 차이가 있다. 구법당인 정자는 무학의 교육 내용에 『논어』 및 『효경』·『맹자』·『좌씨전』을 추가하자고 하였다. 『춘추좌전』은 춘추

---

52) 『宋史』 권157, 學校試.

대의를 강명한다는 점에서 교육 내용에 포함되었는데, 유장인 두예가 서문을 쓰고 있었기 때문에 더욱 중요하게 간주되었다. 신법당인 왕안석의 건의로 1072년에 무학이 중건된다. 당시의 형태는 태학·무학의 구조를 이루고 삼사 승보제를 실시하였기 때문에 무학과 무거를 통합한 방식이었다. 그런데 구법당과 신법당의 무학은 모두 그 연원을 호원에게 두고 있다.

# 제2장 고려의 무학제도武學制度 수용

북송에서 무학 설치의 기본 개념은 유장儒將이었는데 고려는 이미 최치원을 통해서 파악하고 있었다. 이후 최충의 학문을 계승하는 김양감이 무학박사 설치를 주도하고 있었다. 다만 무학 설치 자체는 많은 논란을 불러오는데, '예종 14년의 양현고 사료'를 통해서 설치 과정을 검토할 필요가 있다. 또 설치와 정비 과정에서 고려 무학이 참고하는 무학의 원형을 분석해야 한다고 생각되었다. 이때 주도 인물이 누구인지도 관심거리이다. 이후 예종은 지속적으로 무문겸전의 유장을 양성하겠다는 의지를 표방하는데 그 과정도 분석할 필요가 있겠다. 최종적으로 예종 14년에 완성되는 무학과 무과의 의미도 검토하고자 한다.

## 1) 문종대 김양감金良鑑과 무학박사武學博士 직관

### (1) 김양감金良鑑의 사행使行과 소식蘇軾 시문詩文의 유행

문종 22년(1068) 최충이 서거하는 해에 송에서 사신이 오자 문종은 동왕 25년(1071)에 민관시랑 김제를 송의 등주로 보내 입공하게 하였다. 송에서는 이 과정을 마치 고려가 북송과의 외교관계를 먼저 제의한 것처럼 서술하고 있다.[53] 그러나 실제로는 북송의 신법당 정권은 북방정책의 일환으로 고려의 도움이 필요한 상황이었다. 고려에서 이렇게 김제 등 1백 10명을 북송에 보내자, 북송에서는 조서를 내려서 서하西夏의 사신과 동등하게 접대하도록 하였다. 이보다 앞서 송나라가 의관 왕유・서선

---

53) 『海東繹史』 권12, 世紀 12, 高麗 1.

등을 보내왔기 때문에 문종은 동왕 27년(1073)에 태복경 김양감과 중서
사인 노단을 송에 보내 사은하고, 겸하여 방물을 바쳤다. 이때 등주登州를
거치는 항로를 요나라의 이목을 피하기 위하여 명주明州로 변경하는데
합의하고 있다.54) 명주는 당시 최대의 경제적 번영을 이루고 있던 지역이
었다.55) 앞 편에서 보았듯이 김양감은 희녕 6년(1073)에 개봉을 방문하
러 가던 중에 항주 통판으로 재직하고 있던 소식蘇軾에게서 「응상지凝祥
池」를 받아온다.

　이 때 이외에는 소식이 고려 사행을 접한 적이 없기 때문에 당연히
이 시는 김양감에게 주었던 것이 확실하다. 시구 중에서 "금마金馬에서
온 손님 알 듯도 하네."라는 표현은 특이하다. 처음 보는 인물인 김양감을
구면인 듯 대하고, 또 "새 그림이 낙랑으로 가는구나."라고 하면서 소식
자신이 그린 그림이 고려로 가는 것에 대해 거부 반응이 없다. 소식이
이런 호의적인 행동을 했던 것은 김양감이 북송의 문화계 전반에 대한
이해가 심화되었기 때문이고, 특히 최충 단계에서 이미 북송의 사상과
교학체제를 이해하고 있었던 것처럼 북송 학계에 정통하였기 때문이다.

　소식은 김양감을 맞이하면서 벽계방碧雞坊을 꿈꾸었을 것이라고 하는
데 그 의미의 중요성을 확인할 필요가 있다. 벽계방은 가항의 이름으로,
두보杜甫가 우거하던 성도成都에 있었다. 두보의 「서교西郊」 시에 '때로는
벽계방을 나가서, 서교를 지나 초당을 향하노라면'56)이라고 하였다.
그렇다면 소식은 자신을 두보에 비교하고 또 김양감을 두보杜甫 같은
시성詩聖을 찾아온 인물로 묘사한 것이다. 이런 모습은 두보에 대한

---

54) 『宋史』 권487, 열전 246, 고려. "時高麗人往反 皆自登州 七年 遣其臣金良鑑來言
　　欲遠契丹 乞改塗由明州詣闕 從之"
55) 최영호, 「고려시대 송나라와의 해양교류」 『역사와 경계』63, 2007, 주 23번 참조.
56) 『補注杜詩』 권21. "時出碧雞坊 西郊向草堂"

고려사회 최초의 인식을 보여주고 있다.57) 또 이 서교가 실려 있는
『문원영화文苑英華』58)도 고려 선종 7년인 1090년에 송에서 전해지고
있다.59) 이 『문원영화』는 송나라 4대서의 하나로, 982년에 이방李昉
등이 칙명으로 편찬하여 987년에 완성하였는데, 남조의 양梁으로부터
당唐까지의 시문을 모아 수록하였다는 점에서 고려 문화계에 일정한
영향을 끼쳤을 것이다. 앞에서 보았듯이 소식이 김양감을 맞이하는 모습
에서 서교의 이미지를 사용한 것은 이미 김양감이 서교를 알고 있었을
가능성이 크다. 그 교감은 두보 및 송대 사대부들의 이상적 모습인 안빈낙
도에 대한 것이다. 아래에 서술한 호원, 주돈이, 정자의 안빈낙도 및
초당의 모습과 일치하는 부분이다.

김양감은 고려에서 '우리나라 선생'인 최충에게 배우고, 그 깊은 뜻은
정자에게서 배웠다고60) 한다. 이 기록에 대해서 위서라는 시비가 존재하
지만, 김양감과 정자를 연결하려는 의미는 단순히 김양감을 높이려는
의도만은 아닌 것이다. 마치 당대에 김양감이 정이程頤(1033~1107)
및 소식에 대해서 정확히 파악하고 있는 것으로 해석하고 있다. 소식에
대해서는 김양감이 분명히 만난 것이 사실이다. 김양감 당대에 정자를
만났다는 가설만 성립한다면 위의 『동국명현언행록』의 글이 비록 후대에
지어졌다고 해도 당시의 개연성을 충분히 설명하는 것이 된다. 김양감이
정자를 알고 있었다는 개연성을 찾아보면, 주돈이〔주렴계〕를 통해서
가능하다.61) 정자는 주렴계周濂溪(1017~1073)에게 배운 적이 있는

---

57) 지금까지 고려에서 두보에 대한 최초의 언급은 임춘이 한 평가로 이해하고 있다.
　　정선모, 「북송문학지동전」, 『시화학』 8·9, 2007, 122~123쪽.
58) 『文苑英華』 권318, 西郊.
59) 『高麗史』 권10, 선종 7년 12월.
60) 洪祐馥, 『東國名賢言行錄』, 大聖學院, 1927, 71쪽.
61) 牟宗三 지음, 황갑연 옮김, 『심체와 성체 2 - 주돈이와 장재 및 불교 체용론』, 소명출판,

데, 그를 통해서 공자와 안자가 즐거워 한 바를 구하도록 배웠다고[62] 하였다. 주렴계에 대한 이해가 있다면 정자에 대한 이해도 충분히 가능하지 않았을까 한다. 현재 남아 있는 고려시대 자료 중에서 역으로 추적할 수 있는 내용이 있는데, 주렴계의 특성을 김양감 이전에 이미 파악하고 있었다. 바로 고려 문종 8년(1054)에 고청高聽이 찬한 「순흥 부석사 원융국사 비명」이다.

> 임공林公처럼 명악名嶽에 살면서 자하紫霞를 역임하고, 마음은 주자周子의 사상을 따랐고 가난한 초당草堂에 살면서도 안빈낙도安貧樂道하였다.[63]

원융국사 결응決凝(964~1053)이 주자周子에게 마음이 움직여 초당에 살면서도 안빈낙도하는 모습이다. 그런데 결응은 964년 출생이고, 주자周子는 1017년 출생으로 결응이 53살이나 연장자이면서 이런 문구를 남겼다는 것은[64] 주자周子에 대해서 고려 학계가 잘 알고 있었기 때문이다. 주자周子에 대해서 이 정도의 사실을 숙지하고 있다면 주자에게 배운 정자의 존재도 알고 있었을 가능성이 크다. 특히 주자周子가 안빈낙도하는 모습을 결응이 존숭했다고 하는데 이 안빈낙도의 대표적인 인물이

---

2012, 21쪽. 주돈이는 『중용』과 『주역』을 통해서 학문에 진입했다고 한다.

62) 『近思錄』권2. "昔受學於周茂叔 每令尋顔子仲尼樂處所樂何事"

63) 「順興浮石寺圓融國師碑銘」. "林公名嶽 旣寢紫霞 搖心周子 草堂休嗟"

64) 崔英成, 「高麗中期 北宋性理學의 受容과 그 樣相 – 北宋性理學의 傳來時期와 관련하여 – 」『대동문화연구』31, 1996, 130~132쪽.(다만 원융국사가 이 글을 쓸 당시 주돈이가 아직 생존하고 있을 때인데, 생존한 인물에게도 子를 붙여 聖人으로 부르고 있다는 점이 약간 의문이기도 하다. 하지만 인용문 전체의 논지가 안빈낙도와 연결된다는 점에서 周子일 가능성이 크다고 생각된다.)

바로 안자顔子이다. 그 모습은『논어』「옹야」에 보인다.65) 그런데 안빈낙
도의 모습은 주자周子에게 배운 정자에게도 나타나는데, 그가 지은 「안자
소호하학론顔子所好何學論」이란 글에서 알 수 있다.66) 이 글 때문에 호원
은 정자를 제자로 인정하게 된다. 또 정호는 안락정顔樂亭을 지어67)
안자를 존숭하고 있다. 그런데 소식도 시 안락정顔樂亭68)을 짓고 있다면
당대의 분위기가 어떤지 짐작할 수 있지 않을까 한다. 그래서 이 안빈낙도
의 모습은 수기치인의 출발점으로 이해할 수 있고, 최충도 아들에게
준 「계이자시戒二子詩」의 '청검명저기淸儉銘諸己 문장수일신文章繡一身'에
서 수기치인을 당부하고 있다.69)

이상에서 볼 때, 고려 학계는 북송신유학자들을 잘 이해하고 있었음을
알 수 있다. 그래서 인종은 정자의 제자인 양시楊時에 대해서도 파악하고
있었다.70) 특히 양시는 북송 조정에서도 중요성을 모를 정도였는데
고려에서는 그 학파에 대한 구체적인 정보까지도 알고 있었다는 점이다.

김양감이 북송 사행을 갈 당시 고려와 북송의 정세는 미묘한 점이
있었다. 신법당은 연려제요책聯麗制遼策을 추진하고 있었다. 구법당은
방어 위주의 정책으로 고려에게 막대한 경제적, 문화적 사여를 할 필요가
없다는 정책을 추구하고 있었다. 반면에 고려의 정책은 문물교류와 무역
이익을 취하는 방향이었다.71) 고려는 거란과의 군사적 대치나 전쟁보다

---

65)『論語』권6,「雍也」. "賢哉回也 一簞食一瓢飲 在陋巷 人不堪其憂 回也不改其樂
賢哉回也"
66) 盧連章,『程顥 程頤 評傳』, 南京大學出版社, 2007, 12~13쪽.
67)『二程文集』권1, 顔樂亭. "千載之上顔惟孔學 百世之下顔居孔作 盛德彌光風流日長
道之無疆古今所常 水不忍廢地不忍荒 嗚呼正學 其何可忘"
68)『東坡全集』권18, 顔樂亭詩.
69) 李聲昊,「최충과 호원의 분재교학법 비교」『지역과 역사』 28, 2011.
70)『宋史』권428, 열전 187.
71) 전해종,「대송외교의 성격」,『한국사』 4, 국사편찬위원회, 1974.

는 오히려 북송과의 문화적 교류를 중시하고 있었다. 이에 대해 소식은 고려 사행 때문에 막대한 경제적 손해를 본다고 하면서 고려배척론高麗排斥論을 주장하게 된다.72) 주자도『주자어류朱子語類』에서 고려와의 군사적 동맹이 별 효용이 없었을 거라고 말한다.73) 결국 구법당 계열은 고려와의 외교적 관계가 송에게 별 소득이 없다는 것을 사전에 파악하고 있었던 것이다. 그러나 고려는 이 기회를 잡아서 오히려 적극적인 문화적 교류에 나서게 된다.

이런 배경 속에서 김양감에 의해서 소식의 존재가 자연스럽게 고려 문단에 알려지게 되었고,74) 또 문종 30년(1076) 고려 사신 최사량崔思諒이 소동파蘇東坡가 항주杭州에서 지은 작품집『전당집錢塘集』을 구입하여 귀국하였다.75) 현재 실전失傳하여 정확한 내용을 알 수는 없지만 당시에 썼던 소식의 시를 통해서 내용을 짐작할 수 있는데, 특히「희자유戱子由」는 소식이 1071년 항주통판으로 쫓겨 갔을 때 쓴 시로 이 때문에 1079년 '오대시안烏臺試案 사건'으로 사지에 몰렸었다.

소식의『전당집』에는 신법당을 비판하는 내용이 실려 있다.「희자유戱子由」의 일부분을 살펴보면, "만 권의 책을 읽어도 법률 책은 읽지 않나니, 요순 같은 임금이 되는 데는 책략에 있지 않음을 알기 때문이다. 뿔관 쓰고 수레를 탄 권농관이 구름같이 설쳐, 여생을 절인 김치로 보내나니 꿀같이 달구나."76)라고 하였다. 또 이어서 "법 만능인 요즘에는 염치가

---

72) 李範鶴,「소식의 고려배척론과 그 배경」『한국학논총』15, 1992.
73)『朱子語類』권133. "神宗其初 要結高麗 去共攻契丹 高麗如何去得 契丹自是大國 高麗朝貢於彼 如何敢去犯他"
74) 정선모,「소식 문학 초기 수용 양상고」『동방한문학』36, 2008, 292~294쪽.
75) 조규백,「고려시대 문인의 소동파 시문 수용 및 그 의의(2)」『퇴계학과 한국문화』 40, 2007, 205쪽.
76)『東坡全集』권3, 戱子由. "讀書萬卷不讀律 致君堯舜知無術 勸農冠蓋鬧如雲 送老

없어져, 지친 백성 심문하여 매질을 일삼고, 평소 멸시하던 권세가를 만나면, 정다운 듯 인사하며 얘기를 나누고, 속으로야 그들이 나쁜 것을 알면서, 입으로는 예예 하고 있으니, 이렇게 높은 자리에 앉은 자의 뜻이 낮다면, 백성에게 무슨 이익이 되리요."[77]라고 하였다. 시 「어만자魚蠻子」에서는 더욱 고통 받는 백성들의 모습을 그리고 있으니 "사람 살아가는 길 어려워라. 땅을 밟으면 조세를 내라 하니. 이들처럼 물 위에 사는 편이 낫다지만, 이제는 물 위의 삶도 부질없는 짓. 그대는 아직 모르는가, 지금부터 배와 수레도 세금을 내라 한다네. 어부들이 고개 숙여 울고 있다고, 개혁당 상대부에게 말하지도 마라."[78]고 하였다. 「어만자」는 1082년 황주에서 귀양 갔을 때 쓴 시로서 어민의 질고를 제대로 표현하고 있으며, 그들에게 세금을 징수하는 신법의 비현실성을 잘 지적하고 있다.

특히 김양감이 사행을 간 이후 최사추崔思諏의 사촌인 최사량이 『전당집』을 수입한다. 최사량 일행의 경로를 살펴보면, 문종 30년 8월 4일에 고려를 출발하여 동년 10월 1일 이전에 명주에 도착했으며,[79] 소송蘇頌이 지사로 재임하고 있던 항주를 통과한 것은 그로부터 며칠 후의 일로 추정된다. 소송의 손자인 소상선蘇象先의 기술에 의하면, 소송은 항주에서 최사량을 만나기 이전, 즉 소송이 요나라에 사신으로 파견되었을 때 이미 그곳에서 최사량을 만난 적이 있었다. 이러한 문헌자료를 통해서 최사량 일행의 사절단이 항주를 통과할 때 소송과 만났던 것이 사실이었으며, 고려 사절단이 항주에서 소식의 시문집을 구입했다고 하는 소송의

---

蔓鹽甘似蜜"
77) 『東坡全集』 권3, 戲子由. "坐對疲氓更鞭箠 道逢楊虎呼與言 心知其非口諾唯 居高忘下眞何益"
78) 『東坡全集』 권3, 戲子由. "人間行路難 踏地出賦租 不如魚蠻子 駕浪浮空虛 空虛未可知 會當箄舟車 蠻子叩頭泣 勿語桑大夫"
79) 『續資治通鑑長編』 권278. "熙寧九年 冬十月甲申朔 上批 高麗使至明州已久"

기록도 또한 사실에 부합하고 있음을 알 수 있다.[80] 소송은 북송의 무거와 관계있는 인물이기 때문에 최사량과 만나서 의견을 교환했을 가능성이 농후하다. 고려 구법당 연관 세력과 북송 구법당 계열의 학자들은 서로 상호간에 네트워크를 잘 구축하고 있었다는 사실을 확인할 수 있다. 고려 사회에서는 겉으로 드러내면서까지 신법에 반대하지는 못하지만 구법에 대한 지지 세력이 광범위하게 존재하고 있었다. 이 지지 세력에 최사추, 최사량이 동조하고 있었다.

당시 왕안석의 신법은 정치적으로는 진종대眞宗代의 전연澶燕의 맹약盟約, 인종대의 서하의 침공을 거치면서 외교적 굴복과 군사적 패배를 배경으로 위축된 국세를 일으키는 것이 목적이었다. 그래서 신종과 신법당의 정책은 서하를 먼저 경략하고 여세를 몰아 거란을 정벌한다는 사이겸제四夷兼制의 대외 경략책으로 송이 공격을 주도하는 공격적인 성격이었다. 그래서 대다수의 관료들의 반대에 부딪치게 되었다고[81] 한다. 이런 상황이라면 고려 문종의 입장에서는, 신종과 왕안석의 정책에 동조하면서 무리한 정책을 추진하여 거란을 자극할 필요가 없었을 것이다.

## (2) 무학박사武學博士 직관 설치

고려에서 무학박사 직관이 설치되게 된 배경부터 먼저 살펴보도록 하겠다. 그 과정에는 북송 구법당계의 영향과 소식 시문의 유행이라는 요소가 작용하고 있었다. 고려에서 무학박사 직관이 설치된 해가 문종 30년(1076)이다. 이해에 이미 소식의 시문이 광범위하게 고려에 유행한

---

80) 정선모, 앞의 논문, 2008, 293쪽.
81) 李範鶴, 앞의 논문, 1992, 17~19쪽.

사실은 김부식의 이름에서 알 수 있다. 북송 사행인 김양감이 소식을 만나고 귀국한 해가 1074년으로 김부식이 태어나기 1년 전이다. 김부식은 1075년생이다. 그런데 김양감이 귀국한 지 1년 만에 김부식의 부친인 김근金覲이 소식蘇軾의 식軾자를 따서 김부식의 이름을 지었다면 이미 소식의 명성이 널리 퍼져 있다고 짐작할 수 있다.[82]

또 1076년 최사량이 북송에 사행을 가는데 그가 귀국하면서 소식의 시문집인『전당집』을 구해 왔는데, 그 만큼 수요가 있었다는 증거라고[83] 한다.『전당집』의 내용은 주로 북송 신법당에 대한 비판적 내용을 담고 있었기 때문에 고려 구법당계 인물들에게 인기가 있었을 것이다.『전당집』을 구해온 최사량의 사촌은 최사추崔思諏이다. 그는 구법당의 정책에 동조하는 인물이라고[84] 하는데, 묘지명에서도 "공은 어려서부터 공부하여 경사자집經史子集에 널리 통달하였는데, 글을 하면서 반드시 인의성명仁義性命의 설을 근본으로 삼았다."[85]고 하였다. 그의 유학적 요소는 구법에 가까웠다고 보인다. 그래서 구법舊法을 존중하고 신법新法에 반대하고 있는 모습이 나타나고 있다.

> 공은 정사를 처리하면서 조상의 법을 함부로 고치는 것을 달가워하지 않고, 또 새로운 법을 만들어 풍속을 동요시키지는 것도 달가워하지 않았다.[86]

---

82) 정선모, 앞의 논문, 2008, 293~294쪽.
83) 정선모, 위의 논문, 2008, 293~294쪽.
84) 정수아,『고려중기 개혁정치와 북송신법의 수용』, 서강대학교 박사학위논문, 1999, 164쪽.
85) 김용선,『역주 고려묘지명집성(상)』, 50쪽.
86) 김용선,『역주 고려묘지명집성(상)』, 51쪽.

'새로운 법'에 반대하고 있는 모습이다. 최사추는 최충의 손자였기 때문에 영향력이 상당하였다고 보인다. 그래서 구법당 계열의 입장이 강조되고 있는 시점인 문종 30년에 직관이 설치된 것이다. 무학박사武學博士과 함께 학정學正과 학록學錄의 직관이 설치되고 있으며, 동시에 학유學論도 설치되고 있다.[87] 학정, 학록, 학유는 성종 때 없었던 직관이다. 학정學正과 학록學錄의 역할에 대해서『고려사』에는 자세한 설명이 없어서『송사宋史』를 보면 학정과 학록이 학규를 맡아서 거행한다고 되어 있으며, 제생諸生들이 규구를 위반하면 5등의 처벌을 받으며, 직사학록 5인이 학정과 학록과·함께 모든 재齋의 학규를 통틀어 담당한다고[88] 되어 있다. 그래서 학규를 담당하는 관원이 학정, 학록, 직사학록으로 세분화되어 총 7명을 두었다. 학정學正의 중요성은 앞에서 호원이 천장각 시강侍講으로서 하위 직급인 학정을 겸직하고 있다는 점[89]에서 확인할 수 있었다. 학정이 학규學規를 담당하는 직책이기 때문에 학규를 저술한 호원이 직접 담당한 것이다. 학정이 존재함은 호원 교학의 특징이기 때문에 성종대 국자감 직관과 목종 원년 전시과의 교육직관에는 보이지 않을 수밖에 없다.[90]

---

87)『高麗史』권76, 백관 1, 성균관.

88)『宋史』권165, 職官 5, 國子監. "正錄 掌學行學規 凡諸生之戾規矩者 待以五等之罰 考校訓導如博士之職 職事學錄五人 掌與正錄通掌學規 學論二十人 掌以所授經傳 論諸生 直學四人 掌諸生之籍及幾察出入 凡八十齋 齋置長論各一人 掌表率齋生 凡戾規矩者 糾以齋規五等之罰 仍月考齋生行藝 著于籍　武學博士學論各二人 掌以兵書弓馬武藝訓誘學者"

89)『宋史』권157, 選擧3, 學校試. "時太學之法寬簡而上之人必求天下賢士 使專教導規 矩之事 安定胡瑗設教蘇湖間二十餘年 世方尚詞賦 湖學獨立經義治事齋 以敦實學 皇祐末 召瑗爲國子監直講 數年 進天章閣侍講 猶兼學正 其初人未信服 誘議蜂起 瑗强力不倦 卒以有立 每公私試罷 掌儀率諸生會于首善 雅樂歌詩 乙夜乃散 士或不 遠數千里來就師之 皆中心悅服 有司請下湖學 取其法以教太學"

왕안석은 희녕 2년(1069)에 중서성 참지정사에 제수된 직후 학술 통일의 필요성이 제기되자 경전에 대한 새로운 해석을 시도 하였고, 희녕 6년에 경의국經義局을 설치하여『삼경신의三經新義』를 편찬하였다. 그 책은 희녕 8년부터 과거 시험의 교재로 사용되었다.[91) 바로『시경신의詩經新義』,『서경신의書經新義』,『주관신의周官新義』이다. 그런데 이『삼경신의』에 대해서는 북송에서도 아직 문제의 소지가 완전히 해결된 것은 아니다. 과거에서 왕안석의『삼경신의』만이 채택되자 여공저는 문제점을 지적하고 있다.[92) 이 때문에 제생들의 반발을 불러와 신법에 대한 거부감과 함께 옥사가 많이 일어나고 채경蔡京의 전제정치가 나타나게 되었다.[93) 이『삼경신의』를 고려는 예종과 인종대에 수입하고 있다.[94) 왕안석의『삼경신의』와 직접 연관성이 있는지는 판단하기 어렵지만 왕안석의『시경』이 고려에 유포된 흔적은 고려 후기 이제현의 글에서 알 수 있다.

일찍이 보건대 신효사神孝寺의 당두堂頭 정문正文은 나이 80세로 『논어』·『맹자』·『시경』·『서경』을 잘 강론하였는데, 유학자인 안 사준安社俊에게 배웠다고 하였다. 전에 한 선비가 송宋 나라에 들어갔다가 형공荊公이 금릉金陵으로 물러갔다는 말을 듣고 그곳을 찾아가『모시毛詩』를 배웠는데, 7대를 전하여 사준에 이르렀다. 그러므로

90) 申千湜,「고려중기 교육정책과 국자감 운영(1)」『고려교육사연구』, 경인문화사, 1995, 209쪽.
91) 喬衛平, 앞의 책, 34쪽.
92)『宋史』권336, 列傳 95, 呂公著. "凡士子自一語上 非新義不得用 學者至不誦正經 唯竊安石之書以干進 精熟者轉上第 故科擧益弊"
93) 喬衛平,『中國宋遼金夏敎育史』, 人民出版社, 1994, 36쪽.
94) 金庠基,「宋代에 있어서의 高麗本의 流通에 대하여」『東方史論叢』, 서울대학교출판부, 1984, 163쪽.

『시경』은 오로지 왕씨王氏의 해설을 쓰고,『논어』·『맹자』·『서경』
의 해설은 모두『주자장구』와『채씨전蔡氏傳』을 합한 것이었다. 당시
에『주자장구』와『채씨전』이 우리나라에 들어오기 전이었는데, 사준
은 어디서 그 해설을 얻었는지 알 수 없다.[95]

고려 학자가 왕안석에게 직접『모시』를 배웠으며, 이후 이 학설이
7대를 거쳐서 안사준에게 전해지고 안사준이 신효사 당두堂頭 정문正文에
게 전수하고 있다. 왕안석에서 정문까지 8대를 거쳐서 학술이 전해졌다고
하는데 왕안석(1021~1086)의 생몰 연대와 이제현(1287~1367)이
활동하던 시기를 대조해보면 사실일 가능성이 크다. 당시 고려에 다양한
사상적 경향이 유입되었음을 보여주는 사례다.

문종 30년(1076)에는 이미 왕안석이 무학을 중건하였을 때이다. 그런
데 고려는 무학 실지가 아니라 무학박사 직관만을 실치하고 있다. 물론
이 직관 설치는 그 이전에 설치된 것이 문종 30년에 기록된 것일 수도
있다. 무학이란 용어 자체가 등장한다는 것을 볼 때 북송의 무학이 치폐되
는 과정을 알고 있었을 것이고, 그 때문에 고려에서도 무학이란 용어를
사용하였다고 보아야 한다. 앞 편에서 보았듯이 북송의 무학은 무문겸전
의 유장에서 그 출발이 이루어지고 있었다. 고려에서 무학이란 용어가
사용되고 있다면 이미 유장이란 개념도 이해하고 있었다고 보아야 한다.
그 방향에 대해서는 북송에서 유장의 개념을 도입하였거나, 아니면 독자
적으로 유장의 개념을 발전시켰을 것이다. 혹은 고려시대 이전에 인지하
고 있던 유장의 개념이 존재하고 있었기 때문에 북송 유장의 개념을
쉽게 수용하였을 가능성도 배제할 수는 없다. 그 가능성을 검토해 보도록

---

95)『櫟翁稗說前集』2.

하자.

북송에서 유장儒將으로 불리던 극곡郤縠에 대해 신라의 최치원이 여러 번 언급하고 있는데, "진晉나라가 신군新軍을 편성할 적에 윗자리에 처하여 지휘할 자격이 있었고."라고96) 하였다. 또 '돈열敦閱하는 온전한 재능'97)이라고 하였다.

그리하여 멀리로는 극원수郤元帥의 드높은 명성을 드날리고 가까이로는 곽분양郭汾陽의 웅대한 전략을 계승하여, 요기를 쓸어버리고 생령을 구제해 주시기를, 마음을 지닌 사람들은 모두 목을 빼고서 기다리고 있습니다.98)

군대를 거느리는 인물에게 극곡의 명성과 곽분양의 전략을 계승하도록 요구하고 있으며, 또 제환공의 수치를 씻기 위해서는 극곡과 같은 현장에게 의지해야 한다고 하였다.

아무쪼록 병권을 빛내어 일찌감치 오랑캐를 섬멸할 수 있기를 기대합니다. 제환齊桓의 수치를 씻기 위해서는 오직 극곡郤縠과 같은 현장賢將에게 의지해야 하니, 삼가 바라건대 관심을 기울여 깊이 살펴 주셨으면 합니다.99)

그러면서 극곡에게 현장賢將이라는 칭호를 부여하고 있다. 최치원이 극곡을 현장이라고 표현한 것은 당대에 배행검을 현장賢將과 유장儒將으

96) 『桂苑筆耕集』 권14, 呂用之兼管山陽都知兵馬使.
97) 『桂苑筆耕集』 권10, 蕭遘相公.
98) 『桂苑筆耕集』 권8, 諸葛爽相公.
99) 『桂苑筆耕集』 권9, 泗州于濤尙書.

로 표현하면서 극곡을 유장이라고 칭한 것과 일치하고 있다. 최치원 당시에 이미 유장儒將의 개념이 사용되었던 것이다. 최치원의 이런 경향은 고려에 계승되었을 가능성이 크고, 문종 10년에『구당서』의 인쇄가 다시 이루어지고 있는 것도[100] 극곡을 유장으로 인식하는 계기가 되었을 것이다. 비록 고려 후기의 인물이지만, 김구金坵(1211~1278)는 "신은 감히 시서詩書와 예악禮樂에 도타와서 극곡郤縠의 군사를 거느림에 따르며, 조목을 들어 병사兵事를 논함에 필함畢諴의 금중禁中에 있음에 부끄러움이 없도록 하오리다."[101]고 하였다. 그래서 극곡에 대한 존숭으로 인해 고려 후기에는 무문겸전이 당연시 되고 있는데, "극곡郤縠은 시詩와 서書를 존중히 여기고 예禮를 말하였으며 채준祭遵은 투호投壺를 행하면서 아가雅歌를 읊었으니 예절과 군사軍事는 두 가지 길이 있는 것이 아니었다."[102]고 하였다. 또 다른 유장儒將인 두예杜預에 관해서 살펴보면 극곡보다 더 존숭 받았음을 알 수 있다. 두예杜預는 고려 문선왕묘에 배향되었기[103] 때문이다.

신라 이래의 자생적 유장의 개념에 무학의 개념이 적용되는 것은 언제일까? 박사 직관에서 유추할 수 있을 것이다. 고려의 무학박사는 문종 30년(1076)에 설치되는데 비해 북송의 경우는 1080년에 설치되고 있다. 박사 직관만 비교하면 고려의 설치가 앞선 시점이라고 할 수 있다. 북송 무학교수의 직관은 경력 2년(1042)에 설치되었다가 경력 3년에 폐지되어 사용하지 않게 된다. 이후 1072년 무학이 중건되면서 다시

---

100)『高麗史』권7, 문종 10년 8월 ; 청컨대 秘書閣에서 所藏하고 있는 九經, 漢書, 晉書, 唐書, 論語, 孝經, 子史, 諸家文集, 醫, 卜, 地理, 律, 算 등 여러 서적을 나누어 주어 여러 學院에 두도록 하소서.
101)『東文選』권37, 大司成柳璥謝左右衛上將軍表.
102)『東文選』권51, 大射贊幷序. 李詹이 지은 것이다.
103)『高麗史』권62, 예 4, 문선왕묘.

사용하게 되다가 1080년에 무학박사로 개칭되고 있다. 고려가 1076년에 무학박사를 설치하면서 북송의 무학박사가 1080년에 설치될 것을 예상했을리는 없는 것이다. 그렇다면 고려의 무학박사는 이미 최치원의 유장 개념을 이해하고 있는 바탕에서 북송 무학교수의 직급을 수용한 결과이고, 왕안석 신법당의 영향이 아니라는 점이다.

## 〔표 20〕북송과 고려 무학武學 연표 비교

| 서기연도 | 연호 | 송 | 왕력 | 고려 |
|---|---|---|---|---|
| 1040 | 강정원년 | 西夏의 李元昊와 전쟁<br>호원 『武學規矩』저술 | 정종6년 | 최충 천리장성 건설시작 |
| 1043.05.21. | 경력3년 | 武成王廟에 무학 설치 | | |
| 1043.08.24. | 경력3년 | 95일만에 무학 폐지 | | |
| 1044 | 경력4년 | 胡瑗學法 著爲太學令 | | |
| 1041-1048 | 경력연간 | 賈昌朝『敕律學武學敕式』二卷 | | |
| 1052 | 황우4년 | 호원 국자감 직강 | | |
| 1071 | 희녕4년 | 왕안석 三舍法 | | |
| 1072 | 희녕5년 | 重建武學(200명, 상사30, 내사70, 외사100) | | |
| 1073.10月. | 희녕6년 | 三班奉職申翊爲右班殿直閤門祇候武學教 | 문종27년 | 김양감 사행로 변경<br>소식과 교유 |
| 1074 | 희녕7년 | 樞密院兵房文字劉奉世 權同判武學 | | |
| 1075 | 희녕8년 | 太學進士楊佖 權武學傳〔教〕授 | | |
| 1076 | | | 문종30년 | 무학박사 직관설치<br>소식 전당집 수입 |
| 1077 | 희녕10년 | 武學傳〔教〕授以四員爲額 | | |
| 1078-1085 | 원풍연간 | 『武學敕令格式』一卷 | | |
| 1079.正月. | 원풍2년 | 程灝 太常丞 判武學 8일만 근무 | | |
| 1080 | 원풍3년 | 무학교수→무학박사<br>이후『兵法七書』軍事教科書 | | |
| 1086-1094 | 원우연간 | 정자『孝經』『論語』『孟子』『左氏傳』<br>첨가 의견 | | |
| 1093 | | | 선종10년 | 太學敕式 도입 |
| 1101 | 건중정국원년 | 『武學敕令格式』曾加以續修 | | |
| 1102-1106 | 숭녕연간 | 무학교수 二人爲額 | | |
| 1109 | 숭녕3년<br>예종4년 | 상사100명(상등상사30, 중등70)<br>州縣置武學 | 예종4년 | 칠재 설치<br>武學 정원8명 |
| 1111 | 정화원년 | 증보『大觀重修武學令』 | | |
| 1115 | 정화5년 | 금 건국 | | |
| 1119 | | | 예종14년 | 정원17명(양현고 설치) |
| 1120 | 선화2년 | 州縣 武學 폐지 | | |
| 1120 | | | 예종15년 | 試策 武學生 |
| 1121 | | | 예종16년 | 金惟珪 무예시 2등급제 |
| 1126 | | | 인종4년 | 이자겸의 난 |
| 1133 | | | 인종11년 | 무학 폐지 |
| 1156 | 소흥26년 | 重建武學, 정원80(상사15, 내사25, 외사40) | | |
| 1175 | 순희2년 | 武學博士武學諭並與武學出身人內選差 | | |

## 2) 예종대 윤관尹瓘과 무학재武學齋 설치

### (1) 윤관尹瓘과 무학재武學齋 설치

현재까지 연구 성과에서 예종대 무학재 설치에 관한 내용 중에서 간과한 기사가 있는데, 바로『고려사』국학조의 양현고養賢庫에 관한 기사다.

예종 14년 7월에 국학에 처음으로 양현고養賢庫를 두고 인재를 양성하게 하였다. 국초부터 문선왕묘를 국자감 안에 창건하고 관원을 두고 스승을 배치하였으며 선종宣宗 때에 이르러서는 교육을 실시하려 하였으나 미처 실행하지 못했다. 예종이 극력 유교 교육에 뜻을 두고 관계 관리에게 조서를 내려 학교를 많이 세우고 유학儒學에 60명과 무학武學에 17명을 배치하였으며 근신近臣으로 하여금 그 사무를 감독하게 하고 유명한 유학자를 뽑아서 학관學官과 박사를 삼아 경서의 뜻을 강론하며 가르치고 지도하게 하였다.104)

『고려사절요』의 예종 14년 조에도 비슷하게 언급하고 있다.105) 선종 대에 교육을 실시하려다 미처 실행하지 못한 것을 예종이 유학儒學・무학 武學 교육을 실시하였다는 내용이다. 두 사료 모두 '선종이 실행하려던 것을 예종이 실행하였는데 그것이 유학・무학'이라는 것이다. 예종이

---

104)『高麗史』권74, 선거 2, 국학.
105)『高麗史節要』권8, 예종 14년 7월 ; 가을 7월에 조하여, 널리 학교를 설치하여 여러 생도를 가르치고 양성하여 儒學生 60명과 武學生 17명을 두고 근신으로 사무를 관리하게 하며, 이름난 선비를 간택하여 학관과 박사로 삼아 경전의 뜻을 강론하게 하였다. 일찍이 개국 초기에 문선왕[공자]의 사당을 국자감에 설립하고 관원을 임명하여 스승을 두었는데, 선종 때에 와서 교육을 실시하려다가 미처 못 하였던 것을 왕이 경술에 뜻을 두어 문풍이 조금 진작되었다.

실행한 유학·무학 교육은 칠재七齋를 말한다. 예종이 실행한 유학·무학 교육을 선종이 실시하려고 했다가 실행하지 못한 점을 강조하고 있다. 그러면서 예종은 칠재七齋를 설립한 자신의 업적을 자찬自讚하고 있다. 선종이 실패한 것을 자신은 성공했다는 의미로 읽힌다. 그렇다면 선종대부터 이미 무학재의 설립 시도가 있었다는 것으로 해석할 수 있고, 좀 더 확대해서 선종-숙종을 거치면서 계속해서 무학재의 설립 시도가 있었다는 것으로 해석할 여지가 있지 않은가 한다. 그 가능성을 검토해 보도록 하겠다.

선종대는 고려와 송·거란과의 관계에서 변화가 일어나고 있는 시점이었다. 선종 3년부터 시작된 고려와 거란의 국경문제는 선종 5년에 타결되었다. 이후 대송외교보다는 거란과의 친선관계를 추구하게 되자 북송의 소식蘇軾이 고려를 비난하는 상소까지 올리고 있다.106) 고려와 거란의 국경문제가 지속되고 있는 시점인 선종 3년(1086) 6월에 대각국사 의천(1055~1101)이 귀국하고 있다. 의천은 북송의 신법과 유사한 정책을 시행하려고 했다고107) 한다. 이런 성향으로 볼 때 그는 새로운 개혁의 시도에 적극 참여하였을 것이다. 의천과 정치적 입장을 같이하는 인물로는 윤관과 오연총이 있다.108)

특히 국자감에 영향을 주었을 가능성이 있는 것은 선종 6년(1089) 8월의 국자감 수리이다. 이때 문선왕文宣王을 순천관順天館으로 이전하였으며109) 학생들의 교육도 이곳을 빌려서 임시로 사용하였다. 그러나

---

106) 박종기, 「고려중기 대외정책의 변화에 대하여 – 선종대를 중심으로 –」『한국학논총』16, 1993, 26쪽.
107) 정수아, 앞의 박사 논문, 1999, 179쪽.
108) 채웅석, 「12세기 초 고려의 개혁 추진과 정치적 갈등」『한국사연구』112, 2001, 40쪽.
109)『高麗史節要』권6, 선종 6년 8월.

이때의 국학 수리는 완성되지 못하였다. 예종대에 이르기까지 국자감 학생들은 독자적인 교육시설을 갖지 못하고 순천관의 건물에서 학습하였던 것으로110) 보인다. 비록 완공하지는 못하였지만 국자감 수리의 목적이 혹시 예종 14년 사료에서 보이는 '선종이 실시하려던 교육'인 유학 · 무학을 위한 게 아닌가 한다. 그 목적이 새로운 교육 체제의 변화를 위한 것이라면 그에 수반하는 교육 내용의 변화도 필요했을 것이다. 그래서 선종 10년(1093) 소식의 반대에도 불구하고 구입한 『태학칙식太學勅式』은 신법의 인재 등용 및 관리의 채용 등에 관한 제도를 체계적으로 이해할 수 있는 법제였다고111) 한다. 그러나 선종대에 대각국사의 영향력이 한계를 가질 수밖에 없다는 점은 화엄종을 중심으로 천태교학을 창시하려고 한 것이 실패한 것에서도112) 알 수 있다. 결과적으로 교육에 관한 선종의 정책이 실현되지는 못하였지만, 신법에 관한 정책은 숙종대에 좀 더 강력하게 전개된다.

숙종은 헌종을 폐위하고 왕위를 계승하였기 때문인지 더욱 적극적인 개혁정책을 추진한다. 그 중 경제 부문에서 전폐유통에 관한 정책을 먼저 시행한다.113) 이어서 숙종 6년(1101)에는 북송대의 향사제를 따르고 있다.114) 이런 과정 속에서 『태평어람』을 수입한다. 『태평어람』 권277에는 유장儒將을 총정리하고 있다. 이 책을 수입한 오연총은 예종대에 윤관과 함께 여진정벌에 나서는 인물이기 때문에 더욱 중요성을 인지하고 있었을 것이다. 그래서 문종도 이 책을 수입하기 위하여 노력하였던

---

110) 申千湜,「고려중기 교육정책과 국자감 운영(1)」『고려교육사연구』, 81~83쪽.
111) 정수아, 앞의 박사 논문, 1999, 34쪽.
112) 박용진,『대각국사 의천 연구』, 국민대학교 박사학위논문, 2005. 46쪽.
113) 『高麗史節要』권6, 숙종 2년 12월.
114) 朴贊洙,「문묘종사제의 성립과 변천」『정재각박사 고희기념 동양학논총』, 고려원, 1984, 137쪽.

것인데 마침내 숙종 6년(1101) 6월에 성공한다.115)

　　이 책冊은 문고文考가 일찍이 구하여도 얻지 못하였더니 짐이 이제
　　얻게됨은 사자使者가 유능有能하였음이라.116)

　이때 숙종이 오연총을 칭찬하고 있는 것을 보면 문종이 이 책을 수입하
고자 했던 열망을 짐작할 수 있다. 문종 34년(1080)에는 류흥柳洪도
호부상서로서 사행을 가서 『태평어람』을 수입하려 했지만 실패하고 있
다. 선종 2년(1085)에도 『태평어람』을 수입하려고 했지만 『문원영화』
만 도입하게 된다.117) 『태평어람』의 수입을 주도한 인물들은 윤관尹瓘과
연관된 인물들이었다. 이런 고려의 움직임에 반해 소식은 이 책의 유출을
적극 저지하고 있는데 그 이유는 '모신謀臣들의 기책奇策, 천관天官의
재이災異, 지형地形의 힘난함 등의 내용'으로118) 군사 기밀과 관계된
것이었기 때문이다. 소식의 주장을 역으로 생각하여 고려의 입장에서
보면 이 책의 필요성은 더욱 높다고 할 수 있다. 그래서 윤관은 1099년
북송에 가서 『태평어람』의 사여를 송 황제로부터 다짐 받고 온다.119)
윤관은 고려의 신법당이라고 인식되고 있고, 대각국사 생존 당시인 원부
원년(1098)에는 대각국사의 유지인 국모감은國母感恩의 명을 윤관이
계승하고 있고, 정책도 윤관이 주도하고 있었다.120) 하지만 대각국사

---

115) 『高麗史節要』 권6, 숙종 6년 6월.
116) 『高麗史』 권96, 열전 9, 吳延寵.
117) 『宋史』 권487, 열전 246, 高麗. "哲宗立 遣使金上琦奉慰 林槩 致賀 請市刑法之書
　　太平御覽 開寶通禮 文苑英華 詔惟賜文苑英華一書 以名馬錦綺金帛報其禮"
118) 『海東繹史』 권56, 藝文志 15.
119) 『續資治通鑑長編』 권505, 원부 2년 正月. "高麗國進奉使尹瓘等言 乞賜太平御覽
　　等書 詔所乞太平御覽 并神醫普救方 見校定俟後 次使人到闕給賜"
120) 이승한, 「高麗 肅宗代 降魔軍 組織의 政治的 背景」 『역사학보』 137, 1993, 17쪽.

사후에는 정치적 변화가 감지되고 있었다. 숙종 즉위에 공을 세운 소태보
는 국학에서 선비를 양성하는 방법에 대해 이의를 제기하고 있다.

　국학國學에서 선비를 양성하는 데 경비가 적지 않게 드니 실로
인민에 대한 피해로 되며 또 중국의 법을 우리나라에서 실행하기
어려우니 바라건대 이를 폐지시켜 주십시오."라고 하였으나 회답을
주지 않았다.[121]

　그는 경비 때문에 중국의 제도를 우리나라에 실행하기 어렵다고 반대하
고 있다. 왕안석이 시행한 제도인 신법 정책에 대한 반대 의견이었다.
이에 대해 사신은 다음과 같이 비판하고 있다.

　경비 때문에 학교를 혁파한 경우가 없었다. 지금 소태보가 학교를
혁파하라고 청함은 비록 궁벽한 시골의 용렬한 자라도 감히 입 밖에
내지 못할 바이다.[122]

　양쪽 견해의 공통점은 경비 문제를 언급하고 있다는 점이다. 이중효는
삼사법을 그대로 시행하기 어렵다는 대목으로 해석하고[123] 있다. 왕안석
의 무학제도에서 보았듯이 삼사제는 학생의 인원이 증대되고 그에 따른
부대 경비가 많이 드는 구조였기 때문에 소태보가 반대했던 것은 삼사제가
분명하다. 왕안석이 시행한 삼사제의 구조는 태학·무학 삼사제였다.

---

121) 『高麗史節要』 권6, 숙종 7년 6월.
122) 『高麗史節要』 권6, 숙종 7년 6월.
123) 이중효, 「고려 숙종대 국학의 진흥」, 『전남사학』 13, 1999, 10~14쪽, 숙종대
　　북송의 태학 삼사제를 시행하려고 했던 것은 왕권강화와 관련 있다고 했다.

태학에서도 삼사 승사제를 시행하고, 무학에서도 삼사 승사제를 시행하고 있었다. 북송 신법당의 영향이 시작되고 있는 시점인 숙종대에 소태보가 반대한 것이 삼사제라고 할 때 무학도 포함되는지의 여부는 아직 확언하기 어렵다. 그렇지만 윤관이 추진하는 군사 부문의 신법 정책과 연관하여 본다면 소태보가 반대한 삼사제의 형태를 유추할 수 있지 않을까 한다. 아래는 윤관이 설치를 주도한 별무반에 관한 기사이다.

　숙종조肅宗朝에 이르러 동여진東女眞이 틈을 만들매 이에 예의銳意로 이를 막고자 날로 연병鍊兵함을 일삼고 드디어 별무반別武班을 설치하니 산관散官·이서吏胥로부터 상고商賈·천예賤隸·승려僧侶에 이르기까지 예속되지 않음이 없었다. 이것은 비록 고제古制에 맞지 않으나 그러나 또한 한 때 이를 써서 효과를 거두었으니 족히 들어 말할 것이라 하겠다.[124]

이 별무반이 고제古制에 맞지 않는다고 하였으니 신법이라고 볼 수 있다. 그런데 이 중에서 신기군은 기존의 사회질서에 반하는 요소를 품고 있다고 한다. 징집대상에 재추宰樞의 자녀까지 포함하였던 조치는 당시 선군選軍 대상에서 제외되었던 5품 이상의 문무관료에 대한 정치적 특권을 무시한 것이고 가문이나 문학적 지식을 중시하던 문신 중심의 귀족사회에서 재력과 군사적 재능도 중시하였다고 보았다.[125] 이와 같이 신법 정책의 추진에는 윤관이 관련되어 있었다. 그는 주전鑄錢 정책 및 병제에서 신법을 추진한 대표적인 관료로 인식되고 있으며, 삼사제의 시행에 개입하였다고 한다.[126] 즉 소태보가 반대하고 윤관이

---

124) 『高麗史』 권81, 병 1, 서문.
125) 정수아, 앞의 박사 논문, 1999, 96쪽.

추진한 것은 동일한 삼사제를 대상으로 한 것이다. 또 윤관은『태평어람』의 수입을 주도하여 유장의 개념을 정립한 인물이기 때문에 숙종대에 무학 삼사제를 추진하였을 가능성이 컸다. 그 구조는 '예종 14년 양현고' 기사의 유학·무학 형태라는 점이고, 왕안석의 태학·무학 구조와 일치한다는 점이다. 멀리는 호원胡瑗의 경의재·치사재와도 일치하고 있다.

예종이 즉위한 이후에는 어떤 변화가 일어나는지 검토해 보도록 하자. 예종에 대한 사신 평에 따르면 '중국 풍속을 사모'하였다고 할 정도로 문화 수입에 적극적이었다. 또 숙종 이래의 무신 우대 정책을 지속하고 있다. 예종이 군사에 조예가 깊은 류홍柳洪의 외손자인 점도 작용하였을 것이다.

> 그의 부친 류홍柳洪은 병학자로 출세하여 선종 때에 侍中에 임명되었다. 그는『춘추좌전春秋左傳』과『병가비결兵家秘訣』에 정통하였으므로 나라에서 결정하기 어려운 문제가 있을 때마다 그는 옛날의 유명한 전략을 인용하여 현실에 적응하게 대책을 제의하였으며 그것이 많은 경우에 적중하였으므로 당시에 그를 존중히 여겼으며 죽은 후에는 광숙匡肅이란 시호를 주었다.[127]

류홍은 최사추와는 사돈이고, 병학자로 출세하여 시중이 되었으며, 『춘추좌전』에 정통하였다. 또 무신에 대한 대처로 예종은 즉위하면서 무신들의 인사에서 최정崔挺, 최유정崔惟正, 고의화高義和, 황유현黃兪顯 등 고위 무신들에게 상서尙書 직을 겸임토록 했었는데[128] 이것은 숙종의

---

126) 이중효,『고려 중기의 국자감운영과 그 정치적 배경』전남대학교 박사학위논문, 2002, 49쪽.
127)『高麗史』권97, 열전 10, 류인저.

무신 우대 정책을 계승하여 문신들을 견제하려는 의도였다.129) 예종
원년 12월에 왕이 임석한 가운데 윤관이 『서경』「무일」을, 오연총이
『예기』를 강론하면서 고려에서 최초로 경연을 시작하고 있는130) 상황에
서 예종 2년(1107) 1월에는 '국학國學을 설치하여 어진 이를 양성함〔置學
養賢〕'과 관련된 기사를 제制하고 있다.

> 제하기를, "국학國學을 설치하여 어진 이를 양성함은〔置學養賢〕
> 삼대三代 이래 좋은 정치를 이룩하는 근본인데, 유사의 의론이 아직
> 결정되지 못하였으니, 마땅히 신속히 시행하게 하라." 하였다.131)

치학양현置學養賢에 대해 담당 유사有司들은 의논을 정하지도 않고,
대신들은 왕의 의견을 받들지도 않고 있었기 때문에 시론이 애석히 여겼다
고 한다. 그 이유는 신법에 대한 정책 때문일 것이다. 최충의 손자 최사추崔
思諏는 당시의 제반 개혁에서 "옛법을 경솔히 개변하지 않았다."고 평가되
고 있다.132) 또한 예종 초기 고령신高令臣도 당시 공경公卿들이 다투어
신법을 내놓는 것에 반대하면서 조종의 성헌成憲을 따를 것을 주장하였다
는133) 것이다. 예종과 그를 보좌한 윤관의 전폐통용책이나 여진정벌과
같은 개혁 정책에 대하여, 당시 많은 관료들은 신법으로 이해하면서
반대하고 있었다. 대신들의 반대를 무마하기 위해서 예종 3년(1108)

---

128) 『高麗史』 권12, 예종 원년 9월.
129) 김당택, 「고려 숙종·예종대의 여진정벌」『전해종박사 8순기념논총』, 지식산업
    사, 2000, 198쪽.
130) 권연웅, 「고려시대의 경연」『복현사림』 6, 1983, 4~5쪽.
131) 『高麗史節要』 권7, 예종 2년 1월.
132) 『高麗史』 권96, 열전 9, 최사추전.
133) 『高麗史』 권97, 열전 10, 고령신전.

2월 조詔에는 양경兩京 문무관 5품 이상은 각각 1子에 한하여 음관을 허하게 하는 종래의 예우를 다시 확인하면서 만약에 친자가 없는 경우는 수양아들 및 손자에게 이를 적용시키도록 하여 예우를 보다 확대시켰다. 정치개혁에서 전통적 문벌귀족들의 불안을 제거하여 개혁에 동조하도록 하기 위한 의도였다.[134]

그러나 예종의 정책을 적극 추진하던 윤관에 대한 비판도 여진 정벌 실패 이후에 증가하고 있었다. 예종 3년 윤관이 여진을 정벌하러 갔을 때 정국을 살펴보면 이해가 가능하다. 윤관의 반대 세력인 이자겸이 정국을 장악하고 최사추가 후원하면서, 이자겸의 딸을 납비納妃하고 있다. 이들은 담진의 왕사임명 및 화폐제, 천태종, 별무반을 동시에 반대하고 있는데, 윤관의 개혁은 문벌귀족을 약화시키거나 그들의 특권을 고려하지 않았다고 보았기[135] 때문이다. 예종 4년에 여진과 강화를 하게 되자 중서성에서 윤관·오연총의 패군한 죄를 다스리기를 청하였다. 이렇게 윤관의 처벌을 논의하는 중인 예종 4년(1109) 7월에 칠재七齋를 설립하고 있다. 여진 정벌 실패로 윤관의 처벌을 논의 하던 중에 칠재七齋를 설립한 이유가 무엇일까? 그것은 정책 실패에 따라, 예종의 입장에서 선택할 수 있는 대안과 관련되기 때문에 윤관의 처벌에서 실마리를 찾을 수 있을 것이다.

윤관·오연총이 돌아왔다. 왕은 승선承宣 심후를 중로에 보내어 그 부월을 거두게 하였다. 윤관 등은 복명復命을 하지 못하고 자기의 집으로 돌아갔다. 중서성에서 아뢰어 윤관·오연총의 패군 한 죄를

---

134) 申千湜, 앞의 책, 52쪽.
135) 정수아, 앞의 논문, 22쪽.

다스리기를 청하였다.136)

　윤관은 왕에게 복명하지 못하고 집으로 돌아갈 정도였다. 그런데 이 기사 다음에 바로 칠재七齋 설립 기사가 등장한다. 윤관의 처벌을 주장하는 의견을 무시하고 칠재七齋를 설립하고 있다. 다음 달인 8월에 신기군사가 돌아오자 예종은 "동쪽 전쟁의 패전은 장수의 허물이다."고 하면서 윤관의 책임을 분명히 하지만, 윤관의 처벌은 윤허하지 않고 있다. 다음해에도 처벌 주장은 계속되어 "재상·간관이 모두 집에 돌아가서 나오지 않아 성중省中이 모두 비었다."137)고 할 정도로 중대한 문제였으나, 국왕이 허락을 하지 않고 있다. 계속 이어지는 처벌 주장에 대해 잠시 공신의 호를 깎았다가 예종 5년 12월에는 오히려 수태보 문하시중 판병부사에 임명하고 있다. 윤관은 다음해인 예종 6년 5월에 졸한다. 예종은 윤관을 처벌하지 않음으로써 정책 실패를 완전히 자인한 것도 아니고 오히려 칠재七齋를 설치함으로써 신법과 관련된 정책을 완전히 폐기한 것도 아니었다.138) 예종에 대한 사신평에서 확인 할 수 있다.

　뒤에는 군사 쓰는 일이 어려운 것을 알고 원망을 버리고 수호하여
　이웃 나라로 하여금 감동하고 사모하여 와서 복종하게 하였으며,
　홀아비와 과부를 구휼하고, 노인을 부양하며, 학교를 개설하여 생원을

---

136) 『高麗史節要』 권7, 예종 4년 7월.
137) 『高麗史節要』 권7, 예종 5년 5월.
138) 채웅석, 「고려 예종대 道家思想·道敎 흥기의 정치적 성격」 『한국사연구』 142, 2008, 109쪽. "예종의 그런 입장에도 불구하고, 여진 경략이 실패로 끝났다는 여론이 우세한 이상 공리주의적 신법개혁 기조를 유지할 수는 없었다. 이후 정책의 주된 방향은 교육·문화부문의 혁신과 민생 구제를 목표로 하는 쪽으로 가닥을 잡았다."고 하였다.

양성하고, 청연각·보문각 두 각을 설치하여 날마다 문신들과 더불어 육경을 강론하고, 전쟁을 끝내고 문치를 닦아 예악으로 풍속을 바로잡으려 하였다.[139]

군사 정책을 교육 정책으로 전환하면서 국면을 타개했다는 논평인 것이다. 기존의 연구자들도 대개 동의하고 있는 부분이다.[140] 한편 칠재七齋의 형태에서도 예종의 국면 전환용 정책의 일단을 확인할 수 있다. 윤관의 여진 정벌 실패로 신법 관련 정책의 추진이 난망하게 되어 좀더 보수적인 형태의 제도가 들어설 가능성이 있는[141] 시점에 설립된 것이 '예종 4년의 칠재七齋'이다. 신법에 기반을 둔 급진적인 제도 개혁의 한계를 느끼지 않을 수 없었을 것이다. 예종으로서는 보다 온건하고 점진적이면서도 다수 관료들이 호응해 줄 수 있는 개혁노선을 취해야 했던 것이다.

> 대학大學 최민용崔敏庸 등 70명, 무학武學 한자순韓子純 등 8명을 시험으로 뽑아서 칠재七齋에 나누어 배치하였다.[142]

---

139) 『高麗史節要』 권8, 예종 17년 4월.
140) 신호웅, 「고려중기 국학에 관한 소고 - 그 구성과 교육과정을 중심으로 -」 『한국학논집』 2, 1982, 19쪽에서 武學齋는 尹瓘의 九城役이 좌절된 痛恨을 달래고 북방민족에게 능동적으로 대처할 수 있는 將材養成의 필요성을 절감하여 설치된 것이었다."고 하여 朴性鳳의 논리를 수용하고 있다.(朴性鳳, 「국자감과 사학」, 『한국사』 6, 국사편찬위원회, 1975, 203쪽.)
141) 여진정벌이 실패로 돌아간 뒤 예종은 이념적 기반이 취약한 급진적 개혁의 한계를 느끼지 않았을까 한다. 그로서는 보다 온건하고 점진적이면서도 다수의 관료들이 호응해 줄 수 있는 개혁노선을 취해야 했으며, 그것이 곧 유학진흥책이었다고 본다.(정수아, 앞의 박사 논문, 1999, 169쪽.)
142) 『高麗史節要』 권7, 예종 4년 7월.

칠재七齋로 구성하고 있다는 점에서 외형적으로는 최충의 구재九齋를 모델로 하고 있음을 알 수 있다. 태학太學·무학武學으로 구분한다는 점에서는 왕안석이 시행한 태학·무학의 구조를 그대로 계승하고 있다는 것을 알 수 있다. 당시 신법에 반대하고 있던 구법당 계열에 대한 대처가 바로 구재九齋의 계승을 표방하는 게 아닌가 한다. 그러면서도 외형적인 구조의 관점에서 왕안석의 태학·무학의 원형이 바로 호원의 경의재·치사재였고, 또 최충의 구재九齋도 수기·치인과 같은 2원적 재사齋舍 구조를 이루고 있던 것도 영향을 주었을 것이다. 특히 소태보 등이 반대하던 삼사제 자체를 시행하는 방법보다는 우선 무문겸전의 방향성을 정립하는 개혁을 선택하면서 보수파의 공세를 피해갔다고 보아야 한다. 이런 보수적인 형태는 칠재七齋 설립 직후에 나온 기사에서도 비슷한 분위기를 감지할 수 있다.

> 9월에 결정하기를 제술, 명경 등 여러 과에 새로 추천된 사람들은 국자감에 3년 동안 붙여 두어 300일이 찬 사람을 각 과 감시에 응시케 하되 서경西京에서는 유수관留守官이 이를 뽑아 올리고 지방에서의 추천은 동경東京, 남경南京, 팔목八牧 삼도호부三都護府 등의 계수관이 이전의 식대로 시험쳐 뽑아서 성에 보고하게 하였다.143)

이는 예종 5년 9월의 국자감 재학 규정이다. 이에 대해 연구자들은 "국자감에 3년 간 재학하고서 300일을 출석해야 각 업 감시에 응시를 허락한다."는 규정으로 이해하고 있다.144) 북송 경력 3년(1043)에 범중

---

143) 『高麗史』 권73, 선거 1, 과목 1.
144) 朴贊洙, 『고려시대 교육제도사 연구』, 경인문화사, 2001, 107쪽 주 41번 참조.

엄이 학교를 일으키도록 건의하면서 내려진 조조와 유사함을 알 수 있다.145) 또 이 직후인 인종 경력 4년 11월에는 이를 다시 확인하고 있는데, 국자감에서는 500일이 기준이고, 주현에서는 300일이 기준이었다.146) 고려에서도 위의 사료에 보이듯이 국자감 재학 300일 기준을 마련한다. 실제로 윤언이 등이 이 300일 규정에 따라 예부시에 응시하여 합격하고 있다.147) 범중엄이 건의한 해가 경력 3년(1043)이고, 실제로 제정된 해가 경력 4년(1044)인데 최충의 사망 후 같은 내용을 적용하는 해가 예종 5년(1110)이다. 북송 구법당 계열의 정책을 수용하고 있는 분위기이다.

### (2) 무학재武學齋의 정비

예종의 입장에서 '예종 4년'의 무학재는 아직 미완의 형태였다고 할 수 있다. 아직 삼사제가 시행되지 않고 있었기 때문이기도 하지만 학사 자체도 건립되지 않고 있었기 때문이다. 그래서 예종 9년에는 국자감 학생들이 국학을 세울 것을 청하고 있다.

예종 9년 2월에 국자감 학생 장자張仔 등 60명이 궁궐에 가서 국학을 세울 것을 청원하였다.148)

---

145) 『宋史』 권155, 선거 1, 과목 상. "乃詔州縣立學 士須在學三百日 乃聽預秋賦 舊嘗充 賦者百日而止 試於州者 令相保任 有匿服犯刑虧行冒名等禁"

146) 『續資治通鑑長編』 권147, 인종 경력 4년 11월. "判國子監余靖言 臣伏見先降救命并 貢擧條制 國子監生徒 聽學滿五百日方許取應 每十人之中與解三人 其諸路州府軍 監並各立學及置縣學 本貫人並以入學聽習三百日 舊得解人百日以上方許取應"

147) 申千湜, 앞의 책, 71~72쪽.

148) 『高麗史節要』 권8, 예종 9년 2월.

예종 9년 2월 이전에는 칠재七齋의 학사 설치가 실행단계에 있지 않았음을 알 수 있는 것이다. 예종은 이들 국학생들의 청원을 수용하여 곧 유사有司에게 국학 설립을 명하였고, 동년 8월에는 국학에 행차한다. 신천식申千湜은 이때 왕의 국학 행차는 선종 6년 국자감을 순천관으로 이전한 후 처음 보이는 행사이며 실로 28년만의 행사로서 이때 예현방의 국자감 교육시설이 완료되었음을 의미한다고 하였다.149) 예종 10년 (1115)의 기사에 의하면 삼사제도 이미 시행하고 있음을 알 수 있다.

　돌이켜보건대 귀국은 왕업을 창시함에 있어서 천년 대계를 세우고 천의에 순응하여 국토를 통일하였으며 도통의 근원을 천명하여 오래 된 폐단을 일소하였으며 학궁은 3사(外舍, 內舍, 上舍)로 구분하고 교양은 육경六經을 기본으로 하였다.150)

이는 7월 왕자지와 문공미가 송나라에 가는 편에 진사 김단, 견유진, 조석, 염취정, 권적 등 5명을 딸려 보내 송 태학에 들어가 공부하게 하면서 올린 표문에 대한 송나라의 답장이다. 그 중에서 권적은 북송의 과거에 급제하고 귀국 후 여러 직책을 거쳐 국자제주가 되어 태학 교육을 담당했다.151) 당시 북송에서는 고려가 이미 삼사를 실시하고 있다고 인식하고 있다. 권적이 북송에 갈 당시에 고려의 사신에게 우호적이었으며 주로 접할 기회가 많았던 정치세력은 송의 신법당 정권이었고, 권적이 수학했던 태학도 또한 신법당의 개혁정책을 실행에 옮길 수 있는 실무적 관료를 배출하기 위함이었다고152) 한다. 또 권적이 북송에 가면서 올린

---

149) 申千湜, 앞의 책, 82~83쪽.
150) 『高麗史』 권14, 예종 10년 7월.
151) 『高麗史節要』 권8, 예종 10년 7월.

글에서 왕안석의 영향력을 짐작할 수 있는 내용이 있다.

한이부韓吏部가 처음으로 고학古學을 부르짖음에 당나라의 문물文物이 찬연하고, 왕승상王丞相이 퇴풍頹風을 크게 변화시키매 송나라의 유술儒術이 일어났으니, 천 년을 망라하여 일시를 밝혔습니다.[153]

왕안석의 유학은 새로운 개혁운동에 따라 쇠락해가던 유학을 혁신함으로써 송나라의 유술을 일으킨 것으로, 마치 당나라 시대 후반기에 고문부흥을 제창하여 유교혁신 운동의 기치를 내걸었던 한유와 같은 맥락에서 인식되고 있는[154] 것이다. 인용문은 중국으로 유학을 떠나면서 자신의 좌주인 박승중에게 올린 글이기 때문에 유학을 떠나기 이전에 송의 학술을 나름대로 꿰뚫고 있었다고 하겠다.[155] 이후, 예종 11년을 기점으로 예종대의 정책에서 변화가 일어나고 있었다.

예종 11년 판사를 고쳐 대사성이라 하여 종3품으로 하고 제주는 정4품으로 낮추었다.[156]

이것은 국자감을 대대적으로 북송대 체제로 고치겠다는 의도로 보인다. 이와 동시에 무학제도가 본격적으로 정착하게 되면서 무문겸전을 강조하고 있다.

---

152) 文喆永, 『고려유학 사상의 새로운 모색』, 경세원, 2005, 33쪽.
153) 『東文選』 권45, 入宋船次上朴學士啓.
154) 文喆永, 앞의 책, 37쪽.
155) 정수아, 앞의 박사 논문, 1999, 77~78쪽.
156) 『高麗史』 권76, 백관 1, 성균관.

　　문무에 대한 두 가지 학문〔文武兩學〕은 나라 교화의 근본이다. 일찍이 지시를 내려 그 두 학궁을 세우고 모든 학생을 교양하여 앞으로 장수나 정승을 거기서 선발하도록〔將相之擧〕 하려 하였는데 해당 관청에서 각각 제 의견을 고집하여 일정한 정론이 없으니 이에 대한 대책을 보고하고 빨리 실행하여야 할 것이다.157)

　　책임을 맡은 자들이 각각 딴 의견을 고집하여 결정하지 못하였다고 하면서 빨리 결정하여 시행하라고 한다. 이때 문무양학文武兩學이 국가 교화의 근원이고 그 목표는 장상지거將相之擧라고 하였다. 결국 인물을 선발하는데 목적이 있는데, 그 인물은 무문겸전의 유장을 양성하는 것이었다. 예종 11년(1116) 8월에는 무문겸전을 한 번 더 강조하고 있다.

　　8월에 제하기를, "문과 무의 도는 어느 하나도 폐지할 수 없는 것이다. 근래 여진〔蕃賊〕이 점점 성하기 때문에 계획을 세우는 신하와 무장이 모두들 병기를 수선하고, 군사를 훈련하는 것으로 급무를 삼고 있으나, 무력만을 전용할 수는 없다. 옛날 순임금께서는 문덕文德을 크게 펴서 양쪽 섬돌에서 간우干羽의 춤을 추니 70일 만에 유묘有苗가 와서 항복하였는데, 짐은 이를 매우 사모한다. 더구나 지금 송나라 황제가 특별히 대성악의 문무무文武舞를 하사하였으니 마땅히 먼저 종묘에 쓰게 하고 다음 연회에 써야 하겠다."고 하였다.158)

　　예종 11년 8월의 논의 이후에 무문겸전이 목표인 유장儒將의 개념이 정착되는 모습은 「투호의」에서 알 수 있다.

---

157)『高麗史』권14, 예종 11년 8월.
158)『高麗史節要』권8, 예종 11년 8월.

11월. 왕이 여러 학사들에게 명하기를, "투호投壺는 옛날의 예절인
데 폐지된 지가 이미 오래되었다. 송나라 황제가 하사한 그 그릇이
매우 정교하니, 경卿 등은 「투호의投壺儀」와 「투호도投壺圖」까지 찬술
纂述하여 정하라." 하였다.159)

앞에서 유장인 극곡과 함께 거론된 채준祭遵의 사례에서 보았듯이,
투호는 평화시의 훈련으로 여기고 있었다. 마치 호원이 투호를 중요시
여겼던 것과 거의 동일한 모습을 보이고 있다. 투호에 대한 분위기를
조성하는 것은 예종 11년 문무양학文武兩學의 조서 이후에 나타난 현상이
었고, 최종적으로는 예종 14년 7월에 무학생을 증원하고 있는 것으로
결론을 보았다.

14년 7월. 예종이 극력 유교 교육에 뜻을 두고 관계 관리에게 조서를
내려 학교를 많이 세우고 유학儒學에 60명과 무학武學에 17명을 배치
하였으며 근신近臣으로 하여금 그 사무를 감독하게 하고 유명한 유학자
를 뽑아서 학관學官과 박사를 삼아 경서의 뜻을 강론하며 가르치고
지도하게 하였다.160)

유학이 60명으로 예종 4년에 비해 10명이 줄었고, 무학은 9명이 증가
되고 있는 현상이 나타나고 있다. 이때 무학재가 완성되는 것이다. 제술
일변도였던 고려의 교육과 과거가 강경을 중요시하게 되어 양자가 균형을
맞추게 되었고, 재생齋生들에게 예부시 직부直赴를 허락하는 등 특전이
부여되자 국자감 교육이 권위를 회복하게 되었다.161) 그러나 무학재의

---

159) 『高麗史』 권14권, 예종 11년 12월.
160) 『高麗史』 권73, 선거 1, 과목 1.

설치는 실제 유장儒將을 양성하는 게 목적이었기 때문에 무과와 연결되는
것이 올바른 순서였다. 그래서 예종 15년(1120)에는 무학생을 시책試策
하고 있다. 이때가 유일하게 치러진 무과였다고 보이는데 한안인이 주관
하였다고 여겨지고, 그는 지공거로서 당시의 예부시를 주관하였고, 당시
무학재생들은 책策과 논論으로써 무과를 치렀는데 이를 통해 보면 무학재
생에게 보이는 과거가 어떠한 무예나 병서에 의한 것보다는 문과에 해당된
다고 하였다.162) 예종 16년에는 김유규金惟珪가 무예시 2등급에 합격하
는 기록이 보인다.163) 그런데 김유규는 사마시를 거쳐서 무학으로 천장天
場에 응시하여 2등급으로 합격하였다는 점이 묘비명 첫머리에 실려 있다.
무과가 거의 문과와 같은 수준이라는 점을 짐작하게 한다. 이것은 고려
예종대 신진 관료들이 과거를 통해서 고위 관직에 진출하고, 무관들도
고위 관직에 진출하는 현상과 관련된다고 할 수 있다.164)

　이상으로 고려의 무학제도 수용에 관해서 서술하였다. 고려에서 무학
박사를 설치하는 중심 인물은 김양감이었다. 그는 소식蘇軾의 시문인
「응상지」를 받아오고, 최충의 손자인 최사량은 소식의 『전당집』을 수입
한다. 이 책은 신법당을 비판하는 내용이 포함되어 있었다. 이런 배경과
함께 고려에서는 유장儒將의 개념을 이미 최치원의 저술을 통해서 파악하
고 있었다. 유장儒將의 개념이 정립된 이후에는 문종 30년(1076)에
무학박사가 설치된다. 이는 북송 구법당 계열의 영향이었다.

　'예종 4년'의 무학은 여진 정벌이 실패로 돌아가고 윤관에 대한 처벌

---

161) 朴贊洙, 앞의 책, 94쪽.
162) 이중효, 앞의 박사 논문, 2002, 78쪽.
163) 김용선, 『역주 고려묘지명집성(상)』, 251쪽, 金惟珪墓誌銘.
164) 김창현, 「고려중기 예종·인종의 통치와 관료집단의 성격」, 『한국인물사연구』
　　8, 2007.

논의가 시작된 시점에 설립되고 있다. 당시는 신법 관련 정책의 추진이 난망하게 되어 좀 더 보수적인 형태의 제도가 들어설 가능성이 있는 시점이었다. 따라서 외형적으로는 최충의 구재九齋를 모델로 하고 있고, 내용적으로는 왕안석의 태학·무학 체제를 수용하고 있는 절충적 형태가 '예종 4년'의 무학재였다. 이후 예종 11년에는 두 번이나 문무양학에 관해 발표하면서 무문겸전의 유장을 양성하겠다는 의지를 표명한다. 이때 「투호의投壺儀」 의식을 정하는데 이 「투호의」 저자가 호원이었다. 최종적으로 '예종 14년'에 무학이 완성되는데, 무학의 설치는 실제 유장儒將을 양성하는 게 목적이었기 때문에 예종 15년에는 최초로 무학생을 시취하고 있다. 무과는 문과와 같은 수준이었다는 점에서 무문겸전武文兼全의 정립이었다.

# 제3장 고려의 무학제도武學制度 폐지

북송北宋의 무학武學은 정강지변靖康之變 이후 남송이 건립되고도 지속적으로 유지되고 있는데 고려의 무학武學은 치열한 논쟁 끝에 폐지되고 있다. 그 의미가 궁금하지 않을 수 없다. 이는 당시 고려 사상계의 경향성을 파악하면 가능할 수 있다고 생각되었다. 특히 인종대 사상계를 대표하는 인물은 윤언이尹彦頤와 김부식金富軾인데, 이들의 사상적 대립이 무학武學의 폐지와 어떤 연관성이 있는지 살펴볼 필요성이 있다고 판단된다.

## 1) 인종대 윤언이尹彦頤와 김부식金富軾의 대립

인종 즉위년의 양시楊時 기사는 12세기 북송과의 교류에 의해 신유학의 동향이 고려 유학계에 곧바로 전달되고 있었음을 의미한다고 하였다.[165)166)] 인종대의 이런 학문적 분위기는 이미 예종대 김인존(?~1127)의 「청연각기」에 나타나고 있었고, 당시 유학이 크게 진작되고 있었다는 것을 보여준다.[167)] 청연각에는 주공周公, 공자孔子, 맹자孟子, 양웅揚雄의 서적이 비치되어 있었으며, 삼강오상지교三綱五常之敎와 성명도덕지리性命道德之理가 충만하였다고 한다.[168)] 같은 시대 학자인 은순신도 다음과 같이 표현하고 있다.

　　성상께옵서 성誠으로부터 명明하심에, 오직 슬기로워 성인이 되신

---

165) 고혜령, 『고려후기 사대부와 성리학 수용』, 일조각, 2001, 54쪽.
166) 文喆永, 앞의 책, 34쪽에서 "理의 표현은 실로 고려중기 유학계의 신유학 이해의 도를 짐작하게 해주고도 남음이 있다."고 하였다.
167) 이범직, 「고려시기의 경학」 『국사관논총』 5, 1989.
168) 『東文選』 권64, 淸讌閣記.

것입니다. 그것을 들어 사업에 행하시어 집과 나라를 다스리시고
빛나는 문장이 있어 환히 일월日月을 달아 놓은 것 같나이다.169)

자성이명自誠而明은『중용中庸』의 "성誠으로부터 명明한 것〔自誠明〕을
성性이라 이르고 명으로부터 성하는 것을 교敎라 이른다."에서 빌려왔
고,170) 유예작성惟睿作聖은『서경書經』의 "생각함을 슬기롭다 이르고〔思
曰睿〕, 슬기로운 이가 성인이 된다.〔睿作聖〕"에서 빌려왔음을 알 수 있
다.171) 이는 후대의 주희朱熹의 해석과 거의 일치한다고 한다.172) 당연히
인종대 강경에서도 그런 영향이 나타날 가능성이 크다.

---

169)『東文選』권36, 刱立國學後學官謝上表.
170)『中庸』. "自誠明 謂之性 自明誠 謂之敎"
171)『書經』「周書」洪範.
172) 文喆永, 앞의 논문, 56쪽.

[표 21] 인종대 강경표講經表

| 연월 | 장소 | 진독자 | 강서 | 비고 |
|---|---|---|---|---|
| 5년3월 | | 김부일 | 서경 홍범 | 묘청 관정도량 |
| 5년3월 | | 鄭沆 | 서경 열명, 周官 | 척준경 귀양 |
| 5년3월 | | 정지상 | 서경 무일 | 서경에서 조서 |
| 7년3월 | 돈화당 | 김부철 | 서경 무일 | 윤언이 강문 |
| 7년8월 | 서적소 | 鄭沆 | 송조충의집 | 서적소에 대한 설명 |
| 10년3월 임인 | 기린각 | 윤언이 | 주역 건괘 | 鄭沆,이지저,정지상 問難 |
| 10년3월 계묘 | | 鄭沆 | 예기 중용편 | |
| 10년4월 | | 정항, 윤언이, 정지상 | | 再次 경연에 대한 상으로 화서대 하사 |
| 11년5월 임신 | 숭문전 | 김부식 | 주역, 상서 | 김부의,홍이서,鄭沆,정지상,윤언이 問難 |
| 11년5월 갑술 | | 김부의 | 서경 홍범 | |
| 11년5월 무인 | | 윤언이 | 중용 | |
| 11년7월 갑자 | 수락당 | 김부식 | 주역 건괘 | |
| 11년7월 정묘 | 〃 | 〃 | 주역 태괘 | |
| 12년6월 | 〃 | 김부의 | 월령 | |
| 12년6월 | 〃 | 鄭沆 | 시경 七月篇 | |
| 12년7월 | | 윤언이 | 월령 | |
| 12년9월 | 명인전 | 김부의 | 서경 열명 | |
| 13년8월 | 천성전 | 鄭沆 | 唐鑑 | |
| 16년11월 | 집현전 | 김부식 | 주역 大畜, 復 | 諸學士 問難 |

　그런데 위의 [표 21][173)]에 보이는 인물들 중에서 강경을 주도한 학자는 정항鄭沆, 김부일, 김부식,[174)] 김부의, 윤언이, 정지상으로 대표된다. 강경의 과정을 살펴보자.

　인종 5년(1127) 2월에 인종이 서경으로 행차하고, 3월에 집중적으로

---

173) 『高麗史』, 『高麗史節要』, 권연웅 「고려시대의 경연 (經筵)」, 남지대 「조선초기의 경연」 참조.
174) 현재 문집을 복원하려는 시도가 있다.
　　蔡尙植, 「東人之文四六의 사료가치와 전산화 - 특히 김부식문집의 복원시도」 『고려시대연구』 2, 한국정신문화연구원, 2000.

강경을 실시하고 있다는[175] 점은 이자겸(?~1126)의 난 이후의 정국
운영과 연관이 있다고 보인다. 이때 강경한 인물들이 김부일, 정항,
정지상이다. 그런데 김부일·정항은 천도 반대파이고 정지상은 천도
찬성파로서 대립 구도가 형성되기 시작하고 있는 것이다. 강경 경전은
『서경』「홍범」, 「열명」, 「주관」, 「무일」이다. 인종 자신의 정통성을 확보
하자는 차원에서의 강경임을 알 수 있다. 인종이 즉위한지 5년이 지난
시점이고 이자겸의 난을 겪은 직후였다.[176] 이때 인종의 나이가 19세에
달했기 때문에 안정화를 추구하면서도 변화를 지향하고 있는 모습이다.
이때 반포된 인종의 유신지정維新之政은 왕권의 회복이나 정치기강 확립
과 관계된다고 할 수 있다.[177] 인종 7년(1129) 2월에 서경에 대화궁이
완성된다. 이를 기념하여 강경을 실시하고 있다.[178]

당시 강경은 김부일이 실시하고 윤언이가 강론을 진행하고 있다. 경전
은 『서경』「무일」이다. 「무일」은 태조가 「훈요십조」에서 강조한 서적이
다. 인종 7년(1129) 5월에는 윤언이·정지상·권적 등이 글을 올려
당면 정책에 대해 건의하지만 인종이 너그럽게 받아들였다.[179] 그런데
이 직후인 8월에는 인종이 서적소書籍所에서 정항鄭沆에게 『송조충의집宋
朝忠義集』을 읽게 하고 있다. 이 서적소는 시중 소태보의 집에 정한 것으로
대사성大司成 김부철金富轍, 예부禮部 원외랑員外郎 임완林完 등에게 숙직
하도록 하고 있다.[180] 소태보(1034~1104)는 북송 신법당의 제도 도입

---

175) 『高麗史』권15, 인종 5년 3월.
176) 『高麗史節要』권9, 인종 5년 3월.
177) 朴性鳳, 「고려 인종조의 양란과 귀족사회의 추이」『고려사의 제문제』, 삼영사,
     1986, 175쪽.
178) 『高麗史』권16, 인종 7년 3월.
179) 『高麗史』권16, 인종 7년 5월.
180) 『高麗史』권16, 인종 7년 8월.

에 반대한 인물이었다. 소태보는 이미 사망한지 오래되는 인물인데 그의 집에다 서적소를 설립한다는 것은 다분히 정치적 의도가 내재되어 있어 보인다.

이 책을 강독한 시점인 인종 7년(1129)은 남송(1127~1279)이 건국되었다고 하지만 아직 금군에게 밀리고 있는 상황이고 임안臨安도 위태로운 지경이다. 남송에서 『송조충의집』을 발간할 여유가 아직 없었다. 그리고 책 제목을 『송조충의집』으로 정한 것을 보면 남송 이후에 발간된 책일 가능성이 있는데, 실제로 발간된 『충의집忠義集』은 원나라 때 조경량趙景良이 저술한 서적이다. 그리고 그 내용도 북송에서 남송으로 밀려와 금나라를 방어하는 영웅인 악비岳飛(1103~1141)에 대한 기록으로 시작하여 남송이 몽골의 침략을 받을 때의 영웅인 문천상文天祥을 중심으로 구성되어 있다. 따라서 고려에서 강독한 『송조충의집』과는 연대가 맞지 않다. 특히 악비는 주전파로서 주화파인 진회秦檜(1090~1155)에게 억울하게 살해당한 이후에 더욱 구국의 영웅으로 인식되고 있었다. 이는 악비를 보필하던 호굉휴胡閎休(?~1152)의 기록에서도 확인할 수 있다.181) 악비가 무고로 죽게 되자 호굉휴는 두문불출하면서 10년을 앓다가 졸하는데, 저작으로 『근왕충의집勤王忠義集』을 남기고 있다. 하지만 『근왕충의집』도 고려에서 강독한 『송조충의집』과는 연대가 일치하지 않는다.

남송에서 악비 이외에 송조충의宋朝忠義라고 표현된 인물이 있다. 바로 범중엄范仲淹(989~1052)이다.182) 송나라 충의지풍忠義之風은 범문정

---

181) 『宋史』 권368, 열전 127, 胡閎休. "於是以岳飛 爲招討使 飛辟閎休爲主管機宜文字 以誅鍾子儀功 進成忠郎 飛被誣死 閎休發憤杜門 佯疾十年 卒 有勤王忠義集藏于 家 孫照 德安太守"

182) 『朱子語類』 권47. "本朝忠義之風 却是自范文正公作成起來也"

공〔범중엄〕부터 시작되었다는 것이다. 주자朱子의 이런 주장에는 연유가 있다. 바로 정자程子의 제자인 유작游酢(1053~1123)[183] 때문이다. 그는 「논사풍주소論士風奏疏」에서 사대부로서 진정 위기에 처해도 종신토록 이름을 손상시키지 않고 염치의 풍속을 이루고 충의의 기풍을 일으킨 인물에게 표현할 수 있는 것이 충의지풍忠義之風이라고 하였다.[184] 이때가 송 원부 3년(1100)이다. 따라서 악비와 같은 전쟁 영웅에게 송조충의宋朝忠義라고 부르기 이전에도 사대부로서 명절을 지킨 인물에게 충의忠義라고 지칭한 것을 알 수 있다. 그런데 고려에서는 이미 인종 7년(1129)에 『송조충의집』을 강독하고 있다는 것은 남송 주자에 앞서서 북송의 인물들에 대한 평가를 완성하고 있다는 뜻이고, 그 대상은 범중엄·사마광과 같은 인물들을 포함하고 있었던 것이다. 이는 실제 원대에 『송사』「충의전」을 편찬할 때 참고가 되었을 가능성이 크다. 그러면서 거론하는 인물이 전석田錫, 왕우칭王禹偁, 범중엄范仲淹, 구양수歐陽脩, 당개唐介였다. 그리고 이들 때문에 정강의 변 이후에 충의지사가 계속 출현하여 근왕勤王이 가능하게 되었다고 한다.[185]

인종 9년(1131) 이후 남송 악비岳飛의 대반격으로 여진의 남정南征이

183) 각종 서적에서 유작, 유초, 유조로 발음하고 있는데, 일단 역주본 실록을 따라 유작으로 부른다.
184) 『宋名臣奏議』 권24. "夫然故士之有志于議者 寧饑餓不能出門戶 而不敢以喪節 寧阨窮終身不得聞達 而不敢以敗名 廉恥之俗成 而忠義之風起矣 人主何求而不得哉 惟陛下留意[元符三年上時爲監察御史]"
185) 『宋史』 권446, 열전 205, 忠義. "士大夫忠義之氣 至於五季 變化殆盡 宋之初興 范質王溥 猶有餘憾 況其他哉 藝祖首襃韓通 次表衛融 足示意嚮 厥後西北疆場之臣 勇於死敵 往往無懼 眞仁之世 田錫 王禹偁 范仲淹 歐陽脩 唐介諸賢 以直言讜論 倡于朝 於是中外搢紳知以名節相高 廉恥相尙 盡去五季之陋矣 故靖康之變 志士投袂 起而勤王 臨難不屈 所在有之 及宋之亡 忠節相望 班班可書 匡直輔翼之功 蓋非一日之積也"

장애를 받게 되자 칭제건원과 서경 천도론에 대한 본격적인 격론이 시작된다. 그것과 관계된 것이 〔표 21〕의 인종 10년 3월의 강경이다. 이때의 강경은 고려 최초의 경연經筵으로 불린다. 경연에 참석하였던 정항·윤언이·정지상에게는 화서대花犀帶를 하사하고 있다. 『고려사절요』에는 재차再次 경연이라고 표현하였으며, 『고려사』에는 재부再赴 경연이라고 표현한 점으로 보아서 정항, 윤언이, 정지상을 중심으로 두 번 열렸음을 알 수 있다. 두 번은 바로 앞 달인 인종 10년(1132) 3월 임인일, 계묘일임을 알 수 있다. 그런데 왜 경연이란 표현을 사용하였을까 하는 의문이 생긴다. 경연이란 표현을 사용한 것은 국가 정책에 중요한 결정 사항이 있었기 때문이었을 것이다.

이 경연을 주도한 인물은 정항·이지저와 윤언이·정지상으로 대별된다고 볼 수 있다. 정항은 이자겸과는 친밀한 관계를 유지하고 있지 않았다. 이자겸의 위세가 진동할 때에도 정항만은 그렇지 않았다고 한다.[186] 인종대 강경을 담당했던 김부일도 주목된다. 그는 김부식의 형이다. 예종睿宗이 보문각을 설치하여 경서와 역사를 강론할 때 김부일의 이름이 널리 알려졌고, 국가의 공식 문서를 많이 윤색하였다고 한다.[187]

앞서 인종 10년(1132) 3월의 경연에서 대척점에 있는 정항과 윤언이·정지상에게 모두 화서대를 하사한 이유가 의문이다. 국왕인 인종의 입장에서는 더 이상의 논쟁을 피하고 결론을 내리고 싶었을 가능성이 있다. 당시 인종은 10년 3월 갑오일에 대화궁大華宮으로 가서, 임인일과 계묘일에 경연을 하고 있다. 이어서 인종 10년 4월에 화서대를 하사하고 있는데 경연이 끝난 지 한 달 이후의 일이다. 게다가 화서대를 하사

---

186) 『高麗史節要』 권10, 인종 14년.
187) 『高麗史節要』 권10, 인종 10년 4월.

받는 날에 정지상이 왕을 오래 서경에 머물도록 하려고 하자 정항이 재차 소를 올려 개경으로 환궁하기를 청하였는데, 왕이 옳게 여겼다고 한다.188) 인종이 화서대를 하사하면서 조정하려던 내용이 무엇임을 알 수 있게 하는 내용이다. 결국 서경 천도 운동에 대한 입장을 국왕이 조정하려고 했다는 것이다. 이때 시행된 과거의 시제에서도 짐작할 수 있다.189) 부제賦題인 '성인내이천하위일가聖人耐以天下爲一家'는 『예기』 「예운」에 나오는 내용이다. 문장 전체를 구체적으로 살펴보면 다음과 같다.

그래서 성인은 천하를 한 집안으로 만들고, 중국을 한 사람처럼 만들 수 있는 것은 마음대로 되는 것이 아니다. 반드시 사람의 마음을 알아서 뜻을 열어주고, 명리에 밝고 근심에 통달한 연후에 가능하다.190)

천하의 여론을 모으는 일이 쉬운 것이 아니라는 의미이고, 백성들의 마음을 헤아려야 하는데 그것은 명리에도 밝고 근심에도 밝아야 가능하다는 논리이다. 이것은 당시 정책 결정에 여론의 향방을 고려해야만 하는 것이었고, 그것은 바로 서경 천도와 맞물려 있는 것이었다. 그리고 이런 제목을 출제함으로써 과거를 치르는 계층에게 국왕의 의지가 어떻다는 것을 밝히는 좋은 계기가 되었을 것이다. 동왕 10년 11월에는 이자겸의 난에 연루된 자들을 사면하고, 12월에 김부식을 수사공 중서시랑 동중서

---

188) 『高麗史節要』 권10, 인종 10년 4월.
189) 『高麗史節要』 권10, 인종 10년 윤4월.
190) 『禮記』 「禮運」, "故聖人耐以天下爲一家 以中國爲一人者 非意之也 必知其情 辟於 其義 明於其利 達於其患 然後能爲之"

문하평장사로 임명하고 있다.

　김부식은 인종 11년(1133) 5월의 강경을 주도하고 있다. 이때 김부식이 『주역』과 『상서』를 강의하고, 한림학사 승지 김부의〔김부철〕, 지주사 홍이서와 승선 정항, 기거주 정지상, 사업 윤언이 등이 문난問難하고 있다.191) 같은 해인 인종 11년 12월에 김부식을 판병부사로, 김부의를 이부 상서로 임명하고 있다. 이때 고려는 복잡한 상황에 직면한 것으로 보인다. 인종 11년 2월에 책봉한 왕태자의 연회를 인종 12년 2월에 와서야 베풀고 있을 정도로 국가에 사단이 있었다고 하는 것은192) 서경 천도와 관련이 있는 것이다. 그렇다면 앞에서 인종 11년 5월에 김부식이 『주역』과 『상서』를 강경한 것은 이런 국가적 사단에 대한 대비 및 방지용일 가능성이 크다.

　그런데 인종 12년(1134) 2월에는 여러 가지 천재지변이 일어나고 있다. 이런 재변에 민심이 동요하였기 때문인지 여항閭巷의 아이들에게 『효경』과 『논어』를 배포 하면서193) 민심을 안정시키고 있다. 국왕에 대한 존중의 의미를 『효경』과 『논어』를 통해서 강조하고자 하는 의미로 보이는데, 충·효에 대한 최적의 교재이기 때문일 것이다. 인종은 5월에 조서를 내려 재변에 대해서 삼품 이상의 관원들에게 정치의 폐단과 백성들의 고민에 대해서 진술하라고 하고 있다.194) 상황이 심각하다는 것은 인종 자신이 동왕 12년 5월에 태조의 진전眞殿에 참배하고 눈물을 흘리면서 어려움을 호소하고 있는데서 알 수 있다.195) 재난에 대해서 백성들의

---

191) 『高麗史節要』 권10, 인종 11년 5월.
192) 『高麗史』 권16, 인종 12년 2월.
193) 『高麗史』 권16, 인종 12년 3월.
194) 『高麗史』 권16, 인종 12년 5월.
195) 『高麗史』 권16, 인종 12년 5월.

어려움을 어떻게 구제할 것인가 하는 문제와 함께 이를 해결하기 위해서 조상의 음덕까지 바라고 있는 심경이다. 이어 6월부터는 계속 재변에 대한 대책과 관련된 강경을 하고 있다.196) 특히 「월령」은 재변에 대한 대책을 마련하는 의미로 강경을 시도했을 것이다. 또 『시경』 칠월편은 농사와 관련된 문제와 후계 문제도 연관되어 있다. 『시경』 칠월은 원래 『시경』의 「빈풍」 칠월이다.197) 그 내용은 농사를 걱정하는 마음을 주공周公이 성왕成王에게 훈계하는 것이다. 무왕武王의 아들인 성왕成王이 즉위하여 살기가 어렵게 되었을 때 성왕의 숙부叔父인 주공周公이 섭정攝政을 하면서 지은 노래이다. 한편으로 인종 자신에게는 주공周公과 같은 신하가 있었으면 하는 희망이 아닐까 한다. 그래서 인종 12년(1134) 8월에 김부의가 『서경』 「열명」을 강의한 다음에 10월에는 조서를 내리고 있는데,198) 국가적 재난에 인종 자신을 보필할 만한 주공周公 또는 이윤伊尹 · 관중管仲과 같은 신하를 필요로 하고 있다는 내용이다. 그러면서 인종은 자신을 순임금에 비교하면서 논의를 출발하고 있다. 고려와 마찬가지로 북송에서도 비슷한 현상이 있었다. 소식은 「이윤론伊尹論」을 저술하고 있고, 소순은 「관중론管仲論」을 저술하여 인물에 대한 평을 하고 있었다. 「이윤론伊尹論」에서는 『맹자』를 인용하고 있다.199) 이런 상황에서, 신하로서 정지상에 대한 인종의 생각을 확인할 필요가 있겠다.

　　12월 무인일에 우정언 황주첨黃周瞻이 묘청妙淸, 정지상鄭知常 등의

---

196) 『高麗史』 권16, 인종 12년 6월.
197) 『詩經』 「豳風」 七月. "七月流火 九月授衣 一之日觱發 二之日栗烈 無衣無褐 何以卒歲 三之日于耜 四之日擧趾 同我婦子 饁彼南畝 田畯至喜"
198) 『高麗史』 권16, 인종 12년 10월.
199) 『孟子』 권9, 「萬章上」. "伊尹耕於有莘之野 非其道也 非其義也 雖祿之天下 弗受也"

비위를 맞추어 황제 칭호를 쓰고 연호를 사용할 것을 청하였으나
왕이 대답하지 않았다.200)

  칭제건원의 주장에 대해서 인종은 대답을 하지 않으면서 자신의 견해와
는 다르다는 입장을 견지하고 있는데, 칭제건원은 금金과의 관계를 악화
시키면서 대외관계를 파국으로 몰고 갈 현실적 가능성 때문이었다. 인종
13년(1135) 1월에 묘청이 서경에서 거병하자 인종은 바로 김부식을
원수元帥로 임명하게 된다. 이 직후에 정지상이 복주된다. 인종 13년
8월에는 인종이 천성전天成殿에 나가서 양부兩府 대신과 시종관들을 불러
들여 한림학사 정항鄭沆을 시켜『당감唐鑑』을 읽게 하였다. 인종이 정항을
불러서『당감』을 읽게 하는 이유는 그가 묘청의 서경 천도운동에도 적극
반대하고 있기 때문이었다.201) 인종에게 간언을 하면서 공사를 정지할
것을 청하여 성사시키고 있었나. 묘청의 입장에 반대한다는 면에서 정항
은 김부식과는 입장을 같이할 가능성이 컸다고 할 수 있고, 정지상과는
다른 입장을 보이고 있었다. 정항은 합리적인 의견으로 인종이 서경에
머무는 것을 돌려서 개경으로 돌아오게 하고 있다. 이후 묘청의 천도운동
이 일어나자 그는 묘청의 서경 천도운동을 진압함으로써 입지가 더욱
공고해졌다. 그가 개경세력에 참여한 것은 묘청파의 전통사상과는 일정
한 사상적 간격이 있었다는 점, 지역적으로 그의 본향인 동래는 경주에
가까이 있어 서경을 축으로 하는 지역들과 대립할 소지가 있었다는 점
등을 들 수 있다.202)
  『당감』은 범조우范祖禹(1041~1098)가 지은 책이다. 범조우는 사마

---

200)『高麗史』권16, 인종 12년 12월.
201)『高麗史』권97, 열전 10, 정항.
202) 蔡尙植,「고려중기의 정치정세와 동래정씨」『역사와 세계』28·29, 2005, 300쪽.

광이『자치통감』을 저술할 때 당나라 부분을 전담하면서 낙양에 15년 동안 머물렀으며, 책이 완성된 이후에는 사마광의 찬사를 듣게 된다. 범조우는 정자와 당나라 역사에 대해서 논하게 되었고 그 결과『당감』을 완성하게 되었다.203) 그래서『당감』의 논의 내용이 정이程頤의 의견과 동일하게 되었던 것이다.204)205) 그는 당 태종에 대해서 태종지죄太宗之罪를 언급하였는데, 정자의 당 태종에 대한 입장과 비슷하다.206)『당감』권2에서도 확인이 가능하다.207)

  기존연구에서『당감』권6을 인용하여 "태종이 자기의 공적과 능력을 자랑하고 크고 무궁한 것을 좋아하여 화華와 이夷, 그리고 중국과 외국을 하나로 하였다. 후손에게 물려주거나 중국을 안정시키는 도리가 아니다. 마땅히 이는 감계로 삼을 것이며, 사모할 만한 일이 아니다."라고 하였다.208) 그러나 송대에 전적으로 당 태종에 대해 부정적인 입장을 취한 것은 아니다. 당 태종이 간언을 받아들였다는 것은『당감』에서도 인정하고 있는데 송 신종의 대외경략에 치우지는 정책에 대한 간언의 성격을 띤다는 것이다.209) 또『당감』은 제왕帝王의 심성心性을 중시하였다는 점에서 이학理學에 지대한 영향을 미쳤다고 한다.210) 여하튼『당감』이

---

203)『河南程氏外書』권11. "范淳夫[祖禹]嘗與伊川論唐事 及爲唐鑒 盡用先生之論 先生謂門人曰 淳夫乃能相信如此"
204)『河南程氏外書』권12. "唐鑒議論多與伊川同"
205) 粟品孝,「宋代三蘇的史論」『西華大學學報』29-1, 2010, 5쪽.
206)『河南程氏外書』권17. "唐太宗 後人只知是英主 元不曾有人識其惡 至如殺兄取位 若以功業言 過只做得個功臣 豈可奪元良之位"
207)『唐鑑』권2. "世民殺皇太子建成 齊王元吉立世民 爲皇太子 然則太宗之罪著矣"
208) 김병인,「김부식과 윤언이」『전남사학』9, 1995, 79쪽.
209) 梁思樂,「范祖禹對唐太宗形象的重塑 - 宋代帝王歷史敎育一例 -」『중국사연구』70, 2011, 40쪽.
210) 申慧靑,「論司馬光的史學思想對范祖禹及其所著唐鑒的影響」『社科縱橫』23, 2008, 196쪽.

강독되었다는 것은 고려 사상계에서는 의미가 있다고 생각된다. 물론 앞의 양시 기사에서 확인되듯이 이학理學이 도입되었다는 사실에서 영향을 받았을 것이다.

　김부식이 사마광을 계승하면서도『맹자』를 존숭하는 이유에 대해서 파악할 필요가 있다. 이는 사마광이 「의맹疑孟」을 저술한 이유를 파악해야만 가능하다. 사마광이 「의맹」을 저술한 시점은 원풍 5년(1082) 혹은 원풍 8년(1085)이라고 하는데, 원풍 5년에 시작해서 원풍 8년에 끝났을 것이라고 한다.211) 저술을 시작한 시점이 바로 송 신종神宗이 서거한 시점이다. 사마광이 「의맹」을 저술한 이유가 신종 사후에 왕안석과 대척점에 섰던 점을 정리하기 위해서인데, 그의 신법新法이『맹자』를 중요한 이론의 근거로 삼았기 때문이다.212) 따라서『맹자』를 직접 비판한 것이라기보다는 왕안석을 공격하면서 군주에 대한 존중을 강조한 것으로 이해해야 한다는 것이다.213) 그래서 기존 연구에서도 왕안석의 개혁을『맹자』및『주례』와 연관하고 있다고 보았는데,214) 이는 이미 지적되어 오던 바이다.215) 한편 사마광은 천명론에서는 맹자와 유사함을 보이고 있다는 점도 참고 된다.216) 사마광은『맹자』에 대해서 「의맹疑孟」이라는 개념을 사용하였지만 그와 동시대 인물인 소식蘇軾도 「변맹辨孟」을 저술하였던 점을 상기할 필요가 있다. 다만 소식은 비맹非孟과 동시에 존맹尊

211) 夏長樸, 「司馬光疑孟及其相關問題」, 『畫大中文學報』, 1997-6, 118쪽.
212)『湛淵靜語』권2. "或間文節倪公思曰 司馬溫公乃著疑孟 何也 答曰 蓋有爲也 當是時王安石假孟子大有爲之說 欲人主師尊之 變亂法度 是以溫公致疑於孟子 以爲安石之言 未可盡信也"
213) 姚瀛艇 主編, 『宋代文化史』, 雲龍出版社, 1995, 218쪽.
214) 손홍철, 「북송의 사회개혁론과 낙학의 관계 연구」『한국사상과 문화』37, 2007, 262쪽.
215) 제임스류 지음, 李範鶴 옮김, 『왕안석의 개혁정책』, 지식산업사, 2003, 44쪽.
216) 정해왕, 「사마광의 세계관에 관한 연구」『부산대 인문논총』50-1, 1997, 168쪽.

孟을 하고 있다는 점이217) 특이하다. 김부식은 사마광을 존숭하고 있지만 동시에 소식도 존숭하고 있는 입장이었기 때문에 다양한 사상적 스펙트럼을 소지하게 되었을 것이다.

사마광은 왕안석의 입장을 공격하기 위해서 왕안석이 사용한『맹자』의 개념을 비판하고 있는데 반해 김부식은 자신의 반대파인 윤언이를 공격하기 위해서 금국정벌론과 칭제건원론을 이용하고 있었다. 고려 인종대의 정치적 상황과도 일치하고 있다. 인종대는 이자겸의 난과 묘청의 서경천도운동 등 왕권이 몇 차례 위기를 맞이하던 시점이었기 때문에 김부식은 왕권강화의 명분론을 위해서 수용하였을 가능성이 크다. 이는 사마광의 「의맹」이 송대 황제권 강화에 일조하기 위한 목적과 동시에 왕안석을 공격하기 위한 목적과 관련이 있었던 것과218) 유사하다.

이는 김부식이 왕안석을 평가하는데도 영향을 미치고 있다. 인종 17년 (1139) 3월의 기사에서 북송이 망한 것을 왕안석의 책임으로 돌리고 있다. 김부식과 함께 참여한 인물이 바로 최진崔溱으로서 최사추의 아들이자 최충의 증손자였다.

> 김부식과 최진崔溱 등을 불러 술을 마시고, 부식에게 명하여 송나라 사마광司馬光의 「유표遺表」와 「훈검문訓儉文」을 읽게 하고는 한참 동안 칭찬하고 이르기를, "사마광의 충의가 이와 같으니, 당시 사람들이 간당이라고 한 것은 무슨 까닭인고." 하니, 부식이 아뢰기를, "왕안석王安石의 무리들과 서로 좋지 않았기 때문이요, 그 실상은 죄가 없습니다." 하니, 왕이 이르기를, "송나라가 망한 것이 반드시 이에 기인했다

---

217) 周淑萍,『兩宋孟學硏究』, 人民出版社, 2007, 170쪽.
218) 周淑萍,『兩宋孟學硏究』, 人民出版社, 2007, 176쪽.

고 아니할 수 없다." 하였다.219)

　인종이 김부식에게 사마광司馬光의 「유표遺表」와 「훈검문」을 읽게 한 이유를 먼저 생각해야 할 것 같다.220) 사마광 「훈검문」의 원래 명칭은 「훈검시강訓儉示康」이다. 북송이 사마광의 충의를 무시하고 왕안석의 정책을 추종하였기 때문에 멸망했다고 논의하는 모습이다. 그런데 사마광의 「유표」에는 어떤 내용이 담겨 있는지가 주목된다.

　먼저 「유표」에서 사마광은 왕안석의 정책적 문제점을 네 가지 언급한다. 첫째 청묘靑苗, 둘째 면역免役, 셋째 보갑保甲, 넷째 시역市易의 문제점이다. 이 네 가지는 모두 왕안석의 책임이라는 것이다.221) 그리고 대외경략의 문제를 거론하고 있다.

　　… 또한 간사한 신하 충악种諤, 설향薛向, 왕소王韶, 이헌李憲, 왕중정王中正 등은 … 간과干戈를 함부로 사용하여 망녕되게 만이蠻夷들을 소란케 하였습니다. 대저 병兵은 국가의 대사로서 흥폐興廢와 존망存亡이 이에 달려있는 것입니다. 그러나 충악种諤 등은 구구하게도 일신의 은상을 바라고 백성의 사망과 국가의 이해를 돌보지 않았는 바 경박한 모의를 별안간에 내어서 깊이 들어갔다가 스스로 붕괴되니 아이들 장난과 같은 것이었습니다. 병사 수십만이 광야에 해골을 드러냈으며 물자 거억巨億이 이역에 버려졌습니다. … 그러므로 옛

---

219) 『高麗史節要』 권10, 인종 17년 3월.
220) 이강래, 「삼국사기의 성격」 『정신문화연구』 82, 2001, 29쪽. "김부식은 고려의 사마광을 자처했다고 한다."고 하였다.
221) 『傳家集』 권17, 遺表. "凡此四者 皆逆人情違物理 天下非之莫之 肯從安石 乃以峻法驅之 彼十惡盜賊 累更赦令 猶得寬除 獨違新法者 不以赦降去官原免 是其所犯重於十惡盜賊也 安石苟欲遂其狠心 無顧治體 此其厲階至今爲梗也"

성왕聖王이 천하를 다스릴 때는 반드시 내정을 우선시키고 대외적인
일은 나중으로 미루었습니다. … 신이 애석하게 여기는 것은 폐하의
성명聖明으로써 우禹, 순舜, 주공周公, 선왕宣王의 덕을 본받지 않고
도리어 진시황제와 한 무제가 한 바를 본받으려 하는 것입니다.222)

충악种諤 등이 서하西夏를 경략한 일을 비판하는 동시에 진시황제와
한 무제의 대외경략을 비판하고 있는 내용이다. 이는 신종의 책임을
함께 거론하는 것이기도 하다.223) 김부식은 사마광의 「유표」를 이미
입수하여 분석하고 있었던 것 같다. 사마광이 「유표」에서 왕안석의 대외
경략 정책을 비판한 내용도 파악하고 있었을 것이고, 왕안석에 대한
평가도 이와 비슷하게 이해하였을 것이다. 왕안석의 대외경략이 결국
실패했다는 점도 연관이 있을 것이다.224) 그래서 인종 17년(1139)에
와서 왕안석을 비판하고 사마광을 칭송하고 있는 것은 자연스러운 귀결이
다. 게다가 사마광을 칭송하는 이유에는 또 다른 단서가 있는데, 인종
7년(1129)에 강독한『송조충의집』에서 찾을 수 있다.

앞 편에서 보았듯이 고려에서는 이미 인종 7년(1129)에『송조충의집』
을 완성하면서 북송 구법당 계열의 인물들을 충의忠義로 표현하고 있었다.
그래서 인종 17년(1139)에는 사마광을 충의忠義로 표현하는 것이 가능

---

222)『傳家集』권17, 遺表. "又有姦詐之臣 如种諤薛向王詔李憲王中正之徒 行險徼幸
懷譣罔上 輕動幹戈 妄擾蠻夷 夫兵者 國之大事 廢興存亡於是乎在 而諤等苟營一
身之官賞 不顧百姓之死亡 國家之利病 輕慮淺謀 發於造次 深入自潰 僅同兒戱
使兵夫數十萬 暴骸於曠野 資仗巨億 棄捐於異域 昔王恢爲馬邑之謀 單於覺之遁
去 時漢軍無所失亡 但無功耳 武帝猶以爲不誅 恢無以謝 天下今潰敗失亡狼籍如
此 而建議行師之人 晏然若無愧畏 或更蒙寵任"
223) 李範鶴, 「사마광의 정명사상과 인치주의 전개」『동양사학연구』37, 1991, 171쪽.
224) 박지훈, 「북송대 王安石의 대외관과 화이론」『東洋史學硏究』106, 2009, 111쪽.

했을 것이다. 같은 해에 예부禮部 공원貢院에서 건의를 하고 있는데,225) 범중엄의 주장처럼 과거 시험에서의 변화를 추구하였다고 할 수 있다. 인종의 정책 변화가 인종 17년 시점에 전환점을 보이지만, 이미 단초는 인종 7년에 『송조충의집』을 강독하면서부터 나타나고 있었다.

정항이 『송조충의집』을 강독한 것은 김부식을 위시한 서경 천도 반대파들의 의중이 담겨 있을 가능성이 있다. 인종 7년 김부식이 북송의 사신으로 갔을 때 변방에서 "금나라에서 송나라를 침범하다가 싸움에 져서, 송나라의 군사가 승리한 기세를 이용하여 금나라의 국경에 깊숙이 들어갔다."는 보고가 올라왔다. 이때 정지상鄭知常·김안金安은 금을 공격하자고 재촉하고 김인존은 김부식이 돌아오기를 기다리자고 한다.226) 당시 정지상 등은 잘못된 정보를 바탕으로 송이 금과의 전투에서 승리하고 있기 때문에 이 기회를 틈타 금국을 정벌하자고 주장하고 있다. 이런 분위기를 타파하는 인물이 김부식과 입장을 함께 하는 심인존이다. 금국 정벌을 주장하는 인물들은 남송과 협력하자는 것이다. 정벌을 찬성하는 쪽과 반대하는 쪽의 입장차이가 분명하게 나타난다. 『송조충의집』의 강독은 당시 정세로 볼 때 금국정벌 반대, 서경 천도 운동 반대파가 주도했을 가능성이 크다. 한편 왕안석에 대한 책임론은 남송 이후에 지속적으로 유지되면서 왕안석 간신론까지 등장하게 된다.227)228) 결국 『송조충의집』은 서경 천도 운동에 대한 반대와 함께 인종의 왕권강화 정책과 관련이 있다는 것이다.

---

225) 『高麗史』 권73, 선거 1, 과목 1.
226) 『高麗史節要』 권9, 인종 5년 5월.
227) 李華瑞, 「宋高宗對王安石變法的徹底否定」 『王安石變法研究史』, 2004, 人民出版社.
228) 고려말에는 왕안석에 대한 입장이 변화함을 다음 논문에서 알 수 있다.
　　도현철, 「고려말 사대부의 왕안석 인식」 『역사와 현실』 42, 2001.

왕안석 책임론을 제기하는 앞의 사료에서 김부식과 함께 입장을 같이하는 인물이 바로 최진崔溱이다. 흥미로운 사실은 사마광이 저술한 「훈검문」과 같은 이름의 「훈검문」을 최진의 부친인 최사추가 아들인 최진에게 준 바가 있었다.229) 최진은 최사추의 아들이자 최충의 증손자였다. 최사추는 고려 구법당계230) 인물이라고 평가되고, 최사추는 신법에 반대하는 입장을 보이고 있다.231) 최사추의 사촌인 최사량은 소식蘇軾의『전당집』을 수입한다.232) 소식은『전당집』에서 신법당의 정책을 비판하다가 죽음의 문턱까지 갔었다. 이미 고려에서는 소식의 시문이 광범위하게 유행하고 있었는데 김부식과 김부철의 이름에서도 확인된다.

왕안석에 대한 이런 입장은 대외관에서 김부식과 윤언이의 대립으로 표현되고 있다. 그 시초는『주역』을 통한 대립이다. 이때의 정황에 대해서『고려사』에서는 다음과 같이 묘사하고 있다.

어느 날 임금이 국자감國子監에 행차하여 김부식에게 명하여『주역』을 강론케 하고 윤언이를 시켜 묻고 논란케 하자 윤언이가『주역』에 매우 정精하여 종縱으로 횡橫으로 변론辨論하고 힐문하니 김부식이 대답하기가 어려워 땀이 흘러 얼굴을 적시었다.233)

윤언이와 김부식은『주역』에서 서로 학문적 입장 차이가 있었음을 알 수 있다. 윤언이의『주역』에 대한 부분은 부친인 윤관으로부터 계승되

---

229)『補閑集』卷之上. “文憲公孫思諷 作訓儉文遺子平章事溱 溱之孫持示予今已三十餘年”
230) 정수아, 앞의 박사 논문, 1999, 164쪽.
231) 김용선,『역주 고려묘지명집성(상)』, 51쪽.
232) 조규백, 앞의 논문, 205쪽.
233)『高麗史』권96, 열전 9, 尹瓘.

는 것이다. 윤관이 정자와『주역』을 논했다는 점은 앞에서 언급하였는데, 정자의『주역』에 대해서『주역구의周易口義』제요提要를 앞에서 검토하여 보았다. 그 결과 정자는 의리역학에서 왕필, 호원, 왕안석의『주역』을 최고로 인정하고 있었다. 이런 학문적 전통에 대해서 주자朱子도 이의를 제기하지 않고 있다. 북송 멸망의 원인을 제공했다고 비판받는 왕안석이 었는데 역학에서는 이와 반대되는 현상을 보이면서 인정받고 있다.234) 정자와 왕안석의 관계는 역학뿐만이 아니었다. 정자는 처음 왕안석의 개혁을 지지하다가 개혁 방법에서 이견을 보이게 되었다. 하지만 사상적 인 면에서, 정자는 왕안석의 희녕熙寧 신정新政에서 자신의 개혁이론을 종합하고, 형공신학荊公新學에서 사상적 체계를 구축하게 되었다고 한 다.235) 윤관을 계승한 윤언이가 정자의 역학을 계승했다고 한다면 당연히 호원과 왕안석의 역학을 계승하고 있고, 왕안석의 역학이 의리역학이라 는 것을 파악하고 있었다고 보아야 한다.236)

　김부식은 소식蘇軾을 존중하고 있었는데 혹시 소식의 역학을 계승하였 을 가능성을 검토해 보자. 정자가 "역학이 촉에 있는데 어디 가서 구하는 가?"237)라고 하면서 촉蜀 지방 출신들의 역학을 인정하였지만238) 주자 는『잡학변雜學辨』에서『소씨역전蘇氏易傳』에 대해서 잡이선학雜以禪學 이라고 하였다. 근래의 연구에서도 소식의 역학에 대해서 의리역학을 겸하지만 한편으로는 노자·장자와 유교를 겸하였다고 한다.239) 소식은

234) 金生楊,「王荊公易解考略」『古籍整理研究學刊』2001-3, 699쪽.
235) 손흥철, 앞의 논문, 264쪽.
236) 김창현, 앞의 논문, 18쪽에서 윤언이는 왕안석의 주역 사상에 영향을 많이 받았다고 언급하고 있고, 정자의 역학에 대한 언급은 없다.
237)『宋史』권459, 열전 218, 譙定. "易學在蜀耳 盍往求之"
238) 舒大剛·李冬梅,「巴蜀易學源流考」『周易研究』108, 2011, 26쪽.
239) 楊子萱,「東坡易傳研究」, 國立政治大學 碩士論文, 2006, 29쪽.

역학에 집중하면서 "예전에는 맹자가 선善을 성性이라고 말한 것이 지극하다고 여겼지만 『주역』을 읽은 뒤에는 그렇지 않음을 알았다."고 하였다.240) 맹자의 성선설을 부정하고 있는 것이다. 앞에서 언급하였지만 소식도 사마광과 같이 『맹자』에 대해서는 의구심을 가지고 있었다.

혹시 김부식이 사학史學에서 존숭하였던 사마광司馬光의 역학인 『역설易說』을 도입하였을 가능성도 있다. 사마광은 역易＝도道라고 이해하면서 그것을 음양지변陰陽之變으로 이해하는데 그 중에서도 양陽＝군君으로 이해하고, 음陰＝신臣으로 이해하고 있기 때문이다.241)

사마광은 자신의 역학易學에 대해서 "왕필은 역학을 노장으로 해석하였는데 그것은 주역의 본래 뜻이 아니다."고 하였다.242) 이를 바탕으로 학자들은 사마광이 역학에서 노장적 해석에 반대하고 있었다고 보았다.243) 소식의 역학과 사마광의 역학에서 차이가 나는 점이다. 북송신유학에서 역학은 이학의 체계를 세우는데 중요하였기 때문에 모두 『주역』에 주를 달게 되었다고 한다. 사마광은 의리역학에서도 상수를 중시하고 있다.244) 그래서 사마광의 역학은 철학적 세계관과 윤리·도덕관이 결합한 이학이라고 평가되고 있다.245) 그는 역학에 대해서 '차역도시우천지此

---

240) 蘇軾 지음, 성상구 옮김, 『동파역전』, 청계, 2004, 523쪽.
241) 『溫公易說』, 易總論. "易者道也 道者萬物所由之途也 … 易者陰陽之變也 五行之化也 出於天施於人被於物 莫不有陰陽五行之道也 故陽者 君也父也樂也德也 陰者 臣也子也禮也刑也 五行者五事也五常也五官也"
242) 『溫公易說』, 提要. "王輔嗣以老莊解易非易之本旨 不足爲據"
243) 董根洪, 「司馬光溫公易說探折」『周易硏究』 27, 1996, 26쪽.
244) 『溫公易說』, 易總論. "或曰 聖人作易也 爲數乎爲義乎 二者孰急 曰皆爲之 二者孰急 曰義急 敎亦急 何爲乎數急 曰義出乎數也 義何爲出乎數 曰禮樂刑德 陰陽也 仁義禮智信 五行也 故君子知義而不知數 雖善無所統之 夫水無源則竭 木無本則撅 是以聖人扶其本原以示人 使人識其所來 則益固矣"
245) 董根洪, 앞의 논문, 27쪽.

易道始于天地 종우인사終于人事'라고 말하고 있는데 이것은 정자의 '천지인 지시일도天地人只是一道'로 계승된다고 하였다. 그러나 「계사繫辭」의 '안 토돈호인安土敦乎仁' 해석에서 왕안석과 차이를 보이고 있다. 이에 대해 정자는 왕안석의 해석을 인정하고 있다.246) 역학은 양파육종兩派六宗으 로 분류되는데, 크게는 상수파象數派와 의리파義理派로 나누고, 상수파에 는 점복종占卜宗·궤상종机祥宗·도서종圖書宗이 있고, 의리파에는 노장 종老庄宗·유리종儒理宗·사사종史事宗이 있다. 사마광의 역학에 대해서 는 사사종史事宗의 진정한 개창자로 인식되기도 한다.247)

만일 김부식이 사마광의 역학을 수용하였다면 윤언이와 『주역』에 대해 문난하였을 때 서로 간의 입장에서 차이가 있었을 것이다. 그래서 역학에서 정자를 수용한 윤언이가 김부식에게 문난하여 땀을 흘리게 하는 것이 가능하였던 것이다. 김부식과 윤언이의 대립은 대각국사 비문 을 둘러싼 사상적 대립일 수도 있다.248) 윤언이와 김부식의 관계가 틀어진 것이 대각국사 비문을 둘러싼 감정 때문이라고 하지만 학문적 입장뿐만 아니라 불교 사상에서도 차이가 있었음을 알 수 있다.249) 윤언이는 권적과 함께 선사상에 깊은 관심을 표방하고 있었고, 중도적 입장의 사상을 내재했다고 이해되고 있다.250) 선사상은 이후 주자성리학 의 도입과도 연계되어 있다.251) 윤언이와 김부식이 실제로 대립한 가장

---

246) 金生楊, 앞의 논문, 700쪽.
247) 餘敦康, 『漢宋易學解讀』, 華夏出版社, 2006, 167쪽.(章偉文, 「司馬光的易學曆史觀 探析」『史學史研究』142, 2011-2, 31쪽에서 재인용)
248) 『高麗史』 권96, 열전 9, 尹瓘.
249) 최병헌, 「문학·사학·철학 통합의 방법과 사학연구 - 김부식의 사학과 인문학 전통의 재인식 -」『서울대 인문논총』43, 2000.
250) 馬宗樂, 「고려시대 풍수도참과 유교의 교섭」『한국중세사연구』21, 2006, 303~ 304.
251) 조명제, 『고려후기 간화선 연구』, 혜안, 2004.

중요한 논점 중 하나는 대외관이었다. 윤언이가 금金에 대한 정벌과 칭제건원을 주장한 학자였다면, 김부식은 금金의 현실을 인정하자는 현실주의자였다고 보인다. 다만 인종 18년(1140)에 윤언이가 사면되면서 김부식의 퇴조가 예견되었다고 한다.252)

## 2) 김부식金富軾과 무학재武學齋 폐지

김부식은 소식의 시를 통해서 신법의 실현성에 대해 의구심을 가졌을 법하다. 칠재七齋 중에서 무학재의 설립에 주도적 역할을 하였을 가능성이 큰 윤관・윤언이 계열과의 정치적 대립도 존재하였을 것이고 그것이 대각국사 비문 찬술과 주역의 해석에서 차이로 나타나게 되었을 것이다. 또 예종이 시행한 칠재七齋는 문무일원화 교육인데도, 김부식은 왕안석의 신법과 유사한 정책으로 인식했을 가능성도 있고 윤관・윤언이 부자가 연루되었다고 인식했을 수도 있다. 앞 편에서 살펴보았듯이 윤언이와 김부식은 정치적 사안과 역학에서 입장 차이가 분명하였다. 간단하게 다시 검토하여 보면, 인종 7년(1129) 8월에 정항이 『송조충의집』을 강독하고, 인종 9년(1131) 이후 칭제건원과 서경 천도론에 대한 본격적인 논의가 등장하고, 인종 10년(1132) 11월에는 이자겸의 난에 연루된 자들을 사면하고, 12월에 김부식을 수사공 중서시랑 동중서 문하평장사로 임명하고 있었다. 갑자기 인사를 단행한데에는 무슨 연유가 있을 것인데 바로 다음 달인 인종11년(1133) 정월에 무학을 폐지하고 있다.

---

252) 이강래, 「김부식은 왜 삼국사기를 편찬 했나」『내일을 여는 역사』16, 2004. 137쪽.

"무학재武學齋의 학생은 과거응시자가 적으므로 시무책時務策과 논문에 합격하지 못하여도 점수에 따라 뽑으니 합격하기가 매우 쉬워서 모든 학생들이 다투어 무학과로 들어가고 있다. 이것은 근본을 버리고 말단을 따라 가는 것으로서 다만 학생들의 기풍이 요행을 바라게 될 뿐만 아니라 거의 다 재능과 궁량이 노둔하고 졸렬하여 군사 임무를 맡겨도 이름만 가지고 실력이 없다. 또 무학武學이 점차 성하여진다면 앞으로 문학인과 대립되어 불화를 가져오게 될 것이니 아주 온당치 않다. 이제부터는 이미 과거에 급제한 자는 문사와 같이 일체로 등용하되 무학으로 인재를 선발하는 제도와 무학재의 칭호는 모두 폐지한다." 라고 하였다.253)

무학재 학생의 과거응시자가 적다는 문제점을 내세운다. 북송대 무학과는 달리 합격하기 쉬워서 오히려 희망자가 증가하면서 수준이 떨어지는 현상이 등장하였다고 한다. 또 문무가 서로 대립하여 불화를 가져온다는 가정하에서 무학을 폐지하고 있다. 무학을 폐지하면서 '선왕의 학교규범'으로 회귀하면서 당나라 학식에 바탕한 인종대 학식을 제정하고 있는 것이다.254) 그런데 무학 폐지에는 왕안석과 관련이 있는 것으로 해석할 수 있는 자료가 있다. 바로 앞에서 언급한, 인종이 사마광의 「유표」와 「훈검문」을 김부식 및 최진과 함께 읽는 장면이다. 이때가 인종 17년(1139) 3월로서,255) 북송이 망한 것을 왕안석의 책임으로 돌리고 있다. 김부식과 함께 참여한 최진崔溱은 최사추의 아들이자 최충의 증손자였다. 사마광의 「훈검문」과 동일한 이름의 「훈검문」을 최사추가 아들인 진에게

253) 『高麗史』 권74, 선거 2, 국학.
254) 이중효, 「고려 인종대 국자감을 둘러싼 정치세력」 『진단학보』 92, 2001.
255) 『高麗史節要』 권10, 인종 17년 3월.

준 바가 있었다.256) 왕안석에 대한 이런 책임론은 남송 이후에 지속적으로 유지되면서 왕안석 간신론까지 등장하게 된다. 이 기사 직후에 고려에서는 다시 변화를 보이고 있다.

17년 10월에 예부禮部 공원貢院에서 왕에게 아뢰기를 "범중엄范仲淹이 말하기를 '먼저 책策과 논論으로 시험하여 그 대체를 보고 다음에 시부詩賦로 시험하여 그 완전한 재능을 보되 대체에 의하여 그 합격 여부를 정하고 재능에 의하여 그 등급을 정한다'고 하였는데 이는 인재를 고르는 근본이며 나라를 다스리는 기초입니다. 우리나라 제술과는 순서를 바꾸어 삼결장三決場에서 운도 달지 않고 대구對句도 맞추지 않는 책과 논으로 시험하므로 시와 부의 학이 점점 쇠퇴하여 갑니다. 이 뒤부터는 초장初場에서 경의, 이장二場에서 논, 책을 시험하고 서로 바꾸어 삼장三場에서 시, 부를 시험하는 것을 영구한 법식으로 삼읍시다. 또 국학國學이 설립되기 전에는 초장에서 첩경하는 방법으로 시험쳤는데 국학을 설립한 이후에는 대소 경의를 겸하여 시험치므로 과거 응시자들이 어려워합니다. 이 뒤부터는 겸경兼經을 없애고 본 경의만 시험합시다."라고 하였다.257)

이는 경세제민의 실용적인 책策·논論을 중시하는 경향으로 바꾼 것이라고 한다. 당의 과거는 첩경·잡문(뒤의 시부)·시무책으로 이루어졌으나 송은 범중엄, 구양수 등의 관학 부흥을 통해서 신유학 운동이 펼쳐져서 경력 4년(1044)에 과거가 책策·논論 중심으로 변화된 것이었다. 이는 사장 중심에서 책策·논論을 중시하는 존경적 학풍으로의 변화를 가속화

---

256) 『補閑集』 卷之上.
257) 『高麗史』 권73권, 선거 1, 과목 1.

한 것이었다. 당시 이런 학풍은 고문운동과도 일치하고 있었다.[258] 그러나 인종은 동왕 18년(1140)에 김부식의 반대에도 불구하고 윤언이의 사면령을 내린다. 오히려 윤언이에게 명분이 있었기 때문이고, 김부식의 퇴조를 예견하였다고 한다.[259]

이상으로 고려의 무학제도 폐지에 대해서 서술하였다. 김부식과 윤언이는 강경을 통해서 학문적 경쟁을 벌이고 있다. 김부식은 사마광이 왕안석의 대외경략을 비판한 것을 모방하여 윤언이의 서경 천도운동과 금국정벌을 비판하면서 그를 정계에서 축출하고 있다. 이때 정항이 『당감唐鑑』을 강독한 것도 정책적으로 서경 천도운동을 비판하기 위한 목적이었다. 김부식은 인종 7년에 『송조충의집』을 강의하고, 인종 17년에 사마광의 「유표遺表」를 강의하면서 왕안석을 비판하고 있다. 이때 김부식에 동조하는 인물은 최사추의 손자인 최진이다. 김부식은 사마광의 역학을 수용하고, 윤언이는 왕안석의 역학을 수용한 바탕에 정자의 역학을 수용하였던 차이가 있다. 대외관에서도 윤언이가 금金에 대한 정벌과 칭제건원의 이상론을 주장한 학자였다면 김부식은 여진족인 금金을 인정하자는 현실론을 주장한 학자였다.

김부식은 무학재의 폐지에도 관여하고 있는데 이는 윤언이와의 대립 때문이다. 이미, 인종 원년에 국왕이 북송 사신에게 구산선생 양시의 안부를 묻고 있는 것은 정책 기조가 변화될 조짐을 보인 것이다. 이후 인종 11년(1133) 정월에 무학재를 폐지하고 있다. 표면적인 이유는 무학재 학생의 과거응시자가 적다는 것이었지만 김부식의 역할이 지대하였다. 김부식은 소식의 시를 통해서 신법의 실현성에 대해 의구심을

---

258) 文喆永, 앞의 논문, 69~74쪽
259) 이강래, 앞의 논문, 137쪽.

가졌고, 무학의 설립을 주도하였던 윤관·윤언이와 정치적·사상적으로 대립하였기 때문이었다.

# 제6편 최충崔冲에 대한 역대인식의 변화와
## 문묘종사文廟從祀 논의

최충崔冲에게 부여된 유종儒宗, 문헌文憲, 해동공자海東孔子의 칭호가 문묘종사와 어떤 상관관계가 있는지 관심거리이다. 최충의 문묘종사 문제는 최충에 대한 인식과 밀접한 관련을 가진다. 이때 최충과 비교되는 인물들은 대개 문묘종사되고 있다는 점을 상기할 필요가 있다고 생각되었다. 다만 고려 당대의 인식과 조선의 인식은 상당한 차이가 나고 있었다. 성리학을 국시國是로 건립한 조선 전기에 최충의 학문을 어떻게 인식하는지 관심을 가질 필요성이 제기된다. 또 이런 문제에 전향적으로 대처하는 학자는 이황과 이익, 홍양호인데 여전히 반대하는 쪽의 논점도 살펴볼 필요가 있다고 생각되었다. 또 근대에 와서 최충에 대한 인식은 어떤 종결점을 갖는지도 살펴볼 필요가 있다고 생각되었다.

## 제1장 고려 당대 인식

유종儒宗이란 칭호는 고려 당대에 붙여진 이제현 및 이색과 비교할 때 의미가 있다고 생각되는데, 고려에서 추숭하여 붙여진 설총 및 최치원과도 비교할 필요가 있다. 중국의 경우와도 대조하면 유의미한 결과가 나오리라 생각되었다. 결국 유종이란 칭호와 문묘종사에는 어떤 연관성이 있는지도 관심거리이다. 문헌文憲이란 시호와 소순蘇洵의 『시법諡法』과의 연관성은 좋은 서술 대상이다. 문헌文憲과 선성先聖 주공周公의 이미지도 대조할 필요성이 있었고, 고려에서 사용된 해동공자海東孔子 칭호의 의미에 대해서도 살펴볼 필요가 있었다.

### 1) 유종儒宗

문종 7년(1053)에 최충이 나이 70세가 되어서 치사를 하려고 하자 국왕이 만류하고 있다.

> 시중 최충은 누대의 유종儒宗이요, 삼한의 기덕耆德이라 이제 비록 노퇴老退하기를 청하나 차마 윤종할 수 없다.[1]

이때 문종은 최충을 유종으로 표현하고 있다. 유종의 사전적 의미는 '유학의 종사宗師'란 뜻이다. 최충이 문종 10년(1056)에 73세 되던 해에 조詔를 하사하는데, "경은 유관儒冠의 규얼圭臬이요 신화神化에 단청丹靑이었다."[2]고 하면서 역시 유종의 의미를 다시 한 번 강조하고 있다. 이 유종儒宗의 용어에 대해서 박성봉朴性鳳도 중요성을 인식하고 있었기에 '유종儒宗으로서 해동공자'란 표현을 사용하고 있지만[3] 정작 그 의미에 대해서는 분석하지 않았다. 유종이란 의미는 결국 유교가 전래된 중국에서 학문과 함께 뜻이 전래되었을 것이기 때문에 중국의 경우를 살펴서 최충에게 그 의미를 적용하는 게 하나의 방법이다.

중국의 경우를 살펴보면『사기史記』에서 최초로 숙손통叔孫通에게 적용하고 있다.[4] 숙손통은 전한 고조 시대의 인물로 의례를 제정하고 유교를 일으켰기 때문에 유종이 되었다는 의미이다.『한서漢書』에는 동중서董仲舒에게 적용하고 있다.[5]『신당서』에서는 동중서와 유향劉向

---

1)『高麗史』권95, 열전 8, 최충.
2)『高麗史』권95, 열전 8, 최충.
3) 朴性鳳,「海東孔子崔冲小考 - 고려시대 유학사의 일부 -」『사총』1, 1955.
4)『史記』권99, 열전 39, 叔孫通. "叔孫通希世度務 制禮進退 與時變化 卒爲漢家儒宗"
5)『漢書』권36, 열전 6, 劉向. "仲舒爲世儒宗 定議有益天下"

을 언급하고 있다.6) 동중서와 유향이 이렇게 언급된 이유는『구당서』에
서 찾을 수 있는데, 동중서와 유향 둘 다『춘추』를 통해서 재이災異를
논하였다는 점에서 반고가 한나라 역사를 서술하면서 그의 설을 채용하였
다7)는 것이다. 그래서 동중서와 유향은 둘 다 중국 문묘에 종사되고
있고, 고려 문선왕묘에는 유향도 종사되어 있다.8) 유향과 동중서가
언급된『한서漢書』는 이미 고려에 들어와 있었고9) 문종 당시에는 이런
책들에 대한 인쇄가 다시 이루어지고 있다.10)『신당서』는 북송에서
1060년에 완성되기 때문에 문종 7년에는 수입될 수가 없는 상황으로
『신당서』에 표현된 유향을 유종이라고 인식하였는지는 미지수이다. 하
지만 유향이 고려에서 중시된 것은 최충과도 관련된다.

> 여름 4월에 동지중추원사 최충이 아뢰기를, "성종 때에 안팎 모든
> 관청 벽에 모두『설원』의 육정육사六正六邪의 글과, 한 나라 자사의
> 육조령六條令을 써서 붙이게 하였는데, 지금은 세대가 이미 오래되었
> 으니 다시 새로 써 붙여서 벼슬에 있는 사람에게 신칙하고 격려한
> 바를 알게 하소서." 하니, 따랐다.11)

---

6)『新唐書』권168, 열전 93, 柳宗元. "董仲舒劉向下獄當誅 爲漢儒宗"
7)『舊唐書』권37, 志 17, 五行. "漢興 董仲舒劉向治春秋 論災異 乃引九疇之說 附于二百
　四十二年行事 一推咎徵天人之變 班固敍漢史 採其說五行志"
8)『高麗史』권62, 예 4, 문선왕묘.
9)『高麗史』성종 12년 2월 기사에 漢書가 언급되어 있다 ;『高麗史』정종 8년 2월에는
　전한서, 후한서, 당서를 신간하고 있다.
10)『高麗史』권7, 문종 10년 8월 ; 청컨대 秘書閣에서 所藏하고 있는 九經, 漢書,
　晉書, 唐書, 論語, 孝經, 子史, 諸家文集, 醫, 卜, 地, 律, 算 등 여러 서적을 나누어
　주어 여러 學院에 두도록 하소서.
11)『高麗史節要』권4, 덕종 3년 4월.

최충이 덕종대에 유향이 저술한『설원』의 육정육사六正六邪를 다시
써서 게시하자고 주장하는 내용이다. 그 의미가 오래되어 퇴색되었기
때문에 다시 강조할 필요가 있었기 때문이 아닌가 한다. 최충 자신도
스스로 유향과 같은 역할을 하고 있다는 생각을 했을 것이다. 유향劉向과
『설원說苑』이 고려에서 유행하고 있음은 다음에서도 확인할 수 있다.

제帝가 우리나라 서적에 좋은 판본이 많음을 듣고 관반에게 명하여
구서求書 목록을 써서 주면서 이에 말하기를, '비록 권질이 부족한
것이 있더라도 또한 모름지기 전사傳寫하여 부쳐오라'고 하였습니
다.[12]

선종 8년(1091)에 송에서 돌아온 이자의가 올린 내용이다. 오히려
고려의 판본이 더욱 좋다는 의미는 고려가 역수출할 정도로 많은 전적을
보유하고 있었다는 것이고,[13] 송나라에서도 전사하여 오라고 할 정도의
서적으로 유향의『설원』과『유향칠록劉向七錄』[14]이 꼽히고 있는 것이다.
이때 북송에서 서적을 구한 사실 이후에 고려에서는 다음해에 상당수의
이본異本을 보내주었다고 한다.[15] 여하튼 유향에 대한 이런 내용 때문에
이규보도 유향을 유종으로 인식하면서 '연려대수하유종燃藜大手賀儒宗'이
라고 하였다.[16]

---

12)『高麗史』권10, 선종 8년 6월.
13) 이석린, 「고려시대 유학진흥과 서적편찬」『호서사학』8·9, 1980.
14)『靑莊館全書』권53, 耳目口心書. "高麗 宣宗八年 進奉使李資 等 還自宋 奏云 …
   說苑二十卷 劉向七錄二十卷 劉歆七畧七卷"
15) 金庠基, 「宋代에 있어서의 高麗本의 流通에 대하여」『東方史論叢』, 서울대학교출
   판부, 1984, 165쪽.
16)『東國李相國前集』권9, 古律詩, 六月八日 鴛谷驛 遇劉天院冲祺小酌 用小畜詩韻各賦.

북송대 학자 중에서 유종으로 지칭되는 인물 중에는 유엄劉弇(1048~
1102)17)이 있다. 유엄은 최충보다 후대의 인물이기 때문에 최충과 비견
되기 어렵다는 문제점이 있지만, 북송 당대의 사람들이 유엄을 유종이라
고 표현한 이유는 유엄이 한유(768~824)와 구양수(1007~1072)를
계승한 인물이기 때문이었다. 그래서 한유와 구양수가 유종인 이유를
파악할 필요가 있다고 생각된다. 다시 말하자면 북송 당대의 인식은
한유와 구양수를 계승할 때 유종이란 칭호를 붙일 수 있다고 생각한
것이다. 왕안석도『상소학사서上邵學士書』에서 '한창려[한유]는 당나라
의 유종이었다[昌黎爲唐儒宗]'18)고 하여 한유를 유종이라고 표현하는
이유도 그 때문이었다. 한유는 공맹도통설과 문이재도文以載道의 문체인
고문체를 주창한다. 그래서 고려에서도 최언위가 지은 선승의 비문에서
는 한유의 문체를 확인할 수 있다. 고려 태조가 짓고 최광윤이 집자한
「법흥사 진공대사 비문」 이외에 최언위가 찬술하거나 찬술에 관여하지
않은 비문은 발견되지 않고 있다.19) 그의 비문에서는 '겉으로 드러나는
모습과 본질이 모두 빛난다[文質彬彬]'를 문장의 이상으로 삼아 쉬운
문체를 구사해서 만당풍의 부화浮華한 병려문과는 다른 면모를 보여주었
다.20) 최충은 최항을 통해서 최언위를 계승하고 있기 때문에 한유와
같은 유종으로 비견되는 것이 가능하였을 것이다. 또 고려에서 한유를
유종으로 인식한 것은 도통론과도 관계된다. 그래서 한유·이고 등의
공맹도통설을 수용하면서21) 현종 11년(1020)에 최치원을 공자묘에

---

17)『宋史』권444, 열전 203, 劉弇. "有龍雲集三十卷 周必大序其文 謂廬陵自歐陽文忠公
　　以文章續韓文公正傳 遂爲一代儒宗 繼之者弇也"
18)『臨川文集』권75.
19) 김성룡,「나말여초 신흥지식인의 문학관 – 최언위를 중심으로 –」『국어교육』
　　90, 1995, 80쪽.
20) 김보경,「비문에 새겨진 최언위의 삶, 사유, 문학」『고전과 해석』5, 2008, 159쪽.

종사하고,22) 현종 13년(1022)에 설총을 종사하게 된다.23)

구양수는『신당서』의 저자이기 때문에 유종으로 인식되었을 가능성이 크다. 그런데 남송에서는 주희朱熹에게도 적용되고 있다.24)

고려 후기 충선왕 때에는 "유종儒宗인 홍유후 설총, 문창후 최치원에게는 함께 마땅히 시호를 줄 것이다."고 하여25) 설총과 최치원을 유종으로 칭한다. 공양왕 때에는 "판문하 이색李穡이 우리 현릉을 섬겨 유종으로서 보상輔相에 위位하였더니…"26)처럼 이색을 유종으로 칭한다. 고려 묘지명에도 유종이란 칭호가 보이고 있으며,27) 익제 이제현에게도 적용되고 있다.28)29) 이미 설총과 최치원은 현종대에 문묘에 종사되었기 때문에 최충과 이색을 유종으로 칭한다는 것은 문묘에 종사할 수 있는 가능성이 가장 높았지만 고려에서 조선으로 왕조 교체가 이루어지는 과정에서 그 의미가 퇴색되었다고 볼 수 있다.

유종의 의미에다가 최충이 사직한다고 했을 때 내린 관고官誥에서 최충에 대한 인식을 추가하고 있다. 최충과 비교되는 인물로는 '당웅唐雄, 예형禰衡, 주이朱异, 극선郤詵, 숙향叔向, 장화張華, 여회如晦, 위서魏舒, 도홍경都弘慶'이다. 이들은 최충의 전인적 성격을 보여주는 사람들이다.

---

21) 劉明鍾, 앞의 논문.
22)『高麗史』권4, 현종 11년 8월.
23)『高麗史』권4, 현종 13년 1월.
24)『宋史』권434, 열전 193, 劉子翬. "及熹請益 子翬告以易之不遠復三言 俾佩之終身 熹後卒爲儒宗"
25)『高麗史』권33 충선왕 복위년 11월.
26)『高麗史』권115, 열전 28, 李穡.
27) 김용선,『역주 고려묘지명집성(상)』, 447쪽. 崔証墓誌銘에서 '以文學顯世號爲儒宗'라고 하여 유일하게 표현하고 있다.
28)『牧隱詩藁』권31, 詩, 李浩然將歸奮居僕欲從之發爲長歌. "自有豪傑扶儒宗"
29) 馬宗樂,「원 간섭기 익제 이제현의 유학사상」『한국중세사연구』8, 2000, 72쪽.

당웅은 '당나라 태종 당시의 영웅'을, 예형은 뛰어난 인물을, 주이는 부유함을 상징하는 인물을, 극선은 과거에 우수한 성적으로 합격한 인물을, 숙향은 다능한 인물을, 장화는 박학한 인물을, 여회는 두여회杜如晦로 명상으로서 이름을 드러낸 인물을, 위서는 인류의 영수를 상징하는 인물을, 도홍경은 산중에서 대사를 자문하는 인물을 상징한다.

문종이 내린 관고官誥의 마지막에 "사자四子와 팔원八元이 전미專美케 하지 말게 하라."고 하여 최충의 능력이 사자와 팔원에 못지않음을 알 수 있다고 인식한 것이다. 사자는 '주공周公・태공太公・소공召公・사일史佚'이다. 팔원은 오교五敎를 사방에 전파한 인물로 언급되고 있다.[30] 관고에서는 주공周公과 비교되고 있다. 북송신유학의 특징은 주공周公에 대한 인식을 당대의 선사先師에서 선성先聖으로 확대하여 인식하고 있다[31]는 점이다.

이상에서 중국에서 유종으로 인식되는 인물은 숙손통, 동중서, 유향, 한유, 구양수 및 남송의 주희가 있다. 최충 당대에서는 최충에게만 적용하였고, 고려 후기에 설총, 최치원, 이제현, 이색에게 적용하고 있다. 최충과 이색의 경우에는 생전에 붙여졌는데 비해 설총 및 최치원과 중국의 숙손통은 사후에 붙여졌다는 점에서 차이가 있다. 그러나 이 칭호가 부여된 인물이 극소수이기 때문에 생전이나 사후를 막론하고 의미가 있지 않은가 한다.

---

30)『史記』권1, 五帝本紀, 帝舜. "肯高陽氏有才子八人 世得其利 謂之八愷 高辛氏有才子八人 世謂之八元 此十六族者 世濟其美 不隕其名 至於堯 堯未能擧 舜擧八愷 使主后土 以揆百事 莫不時序 擧八元 使布五敎于四方 云云"
31)池斗煥,『한국사상사』, 역사문화, 1999, 80쪽.

## 2) 문헌文憲

죽은 자에 대해 살아서의 공적과 학문, 성품 등을 고려하여 시호를 붙이는 시법諡法이 시작된 것은 주나라 때부터였다.『예기』에 따르면 "어려서는 이름을 부르고, 관례를 올린 뒤에는 자를 부르고, 50세가 되면 백伯이나 중仲을 칭하며, 죽어서는 시호諡號가 있는 것은 주나라의 도이다."고32) 하였다. 그 소疏에는 "은나라 이전에는 살아 있을 적에 부르는 호가 있었는데, 이것이 죽은 뒤에 그대로 칭호가 되었으며, 별도로 시호가 없었다. 요, 순, 우, 탕의 예가 바로 이것이다. 주나라의 경우에는 죽은 뒤에 별도로 시호를 지었다."33)고 하였다. 고려에서도 이런 시호법을 따랐을 것이다. 문종 22년 최충이 졸하자 문종은 최충에 대해 문헌의 시호를 내렸다.

> 이때에 와서 충이 졸하니, 태의감 이염에게 조서를 가지고 가게 하여서 조위하고 시호를 문헌文憲이라 하였으며, 정종의 묘정에 배향 하였다. 그 뒤에도 과거를 보려는 사람이 모두 구재九齋에 적을 두니, 문헌공도라고 하였다.34)

최충이 생존했을 때 받은 칭호가 유종이었다면 그에 걸맞은 시호를 받았을 가능성이 크다. 그런데 고려 당대에는 그 시호에 대한 설명이 없어서 중국의 경우를 살펴보고자 한다. 당시에 참고했을 가능성이 있는

---

32)『禮記大全』권3. "幼名冠字 五十以伯仲死諡周道也"
33)『禮記大全』권3. "疏曰 凡此之事皆周道也 又殷以上有生號 仍爲死後之稱更無別諡 堯舜禹湯之例是也 周則死後別立諡"
34)『高麗史節要』권5, 문종 22년 9월.

책은 당나라 장수절張守節의 『사기정의』이다.

　　주공단과 태공망이 무왕武王을 도와 왕업을 이룩하고 목야牧野에서
싸워 대공을 세웠으며, 무왕을 장사지낼 때에 시호법을 제정, 드디어
시법諡法을 서술하였다. 시諡는 행行의 자취〔迹〕, 호號는 공공功의 표시
〔表〕, 거복車服은 위位의 문채이다. 그러므로 대행大行에는 대명大名
이, 세행細行에는 세명細名이 받아지게 되는데, 행行은 자신에게서
나오고 명名은 남에게서 이루어진다. 옛날에 대공大功이 있으면 선호
善號를 하사하여 칭호로 삼았다.[35]

　　장수절은 『사기정의』 서문을 당 현종 개원 24년(736)에 썼다.[36]
이 책의 시법에서 문文에는 '경위천지문經緯天地文, 도덕박문문道德博聞
文, 학근호문문學勤好問文, 자혜애민문慈惠愛民文, 민민혜예문愍民惠禮文,
사민작위문賜民爵位文'의 뜻이 있고, 헌憲에는 '박문다능헌博聞多能憲'[37]
의 뜻이 있다. 그런데 장수절의 시법 이외에도 고려에서 참고했을 가능성
이 큰 책은 소순蘇洵(1009~1066)의 『시법諡法』이다. 그 문文에는 '시이
중리왈문施而中理曰文, 경위천지왈문經緯天地曰文, 민이호학왈문敏而好學
曰文, 수덕래원왈문脩德來遠曰文, 충신접례왈문忠信接禮曰文, 도덕박문왈
문道德博聞曰文, 강유상제왈문剛柔相濟曰文, 수치반제왈문修治班制曰文'의
뜻이 있고, 헌憲에는 '상선벌악왈헌賞善罰惡曰憲, 박문다능왈헌博聞多能曰
憲, 행선가기왈헌行善可記曰憲'[38]의 뜻이 있다.

---

35) 『史記正義』 論例諡法解. "惟周公旦太公望 開嗣王業建 功于牧野 終將葬乃制諡
　　遂叙諡法 諡者行之迹 號者功之表 車服者位之章也 是以大行受大名 細行受細名
　　行出於已 名生於人 古者 有大功則賜之善號以爲稱也"
36) 『史記正義』, 序. "丙子開元二十四年八月 … 張守節上"
37) 『史記正義』 論例諡法解.

　　그런데 문의 시법은 소순의 서술에 의하면 '신神-성聖-현賢-요堯-순舜-우禹-탕湯' 다음 순서에 위치하여 그 중요성이 크다는 점을 알 수 있으며, 문文 다음에는 무武가 위치하여39) 도통론과도 일치함을 알 수 있다. 또 그 중에서 시이중리施而中理에 대한 주해를 살펴보면 '下而至於孔文子公叔文子 仲尼皆以文許之 是一節中理者也'라고 하여 이치에 맞아야 문이라는 시호를 하사한다고 하였다. 소순의 시법이 도통론을 적용하고 중리中理를 설명하고 있기 때문에 북송신유학의 영향이라고 할 수 있다. 소순이 이 책을 저술한 해는 정확하지 않지만 소순의 몰년이 1066년이고 최충의 몰년이 1068년이기 때문에 최충 사후에 참고하였을 가능성을 배제할 수 없다.

　　문헌 시호 이후에 최충의 구재를 문헌공도라고 하였고, 정종 묘정에 배향되면서 태사太師의 칭호를 얻게 된다. 고려에서 문헌은 최충에게만 사용되었지만 조선에서는 훌륭한 학자에게 내려지고 있다. 고봉 기대승에게 문헌이란 시호가 하사되고,40) 이유태李惟泰(1607~1684)에게도 문헌文憲의 시호가 내려진다.41)

　　중국에서는 주공周公을 문헌왕文憲王이라고 추시追諡하고 있다.42) 이때가 대중상부 원년(1008)이다. 물론 이 추시는 왕의 칭호가 붙은 것이지만 그 의미는 소순의 시법과 같음을 알 수 있다. 앞의 관고에서

---

38) 『謚法』, 권1.
39) 『謚法』, 권1.
40) 『高峯集』, 고봉 선생 연보.
41) 『沙溪全書』 권47, 附錄, 門人錄.
42) 『宋史』 권47, 眞宗　大中祥符 元年. "十一月戊午 幸曲阜縣 謁文宣王廟 韡袍再拜 幸叔梁紇堂 近臣分奠七十二弟子 遂幸孔林 加謚孔子曰玄聖文宣王 遣官祭以太牢 給近便十戶奉塋廟 賜其家錢三十萬 帛三百匹 以四十六世孫聖佑爲奉禮郞 近屬授官 賜出身者六人 追謚齊太公曰昭烈武成王 令靑州立廟 周文公曰文憲王 曲阜縣立廟"

최충을 사자 중에서 주공周公에 못지않다고 표현한 점과 내용상 일치하고 있음을 알 수 있고, 공자는 주공을 후세의 중국 황제들과 대신들이 모범으로 삼아야 할 인물로 인식했다는 점에서 의의가 있다.

### 3) 해동공자海東孔子

최충에 관한 유종儒宗의 의미는 최충이 문헌공도를 세우면서 개념이 확대된다고 볼 수 있다.

현종 이후에 전란이 겨우 멎었으나 미처 문교에 힘을 돌리지 못하였다. 이때 최충은 후진들을 집합하여 교양하는 일에 정력을 바쳤으므로 학도들이 모여 들어 거리와 골목에 차고 넘쳤다.[43]

현종 이후 거란과 전란이 멎으면서 학교를 창건하는데 그 중심인물이 최충이라는 점이다.

또 유신 중에 도를 둔 자가 11명이 있어 세상에서 12도라고 일컬었으나 충의 도가 가장 성하였다. 동방에 학교가 일어난 것은 대개 최충으로부터 시작되었으니, 당시에 그를 해동공자라고 하였다.[44]

최충이 치사致仕한 해인 문종 9년(1055)에 문헌공도를 세우는 것에 관한 기사이다. 이때 최충을 해동공자라고 하는 것은 구재를 세웠기 때문에 해동공자의 칭호를 붙이게 된 것이다. 위 문장에서도 '동방의

---

43)『高麗史』권95, 열전 8, 최충.
44)『高麗史』권95, 열전 8, 최충.

학교가 일어난' 때문에 '당시에' 최충을 해동공자라고 하고 있다. 그렇다면 최충이 학교를 세운 것 자체가 공자에 비견되는 것으로 당대 사람들은 인식하고 있었던 것이다. 그런데 주목되는 것은 구재九齋의 재명齋名이다.

그래서 최충은 드디어 낙성樂聖, 대중大中, 성명誠明, 경업敬業, 조도造道, 솔성率性, 진덕進德, 대화大和, 대빙待聘 등 9개의 서재〔九齋〕로 나누어 교수하였으니 세상에서 그들을 시중 최공의 학도〔侍中崔公徒〕라고 불렀다. 그래서 일체 과거 보려는 자제들은 반드시 먼저 그의 학도로 입학하여 공부하는 것이 상례로 되었다.[45]

성聖(낙성樂聖), 중中(대중大中), 성誠(성명誠明), 경敬(경업敬業), 도道(조도造道), 성性(솔성率性), 덕德(진덕進德), 화和(대화大和), 예禮(대빙待聘)의 용어 중에서 성聖, 중中, 성誠, 경敬, 도道, 성性, 덕德, 화和, 예禮[46]는 수심 실천으로 가는 북송신유학에서 가장 중요한 단어들을 열거한 것이다. 성인이 되기 위한 공부가 바로 수심과 수신하는 공부이기 때문에 이에 필요한 단어들이 바로 성聖, 중中, 성誠, 경敬, 도道, 성性, 덕德, 화和, 예禮 같은 단어들이었다. 뒤의 주자성리학은 이를 체계화시킨 것이다.[47]

또 문종 22년에 졸할 당시 국왕이 평가한 문장에서 최충의 위치를 알 수 있다. 변제지로變齊之魯[48]하는 문장을 가졌다[49]는 평가이다. 최충

---

45) 『高麗史』 권95, 열전 8, 최충.
46) 李乙浩,「한국 유학사상 최충의 위치」『崔冲研究論叢』, 慶熙大學校 出版局, 1984, 275쪽.
47) 池斗煥, 앞의 책, 1999.
48) 『論語』 권6,「雍也」. "子曰 齊一變 至於魯 魯一變 至於道"

은 북송대의 호원胡瑗과 비교되고 있는데, 변제지로變齊之魯라는 의미
때문이다. 호안정[호원]과 손명복[손복]은 노일변魯一變의 기상이 있다
는 뜻으로 최충보다 한 단계 위의 의미인 지어도至於道의 경지라고 인식하
고 있다.50) 그런데 최충을 평가하면서 '선니宣尼의 죽음을 느꼈다.'에서
공자에 비견될 수 있다는 뜻으로 인식하고 있어서 결국 같은 의미이다.
최충을 공자에 비견하고 있는 것으로 보아 최충 이전의 고려시대에 공자
인식을 먼저 살펴볼 필요가 있다고 생각된다.

　일찍이 숭유崇儒함은 간절하여 주공周公과 공자孔子의 풍을 일으키
　고자 하고 당우唐虞의 다스림에 이르기를 바라서 상서庠序로 이를
　기르고 과목科目으로 이를 취하였다.51)

공자는 숭유의 대상이면서 학교를 일으키는 근본으로 해석하고 있다.
인종 때에도 유사한 표현을 사용하여 3천명의 학도를 길렀다는 점을
강조하고 있다.

　옛날에 공자께서 비록 지위를 가지지 못하고 사방으로 두루 돌아다
　녔으되 오히려 3천 명의 학도를 길렀고‥‥52)

---

49) 『高麗史』권95, 열전 8, 최충 ; 卿의 父는 人中의 儀鳳이요 朝右의 元龜라. 齊를
　變하여 魯에 이르게 하는 文章을 가져 일찍이 大輔에 올랐다.
50) 『朱子語類』권129. "某問 此風俗如何可變 曰 如何可變 只且自立 可學 論安定規模
　雖少疏 然卻廣大著實 如孫明復春秋雖過 當然占得氣象好 如陳古靈文字尤好 嘗過
　台州 見一豐碑 說孔子之道 甚佳 此亦是時世漸好 故此等人出 有魯一變氣象 其後
　遂有二先生 若當時稍加信重 把二先生義理繼之 則可以一變 而乃爲王氏所壞"
51) 『高麗史』권74, 선거 2, 國學.
52) 『高麗史節要』권9, 인종 8년.

또 최충 이외에는 관찬 사서史書에서 해동공자의 용어를 적용하지
않고 있다. 묘지명에서 쓰는 경우에는 그 의미를 다르게 사용하고 있는데
윤언이尹彦頤가 있다. 김자의金子儀는 윤언이의 묘지명 본문에서 "공은
곧 해동의 공자입니다."라고 한 다음에 명銘에서 학문의 성격을 설명하고
있다.

> 육경을 깊이 공부하고, 여러 역사서를 섭렵하면서
> 온 경전을 마음에 새기고, 입으로 문득 외우도다.
> 성명性命의 이치와 도덕의 근원을
> 뉘라서 우리 공처럼 거침없이 통달하리오.[53]

'성명性命의 이치'라는 문맥에서 북송신유학의 영향임을 짐작할 수
있는데, 그것은 윤언이의 아버지인 윤관에게도 나타나는 성향이었다.
즉 윤관은 『맹자』에 나타나는 대외관계 인식을 존숭하고 있었다.

> 윤관이 동북 지방을 정벌하고는 임언에게 글로써 기록하게 하였는
> 데 그 때 『맹자』를 인용하고 있으니, "『맹자』의 말에 '약한 자는 원래
> 강한 자에게 대적할 수 없고 작은 자는 큰 자에게 대항할 수 없다'고
> 하였는데 내가 이 말씀을 외운 지는 오래나 오늘에 와서 확신하게
> 되었다."고 하였다.[54]

그래서 연구자 중에는 윤관의 『맹자』 존숭과 최충의 구재에 보이는
조도재造道齋도 『맹자』를 강론하는 곳으로 설정하여 최충과 윤관을 사제

---

53) 김용선, 『역주 고려묘지명집성(상)』, 171쪽
54) 『高麗史』 권96, 열전 9, 윤관.

관계로 파악하기도 한다.55) 역시 최충과 사승관계로 파악되는 김양감과 윤관은 사돈 관계이다. 또 윤관과 최충 집안도 연결되는데, 윤관의 사돈인 류홍柳洪의 자녀들은 각각 최사추와 김상기金上琦의 사위와 며느리가 된다.56) 이런 영향으로 윤언이는 김부식과『주역』을 논쟁할 정도로 주역에 능통하였다. 윤언이가 윤관을 계승하여『주역』에 능통한 모습과 함께 해동공자로 비견되는 것은 정자가 자신을 공맹孔孟에 비유한다는 소문이 있는 것57)과 아주 유사함을 알 수 있다. 국가적 공식 차원은 아니지만 최충을 계승한 인물로서 해동공자로 인식하였을 가능성이 있다. 다음으로 해동공자로 불리는 이규보(1168~1241)가 있다. 그의 칭호는 그가 온량공검溫良恭儉58)하였기 때문이니, 이것은 공자의 '부자 온량공검夫子溫良恭儉 양이득지讓以得之59)를 표현한 것이다. 이런 경우는 공자의 성품을 비유한 것이다. 이규보의 문학은 도문일치론道文一致論에 근거하고 있다고 한다.60)

이상을 간략하게 요약하면서 최충의 칭호에 부여된 의미를 정리하고자 한다. 유종이란 칭호는 고려에서 설총, 최치원, 최충, 이제현, 이색에게 적용하고 있는데 설총과 최치원은 문묘종사되어 있다. 북송 이전에는 숙손통, 동중서, 유향, 한유, 구양수 및 남송의 주희에게 유종의 칭호를 적용하고 있는데 숙손통을 제외하고 모두 문묘종사 되었다. 따라서 유종

55) 劉明鍾,「최충 선생과 문헌공도의 송학수용」『儒學史上 崔冲의 位相』, 海州崔氏大宗會, 1999, 92~94쪽.
56) 정수아,「윤관세력의 형성 - 윤관의 여진정벌과 관련된 몇 가지 문제의 검토를 중심으로 -」『진단학보』66, 1988, 5~7쪽.
57)『二程子抄釋』권8. "近有人說伊川自比孔孟"
58)『東文選』권123, 贈諡文順公墓誌銘. "海東孔子 溫良恭儉"
59)『論語』권1,「學而」.
60) 馬宗樂,「이규보의 유학사상 - 무신집권기의 유학의 일 면모 -」『한국중세사연구』5, 1998, 116쪽.

이란 칭호는 문묘종사의 자격을 갖추고 있다는 뜻이다. 문헌이란 시호는 소순蘇洵의 『시법諡法』에 따라 내려졌을 가능성이 크다는 점에서 북송신유학의 영향이다. 또 문헌文憲에는 북송대에 선성先聖으로 추숭된 주공周公의 이미지가 중첩되어 있고, 문헌공도의 칭호는 사학 12도의 제1등으로 사용되고 있다는 점에서도 의의가 있다. 호원이 『송원학안』에서 1번 학안인 것과 동일하다. 또 구재의 재명에서 이미 북송신유학의 영향을 확인할 수 있고, 교과 내용도 경학 위주였다. 최충은 공자에 비견되고 있고 학교를 세웠기 때문에 해동공자라는 칭호로 불리게 되었는데 호원과 비교되는 부분이기도 하다. '유종이면서 해동공자'인 것이다. 이상에서 보듯이 최충의 칭호에는 북송신유학의 영향과 함께 문묘종사의 조건을 갖추고 있었다.

# 제2장 인식의 변화와 문묘종사文廟從祀 논의

최충에 대한 조선전기 문묘종사 논의 과정을 살펴보면 최충에 대한 인식의 한계를 찾을 수 있지 않을까 한다. 최충에 대한 인식 전환의 계기를 마련한 인물은 이황인데 그 이유를 문헌서원의 건립과 연계해서 검토할 필요가 제기된다. 또 퇴계 이후에 기대승에게는 최충이 어떻게 인식되었고 율곡 이이는 어떤 역할을 하는지도 관심거리이다. 이후 최충의 인식 변화에 영향을 준 이익과 홍양호의 역할을 검토할 필요가 있겠다. 이를 붕당과 연계하는 것도 좋은 연구방법으로 생각되었다.

근대에 와서 『최자전실기』에서 최충을 최초로 최자崔子로 호칭하게 된다. 이 책에서 『여사제강』을 인용하면서 최충을 호원의 호소지교湖蘇之教와 비교하는데 그 오류를 지적하고자 한다. 비록 문묘종사의 시대가 지난 근대의 시점이지만 학자들은 꾸준하게 문묘종사의 문제점을 지적하고 있는데 그 의견을 경청할 필요성이 있다고 판단되어서 자세히 검토하게 되었다.

## 1) 조선전기

조선은 주자성리학을 국시國是로 창건한 국가이다. 그래서 유달리 성리학적 이상을 추구하는 경향이 강하였다. 이런 부분이 최충의 평가에 어떤 영향을 미치고 있는지 살펴보고자 한다. 우선 최초로 태종 때 사간원에서 올린 상소에서 최충을 언급하고 있다.

전조 때에 문헌공 최충이 사는 집과 창적蒼赤을 내놓아서 구재에 붙이어 생도를 교육하였으니, 비록 사장만을 숭상했더라도 문교에는 도움이 있었다고 하겠습니다. 국초에 구재를 혁파하고 오부 학당을 설치하여 성리의 학을 밝혔으니, 참으로 삼대三代 교화의 아름다운 법입니다. 그러나 그 창적을 부학部學에 붙이지 않고, 모두 사가에 돌렸으니, 문헌공의 뜻이 없어졌습니다. 다행히 지금 명하여 오부도학당을 지어 인재를 교육하시니, 원컨대, 구재의 노비를 학당에 붙이어 문헌공의 뜻을 이루면, 전하가 학문을 높여 작성하는 아름다움이 더욱 나타날 것입니다.[61]

최충의 구재에서는 사장만을 숭상했지만 문교에는 도움이 되었다고 인식하고 있다. 사장만을 숭상하였다는 점은 최충의 구재가 과업科業을 위주로 공부한 것으로 인식하기 때문에 발생하는 문제였다. 조선시대 주자성리학은 위인지학이 아니라 위기지학을 추구하기 때문에 과업科業만을 위주로 한다는 점을 최충에 대한 주요 비판으로 삼고 있는 것이다. 그런데 이런 부분은 최충에 대한 잘못된 인식을 바탕으로 하고 있었다. 실제 최충의 구재명과 교과목에서 알 수 있듯이 위기지학爲己之學을 추구하고 있었다는 사실을 조선전기 당시에는 제대로 인식하지 못하였던 것이다. 그래도 최충이 사는 집과 창적蒼赤을 내어서 학교를 세웠다는 점은 긍정적으로 보면서 구재가 오부학당으로 계승된다는 의미를 부여하고 있다. 이런 의미는 조선 건국 초에 「권학사목」을 저술한 권근이 지은 최충의 「중수화상찬重修畵像贊」에 계속 이어지고 있다.

몸은 주석이 되어 나라에 업적을 남겼고

---

집은 학궁이 되어 교화의 공을 이루었네
문헌文憲의 덕은 진신縉紳의 모범이니
후학이 받들어 높은 덕망을 길이 우러르리[62]

최충 자신이 대학자이면서 큰 정치가였고, 자신의 재산을 기증하여
학교를 세운 것에 대해서 칭송하는 내용이다. 그래서 세종은 최충의
문묘종사 논의를 권근과 함께 명하고 있다.

　권근을 종사하는 것의 가부를 의논할 때에, 최충·하윤들과 같은
　전후의 명신도 함께 의논해서 알리라고 명하였다.[63]

최충과 권근을 함께 논의하는 이유는 유종儒宗의 개념 때문이라고
생각된다. 이미 최충은 고려 당대에 유종으로 지칭되고 있는데 이 개념은
권근에게도 적용되고 있다[64]는 점이다. 또 고려 후기에 유종으로 인식되
는 이색은 권근과는 사돈 관계이다. 이색의 아들인 이종선李種善이 권근의
딸과 혼인을 하고 있다. 또 권근은 이색의 종지를 전수하였다고 평가받고
있으며,[65] 태종 7년(1407)에 「권학사목」을 저술하고 있다. 고려시대
유종은 최충-이제현-이색으로 연결되고, 조선 초기에는 권근으로 연결
되고 있다는 점이다. 유종儒宗이란 표현에서 동질적인 문화집단을 형성하

---

62) 최봉주 편, 『해주최씨가장』「重修畵像贊」. "身爲柱石 邦家之績 家爲學宮 名敎之功
　　文憲之德 縉紳之則 後學寔宗 永仰高風"
63) 『世宗實錄』 권5, 세종 1년 10월 24일.
64) 『東史綱目』 권4상, 신라 태종 7년 7월, 按 ; 陽村은 一世의 儒宗인데도 그 말이
　　이러하였으니, 후인들이 정말로 그런 것이라고 믿지나 않을까 하는 까닭에 변론해
　　두지 않을 수 없는 것이다.
65) 『太宗實錄』 권5, 태종 3년 3월 3일.

고 있었다는 견해가66) 타당한 것 같다. 이후 계속해서 이제현-이색-권근
으로 계승되는 학자들에 대한 문묘종사 논의가 이어지고 있었다.67)
이것은 학문전수의 공적을 중요시하여 도통을 확립하려는 공적론에 입각
한 것이라고68) 한다. 최충을 권근과 같은 공적론에 입각하여 인식하고
있다는 뜻이지만, 결과론적으로 권근이 문묘종사에 실패하였기 때문
에69) 동시에 최충도 문묘종사가 성립될 수 없는 상황이었다. 그러나
최충의 구재에서 실시하던 경학 교육 방식을 성균관에서 원용하도록
하고 있다.

　　예조 참판 유영이 계하기를, "신이 듣건대, 성균관에서는 근년 이래
　　로 제술만 전용하고 강과는 시험하지 않으므로, 생도들이 오로지
　　초록하여 모으는 것만 일삼고 경학에는 힘쓰지 않는다고 하니, 심히
　　옳지 못한 일입니다. 원컨대 구재의 예에 따라 고강하여 차례대로
　　승진시킨다면 학생들이 자연히 학업에 부지런할 것이며 관館에 있을
　　사람도 많아질 것입니다." 하니, 임금이 말하기를, "다만 성균관뿐만
　　아니라 외방의 향학도 또한 그러하니, 변계량과 함께 자세히 의논하여
　　아뢰라." 하였다.70)

---

66) 馬宗樂, 「고려 후기 성리학 수용의 역사적 의의」『한국중세사연구』 17, 2004,
　　257쪽.
67) 『世宗實錄』 권72, 세종 18년 5월 12일.
68) 池斗煥, 「문묘사전의 정비와 도통론의 확립」『조선전기 의례연구』, 서울대학교
　　출판부, 1994, 188쪽.
69) 池斗煥, 위의 논문, 1994, 173쪽에서 "권근의 문묘배향이 거론되지만 점차 의미를
　　잃어가고, 오히려 이와 같은 공적론에 대립하여 절의를 지킨 정몽주의 추숭이
　　성리학 이해진전과 더불어 일어나 다음대의 문묘종사 논의로 이어졌다."고 하였다.
70) 『世宗實錄』 권39, 세종 10년 2월 12일.

　그래서 성균관에서 제술만 힘쓰고 경학을 힘쓰지 않는데 대한 해결책으로 구재의 교학 방법을 도입하여 성균관뿐만 아니라 향교에도 시행하라고 한다. 구재가 경학 교육을 중시했음을 제대로 인식하게 되었던 것이다.

　세조 즉위 이후 훈척과 사림은 공적론에 입각한 도통론과 절의론에 입각한 도통론으로 대립하면서 권근의 문묘종사 논의가 다시 일어난다.71) 그래서 양성지가 상소하여 최충과 권근을 함께 문묘에 종사하자고 한다.72) 양성지는 성종 9년(1478)에 다시 '풍속학교십이사風俗學校十二事'를 올려서 청한다.73) 최충을 이제현, 정몽주, 권근과 동격으로 두고 문묘종사를 주장하고 있다. 이렇게 조선 초기에 최충을 긍정적으로 인식하는 분위기와 문묘종사 논의가 제기되고 있는 상황 때문이었는지 최충의 고향에서는 성종 당시에 이미 향교의 문묘에 종사가 이루어지고 있었다. 성종 20년 황해도관찰사 안처량이 해주 향교의 문묘에 최충과 최유선이 종사되어 있다고 보고한다. 그래서 예조에 문의한 결과 "동방에 학교를 일으킨 것이 대개 최충으로부터 비롯되었으므로 그 때에 해동공자라고 일컬었고, 정종 묘정에 배향하였으나, 향교의 문묘에 종사한 까닭은 상고할 만한 글이 없습니다."74)고 하면서 문묘사전에는 근거가 없다고 밝힌다. 그래서 정부에서는 문묘사전에 근거 없이 종사해온 인물이 더 없는지 조사하라고 하였다. 그 결과 세 명의 인물이 나오는데 해주의 최충 및 최유선과 김제의 조간이다.

---

71) 池斗煥, 앞의 논문, 1994, 189쪽.
72) 『世祖實錄』 권3, 세조 2년 3월 28일.
73) 『訥齋集』 권4, 風俗學校十二事. "高麗之崔冲 李齊賢 鄭夢周 本朝之權近 俱有功於斯文者也 乞皆配享文廟 以新一代之耳目 以變一代之士習"
74) 『成宗實錄』 권224, 성종 20년 1월 4일.

예조禮曹에서 이에 의거하여 아뢰기를, "해주海州 향교의 최충崔沖·최유선崔惟善과 김제 향교의 조간은 모두 종사하는 줄에 들어 있는데, 삼가 고례古例를 살펴보건대, 태주泰州에 오현당五賢堂이 있고 요주饒州에 삼현당三賢堂이 있고 여릉廬陵에 구양수묘歐陽脩廟가 있고 류주柳州에 류자후묘柳子厚廟가 있으니, 한 고을에서 공덕功德이 있는 향선생鄕先生을 위하여 따로 사당을 세워서 제사하는 것은 있으나, 문묘에 종사하는 것으로 말하면 예전에 그런 예가 없으니, 최충·최유선·조간의 종사를 폐지하소서." 하니, 영돈녕領敦寧 이상과 의정부議政府에 의논하라고 명하였다.[75]

그러자 성종은 세 사람의 문묘종사 논의를 다시 의논하라고 하였는데 이때 나온 의견을 분류하여 보면 다음과 같다. 문묘종사를 하지 말자는 것, 향묘에 종사하자는 것, 오현당 및 여릉과 유주 등 사당의 예에 의해 따로 사당을 세우자는 것[76] 등이 있다. 그래서 결론적으로 국왕이 "문묘에 종사하지 말도록 하라."고 하여, 당시 목사인 정성근이 파한 것으로 보인다.[77] 그래도 최충은 류종원柳宗元, 구양수歐陽脩, 삼현당三賢堂, 오현당五賢堂에 비유되고 있다.

최충에 대한 상황 변화가 중종대에 일어난다. 그것은 최충과 비교되는 호원[78]에 대한 이해가 시작되었기 때문이며, 중종대『소학』운동이 펼쳐진 때문이다.[79] 특히『소학』에 실린 호원의 모습은 사유師儒의 대표

---

75)『成宗實錄』권230, 성종 20년 7월 11일.
76)『成宗實錄』권233, 성종 20년 10월 25일
77)『新增東國輿地勝覽』권43, 黃海道, 海州牧 ; 학교. 향교 고을 북쪽 2리에 있는데, 文憲公 崔沖의 옛 집터이다. 지방 사람들이 최충을 문묘에 배향하였는데 목사 鄭誠謹이 祀典에 없는 것이라 하여 파하였다.
78) 李聲昊,「최충과 호원의 분재교학법 비교」『지역과 역사』28, 2011.

적인 인물로 지칭된다.80) 그래서 중종 2년(1507) 대사간 강경서, 사간
김당 등이 상소하여 '학문과 덕행이 있는 사유로 호원'81)을 인식하고
있다. 조광조는 특히 호원을 존숭하였는데, 중종 13년에 "송나라 때에는
천하를 통일한 대국이었지만, 호원 한 사람뿐이었습니다."82)고 하였다.
또 왕이 호원은 문사를 숭상하지 않았다고 하니, 조광조는 "호원과 같은
사람을 얻기가 정말 힘이 듭니다."83)라고 하였다. 중종 37년에는 호원이
중국 문묘에 올라 있다는 사실을 알게 되었다.84) 계속해서 문묘의 문제가
중국과 다르다는 것이 제기되고 있으며 양시에 대해서도 인식하게 되는데
"양시楊時 같은 사람은 정자程子의 우수한 제자로서 남송 때에 이르러
주희朱熹에게 도를 전한 분인데도 우리나라에서는 배향하지 않았으므로
선비들의 공론이 온당하지 못하게 여깁니다."85)고 할 정도였다. 양시의
스승이 정자이고, 정자의 스승이 호원이란 사실은 호원에 대한 인식을
달리하는 계기가 된 것으로 보이며, 중종반정 이후 주자성리학에 입각한
질서가 회복되면서 도통론의 확립을 서둘러 가는 현상과 일치하는 것으로
보인다. 호원에 대한 인식 변화와 함께 최충에 대한 재평가도 다시 시도하
고 있었다. 중종 11년(1516)에는 평안도 관찰사 안윤덕이 장계하여
평양부의 문묘에 최충이 종사되어 있음을 보고하기도 하고, 중종 14년에

---

79) 金恒洙, 「16세기 士林의 性理學 理解 – 書籍의 刊行·編纂을 중심으로–」 『韓國史論』
    7, 1981.
    尹炳喜, 「朝鮮 中宗朝 士風과 小學 – 新進士類들의 道德政治 具現과 관련하여 –」
    『歷史學報』 103, 1984.
80) 『小學』 권6, 善行.
81) 『中宗實錄』 권3, 중종 2년 6월 10일.
82) 『中宗實錄』 권34, 중종 13년 11월 1일.
83) 『中宗實錄』 권36, 중종 14년 5월 11일.
84) 『中宗實錄』 권99, 중종 37년 12월 25일.
85) 『中宗實錄』 권102, 중종 39년 4월 4일.

는 황해도 관찰사 김정국이 장계하여 해주의 문묘에 최충과 최유선을 종향從享하고 있다고 보고한다.

"해주의 문묘에 예문이 있는데 문헌공 최충·문화공 최유선을 기록하지 않고 동무에 종향하는데 그 이유를 모르겠습니다. 해주 사람에게 물어보니 '문헌 부자는 본래 본주 사람으로 사문에 공이 있기 때문에 주학에 배향한 지 유래가 오래되었다.' 하였습니다. 문헌 부자가 학學에 공은 있다지만 예전禮典에 실려 있는 상사常祀가 있고 비록 주현州縣의 학이라도 국학國學 아닌 것이 아닌데 각기 사견으로 마음대로 종향하는 것은 지극히 지나친 예가 되어 사체에 의義가 없습니다. 그러나 배향한 지 이미 오래되었고 대대로 고치지 않은 것은 그 어떤 까닭이 있는 것 같아 신이 마음대로 고칠 수가 없으니, 그 전대로 두어야 할지의 여부를 정부에 의논토록 하소서." 하였다.[86]

분명히 성종 때 목사 정성근이 파하였다고 하지만 지방 인사들의 인식에서는 절대로 수긍할 수 없는 일이었던 모양이다. 그래서 정부에서는 "최충은 사문에 공이 있으므로 제사지내지 않는 것도 미안하니 향인의 뜻을 좇아 사우祠宇를 세우도록 허락하기를 청합니다."[87]라고 하였다. 이때의 실록기사에는 『여지승람』을 인용하면서 "동방에서 학교의 융성은 대개 최충으로부터 시작되어 당시에는 해동공자라 칭하였다."[88]는 『고려사』 내용을 그대로 전재하고 있다. 중종대 기묘사화가 일어나기 직전의 상황으로 조광조가 정국을 주도하던 시기라서 이런 논의가 이루어질

---

86) 『中宗實錄』 권35, 중종 14년 1월 6일.
87) 『中宗實錄』 권35, 중종 14년 1월 6일.
88) 『中宗實錄』 권35, 중종 14년 1월 6일.

수 있었다. 그러나 중종 14년 11월 이후에 기묘사화로 인해서 모두 중단되게 된다. 그리고 중종 12년(1517)에 정몽주가 문묘종사되는 것으로 결론이 났기 때문에 최충을 더 이상 종사하기는 어려운 형편이었다.

그러자 다른 방면에서 최충을 존숭하고 인식하는 방법을 사용하게 되는데 바로 서원 건립이었다. 명종 4년(1549)에 해주에 문헌서원을 세워 문헌공 최충을 향사하고 최충의 아들 최유선을 배향하였다. 주세붕周世鵬이 지은 제문祭文에도 그 의미를 설명하고 있다.[89] 그런데 서원 건립에는 퇴계 이황의 공로가 지대하였다.

예를 들어 최충·우탁·정몽주·길재·김종직·김굉필 등이 살던 곳에 모두 서원을 건립하되 혹은 조정의 명에 의하고 혹은 사사로이 건립하여서 책을 읽고 학문을 닦는 곳이 되어 성조聖朝의 학문을 존중하는 교화와 태평한 세상의 교육의 융성을 빛내고 드높일 것입니다.[90]

이 사료는 퇴계가 풍기군수를 사임하면서 명종 4년(1549) 9월경에 올린 편지이다. 여기서 고려시대 서원 건립 해당 인물은 4명밖에 되지 않는다. 최충, 우탁, 정몽주, 길재이다. 이런 모습은 후대에 결정적으로 중요한 역할을 하게 된다. 명종 10년에는 생원 김택 등이 상소하여 문헌서

---

89) 『武陵雜稿』 권70, 祭文憲公文. "趙宋受命 麗運方熙 丁卯聚奎 厥祥丕丕 天於內外 曷有其私 猗歟我公 正應斯期 雖無錦繡 其文陸離 所粹德行 圭璋可揮 景德乙巳 公始鳳儀 熙寧戊申 公迺騎箕 六十四年 爲世元龜 先生濂洛 實同其時 文明相符 妙不可欺 肇開我庠 獨尊仲尼 傳家淸儉 其實允奇 九齋有徒 觗佛有兒 微公之功 被髮何疑 首山峩峩 西海之湄 聖廟有儼 是公舊基 公祠蕪沒 觀者涕垂 移而闢之 永安孔宜 庶眷我衷 降歆勿遲"
90) 『退溪先生文集』 권9, 書 1, 上沈方伯.

원에 편액과 서적을 내려달라고 요청하였는데 임고서원臨皐書院의 예에
따라 내리도록 한다.91) 임고서원은 정몽주를 모신 서원이기 때문에
의미가 있었다.

　퇴계의 이런 생각은 기대승92)에게 연결되고 있다. 명종 22년(1567)
에 중국 사신 허국許國과 위시량魏時亮이 공맹孔孟의 심학心學과 기자의
홍범구주의 수를 아는 자가 있는가를 물었을 때 최충도 포함해서 대답한
다.93) 그래서 이미 기존 연구에서 최충 사학의 심성화 경향을 발표한
바 있고,94) 고려 무신난 이후 심성화 경향의 유학과 불교의 선사상이
만나서 고려 유학계는 당시 완성 단계에 있던 주자성리학의 직접적인
영향을 받지 않고도 주자성리학과 평행할 수 있는 기반을 다졌다고 하였
다.95) 여하튼 기대승이 발표한 명단은 설총, 최치원, 최충, 안유, 우탁,
정몽주, 이색, 길재, 윤상, 김종직, 김굉필, 정여창, 조광조, 김안국,
이언적, 서경덕이다. 그러나 성리학은 우탁과 정몽주부터 시작된다고
대답하고 있기 때문에 최충은 성리학적 입장에서의 문묘종사에는 한계가
여전하였다. 그래서 우선 최충의 문묘종사와 연관 있는 호원의 문묘종사
를 먼저 시도하고 있다.

---

91)『明宗實錄』권18, 명종 10년 2월 25일.
92) 기대승도 시호가 문헌이다.
93)『高峯續集』권2, 雜著, 天使許國魏時亮問目條對.
94) 文喆永,『고려유학 사상의 새로운 모색』, 경세원, 2005, 56쪽에서 "최충의 사학에
　　대해서『중용』에서 제시하는 심성화의 방향을 선취하여 정주학 이전에 그 방향성
　　을 고려 유학에 이미 구현하고 있었다."고 하였다. 다만 "이러한 고려 유학의
　　심성화·경학화 경향은 특정 문벌에 한정되어 있는 보수성을 노정하고 있는
　　것이었다."고 하였다.
95) 文喆永,「고려후기 신유학 수용과 사대부의 의식세계」,『한국사론』41·42, 1999,
　　405~406쪽.

그리하여 홍치 때에 양시를 부묘하고 가정 때에 구양수・호원・설
선을 추가하였던 것이니, 우리나라에서도 마땅히 강구하여 이를 따라
야 할 것입니다.96)

율곡의 지우知友인 조헌도 주장하고 있다.97) 이때 호원이 문묘종사되
었다면 최충에 대한 입장도 달라졌을 것이다. 이미 명나라에서 구양수,
양시, 호안국 등이 문묘종사되어 있는 상황에서 조헌까지 주장하지만
시행되지 못한 것이 최충의 문묘종사가 시행되지 못하는 원인이었다.
그리고 또 하나의 이유는 조선의 억불정책 때문이었는데, 최충이 지은
「증시원공국사승묘지탑비명贈諡圓空國師勝妙之塔碑銘」과 「봉선홍경사
갈기奉先弘慶寺碣記」와 관계가 있었다. 이는 이색이 불교 승려와 교류가
많고 비문도 지어 문묘종사에서 배척된 것과 같다고 한다.98) 이렇게
문묘종사가 어렵게 되자 최충에 대한 다른 방법으로 존숭이 나타나는데
율곡 이이가 그 중심인물이다. 율곡은 선조 10년(1577)에 해주향약에서
"문헌공 사당에도 역시 문을 열어 청소하고 향로와 향합을 설치한다."99)
고 하여 존숭함을 표현하고 있다. 이때의 모습에 대해 『임하필기林下筆記』
에서는 "또 부자夫子, 사성四聖 및 주자周子, 이정二程, 주자朱子의 위판을
강당에 설치하고 이곳에 이르는 자들은 모두 두 번 절하도록 하였다.
이어 문헌공묘에 절하게 하였으니, 곧 최충의 사당으로 해주에 있었다

---

96) 『宣祖修正實錄』 권8, 선조 7년 11월 1일.
97) 『重峯先生文集』 권3, 疏, 質正官回還後先上八條疏. "歐陽脩扶聖道闢異端 朱子稱
　　爲仁義之人 胡瑗修己治人之學 首洗隋唐趨利之習 楊時承程氏之緒 下傳羅李 以及
　　朱子薛瑄 奮乎絶學 篤志力行 所以弘治附以楊時 嘉靖益以歐陽胡薛 我朝所當講求
　　而從之者也"
98) 池斗煥, 앞의 책, 1999, 331~332쪽.
99) 『栗谷先生全書』 권16, 雜著, 海州鄕約.

."100)고 하였다. 또 율곡은 석담石潭에서 물러나와 있을 때 문헌서원에 공자를 모시고 자신이 산장山長이 되려고 하였으나 후손들의 반대로 성사되지 못하였는데, 그럼에도 불구하고 선조 11년(1578)에 문헌서원 학규를 지어서 후생들이 힘쓰도록 하고 있다. 율곡 이후에 문헌서원 학규는 공부하는 학도들의 본보기가 되었음을101) 알 수 있다.

## 2) 조선후기

최충의 학문이 심학心學으로 인식된 이후에 최충 집안에서는 추숭 작업에 나서는데, 후손 최유해崔有海(1587~1641)가 「구재명당서九齋名堂書」를 저술한다.

정자·주자가 일어난 뒤에 강유綱維를 만들고 후인을 인도한 것이 이 구재의 뜻으로 종사하지 않은 것이 없으니 선조의 도학의 연원이 올바른 것이었음은 또 이것들을 근거해서도 미루어 알 수 있는 것이다. … 그러므로 체體와 용用을 들어서 함께 말한 뒤에라야 그 뜻이 정밀하게 되는 것이니 이것은 성性을 따르는[率性] 데에 중요함이 되고, 도로 나가는[造道] 시작이 되는 것이다.102)

---

100) 『林下筆記』 권17, 讀鄕約.
101) 『同春堂集』 별집, 권9, 附錄 ; 선생이 학도로 하여금 주자의 白鹿洞敎條와 율곡 선생의 隱屛精舍學規와 文憲書院學規 등의 문자를 등사해 문 위에 붙여 놓고서 조석으로 이를 보고 반성할 자료로 삼게 하며 "이것이 바로 사람을 만드는 樣式이니, 너희들은 항상 완미하여 본보기로 삼도록 하라."라고 하였다.
102) 『崔冲研究論叢』 「附篇」, 九齋名堂書. "及至程朱旣興之後 提挈綱維 開導後人者 莫不以此從事 先祖道學淵源之正 可以據此而推知矣 … 故必擧體用而兼言 然後 其義乃精 此乃率性之爲重 而造道之爲始者也"

최유해는 최충의 18세손으로 구재의 명칭에서 추론하고는 정자와 주자보다 사상이 앞섰다고 주장하는 내용이다. 또 22세손 최홍중崔弘中도 「해주구재유허비기海州九齋遺墟碑記」를 짓고 있다.

공은 정자와 주자보다 먼저 태어나서 의리의 학문을 처음으로 밝혔고 구재를 설치하여 생도들을 가르치니 세상 사람들이 해동공자라 칭하였다.103)

역시 성리학적인 성격을 부여하기 위해서 의리의 학문인 이학理學을 정자와 주자 보다 먼저 밝혔다고 주장하고 있다. 이런 모습은 조선 전기에는 볼 수 없었던 현상이다. 기대승이 최충에 대해서 공맹의 심학을 지니고 있다는 평가 이후에 나타난 현상으로 최충이 이학理學을 갖추고 있었다고 인식한 것이다. 물론 이 부분은 인식의 수준을 넘어서서 최충 당대 유학의 성격일 수도 있다.104) 이후 『구재연의九齋衍義』에서는 구재의 각 재명齋名을 성리학적으로 해석하고 있다.105) 최충의 후손들은 최충에게 주자성리학의 시원始原이라는 영예를 부여하고 싶어 하였다. 이런 후손들의 인식과는 별개로 병자호란 직후에는 상황을 수습하는 과정에서 역대 명신을 현창할 필요성이 제기 되고 있었다. 그런 과정 속에서 최충에게도

---

103) 『崔冲研究論叢』「附篇」, 海州九齋遺墟碑記. "生先程朱 倡明義理之學 設九齋教誨生徒 時稱海東孔子"
104) 文喆永, 앞의 책, 15쪽. "의리・심성화의 측면에서 심성학적인 송학 형성과의 평행성을 유지하고 있었던 고려전기 유학사상의 성격이 …"라고 하였다.
105) 金忠烈, 『한국유학사』 I, 예문서원, 1998, 83쪽. "九齋衍義라는 논설을 펴기도 하였으나 견강부회한 측면도 없지 않았으나, 최충의 사학에서 '위인지학'이 아니라 '위기지학'을 교육하였다는 점을 시사해 주는 추론임에는 틀림없다."고 하였다.

명신의 의미가 부여되고 있었으니, 잠곡 김육金堉은 선현들의 사적을
논하면서 최충을 포함하고 있다.106) 이때 논의에 참여한 인물들을 살펴보
면 강석기, 민형남, 김상헌, 윤황, 이시매 등이다. 또 선정된 인물들
중에서 고려의 인물로는 최충, 안유, 이색, 정몽주, 이존오, 길재, 김주이
다. 이를 바탕으로 나중에 김육은『해동명신록海東名臣錄』을 편찬하였다.
『해동명신록』은 결국 주자의『송명신록宋名臣錄』을 조선에서도 구현하
자는 의미였다. 그래서 이 책에는 신라 시대에서 조선 인조 조에 이르는
301명의 전기를 수록하였는데, 대부분이 조선 시대 인물이다. 신라인으
로 설총·최치원, 고려인으로 최충·안유·정몽주·길재 4인이 권1에
수록되었다.107) 이것은 고려말 유종儒宗으로 칭한 설총, 최치원, 최충,
이제현, 이색과 비교하면 이제현·이색 대신에 길재가 들어간 정도의
차이이다. 이 때문에 구황이 절실한 인조대에 최충에 대한 인식이 명재상
으로 이해되고 있다.

　그리고 오늘날에 가장 급한 일로서 구황 정책보다 더 급한 일이
있겠습니까.『주례』황정은 당연히 강명하고 신칙하여야 될 것입니다.
지난 고려 성종 때에 김심언이 소를 올려 유향의『설원』에 있는 육정육
사六正六邪와『한서』에 있는 자사육조刺史六條를 써서 벽에다 붙여
놓고 드나들며 읽어 귀감으로 삼을 것을 청하자, 왕이 큰 포상을
내리고 아뢴 대로 시행하였습니다. 그 뒤에 최충이, 이것이 세월이
오래 되어 바랬으니 다시 써 붙여서 신칙하고 권려하는 도리를 알도록
하여야 된다고 하자, 또 그대로 따랐는데, 그 말은 모두가 절실하고,
또 예전에 훈계한 내용입니다.108)

---

106)『潛谷遺稿』권14, 錄, 朝京日錄.
107)『海東名臣錄』, 규장각 古 4653-6-v.1-9.

인용문은 인조 23년(1645)의 기록으로 최충의 육정육사六正六邪와 자사육조刺史六條를 절실하게 이해하고 있다는 뜻이다. 이것을 효종 4년에 다시 한 번 반복하고 있다.109) 최충이 구휼정책을 잘하였다는 점을 『고려사』를 통해 잘 인식하고 있다는 뜻이다. 그러나 아직 성리학의 입장에서는 정몽주와는 비교가 되지 않는다는 인식을 견지하고 있다.

우리 동방은 원래부터 문명의 나라로 일컬어져 왔지만 학문에 종사한 자는 전혀 없었다. 설총薛聰이나 최치원崔致遠 같은 사람들이 공무孔廡에 배향되긴 하였지만 그들은 일개 문한文翰의 인사에 불과하다. 고려조에 들어와서는 굉유宏儒가 많이 배출되었는데 그 중에서도 우탁禹倬·최충崔冲·안유安裕 등이 걸출한 자였다고 하겠으나 중국의 명유名儒에 비교하면 거리가 멀다고 하겠다. 그런데 포은정공圃隱鄭公 같은 이는 당대의 숙학宿學으로서 그를 유종儒宗으로 추대하지 않는 이가 없는데, 종횡무진으로 펼치는 설에 이치가 타당하지 않은 말이 없고 그의 높고 큰 충절 또한 하늘과 땅에 뻗치고 해·달·별에 견줄 정도로 불후不朽한 것이니, 그를 유종으로 받드는 것이 어찌 우연한 것이겠는가.110)

정몽주는 성리학적 입장에서의 유종儒宗이고 최충은 굉유宏儒라고 표현하고 있다. 다만 계곡 장유가 정몽주를 표현한 것은 조선 후기 학자가 고려 시대 인물에 대해 평가한 것이기 때문에 최충과 같이 당대에 유종으로 표현된 영역에는 포함하지 않았다. 장유張維(1587~1638)는 최충의

---

108)『仁祖實錄』권46, 인조 23년 10월 9일.
109)『孝宗實錄』권10. 효종 4년 1월 6일.
110)『象村先生集』권52, 春城錄.

홍경사 비문에 대해서도 부정적이지 않은 평가를 내린다.

> 한림학사가 지어낸 빼어난 비문
> 그동안 세월이 얼마나 흘렀는가
> 오백 년도 훨씬 넘어섰어라
> . . .
> 그래도 문장만은 조금 의지할 만하여
> 흐르는 세월 따라 마멸이 되지 않아
> 차마 떠나지 못한 채 빗돌 쓰다듬으면서
> 지는 해 바라보며 우두커니 서 있노라
> 그저 원한다면 탁본 널리 전해져서
> 무궁한 세월 동안 감상될 수 있기만을.111)

최충의 문장이 탁본되어서 오래도록 전해지기를 기대한다는 내용이다. 장유는 특히『장자』에 대한 이해가 뛰어났기 때문에112) 더욱 홍경사 비문에 대해서 긍정적인 평가를 내렸을 것이다. 홍경사 건립 목적 자체는 여행자를 위한다는 것이기 때문에 긍정적으로 해석할 여지가 많다는 점이고, 불교적 내용을 사상捨象하고 객관적인 시각으로 바라본다면 장유張維와 같은 인식이 가능하다는 점이다. 조선시대 학자 중에서 최충의 시문에 대해 이렇게 부정적이지 않은 평가는 최초이다. 이와 같은 변화는 최충의 사상을 '심학心學 및 이학理學'으로 인식하기 시작한 이후에 가능했던 것이다. 다만 당시 노론의 거두인 송시열의 최충에 대한 입장을 살펴볼

---

111)『谿谷先生集』권25, 弘慶寺碑和畸翁韻.

112) 학군봉,「谿谷 張維 文學에 나타난 莊子 寓言 受容樣相과 그 意味」,『한국한문학연구』41, 2008.

필요가 있겠다.

　　최문헌崔文憲을 사람들이 다 해동공자海東孔子라고 말하는데 그의
학문의 성숙도가 퇴계와 정암 두 선생보다 우월함이 있습니까? 만약
그렇다면 어찌하여 문묘文廟에 배향하지 않습니까?
　　최문헌은 우리나라가 인문人文이 어두울 때에 우뚝 일어나서 문학으
로 자임自任하였기 때문에 사람들이 부자夫子로 일컫습니다. 그러나
역시 근세대의 여러 노선생들과 그처럼 비등한지의 여부는 모르겠습
니다.113)


　　송시열은 최충의 학풍을 문학 즉, 사장학으로 규정하면서 문묘종사에
회의적이다. 이는 앞 편의 조선전기 서술에서 살펴본 바와 같이 율곡의
견해를 수용하는 것으로 율곡학파인 송시열로서는 당연한 것이었다.
여하튼 율곡을 계승하는 노론의 입장을 송시열이 대변한다고 할 때 그의
견해는 절대적이라고 할 수 있다. 따라서 문묘종사가 더욱 어려울 수
있는 상황이 된다. 노론과는 입장이 다른 남인의 거두인 이익李瀷(1681~
1763)의 입장을 살펴보자.

　　최치원의 계원필경과 설총의 화왕계가
　　어찌 우리 유학과 같겠는가?
　　…
　　옛날에는 호학湖學이 있었고, 지금은 구재九齋가 있어
　　대동大東의 유술儒術이 바로 여기서 시작되었네.114)

---

113) 『宋子大全』 권121, 書, 答或人.
114) 『星湖先生全集』 권7, 海東樂府, 九齋歌. "桂苑騰筆花王諷 彼哉何與斯文會 …

이는 최충의 구재와 호원의 경의재·치사재를 최초로 연결하는 중요한 의미를 가지고 있으며, 최충의 유학이 문묘에 종사된 설총이나 최치원보다 높다는 것을 은연중에 강조하는 내용이다. 또한 최초로 호원의 호학湖學과 최충의 구재九齋를 직접 비교하고 있다는데서 의의를 찾을 수 있다. 이는 최충의 학문이 문묘종사되어도 무방함을 강조한 것이다. 이어서 홍양호(1724~1802)는「자하동구재유허비명紫霞洞九齋遺墟碑名」을 지었다.

> 고려 성종 병술년115)에 출생하였으며 중국은 송태종 옹희 3년이었다. 이때는 주자와 정자와 같은 제현諸賢이 아직 나오지 않고 공자의 도가 아직 세상에 밝혀지지 아니했는데 선생이 해외에서 떨쳐 일어나서 사문斯文을 자기의 책임으로 생각하였다. 그가 붙인 구재의 명칭 중에 성명, 솔성과 같은 것은 정자보다 앞섰고 도를 전한 공적이 천년 뒤에 은연중 들어맞았으니 아아 위대하다.116)

특히 구재의 명칭은『중용』의 성명과 솔성을 인용하고 있기 때문에 정자보다도 앞섰다고 하는 것이다. 그래서「문헌서원구재기文憲書院九齋記」에서『중용』에 대해서 다시 부연하고 있다.

> 『중용』을 표장한 것이 정자로부터 시작되었는데 선생께서는 이로써

---

古有湖學今九齋　大東儒術方伊始”
115) 공식 기록으로는 984년 甲申이다.
116)『崔冲硏究論叢』「附篇」, 紫霞洞九齋遺墟碑名. “生於高麗 成宗丙戌 在中國則宋太宗雍熙三年也 于時朱程諸賢未出 孔子之道 未明於天下 而先生奮起海外 獨以斯文爲任 其名九齋 如誠明率性 出於中庸之訓 則表章中庸已先於程子 而傳道之功 暗合於天載之下 嗚呼盛哉”

재명齋名을 삼아서 학자를 가르쳤으니 성인이 전한 도의 은미한 말을 깊이 깨달아 알았으며 정자와 주자의 뜻에 가만히 들어맞았다.117)

최충이 『중용』을 표장한 것이 정자보다 앞섰다는 인식이다. 정자보다 앞섰다는 인식은 바로 호원과 연결될 수 있는 길을 터놓은 것이다.

### 3) 근대

근대에서는 조선후기의 인식을 계승하면서 최충과 호원을 직접적으로 비교하게 되는데, 장지연은 1917년 『매일신보』에 연재한 『조선유교연원』에서 그런 견해를 보이고 있으며 1922년 책으로 간행한다. 이 책에서 최충의 구재를 서술하고 그 설명에 부연하는 내용이 관심을 끈다.

송나라 유학자 안정 호원과는 시대도 같으면서 후진을 교수하는 공로도 역시 같다.118)

이는 호원의 소호교법과 최충의 문헌공도가 그 의미가 같다는 것을 강조한 것이다. 이런 영향은 근대인 1919년에 최경식崔曔植이 편찬한 『최자전실기崔子全實記』에서 분명하게 드러난다. 최경식은 정확한 생몰연대가 알려져 있지 않지만, 1918년에 그가 간행한 『홍문공정선생양대실록弘文公鄭先生兩代實錄』의 서문에서 기본적인 사실을 확인할 수 있다.

---

117) 『崔冲研究論叢』「附篇」, 文憲書院九齋記. "中庸之表章 始自程子 而先生乃以名齋 而教學者 則其深得聖人傳道之微言 而暗合於程朱之旨"
118) 張志淵, 『朝鮮儒教淵源』, 匯東書館, 1922, 5쪽.

　　이웃 친구이자 은사隱士인 중계重溪 최경식崔暻植은 총명한 재주를
지니고 고금의 사적을 두루 읽지 않은 것이 없어 박학博學·다문多聞하
다. 그런 까닭에 한마디로 요약하여 서술한다면 중계重溪는 최문헌공
의 현운賢雲이자 동시에 12도의 후예이다. … 무오년 8월 신미일에
홍문공의 30세손인 생원 수원秀元이 삼가 쓰다.119)


　　이 서문은 정수원鄭秀元이 썼다. 그는 사마방목에 의하면 고종 19년
(1882)의 증광시에 생원 3등 44위로 합격하였다.120) 출생년도는 철종
2년(1851)이고, 거주지가 해주라고 되어 있다. 그리고 인용문에 보이듯
이 정수원은 최경식과는 이웃 친구라고 하였기 때문에 최경식의 출생지
혹은 거주지가 해주라는 것을 알 수 있다. 최경식은 최충의 후손임을
미리 밝히고 있다. 따라서 이 서문은 최충과 함께 사학 12도를 세운
정배걸鄭倍傑의 후손이 조상을 현창하기 위한 사업으로 같은 사학 12도의
후손인 최경식崔暻植에게 의뢰하였던 것임을 알 수 있다. 최경식은 정배걸
에 관한 책을 저술한 직후인 1919년에는 자신의 선조인 최충에 관한
『최자전실기崔子全實記』를 쓰고 있다. 그런데 그 서문은 정만조鄭萬朝
(1858~1936)가 짓고 있으니, 사학 12도의 후손 가문끼리 동시에 현창
작업에 나섰다는 것을 알 수 있다. 그런데 정만조의 출생연도가 정수원과
비슷한 것으로 보아 최경식, 정수원, 정만조는 동시대에 활약하였음을
알 수 있는데 3·1운동 전후의 시점이었다는 점이다. 『최자전실기崔子全
實記』는 총 6권으로 되어 있는데 권2에 최자연보崔子年譜가 수록되어

---

119) 『弘文公鄭先生兩代實錄』 4쪽. "隣友 隱士 重溪 崔暻植 以聰慧之才 古今史籍
　　無不徧覽 博學多聞 故要以一言叙述 則重溪以崔文憲公之賢雲 同是十二徒之后
　　裔也 … 戊午八月辛未 弘文公 三十世孫生員秀元謹識"
120) 『崇禎紀元後五壬午增廣司馬榜目』(국립중앙도서관[일산古6024-33])

있다.121) 권3에는『화해사전華海師全』을 포함하고 있고 나머지 권에는 최충과 관련된 글들을 수집하여 수록하고 있다. 위서 시비가 있는『화해사전華海師全』을 포함하면서 최경식의『최자전실기崔子全實記』가 전체적으로 문제의 소지를 띠게 되었다는 점이다. 이는 다음 자료에서도 확인할 수 있다.

여씨중에 "나라와 집안이 앞으로 일어나려할 때는 반드시 아름다운 상서가 있게 마련이다."라고 하였다. 규성奎星은 진실로 태평한 시대를 상징하니 이는 우리 유학이 열릴 징조였다. 이때는 안사로顔師魯와 손명복孫明復의 경전 주석이나, 호안정胡安定과 호소지교湖蘇之敎나 정자와 주자의 학문이 천하에 나타나지도 아니하였는데 우리나라에서는 그 아름다운 꽃이 이미 활짝 피어난 것이다.122)

이 글에서 최충의 문헌공도와 송초삼선생인 호원[호안정]과 손복[손명복]을 비교하고 있다. 그러나 이 내용은 실제『여사제강』에 포함된 것이 아니다. 그런데 이런 내용을 포함한 자체가 바로 최충과 호원을 동일시하고 있는 인식을 바탕으로 한 것이다. 왜 이렇게 동일시하고 있는가 하는 부분은 호원이 정자의 스승이기 때문일 것이고, 제2편에서도 언급하였지만 주자성리학의 원류가 호원이기 때문이었다.

하지만『여사제강』에서 인용하였다는 위의 사료는 실재하지 않는다. 그런데 왜 이렇게 인용하였는가 하는 문제는 유계를 통해서 최충을 높이려

---

121) 규장각 소재의『崔子全實記』참조.(奎 15631-v.1-3)
122)『崔冲硏究論叢』「附篇」, 崔子年譜. "呂氏中曰 國家將興 必有休祥 奎星固太平之象 然實啓斯文之兆也 當是時 師魯明復之經 安定湖蘇之敎 伊洛閩中之學 未出於天下 而其精華已露於此矣"

는 의도라고 보인다. 이 내용은 1984년 경희대학교 전통문화연구소에서 출간한 『최충연구논총』과 1999년 문헌공최충선생기념사업회에서 발간한 『儒學史上 崔冲의 位相』에 그대로 전재되면서 출전을 『여사제강』이라고 명기하고 있다. 이 때문에 많은 오류를 일으키고 있다. 실제 이 사료는 송나라 여중려呂中이 편찬한 『송대사기강의宋大事記講義』 권3에 실린 내용과 글자의 이동異同은 있으나 내용이 일치하고 있다.123) 건덕 5년(967)에 규성이 보였을 때의 일을 기록한 것이다. 또 인용문의 여씨중려氏中은 저자인 여중려呂中의 오기誤記이다. 이 사료는 『해주최씨가장海州崔氏家藏』에는 나오지 않기 때문에 『최자전실기』를 저술하면서 최초로 포함했을 가능성이 크다. 이런 오류에도 불구하고 최충에 대한 인식에서는 분명 변화가 나타나고 있으며, 저자인 최경식은 최충을 최자崔子라고 존숭하는 평가를 최초로 시도하고 있다는 점이다. 최경식은 최충의 후손이기 때문에 선조를 현창하는 작업의 일환으로 성인의 칭호인 '자子'를 부여했다는 점에서 일반화하기는 곤란한 부분이 있다. 그럼에도 불구하고 최충에 대한 인식의 변화에는 기여했다는 점을 주목하고자 한다. 이 이후에는 최충을 문묘종사해야 한다는 인식이 확산되고 있다. 김택영(1850~1927)은 1921년에 이런 논의를 제시하고 있다.

고려 최문헌공은 주렴계 이전에 태어나서 먼저 성명의 의리를 발명

---

123) 『宋大事記講義』 권3. "乾德五年三月 五星聚奎 初竇儼與盧多遜楊徽之 周顯德中 同爲諫官 儼善推步 嘗曰 丁卯歲 五星聚奎 自此天下太平(國家治亂 雖人事也 亦天數也 蓋風氣推移淳漓不同 世治則人漓 所以治極必亂 世亂則人淳 所以亂極 生治 以五代雲霧昏曀之久 啓我宋天日開明之時 天降時雨山川出雲 國家將興 必 有休祥 五星聚奎固太平之象 而實啓文明之兆也 當是時 歐蘇之文未盛 師魯明復 之經未出 安定湖學之說未行於西北 伊洛關中之學未盛於天下 而文治精華 已露 於立國之初矣)"

하여 학재學齋[九齋]에 게시하여 문도들을 가르쳤기 때문에 당시 사람들은 해동공자라고 칭하였다. 이 두 사람이 어찌 설홍유보다 아래이겠는가.124)

이 글의 도입부에 보이는 '주렴계 이전에 태어나서'는 앞의 최홍중崔弘中의 글에서 '정자와 주자'를 대체하면서 좀 더 구체적으로 서술하고 있는 것이다. 또 설총이 고려의 문묘에 종향되었다는 점을 지적하면서 주렴계보다 먼저 '성명의 의리'를 발명한 최충은 당연히 문묘에 종향해야 한다는 인식이다. 1935년에 이능화李能和도 비슷한 견해를 보인다.

우리 동방의 이학理學은 문충공 정몽주가 원조元祖이지만 겨우 맹아를 발명하였을 뿐이다. 최문헌공은 조송趙宋과 시대를 함께 하였다. 정자와 주자 제인諸人은 아직 세상에 나오지도 않았으니 하물며 그 성리의 학설이 고려에 전파되었다고 논할 수 있겠는가. … 그런즉 최문헌공은 비단 해동공자일 뿐만 아니라 역시 해동정주海東程朱라고 할 수 있는 것이다. 그래서 해동공자의 영령英靈이 해동의 공묘孔廟에 혈식血食되지 못하는 것이 옳겠는가.125)

동방 이학의 원조는 정몽주이지만 그것은 맹아일 뿐이며, 최충은 해동 공자일 뿐만 아니라 해동정주海東程朱라고 인식하면서 공묘孔廟에 종향되

---

124) 『詔護堂文集定本』 권8, 金堯泉先生宜配饗聖廟私議. "高麗崔文憲公生於周濂溪之 前 先發誠明之義 揭其學齋 以敎其徒 時人稱爲海東孔子 此二人豈在薛弘儒下哉"

125) 李能和, 「高麗崔冲」, 179쪽. "我東理學 以鄭文忠公夢周 爲之元祖 則僅發萌芽而已 崔文憲公時 與趙宋上世相竝 而程朱諸人 尙未出世 遑論其性理學說之及於高麗 哉 … 然則崔文憲公 非但爲海東孔子而已 亦可爲海東程朱也 然則以海東孔子之 英靈 不得血食於海東之孔廟可乎"

는 게 당연하다고 한다. 최충에 대한 인식의 최종점이다.

　이상으로 최충에 대한 인식의 변화와 문묘종사 논의에 관해서 서술하였다. 조선전기 문묘종사의 기준인 절의론 때문에 결국 최종적으로 최충의 문묘종사는 실패하게 된다. 이후 퇴계의 영향으로 문헌서원이 건립되게 되었고, 기대승에게 이어져 '공맹孔孟의 심학心學과 기자의 홍범구주의 수를 아는 학자'로 인식되었다. 최충의 학문이 심학心學으로 인식된 이후에는 이학理學을 정자와 주자 보다 먼저 밝혔다고 이해하게 된다. 이후 이익李瀷은 최초로 호원의 호학湖學과 최충의 구재九齋를 비교하고 있고, 홍양호는 최충을 정자보다 앞섰다고 이해하게 된다. 이에 반해서 율곡 이이는 해주향약에서 최충을 추숭하고, 직접 문헌서원 학규를 저술하지만 문묘종사에는 부정적이었다. 이를 송시열이 계승하면서 여전히 문묘종사에는 부적합하다고 인식하게 된다. 남인·소론과 노론의 입장 차이를 확인할 수 있는 부분이다.

　근대에 들어서면서 장지연은 이익의 학설을 계승하여 최충과 호원을 직접적으로 비교하게 된다. 또『최자전실기』에서는 최충을 최초로 최자崔子로 호칭하게 된다. 이 책에서『여사제강』을 인용하면서 최충을 호원의 호소지교湖蘇之敎와 비교한다. 그러나 실제로는『송대사기강의宋大事記講義』에서 인용한 글을『여사제강』이라고 잘못 서술하고 있었다. 이후 쓰인 글들 중에는 이 오류를 무비판적으로 인용하는 잘못을 반복하고 있다. 김택영은 설총이 고려의 문묘에 종향되었다는 점을 지적하면서 주렴계보다 먼저 '성명의 의리'를 발명한 최충은 당연히 문묘에 종향해야 한다고 주장한다. 또 이능화李能和는 최충은 해동공자일 뿐만 아니라 해동정주海東程朱라고 인식하면서 공묘孔廟에 종향되는 게 당연하다고 하였다.

고려사(동아대학교 박물관)

# 제7편 결론

　최충이 활동하던 시기는 고려 문화가 성세를 이룰 때였다. 고려는 독자적인 성장과 함께 북송과의 부단한 교류를 통하여 융성한 문화 발전을 이루었다. 이때 북송은 초기 신유학이 발흥하던 시기였고 이를 주도하던 인물은 최충과 비교되는 호원이었다. 북송과의 문화적인 교류가 최충의 학문과 사상의 형성에 지대한 영향을 미쳤다는 점을 간과할 수 없을 것이다. 또한 고려 전기 유학과 교육의 실체를 파악하기 위해서는 최충의 생애에 끼친 선학의 영향과 후학에 미친 최충의 영향까지 시간적으로 망라해서 고찰되어야 한다고 생각하였다. 즉, 나말여초의 최치원, 최언위, 최승로, 최항의 학문적 성과를 계승하여 일가를 이룬 최충은 자신이 문헌공도를 세운 다음에는 이를 후학에게 전달하고 있다는 점을 주목하여 설명하는 것이 필요하였다. 이때 기존 자료의 재해석과 새로운 자료의 발굴은 내용을 풍부하게 하고 객관적 자료에 근거한 해석을 가능하게 하는 것이었다. 이런 방법론과 자료의 발굴을 바탕으로 하여 최충에 대해 일원성을 부여함으로써 다음의 몇 가지 사실을 파악할 수 있었다. 각 편과 장을 구분하여 요약하고 정리하는 것으로 결론에 대신하도록 한다.

　제2편, 북송초 신유학과 고려 신유학을 비교한 결과 대등한 조건에서 비슷한 진행과정을 겪었던 점을 확인하였으며, 이와 동시에 최충의 학문적 지위는 북송의 송초삼선생과 대등하다는 점을 확인하였다. 최충은 호원과 동일하게 분재교학법分齋敎學法을 창안하게 되었으며 그것은 체용론體用論을 바탕으로 하고 있었다. 이들의 체용론은 동일하게 체體·문文·용用으로 표현되고 있다. 또 호원이 북송의 정학正學 운동의 주창자이자 북송신유학의 원류이고 정자程子의 스승이었다는 점은 최충의 학문적 위상을 짐작할 수 있는 부분으로서 의미가 있다고 생각된다. 마침 호원이

직접 태학에 강의하는 시기와 최충이 문헌공도를 설립하는 시기도 일치하고 있다. 호원 학문의 의의는 『송원학안』에서 제1학안으로 기록되고 이후 100개의 학안이 호원에게서 시원始原하고 있다는 점에서도 찾을 수 있다.

최충의 학문적 근원은 최항을 통해서 최언위와 연결되고, 최제안을 통해서는 최승로와 연결된다. 이는 다시 최치원崔致遠을 시원始原으로 한다. 최치원은 나말여초에 신유학을 도입한 석학이었다. 최치원의 영향을 받은 최언위도 당에서 발흥기의 신유학을 수학하고 돌아온 지식인이었다. 최승로는 「시무 28조」에서 수신修身은 불교, 이국理國은 유교를 통해 이해하고 있다. 최치원, 최언위, 최승로의 학문에서 최충은 북송초 신유학과 대등한 사상체계를 형성할 수 있는 요소를 취득하게 되었다.

제3편, 최충의 생애에서 학문은 최항崔沆을 통해서 최언위崔彦撝를 계승하고 있었다. 최충의 좌주座主인 최항崔沆은 최언위崔彦撝의 손자인데, 그가 황룡사탑을 수리한 목적은 9개국에서 조공을 받는다는 기원을 재확립하여 거란의 침입에 대비하고자 한 것이고 이런 대외관은 최충에게 계승되고 있었다. 이는 당시 「홍범洪範」 팔정八政의 이식위선以食爲先의 개념과 관계가 되었다. 또한 가학家學으로 『맹자孟子』 존숭을 계승하고 있었다.

이런 사상적 영향은 관직 활동에서도 나타나게 되었다. 김심언과 최충은 성종, 덕종대에 같은 내용의 봉사를 올리고 있다. 그런데 두 인물은 공교롭게도 모두 간관의 직책을 띠고 있었다. 대간에 임명되는 관료들은 과거 합격자들이 대세를 이루고 있었는데 대표적인 간관은 김심언과 최충이었다. 대관으로는 황주량이 임명되고 있다. 김심언, 최충, 황주량은 모두 최항과 연결되어 있다. 최항은 경주 최씨이면서 최언위의 손자이고, 정치 세력으로는 경주계에 포함되고 있다. 김심언은 나주계 이면서 경주계인 최섬의 사위이자 제자이다. 따라서 김심언은 최섬을 통해서 경주계와 정치적 협력을 추구하면서 성종대 개혁을 추진하고 있었다. 그리고 최승로 사후에 정치적 영향력을 지속하려는 경주계의 입장을 대변하면서 '봉사'를 올리고 있다. 성종은 '유교정치이념'을 지속하기 위해서 간관인 김심언의 건의가 필요하였다는 점에서 김심언의 봉사 내용은 성종과의 교감에서 나왔음을 알 수 있다. 대간은 왕권을 견제하면서도 국왕을 보필하는 역할을 한다는 점에서 이해가 되는 부분이다. 성종은 개령군 송誦을 후계로 입후立後하면서 사전 정지 작업의 일환으로 중앙과 지방 관료들에 대한 유교적 원칙을 강조할 필요성이 있었다. 성종 자신은 주나라 주공周公이 성왕成王을 보호했던 것처럼 개령군 송을 비호하겠다는 의지를 보이면서 『서경』「무일편」을 강조하고, 중앙과 지방 관제 정비 의도를 다시 밝힌 것이 '육정육사'이다. 이와함께 당나라 선종의 백료지계百僚之誡를 인용하고 있다. 당의 선종대 처럼 유풍儒風을 두터이 하고, 과거 출신 인재를 선발하자는 주장이다. 그러면서 지방에는 감찰제도를 실시하겠다는 의사를 보인 것이 '자사육조'이다. 이어서 성종의 정책에 협조와 동시에 감시가 필요했던 서경세력에게는 분사헌分司憲을 설치하였다.

최항의 문생인 최충과 황주량은 현종대의 대표적인 대간이었다. 특히 최충은 간관諫官에 황주량은 대관臺官에 집중적으로 임명되고 있는 것은 현종을 옹립하는데 공을 세운 최항의 영향력 때문이었다. 이때 최제안은 현종의 후계자인 덕종이 태자일 때 스승이었다. 최제안 이외에도 스승이 되는 인물은 최충이다. 최제안은 최승로의 손자로서 역시 경주계라고 할 수 있는데 최충의 좌주인 최항이 사망한 이후에 경주계를 대표하고 있다. 최제안, 최충은 현종 사후에 덕종을 보필할 임무를 맡았다고 할 수 있다. 현종이 훙薨한 이후에 최충이 작성한 사찬史贊에서 현종을 주나라 성왕成王으로 표현한 것도 김심언이 봉사를 올려서 성종을 성왕과 비교하였던 것과 동일하다. 모두 이상적 제왕상을 언급하면서 신하의 입장에서 역할을 제시한 것이 '육정육사'와 '자사육조'이다. 최충이 이렇게 한 이유는 덕종이 왕위를 승계한 이후에 병약한 문제 때문에 후계 구도가 불안한 위기에 직면할 수 있었기 때문이다. 그래서 최충은 김심언이 올렸던 '육정육사'와 '자사육조'를 재차 건의하고 있다.

사상적인 영향은 재상직을 수행하면서도 나타나는데, 변경을 방비할 인재로 양규楊規의 아들인 양대춘을 천거한 것이다. 최충은 직접 장성의 축조를 담당하면서 화이론적 문화의식을 더욱 체화하게 되었다. 장성의 축조와 함께 최충은 서북 흉민에 대한 대책과 여진에 대한 외교를 건의하고 있다. 최충의 외교론은 화이론으로서, 인의를 따르는 것은 화華이고 인의를 저버리고 약육강식 논리를 따르는 것이 이夷라는 『맹자』에서 주장된 화이론을 제시하고 있다. 최충이 문하시중에 임명되자마자 법률의 개정작업에 착수한 이유는 기존의 고려 법률이 법률정신에 어긋나는 점이 많았기 때문이었다. 법률 고정을 완료하면서 「고려령」이 갖추어지게 되었던 것이다.

제4편, 최충의 문헌공도文憲公徒에서는 독창적인 분재교학법分齋教學法을 시행했음을 확인할 수 있었다. 문헌공도의 칭호가 사학 12도의 제1등으로 사용되고 있다는 점에서도 의의가 있다. 호원학안이 『송원학안』에서 1번 학안인 것과 동일하다. 그의 분재교학법은 체용론體用論을 바탕으로 하고 있었다. 그의 체용론은 「계이자시戒二子詩」에서 확인하였듯이 체體·문文·용用의 구조로 되어 있어 사서四書인 「대학大學」의

수신修身·제가齊家·치국治國을 근본으로 하고 있었다는 점은 최충 사상의 의미를 짐작할 수 있게 한다. 최충의 구재 재명에서 확인할 수 있는 것은 호원과는 달리 수기修己에는 낙성, 대중, 성명과 치인治人에는 경업, 조도, 솔성, 진덕, 대화, 대빙으로 구분하여 수기치인론을 실행하고 있는 점이다. 이런 분재교학법은 최충 사후에는 국자감에도 영향을 주어 문종 30년(1076)에 정8품 무학박사가 설치되고 있다. 이는 북송의 무학박사가 원풍 3년(1080)에 설치되고 종8품이었던 것에 비하면 시기가 앞서고 대우가 높다는 것을 알 수 있다. 구재의 교학내용은 호원과 마찬가지로 십삼경十三經이었음을 알 수 있다.

최충 사후 문헌공도의 학맥은 김양감, 윤관·윤언이, 김인존, 김부식에게 전수되었다. 김양감은 소식蘇軾의 시문을 받고, 귀국한 후에는 무학박사 직관 설치에도 관여 하고 있다. 윤관은 유장儒將의 개념이 수록된『태평어람』도입을 주도하고 칠재七齋의 무학武學 설립을 주도한다. 윤언이는『역해易解』를 저술하고,「만언서」를 올려 왕안석과 비교되고 있다. 김인존의 저술인『논어신의』는 왕안석의 아들인 왕방의『논어신의』와 연관성이 있다.

최충의 유교사상은 다각도로 검토한 결과 다음을 확인할 수 있었다. 먼저, 최충의 자字 호연浩然은『맹자』의 호연지기에서 차용한 것으로 존맹사상과 연관되었다. 존맹사상은 당대 고려와 북송에서 수양론과 관계되기 때문에 유행하고 있었으며, 또한 사대부들이 천하를 자기의 임무로 삼게 되는 계기가 되었다. 최충도 호연지기의 수양론을 자신의 평생 과업으로 삼아서 실천하고 있었으며, 이에 따라 은퇴 이후에는 문헌공도를 수립하여 공자의 교회불권教誨不倦을 실천하였기에 당대에 해동공자로 칭송받게 되었다. 또 호연浩然이 수신修身과 관계됨은 그가 남긴 대표적인 시詩인 「계이자시戒二子詩」에서 확인하였는데, 사서四書인 『대학』의 수신修身, 제가齊家, 치국治國을 근본으로 하고 있으면서도 위기지학爲己之學의 수양론이었다.

최충이 남긴 현종顯宗의 사찬史贊은 같은 유종儒宗으로 지칭되는 이제현李齊賢의 인증을 받게 된다. 또 다른 고려 후기 유종儒宗인 이색李穡은 최충의 구재九齋에 관한 시문을 많이 남기고 있는데 이는 사장학과 관련된다고 할 수 있다. 최충의 후손인 최자崔滋는 최충의 학문을 오도吾道로 지칭하고 있는데 이는 『논어』를 인용한 것으로 다분히 해동공자를 현창할 목적이었다. 또 최충과 아들인 최유선으로 이어지는 가문의 영광에 대해서 시를 지은 김행경은 북송대 유명한 시인인 황서黃庶의 글을 인용하여 칭송하고 있다. 황서黃庶는 황정견黃庭堅의 부친이었다.

그의 유교사상에서는 사장학을 바탕으로 신유학을 수용하고 있었음을 확인할 수 있었다. 인용 경전을 통해서 최충의 구경九經은 십삼경十三經을 바탕으로 하고 있음을 확정할 수 있겠다. 또 하나의 특징을 발견할 수 있는데, 북송신유학을 수용하고 있다는 점이다. 『대학』·『논어』·『맹자』·『중용』을 인용하고 있기 때문이다. 그래서 최충 당대에 이미 사서四書 단계로 진입했다고 해도 과언이 아니다. 문학 부문에서는 『문선』·『초사』를 바탕으로 하면서 한유韓愈의 고문古文을 인용하고 있다. 신유학은 심학心學을 정립할 필요성이 있었는데 최충은 『장자莊子』를 이용해서 심학心學을 정립하고 있었다는 점은 새로운 사실이다. 최승로崔承老 단계에서 수신修身은 불교, 이국理國은 유교를 통해 이해하고 있었던 것에 비하면 진일보 한 것이지만 아직 시도일 뿐이지 완성된 것은 아니었다고 하더라도 가교의 역할로서는 의미가 있다고 생각된다.

제5편, 북송北宋 구법당舊法黨과 신법당新法黨의 무학武學이 모두 호원

胡瑗에게서 기원함을 확인할 수 있었고, 고려의 무학武學은 최충의 구재九齋의 영향과 윤관尹瓘에 의해서 성립한 것임을 확인할 수 있었다. 폐지를 주도한 인물은 김부식金富軾이었다. 고려와 북송 모두 무학武學의 설치는 유장儒將의 개념에서 출발하고 있었다. 유장의 개념을 정리한 서적은 977년에 발행한『태평어람』이다. 북송의 무학은 구법당과 신법당의 정책에 따라 형식과 내용면에서 차이가 있다. 구법당은 교육 내용을 중시하였기 때문에『논어』및『효경』·『맹자』·『좌씨전』의 경전 강독을 주장하였다. 신법당은 교육 방법을 중시하여 삼사 승보제를 실시하였다.

고려에서 무학박사를 설치하는 중심 인물은 김양감이었다. 고려에서는 유장儒將의 개념을 이미 최치원을 통해서 파악하고 있었다. 예종 14년의 양현고 사료에 의하면, 고려 무학武學의 설립은 외형적으로는 최충의 구재九齋를 모델로 하고 있고, 내용적으로는 왕안석의 태학과 무학 체제를 수용하고 있는 절충적 형태였다. 예종은 지속적으로 무문겸전의 유장을 양성하겠다는 의지를 표방하였고,「투호의」의식을 정하고 있다.「투호의」의 저자는 호원이었다. 최종적으로 예종 14년에 무학재가 완성되는데, 유학재의 인원은 60명으로 예종 4년에 비해 10명이 줄고, 무학재는 9명이 증가하고 있다. 무학재의 설치는 실제 유장儒將을 양성하는 게 목적이었기 때문에 무과를 설치한다. 무과는 문과와 같은 수준이었다는 점에서 무문겸전武文兼全의 정립이었다.

무학의 폐지는 김부식의 학문과 관련된다. 무학의 설립에 주도적 역할을 하였던 윤관·윤언이 계열과의 정치적·사상적 대립 때문이었다. 역학易學에서 김부식이 사마광의 역학을 수용하였다면, 윤언이는 왕안석의 역학을 수용한 바탕에 정자程子의 역학을 수용하였던 차이가 있었다. 그래서 대외관에서도 윤언이가 금金에 대한 정벌과 칭제건원의 이상론을 주장한 학자였다면 김부식은 여진족인 금金을 인정하자는 현실론을 주장하고 있다. 김부식은 사마광의 조조정통론을 수용하고 있었기 때문에 금나라에 대해 북중국을 차지하고 있는 대국이라는 점을 인정하게 되었던 것이다.

김부식의 무학 폐지는 그의 가문이 무신정변에서 철저하게 응징당하는 또 다른 계기를 제공했다고 할 수 있다. 무학武學의 설치와 폐지를 주도한 이들이 모두 문헌공도文憲公徒라는 공통점이 있었다. 이는 북송에서 호원胡瑗 이후에 구법당과 신법당으로 분기되어 대립하고 있는 것과 유사하게 최충崔冲-김양감金良鑑 이후에 윤언이와 김부식으로 분기하고 있었다는 사실은 시사하는 바가 있다고 생각된다.

제6편, 최충의 문묘종사 실패와 인식은 잘못된 정보에 기인한다는 점을 확인할 수 있었다. 유종儒宗이란 칭호는 고려 당대에 최충, 이제현, 이색에게 적용하고 있으며, 추숭의 경우에는 문묘에 종사된 설총과 최치원에게 적용하고 있다. 중국에서는 숙손통, 동중서, 유향, 한유, 구양수 및 남송의 주희에게 적용하고 있는데 숙손통을 제외하고 모두 문묘종사되었다. 결국 유종이란 칭호는 문묘종사의 자격을 갖추고 있다는 뜻이었다. 문헌이란 시호는 소순蘇洵의 『시법諡法』에 따라 내려졌다. 문헌文憲에는 선성先聖인 주공周公의 의미를 차용한 것이고 공자孔子가 학교를 세워서 제자를 양성한 것에 비견되어 해동공자海東孔子로 불리게 되었다.

성리학性理學을 국시國是로 건국한 조선은 문묘종사의 기준으로 공적론功績論이 아닌 절의론節義論을 채택하게 되는데 이 때문에 결국 최종적으로 최충의 문묘종사는 실패하게 된다. 이후 최충에 대한 인식의 전환에 계기를 마련한 결정적 인물은 퇴계退溪 이황李滉이다. 그의 영향으로 문헌서원이 건립되게 되었고, 기대승에게 이어져 '공맹孔孟의 심학心學과

기자의 홍범구주의 수를 아는 학자'로 인식되고 있다. 또 율곡 이이는
해주향약에서 최충을 추숭하고, 직접 문헌서원 학규學規를 저술한다.
최충의 학문이 심학心學으로 인식된 이후에는 이학理學을 정자와 주자
보다 먼저 밝혔다고 이해하게 된다. 이후 최충의 인식 변화에 영향을
준 인물은 성호 이익李瀷이다. 그는 최초로 호원의 호학湖學과 최충의
구재九齋를 비교하고 있다. 이후 홍양호는 최충을 정자보다 앞섰다고
확정하고 있다. 다만 조선 후기 학자들이 최충과 호원을 비교한 이유는
호원이 주자성리학의 원류였기 때문이었다. 이들은 아직 최충에게서
그런 요소를 발견한 것은 아니었지만 최충에게서 그런 가능성은 발견하고
있었다. 최충의 실제에서 최충과 호원이 사상적으로 유사하다는 사실을
발견한 것은 본 저술의 큰 수확이라고 생각된다.

근대에 들어서면서 장지연은 이익李瀷을 계승하여 최충과 호원을 직접
적으로 비교하게 된다. 또 『최자전실기』에서는 최충을 최초로 최자崔子로
호칭하게 된다. 이 책에서 『여사제강』을 인용하면서 최충을 호원의 호소
지교湖蘇之教와 비교한다. 그러나 실제로는 『송대사기강의宋大事記講義』
에서 인용한 글을 『여사제강』이라고 잘못 서술하고 있었다. 이후 쓰인
글들 중에는 이 오류를 무비판적으로 인용하는 잘못을 반복하고 있다.
김택영은 설총이 고려의 문묘에 종향되었다는 점을 지적하면서 주렴계보
다 먼저 '성명性命의 의리義理'를 발명한 최충은 당연히 문묘에 종향해야
한다고 주장한다. 또 이능화李能和는 최충은 해동공자일 뿐만 아니라
해동정주海東程朱라고 인식하면서 공묘孔廟에 종향되는 게 당연하다고
하였다.

이상에서 최충의 생애와 학문적 위상을 재구성하여 보았다. 그 결과
최충은 이미 북송과는 또 다르게 신유학의 정초定礎를 수립하고 있었음을

확인할 수 있었다. 이는 최치원, 최언위, 최승로, 최섬, 최항의 학문을 계승한 결과였다. 최충의 학문은 이미 사서四書 단계로 진입하고 있었고, 호연지기를 수양론으로 활용하고 있었다. 또한『장자』를 심학의 도구로 이해하면서 고려식으로 변용하고 있었다. 관직 생활은 전반기는 대간으로서 활동하고, 후반기는 재상으로서 활동하였다. 대간은 신유학의 발달과 함께 등장하는 제도 중 하나이다. 대간으로 최충은 스스로 주공周公의 역할을 하면서 임금을 성왕成王으로 만들고자 하였다. 재상으로서는 외교와 고려령 제정에 전념하였다. 은퇴 이후에는 문헌공도를 수립하였다. 문헌공도는 분재교학법을 시행하고 있는데 마침 북송에서 호원도 동일하게 시행하고 있었다. 이는 같은 사상적 체계에서 출현한 것이다. 또 문헌공도가 사학 12도의 제1번인 것은 호원학안이『송원학안』에서 제1번인 것과 동일하다. 호원은 북송신유학의 원류이다. 이에 견주어 볼 때 최충과 문헌공도의 학문적 위상도 상정할 수 있을 것이다. 문헌공도의 분재교학법에 따라 무학이 설치되었고, 그의 학맥은 김양감을 거쳐서 윤언이·김부식에게 각각 계승되었다.

청자 사자 장식 뚜껑 향로(국립중앙박물관)

부 록

# 참고문헌

## 1. 기본사료

### 1) 경서류

『孔子家語』, 『近思錄』, 『論語』, 『大戴禮』, 『大學』, 『道德經』, 『禮記大全』, 『禮記』, 『孟子』, 『尙書注疏』, 『書經』, 『小學』, 『荀子』, 『詩經』, 『禮記』, 『莊子』, 『左傳注疏』, 『左傳』, 『周禮』, 『周易口義』, 『周易本義』, 『周易』, 『中庸』, 『洪範口義』, 『孝經』

### 2) 사서류

『高麗史』, 『高麗史節要』, 『東史綱目』, 『明宗實錄』, 『三國史記』, 『三國遺事』, 『宣祖修正實錄』, 『宣祖實錄』, 『成宗實錄』, 『世祖實錄』, 『世宗實錄』, 『仁祖實錄』, 『中宗實錄』, 『太宗實錄』, 『海東繹史』, 『顯宗改修實錄』, 『孝宗實錄』, 『舊唐書』, 『舊五代史』, 『九朝編年備要』, 『唐鑑』, 『史記正義』, 『史記』, 『續資治通鑑長編』, 『宋大事記講義』, 『宋史』, 『新唐書』, 『魏書』, 『晉書』, 『春秋左氏傳』, 『漢書』, 『後漢書』

### 3) 문집류 및 기타

『艮齋先生文集後編』, 『擊蒙要訣』, 『谿谷先生集』, 『桂苑筆耕集』, 『高峯續集』, 『孤雲集』, 『訥齋集』, 『陶隱集』, 『東國李相國前集』, 『東國李相國後集』, 『東文選』, 『同春堂集』, 『東還封事』, 『牧隱詩藁』, 『補閑集』, 『沙溪全書』, 『三峯集』, 『象村先生集』, 『宣和奉使高麗圖經』, 『星湖先生全集』,

『韶濩堂文集定本』,『續東文選』,『新增東國輿地勝覽』,『櫟翁稗說前集』,
『栗谷先生全書』,『耳溪集』,『益齋亂藁』,『林下筆記』,『潛谷遺稿』,『靑莊
館全書』,『退溪先生文集』,『弘齋全書』,『嘉祐集』,『居士集』,『高峯集』,
『端明集』,『湛淵靜語』,『讀書紀數略』,『東坡詩集註』,『東坡全集』,『東軒
筆錄』,『杜詩詳註』,『欒城集』,『武陵雜稿』,『文選』,『文苑英華』,『文忠集
』,『文獻通考』,『范文正奏議』,『范文正集』,『別本韓文考異』,『補注杜詩』,
『浮溪集』,『四庫全書總目』,『蘇軾全集』,『蘇轍集』,『續通志』,『孫明復小
集』,『宋名臣言行錄前集』,『宋名臣言行錄後集』,『宋名臣言行錄』,『宋名
臣奏議』,『宋元學案』,『宋子大全附錄』,『宋會要輯稿』,『崇禎紀元後五壬
午增廣司馬榜目』,『性理大全書』,『諡法』,『樂全集』,『御選宋金元明四朝
詩』,『御定全唐詩』,『呂氏家塾讀詩記』,『玉海』,『溫公易說』,『王荊公詩
注』,『二程文集』,『二程粹言』,『二程子抄釋』,『二程全書』,『臨川文集』,
『資治通鑑』,『張子全書』,『傳家集』,『徂徠集』,『朱子語類』,『重峯先生文
集』,『春秋尊王發微』,『太平御覽』,『河南程氏文集』,『河南程氏外書』,『海
東名臣錄』,『湖廣通志』

## 2. 단행본 및 박사학위 논문

경희대학교 전통문화연구소 편,『崔冲研究論叢』, 慶熙大學校 出版局, 1984.
고혜령,『고려후기 사대부와 성리학 수용』, 일조각, 2001.
김경식,『중국교육전개사』, 문음사, 2006.
김당택,『고려 양반국가의 성립과 전개』, 전남대학교 출판부, 2010.
김보정,『朝鮮初期 節義派 士大夫의 정치적 성향과 思想』, 부산대학교
　　　박사학위논문, 2008.
金庠基,『高麗時代史』, 서울대학교 출판부, 1991.
김영관,『호원의 교육활동과 송학 형성』, 중앙대학교 박사학위논문, 2011.
김용선,『역주 고려묘지명집성(상)』, 한림대학교 출판부, 2006.

김용선,『역주 고려묘지명집성(하)』, 한림대학교 출판부, 2006.

김우형·이창일,『내일을 위한 신유학 강의 – 새로운 유학을 꿈꾸다 –』, 살림, 2006.

金忠烈,『한국유학사』Ⅰ, 예문서원, 1998.

남인국,『고려 중기 정치세력 연구』, 신서원, 1999.

문경현,『고려사 연구』, 경북대학교 출판부, 2000.

文喆永,『고려유학 사상의 새로운 모색』, 경세원, 2005.

문헌공최충선생기념사업회 편,『儒學史上 崔冲의 位相』, 海州崔氏大宗會, 1999.

민병하,『한국중세교육 제도사연구』, 성균관대학교 출판부, 1992.

朴龍雲,『고려사회와 문벌귀족가문』, 경인문화사, 2003.

朴龍雲,『고려시대 관계·관직 연구』, 고려대학교 출판부, 1997.

朴龍雲,『고려시대 대간제도 연구』, 일지사, 1981.

박용진,『대각국사 의천 연구』, 국민대학교 박사학위논문, 2005.

朴贊洙,『고려시대 교육제도사 연구』, 경인문화사, 2001.

范世東,『화해사전』, 栗理祠, 1920.

申千湜,『고려교육사연구』, 경인문화사, 1995.

申採湜,『동양사개론』, 삼영사, 1999.

申採湜,『申採湜 저작집 Ⅰ – 송대관료제연구』, 내일을 여는 지식, 2008.

안준광,『북송 군사제도 연구』, 경북대학교 박사학위논문, 1991.

양종국,『송대 사대부 사회 연구』, 삼지원, 1996.

우정임,『조선전기 성리서의 간행과 유통에 관한 연구』, 부산대학교 박사학위논문, 2009.

劉明鍾,『주자의 인간과 사상』, 세종출판사, 2000.

이병도,『한국유학사』, 아세아문화사, 1987.

李聲昊,『崔冲의 政治·敎育活動과 儒敎思想』, 부산대학교 박사학위논문, 2013.

이인로 지음, 이태길 옮김,『국역 파한집』, 문성출판사, 1980.

이중효,『고려 중기의 국자감운영과 그 정치적 배경』전남대학교 박사학위논문, 2002.

이지관, 『교감역주 역대고승비문(고려편 1)』, 가산불교문화연구원, 1994

이지관, 『교감역주 역대고승비문(고려편 2)』, 가산불교문화연구원, 1995.

이혜순, 『고려전기 한문학사』, 이화여자대학교 출판부, 2003.

장지연, 『조선유교연원』, 匯東書館, 1922

全基雄, 『나말여초의 문인지식층 연구』, 부산대학교 박사학위논문, 1993.

全基雄, 『나말여초의 정치사회와 문인지식층』, 혜안, 1996.

정수아, 『고려중기 개혁정치와 북송신법의 수용』, 서강대학교 박사학위논문, 1999.

조명제, 『고려후기 간화선 연구』, 혜안, 2004.

조선총독부편, 『朝鮮金石總覽』 上, 아세아문화사, 1976.

池斗煥, 『조선성리학과 문화』, 역사문화, 2009.

池斗煥, 『한국사상사』, 역사문화, 1999.

김두진, 『고려시대 사상사 산책』, 국민대학교 출판부, 2008.

최상정 편, 『해주최씨세보』(奎 847-v.1-5)

최봉주 편, 『해주최씨가장』, 海州崔氏譜所, 1934.

崔英成, 『한국유학사상사』 I, 아세아문화사, 1995.

崔英成, 『한국유학통사』 상, 심산, 2006.

최원부 편, 『해주최씨문헌집』, 해주최씨대동보소, 1962.

최정환, 『고려정치제도 연구』, 경북대학교 출판부, 2009.

최정환, 『고려 정치제도와 녹봉제 연구』, 신서원, 2002.

해주최씨대종회, 『문헌공탄신천주년기념 해주최씨대동보』, 회상사, 1990.

許興植, 『고려의 과거제도』, 일조각, 2005.

洪祐燮, 『東國名賢言行錄』, 大聖學院, 1927.

## 3. 국내논문

고경직, 「최충의 시문과 성격」『崔冲研究論叢』, 慶熙大學校 出版局, 1984.

구산우, 「高麗 成宗代 對外關係의 展開와 그 政治的 性格」『한국사연구』78, 1992.

구산우, 「고려 현종대의 대거란전쟁과 그 정치·외교적 성격」『역사와 경계』74, 2010.

권연웅, 「고려시대의 경연」『복현사림』6, 1983.

권오영, 「최충의 구재와 유학사상」『사학지』31, 1998.

김갑동, 「고려전기 사회의 성립과 갈등」『고려전기 정치사』, 일지사, 2005.

김갑동, 「김심언의 생애와 사상」『사학연구』48, 1994.

김갑동, 「천추태후의 실체와 서경세력」『역사학연구』38, 2010.

김기현, 「최충의 유교철학 탐색」『儒學史上 崔冲의 位相』, 海州崔氏大宗會, 1999.

김당택, 「고려 숙종·예종대의 여진정벌」『전해종박사 8순기념논총』, 지식산업사, 2000.

김병인, 「김부식과 윤언이」『전남사학』9, 1995.

김병환, 「周惇頤의 삶과 사상에 미친 佛敎와 道家·道敎의 영향」『중국학보』60, 2009.

김보경, 「비문에 새겨진 최언위의 삶, 사유, 문학」『고전과 해석』5, 2008.

金福順, 「孤雲 崔致遠의 思想研究」『史叢』24, 1980.

金庠基, 「宋代에 있어서의 高麗本의 流通에 대하여」『東方史論叢』, 서울대학교출판부, 1984

김성기, 「고려전기의 유학사상과 최승로·최충의 시문」『울산어문논집』2, 1985.

김성룡, 「나말여초 신흥지식인의 문학관 - 최언위를 중심으로 -」『국어교육』90, 1995.

김성준, 「十訓要와 高麗太祖의 政治思想」『韓國思想大系 Ⅲ』, 成均館大學校 大東文化研究院, 1979.

김용곤, 「고려 현종대의 문묘종사에 대하여」『고려사의 제문제』, 삼영사, 1986.

김영관, 「송초 교육개혁과 호원의 교육사상」『중앙사론』 30, 2009.

김영관, 「송학 형성에 있어서 호원 사상의 영향」, 중앙대학교 석사학위
　　　논문, 2002.

김영관, 「호원의 분재교육법과 그 영향」『송요금원사연구』 10, 2005.

김영관, 「胡瑗의 周易口義가 伊川 易傳에 준 영향」『한국사학사학보』
　　　25, 2012.

김영미, 「나말여초 최언위의 현실인식」『사학연구』 50, 1995.

김일환, 「최충 사학의 교학정신에 관한 연구 – 관학과의 비교와 사상사
　　　적 의미를 중심으로 –」『동양철학연구』 10, 1989.

김정자, 「두문동 72현의 선정인물에 대한 검토」『부대사학』 22, 1998.

김창현, 「고려중기 예종・인종의 통치와 관료집단의 성격」『한국인물
　　　사연구』 8, 2007.

김창현, 「고려중기 윤언이의 사상과 파주 金剛齋」『기전문화연구』 31, 2004.

金哲埈, 「한국 고대사회의 성격과 나말・여초의 전환기에 대하여」『한
　　　국사시대구분론』, 한국경제사학회, 1981.

金忠烈, 「성리학의 동점 과정 – 주자학 지입을 기점으로 –」『남명학』 12, 2003.

金忠烈, 「성리학의 한국적 전개 – 조선조 성리학의 형성과 그 정맥 –」
　　　『대동문화연구』 13, 1979.

金忠烈, 「최충 사학과 고려유학」『崔沖研究論叢』, 慶熙大學校 出版局, 1984.

金忠烈, 「최충의 유학사적 위상 – 부론 문묘배향의 문제 –」『儒學史上
　　　崔沖의 位相』, 海州崔氏大宗會, 1999.

김태오, 「맹자의 부동심의 교육적 의미」『교육철학』 13, 1995.

金恒洙, 「16세기 士林의 性理學 理解 – 書籍의 刊行・編纂을 중심으로–」
　　　『韓國史論』 7, 1981.

남인국, 「고려 인종대 정치지배세력의 성분과 동향」『역사교육논집』 15, 1990.

노평규, 「최치원 유학사상의 특성에 관한 연구」『범한철학』20, 1999.

도현철, 「고려말 사대부의 왕안석 인식」『역사와 현실』42, 2001.

뢰가성, 「北宋 前期・中期 유학의 다원화 발전 – 柳開의 도통설과 孫復의 존왕론 중심 –」, 『중국사연구』76, 2012.

馬宗樂, 「高麗時代의 儒敎 – 硏究動向과 爭點 –」『석당논총』44, 2009.

馬宗樂, 「고려 시대 유교사의 추이와 개성」『한국중세사연구』18, 2005.

馬宗樂, 「고려시대 풍수도참과 유교의 교섭」『한국중세사연구』21, 2006.

馬宗樂, 「고려 중기 정치권력과 유학사상」『부산사학』32, 1997.

馬宗樂, 「고려 후기 성리학 수용의 역사적 의의」『한국중세사연구』17, 2004.

馬宗樂, 「원 간섭기 익재 이제현의 유학사상」『한국중세사연구』8, 2000.

馬宗樂, 「이규보의 유학사상 – 무신집권기의 유학의 일 면모 –」『한국중세사연구』5, 1998.

文喆永, 「고려중기 사상계의 동향과 신유학」『국사관논총』37, 1992.

文喆永, 「고려후기 신유학 수용과 사대부의 의식세계」『한국사론』41・42, 1999.

민병하, 「고려시대 성균관의 성립과 발전」『대동문화연구』6・7, 1969.

朴性鳳, 「고려시대의 유학발달과 사학십이도의 공적」, 고려대학교 석사학위논문, 1957.

朴性鳳, 「고려 인종조의 양란과 귀족사회의 추이」『고려사의 제문제』, 삼영사, 1986.

朴性鳳, 「국자감과 사학」, 『한국사』6, 국사편찬위원회, 1975.

朴性鳳, 「부록 – 崔冲硏究論叢의 회고와 자료 보유」『儒學史上 崔冲의 位相』, 海州崔氏大宗會, 1999.

朴性鳳, 「사학에 바친 해동공자 최충」『인물한국사』2, 인물한국사편찬회, 1965.

朴性鳳, 「自序–전통과 과학의 통일교육혁명」『崔冲硏究論叢』, 慶熙大學校 出版局, 1984.

朴性鳳, 「최충의 인간상과 사학 십이도」『崔冲硏究論叢』, 慶熙大學校

出版局, 1984.

朴性鳳, 「海東孔子崔冲小考 - 고려시대 유학사의 일부 -」『사총』 1, 1955.

朴龍雲, 「고려시기 인물사연구의 성과와 방향」『한국인물사연구』 1, 2004.

朴龍雲, 「고려시대의 과거 - 제술과의 운영 -」『고려시대 음서제와 과거제연구』, 일지사, 2000.

朴龍雲, 「고려시대의 해주최씨 가문 분석」『고려사회와 문벌귀족 가문』, 경인문화사, 2003.

박재우, 「고려초기의 대간제도」『역사와 현실』 68, 2008.

박재우, 「華海師全의 발견과 저작 연대」『역사문화논총』 1, 2005.

박재주, 「맹자의 부동심의 도덕철학적 의미」『동서철학연구』 18, 1999

박종기, 「고려중기 대외정책의 변화에 대하여 - 선종대를 중심으로 -」 『한국학논총』 16, 1993.

박지훈, 「북송대 王安石의 대외관과 화이론」『東洋史學硏究』 106, 2009.

朴贊洙, 「고려 중기의 국자감 개혁과 그 운용」『고려시대 교육제도사 연구』, 경인문화사, 2002.

朴贊洙, 「문묘종사제의 성립과 변천」『정재각박사 고희기념 동양학논총』, 고려원, 1984.

朴贊洙, 「사학십이도의 변천과 역사적 의의」『儒學史上 崔冲의 位相』, 海州崔氏大宗會, 1999.

朴贊洙, 「사학십이도의 성립과 변천」『고려시대 교육제도사 연구』, 경인문화사, 2001

성태용, 「맹자의 호연지기 양성론에 대하여」『철학과 현실』 7, 1990.

孫仁銖, 「한국사학의 전통과 최충의 위치」『崔冲硏究論叢』, 慶熙大學校 出版局, 1984.

손흥철, 「북송의 사회개혁론과 낙학의 관계 연구」『한국사상과 문화』 37, 2007.

송준호, 「최충 시의 도학적 성격에 대한 고구」『儒學史上 崔冲의 位相』,

海州崔氏大宗會, 1999.

송준호, 「최충 시의 원작 비정과 성격 고구」『연세교육과학』 47, 1999.

신안식, 「高麗前期의 北方政策과 城郭體制」『역사교육』 89, 2004.

申採湜, 「송 범중엄의 문교개혁책」『역사교육』 13, 1970.

申採湜, 「왕안석 개혁의 성격검토 - 특히 신법의 보수성에 관하여 -」『동양사학연구』 51, 1995.

申千湜, 「고려시대 무과와 무학」『군사』 7, 국방부 전사편찬위원회, 1983.

申千湜, 「고려중기 교육정책과 국자감 운영(1)」『고려교육사연구』, 경인문화사, 1995.

신호웅, 「고려중기 국학에 관한 소고 - 그 구성과 교육과정을 중심으로 -」『한국학논집』 2, 1982.

안준광, 「北宋 武擧와 武學」『역사교육논집』 13·14, 1990.

梁思樂, 「范祖禹對唐太宗形象的重塑 - 宋代帝王歷史敎育一例 -」『중국사연구』 70, 2011.

우태연, 「고려초 지명별호의 제정과 그 운용(상)」『경북사학』 10, 1987.

劉明鍾, 「최충 선생과 문헌공도의 송학수용」『儒學史上 崔冲의 位相』, 海州崔氏大宗會, 1999.

尹南漢, 「고려유학의 성격」『한국사』 6, 국사편찬위원회, 1975.

윤무학, 「莊子의 寓話에 반영된 儒家」『동양철학연구』 55, 2008.

尹炳喜, 「朝鮮 中宗朝 士風과 小學 - 新進士類들의 道德政治 具現과 관련하여 -」『歷史學報』 103, 1984.

尹絲淳, 「주자학이전의 성리학 도입문제 - 최충의 구재와도 관련하여 -」『崔冲研究論叢』, 慶熙大學校 出版局, 1984.

이강래, 「김부식은 왜 삼국사기를 편찬 했나」『내일을 여는 역사』 16, 2004.

이강래, 「삼국사기의 성격」『정신문화연구』 82, 2001.

李基白, 「고려귀족사회의 형성」,『한국사』 4, 국사편찬위원회, 1977.

李基白, 「신라골품체제하의 유교적 정치이념」『신라사상사연구』, 일조각, 1986.

李基白, 「통일신라기 및 고려초기의 유교적 정치이념」『대동문화연구』 6·7, 1969~1970.

李能和, 「高麗崔冲」『청구학총』22, 1935.

이범직, 「고려시기의 경학」『국사관논총』5, 1989.

李範鶴, 「사마광의 정명사상과 인치주의의 전개」『동양사학연구』37, 1991.

李範鶴, 「소식의 고려배척론과 그 배경」『한국학논총』15, 1992.

李範鶴, 「송대 주자학의 성립과 발전」『강좌 중국사 Ⅲ』, 지식산업사, 1989.

李範鶴, 「왕안석 개혁론의 형성과 성격」『동양사학연구』18, 1983.

이석린, 「고려시대 유학진흥과 서적편찬」『호서사학』8·9, 1980.

李聲昊, 「고려 중기 북송의 武學 제도 수용」『지역과 역사』31, 2012.

李聲昊, 「김심언과 최충의 '六正六邪' 및 '刺史六條' 비교」『효원사학』 41, 2012.

李聲昊, 「최충과 호원의 분재교학법 비교」『지역과 역사』28, 2011.

李聲昊, 「최충에 대한 역대 인식 변화와 문묘종사 논의의 이해」『역사 와 경계』82, 2012.

이승한, 「高麗 肅宗代 降魔軍 組織의 政治的 背景」『역사학보』137, 1993.

이원명, 「고려중기 북송성리학의 전래」『고려시대 성리학 수용연구』, 국학자료원, 1997.

李乙浩, 「한국 유학사상 최충의 위치」『崔冲研究論叢』, 慶熙大學校 出 版局, 1984.

李在云, 「고려 태조의 정치사상 – 최치원의 사상과 관련하여」『백산학 보』52, 1999.

李在云, 「帝王年代曆을 통해 본 崔致遠의 歷史認識」『전주사학』6, 1998.

이정훈, 「고려 성종대 정국운영과 김심언의 六正六邪」『한국사상사학』 31, 2008.

이종문, 「고려 전기의 문풍과 김부식의 문학」 『한문학 연구』 2, 1984.

이중효, 「고려 문종대 사학의 설립과 국자감 운영」, 『전남사학』 19, 2002.

이중효, 「고려 숙종대 국학의 진흥」, 『전남사학』 13, 1999.

이중효, 「고려 예종-의종대 國學의 七齋生」 『역사학보』 194, 2007.

이희덕, 「고려초기의 자연관과 유교정치사상」 『역사학보』 94·95, 1982.

이희덕, 「최충의 사상과 유교정치윤리」 『儒學史上 崔冲의 位相』, 海州 崔氏大宗會, 1999.

임현숙, 「왕안석의 과거제도에 관한 일고찰」, 이화여자대학교 석사학위논문, 1982.

장일규, 「나말여초 지식인의 정치이념과 훈요10조 - 최언위의 정치이념을 중심으로 -」 『진단학보』 104, 2007.

장일규, 「최치원의 유교적 정치이념과 사회개혁안」 『한국고대사회연구』 38, 2005.

全基雄, 「나말여초 정치사회사의 이해」 『고고역사학지』 7, 1991.

全基雄, 「羅末麗初 지방출신 문사층과 그 역할」 『부산사학』 18, 1990.

全基雄, 「新羅末期 政治社會의 動搖와 六頭品知識人」 『한국고대사연구』 7, 1994.

全基雄, 「신라 하대말의 정치사회와 경문왕가」 『부산사학』 16, 1989.

전영섭, 「고려의 율령제와 당의 예법」 『역사와 경계』 70, 2009.

전영섭, 「동아시아 율령네트워크의 형성과 律令體系」 『역사와 세계』 41, 2012.

전해종, 「대송외교의 성격」, 『한국사』 4, 국사편찬위원회, 1974.

전호근, 「장자 구워삶기 - 노장 전통의 신유가적 변용 -」 『시대와 철학』 17, 2006.

정구복, 「김부식의 생애와 업적」 『정신문화연구』 82, 2001.

정선모, 「북송문학지동전」 『시화학』 8·9, 2007.

정선모, 「북송사행을 통해서 본 박인량의 문학사적 위상」 『한국한문학연구』 46, 2010.

정선모, 「소식 문학 초기 수용 양상고」 『동방한문학』 36, 2008.

정수아, 「윤관세력의 형성 - 윤관의 여진정벌과 관련된 몇 가지 문제의 검토를 중심으로 -」 『진단학보』 66, 1988.

정해왕, 「사마광의 세계관에 관한 연구」『부산대 인문논총』50-1, 1997.

조규백, 「고려시대 문인의 소동파 시문 수용 및 그 의의(2)」『퇴계학과
　　　한국문화』40, 2007.

조준하, 「유학과 문헌공 최충」『儒學史上 崔冲의 位相』, 海州崔氏大宗會, 1999.

池斗煥, 「고려시대 사족세력의 형성과 변천(1)」『한국사상과 문화』14, 2001.

池斗煥, 「문묘사전의 정비와 도통론의 확립」『조선전기 의례연구』, 서
　　　울대학교 출판부, 1994.

池斗煥, 「최충의 신유학 사상」『儒學史上 崔冲의 位相』, 海州崔氏大宗會, 1999.

蔡尙植, 「고려중기의 정치정세와 동래정씨」『역사와 세계』28・29, 2005.

蔡尙植, 「東人之文四六의 사료가치와 전산화 - 특히 김부식문집의 복
　　　원시도」『고려시대연구』2, 한국정신문화연구원, 2000.

蔡尙植, 「성리학과 유불교체의 사상적 맥락」『역사비평』26, 1994.

蔡尙植, 「한국 중세 불교의 이해방향과 인식틀」『민족문화논총』27, 2003.

채숙희, 「고려 광종의 과거제 실시와 최승로」『역사학보』164, 1999.

채웅석, 「12세기 초 고려의 개혁 추진과 정치적 갈등」『한국사연구』112, 2001.

채웅석, 「고려 예종대 道家思想・道敎 흥기의 정치적 성격」『한국사연
　　　구』142, 2008.

천인석, 「고운 최치원의 유학사적 위치」『유학사상연구』8, 1996.

최강현, 「최충의 시조를 살핌」『건국어문학』8・9, 1985.

최병수, 「송초 범중엄의 지성적 교육실천」『인문학지』21, 2001.

최병헌, 「문학・사학・철학 통합의 방법과 사학연구 - 김부식의 사학
　　　과 인문학 전통의 재인식 -」『서울대 인문논총』43, 2000.

崔英成, 「高麗中期 北宋性理學의 受容과 그 樣相 - 北宋性理學의 傳來
時期와 관련하여 - 」『대동문화연구』31, 1996.

최영호, 「고려시대 송나라와의 해양교류」『역사와 경계』63, 2007.

崔龍水, 「문헌공 최충의 역사적 공헌」『儒學史上 崔冲의 位相』, 海州崔

氏大宗會, 1999.

최일범,「고려중기 유불교섭의 철학적 근거에 관한 연구」,『동양철학연구』25, 2001.

최태호,「문헌공 최충의 문학연구」,『한문학논집』20, 2002.

학군봉,「谿谷 張維 文學에 나타난 莊子 寓言 受容樣相과 그 意味」,『한국한문학연구』41, 2008.

한관일,「최충의 교육사상 연구」,『교육과학연구』16-2, 2003.

한정수,「고려전기 유교적 중농이념과 월령」,『역사교육』74, 2000.

## 4. 국외 단행본 및 논문

### 1) 단행본

John W. Chaffee 지음, 양종국 옮김,『송대 중국인의 과거생활』, 신서원, 2001.

顧明遠 編,『中國敎育大系 Ⅰ- 歷代敎育論著選評』, 湖北敎育出版社, 2004.

喬衛平,『中國宋遼金夏敎育史』, 人民出版社, 1994.

구스모토 마사쓰구 지음, 김병화·이혜경 공역,『송명유학사상사』, 예문서원, 2009.

기세춘·신영복 편,『중국역대시가선집 4』, 돌베개, 1994.

盧連章,『程顥 程頤 評傳』, 南京大學出版社, 2007.

毛禮銳, 瞿菊農, 邵鶴亭,『中國古代敎育史』, 人民敎育出版社, 1979.

牟宗三 지음, 황갑연 옮김,『심체와 성체 2 - 주돈이와 장재 및 불교 체용론』, 소명출판, 2012.

徐建平,『胡瑗』, 中國文史出版社, 2000.

徐遠和 저, 손흥철 옮김,『二程의 신유학』, 동과서, 2011.

蘇軾 지음, 성상구 옮김,『동파역전』, 청계, 2004.

쓰치다 겐지로 지음, 성현창 옮김,『북송도학사』, 예문서원, 2006.

餘敦康, 『漢宋易學解讀』, 華夏出版社, 2006,

廖名春・康學偉・梁韋弦 지음, 심경호 옮김, 『주역철학사』, 예문서원, 2009.

姚瀛艇 主編, 『宋代文化史』, 雲龍出版社, 1995.

宇野哲人 지음, 손영식 옮김, 『송대 성리학사(1)』, 2005, UUP(울산대학교 출판부).

제임스류 지음, 李範鶴 옮김, 『왕안석의 개혁정책』, 지식산업사, 2003.

周淑萍, 『兩宋孟學研究』, 人民出版社, 2007.

皮錫瑞 저, 李鴻鎭 역, 『중국경학사』, 형설출판사, 1995.

한유 지음, 이종한 옮김, 『한유산문역주』1, 소명출판, 2012.

侯外廬 외, 박완식 역, 『송명이학사』1, 이론과 실천, 1993.

## 2) 논문

金林祥, 「略論胡瑗創立的分齋教學制度」 『華東師範大學學報』, 1987-3.

金生楊, 「王荊公易解考略」 『古籍整理研究學刊』 2001-3.

唐琳, 「評胡瑗的易學觀及其影響」 『江漢論壇』, 2001-4.

董根洪, 「司馬光溫公易說探折」 『周易研究』 27, 1996.

文正東, 「胡瑗的爲學與爲師」 『思想理論教育』, 2010-2.

方震華, 「文武糾結的困境 - 宋代的武擧與武學 -」 『臺大歷史學報』 33, 2004-6.

徐吉鵬, 「浩然之氣古今談」 『理論與現代化』 2001-5, 2001.

舒大剛・李冬梅, 「巴蜀易學源流考」 『周易研究』 108, 2011.

粟品孝, 「宋代三蘇的史論」 『西華大學學報』 29-1, 2010.

孫善根, 「中國古代的臺諫制度」 『海南師範學院學報』, 2004-1.

孫慧玲, 「宋初三先生及其文道觀研究」 『蘭台世界』, 2008-11.

申慧靑, 「論司馬光的史學思想 對范祖禹及其所著唐鑒的影響」 『社科縱橫』 23, 2008.

楊本義, 「胡安定, 一千年前的教育大師」 『江蘇教育』, 1991-3.

楊遜, 「略論唐代孟學復興的歷史背景和封建統治思想的演變」 『湘潭大學
    社會科學學報』, 25-4, 2001.

楊渭生,「范仲淹與宋學之勃興」『浙江大學學報』29-1, 1999.

楊子萱,「東坡易傳硏究」, 國立政治大學 碩士論文, 2006.

楊朝亮,「宋初三先生學術思想考論」『齊魯學刊』, 2002-1.

楊朝亮,「試論宋初三先生在儒學發展史上的歷史地位」『中國社會科學院 硏究生院學報』, 2002-3.

楊朝亮,「淺論宋初三先生的教育實踐」『聊城師范學院學報』, 2001-2.

吳丹,「宋明新儒學本體論的思想來源與特征」『社會科學戰線』2011-12.

吳洪澤,「范文正公年譜」『宋人年譜集目 宋人年譜選刊』, 巴蜀書社, 1995.

王世農,「臺諫輿論與北宋改革的命運」『文史哲』, 2004-3.

王新春,「胡瑗經學視域下的周易觀」『周易硏究』98, 2009.

王榮雪,「我國古代素質敎育之發軔者 - 胡瑗 -」『合肥敎育學院學報』, 1999-4.

姚成榮,「胡瑗的敎育改革實驗及其文化效應」『浙江師大學報』, 2001-2.

劉玉娥,「浩然之氣 - 孟子人生最高精神境界」『河南師範大學學報』29-3, 2002.

袁征,「北宋改革派敎育家胡瑗」『河北學刊』, 1989-2.

韋石,「創立分科選修制的敎育家 - 胡瑗 -」『中小學管理』, 1994-2.

李新偉,「北宋武學考略」『貴州文史叢刊』, 2009-2.

李新偉,「北宋武學敎育硏究」『北京理工大學學報』10-6, 2008.

李傳印,「孟子在唐宋時期社會和文化地位的變化」『中國文化硏究』33, 2001.

李英,「宋代的武學與除官」『中山大學學報論叢』23-3, 2006.

李華瑞,「宋高宗對王安石變法的徹底否定」『王安石變法硏究史』, 2004, 人民出版社

張明華,「試論北宋時期的臺諫合一」『許昌師專學報』17-3, 1998.

張師偉,「胡瑗易學思想與中庸之道」『晉中學院學報』26-5, 2009.

張樹俊,「胡瑗的協作共進思想及其相交學說」『哈爾濱學院學報』, 2009-11.

章偉文,「司馬光的易學歷史觀探析」『史學史硏究』142, 2011-2.

章曉林,「胡瑗生平槪略」『胡瑗』, 中國文史出版社, 2000.

刁忠民,「論北宋天禧至元豊間之臺諫制度」『四川大學學報』, 1999-3.

刁忠民,「北宋前三朝臺諫制度述論」『四川大學學報』, 1998-4.

佐藤仁,「胡瑗とその思想 –‘明體達用の學’を中心にして –」『比較文化年報』8, 1998.

周致元,「明代武學探微」『安徽大學學報』, 1994-3.

周興濤,「宋代武學博士考論」『江西師範大學學報』41-2, 2008.

陳文,「越南黎朝時期的武學和武試」『東南亞』, 2005-3.

蔡文錦,「宋初偉大的教育家胡瑗」『揚州職業大學學報』, 2002-2.

沈松勤,「北宋臺諫制度與黨爭」『歷史研究』, 1998-4.

湯毅平,「宋代臺諫合流論」『湖南社會科學』, 2003-1.

土田健次郎,「胡瑗の學問 その性格と位置」『東洋の思想と宗教』, 1984.

夏紹熙,「理學的興起與胡瑗明體達用思想新探」『西北大學學報』, 2009-1.

夏長樸,「司馬光疑孟及其相關問題」『臺大中文學報』, 1997-6.

黃山松,「宋代湖州州學與胡瑗的教改實踐」『杭州師範學院學報』, 2001-1.

# Choi Chung and
# Neo-Confucianism

Lee, Seong-Ho

## Abstract

This paper aims to describe Choi Chung(崔冲, 984~1068)'s political and intellectual life as a politician and Confucianist in the early Goryeo period. At first sight, the veneration of his family for Mencius is confirmed from the fact that a style name, Hoyeon(浩然), was assigned to him by his father, Choi On(崔溫). Generally, it is well known that his academic maturity was heavily influenced by Choi eonwi, Choi seungro, and Choi seom, and he had some acquaintance with Hwang Jooryang and Choi Jean. At the time when he played an active role in politics, Neo-Confucianism was becoming sophisticated in North Sung(北宋) by many scholars, among whom Hu Yuan(胡

瑗, 993~1059), who was not only the teacher of Cheng Zi(程子) and exponent of movement for authentic thought of Confucianism, but also the founder of North Sung Neo-Confucianism, was the most remarkable thinker. Bunjae teaching method(分齋敎學法) was originated from his educational idea.

As a typical remonstrator, in politics, Choi Chung made a recommendation about Yukjeongyuksa and Jasayukjeong so that henceforth the royal family could keep stability in the succession to the throne. Being an prime minister, he took a Sino-centric world-view(華夷論) in taking charge of diplomacy with the Jurchen and finished the Goryeo code distinct from the code of Tang.

Choi Chung's Confucian thought has been considered to be based upon the thirteen Confucian classics(十三經) and influenced by the rationalistic Confucianism in North Sung. It is understood from this background that he was conversant in the Four Books(四書) and accepted Han Yu(韓愈)'s classical prose. Moreover, diverting the negative implication in the ideas of benevolence and justice(仁義) in Zhuang Zi(莊子) into the positive one, he reinterpreted them within the Confucian idea, which is surely indicative of a sign that his interpretation was deeply connected to those of Confucian scholars in North Sung who took a positive view of Zhuang Zi.

Choi Chung, like Hu Yuan, also established Bunjae teaching

method. The idea in that system was, as have seen from Gyeijasi(戒二子詩), built upon the fundamental principles in Daehak(大學), 'the self-moral training, home management, and governing.' In that system, the names of Gujae(九齋) were classified as being taken their names from Sugi(修己) and Chiin(治人). Even after his death, his academic achievements so much affected Gukjagam that Munhakbaksa was founded in the 30th year of Munjong's reign at last.

Munheongongdo(文憲公徒) was inherited from Choi Chung to Kim Yanggam, Yun Gwan, Yun Eoni, and Kim Busik in turn. It is recognized that Kim Yanggam got involved in the arrangement of official ranks or positions affiliated with Muhakbaksa, and Yun Gwan in the establishment of Muhak. There is no doubt that Gujae of Munheongongdo was the model of Muhak which set up to breed up the commanders with Confucianism combining both learning and martial arts in 1109. The number of those assigned to Muhak increased to nine in 1119, and in 1120 new members were selected for admission by military examination which was treated as equivalent to literary examination at that time. However, Kim Busik led the abolition of it for the political and ideological conflicts between him and Yun Eoni.

Choi Chung's fame was such as to be acclaimed as Munheon(文憲), Yujong(儒宗), and Haedonggongja(海東孔子) in his lifetime. It has been assumed that he was, presumably, given Munheon in accordance with Chinese rules of posthumous title came from Suxun(蘇洵)'s the Shifa(諡法) in which Daotong theory was connoted. It is also noticeable that his other epithet, Yujong, inferred that he could be enshrined in the Confucian shrine. However, Joseon which followed Goryeo and was founded upon Neo-Confucianism rejected to let him enshrined in the shrine, since the doctrine of fidelity was emphasized in enshrinement in this kind of temple. It was Lee Hwang(李滉), Toegye(退溪), nevertheless, who contributed both to giving opportunity to change his reputation from the early Joseon period, and to establishment of Munheon Seowon(文憲書院), of which Lee Yi(李珥), Yulgok(栗谷), wrote the rules of education in person, and influenced Ki Daeseung to make Choi Chung's thought to be considered as the theory of mind(心學). In the later Joseon period, he was recognized as pioneer of learning of Li(理學) more preceding than that of Cheng Zi(程子) and Zhu Xi(朱子). Finally, he came to be considered an sage(聖人), calling him Choija(崔子).

# 찾아보기

# ※ 역사문화에서 나온 책

● 사상사 시리즈

한국의 사상사 시리즈는 문화의 발전과정이 그 당시를 대표하는 사상과 철학의 조류 속에서 정치, 경제, 사회의 발전과 의례, 미술, 음악 등의 문화가 형성됨을 알리기 위한 기획 시리즈이다.

### 조선성리학과 문화
### 朝鮮性理學과 文化

2009년 5월 20일 초판 발행

값 15,000 원

### 조선시대 사상사의 재조명
### 朝鮮時代 思想史의 再照明

1998년 7월 11일 초판 발행
값 12,000 원

※ 제1회 대산문화재단·교보문고 양서발간 지원 사업의 지원 대상 도서.

### 한국사상사
### 韓國思想史

1999년 9월 13일 초판 발행
2002년 9월 10일 2쇄 발행

값 15,000 원

조선시대 사상과 문화

1998년 3월 4일 초판 발행
2012년 3월 7일  2쇄 발행

값  7,000 원

- 한국의 인물 시리즈

저자가 한국사를 연구하고 강의하면서, 조선의 왕실과 그 친인척들을 정리하였고 다시 각각의 인물에 대한 정리를 좀더 심도있게 할 필요를 느껴 기획한 인물 시리즈이다.

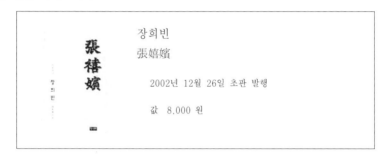

장희빈
張嬉嬪

2002년 12월 26일 초판 발행

값  8,000 원

- 정치사 시리즈

　조선의 정치사를 정리하는데 필수적인 요소가 되는 국왕 친인척을 조사하면서 정치사를 정리하기 시작하고, 이렇게 정리한 것을 강의하면서 일반 사람들은 정치사를 배우면서 역사에 흥미를 느끼고 역사가 중요하다고 평가를 하고 있다는 것을 알게 되었다. 왕위계승이나 왕실친인척과 연결하여, 그동안 왕조사관이라 하여 부정적으로 보아만 왔던 국왕 왕실 관계와 연결하여 설명해보려 하였다.

조선전기 정치사
朝鮮前期 政治史

2001년 9월 9일 초판 발행
2003년 9월 9일 개정 발행

값 8,000 원

조선시대 정치사 1·2·3(전체 3권)

2013년 9월 25일 초판 발행

값 각권 15,000 원

왕실 친인척과 조선정치사

2014년 5월 9일 초판 발행

값 15,000 원

- 조선의 왕실 시리즈

조선의 왕실 시리즈는 한국학이나 역사를 연구하는데 있어 인물 연구가 중요하면서도 기초적인 것이라는 것을 알면서도 연구의 작업량이 워낙 방대하여 누구나 손쉽게 접근하지 못한 면이 많았다. 이에 역사의 중심이자 핵심인 왕실의 인척 관계를 정리하고, 역사 속에서 커다란 역할을 했던 각 인물에 대한 정리를 하기 위한 기획 시리즈이다.

| 연번 | 도서명 | 출간일 | 가격 | 비고 |
|------|--------|--------|------|------|
| 1 | 태조대왕과 친인척 | 1999년 2월 23일 | 8,000 | |
| 2 | 정종대왕과 친인척 | 1999년 9월 21일 | 10,000 | |
| 3 | 태종대왕과 친인척 1 | 2008년 8월 14일 | 15,000 | |
| 4 | 태종대왕과 친인척 2 | 2008년 8월 14일 | 15,000 | |
| 5 | 태종대왕과 친인척 3 | 2008년 8월 14일 | 15,000 | |
| 6 | 태종대왕과 친인척 4 | 2008년 8월 14일 | 18,000 | |
| 7 | 태종대왕과 친인척 5 | 2008년 8월 14일 | 15,000 | |
| 8 | 태종대왕과 친인척 6 | 2008년 8월 14일 | 15,000 | |
| 9 | 세종대왕과 친인척 1 | 2008년 8월 8일 | 15,000 | |
| 10 | 세종대왕과 친인척 2 | 2008년 8월 8일 | 15,000 | |
| 11 | 세종대왕과 친인척 3 | 2008년 8월 8일 | 15,000 | |
| 12 | 세종대왕과 친인척 4 | 2008년 8월 8일 | 15,000 | |
| 13 | 세종대왕과 친인척 5 | 2008년 8월 8일 | 15,000 | |
| 14 | 문종대왕과 친인척 1 | 2008년 8월 8일 | 15,000 | |
| 15 | 문종대왕과 친인척 2 | 2008년 8월 8일 | 15,000 | |

| 16 | 단종대왕과 친인척 | 2008년 8월 8일 | 15,000 | |
|---|---|---|---|---|
| 17 | 세조대왕과 친인척 | 2008년 10월 6일 | 18,000 | |
| 18 | 예종대왕과 친인척 | 2008년 11월 7일 | 15,000 | |
| 19 | 성종대왕과 친인척 1 | 2007년 5월 23일 | 15,000 | |
| 20 | 성종대왕과 친인척 2 | 2007년 5월 11일 | 14,000 | |
| 21 | 성종대왕과 친인척 3 | 2007년 2월 26일 | 15,000 | |
| 22 | 성종대왕과 친인척 4 | 2007년 2월 26일 | 14,000 | |
| 23 | 성종대왕과 친인척 5 | 2007년 2월 26일 | 13,000 | |
| 24 | 연산군과 친인척 | 2008년 11월 7일 | 18,000 | |
| 25 | 중종대왕과 친인척 1 | 2001년 6월 23일 | 8,000 | |
| 26 | 중종대왕과 친인척 2 | 2001년 7월 11일 | 10,000 | |
| 27 | 중종대왕과 친인척 3 | 2001년 7월 27일 | 12,000 | |
| 28 | 인종대왕과 친인척 | 2008년 11월 7일 | 15,000 | |
| 29 | 명종대왕과 친인척 | 2002년 2월 28일 | 10,000 | |
| 30 | 선조대왕과 친인척 1 | 2002년 10월 17일 | 11,000 | |
| 31 | 선조대왕과 친인척 2 | 2002년 10월 11일 | 12,000 | |
| 32 | 선조대왕과 친인척 3 | 2002년 8월 24일 | 11,000 | |
| 33 | 광해군과 친인척 1 | 2002년 11월 25일 | 9,000 | |
| 34 | 광해군과 친인척 2 | 2002년 11월 25일 | 9,000 | |
| 35 | 인조대왕과 친인척 | 2000년 11월 30일 | 10,000 | |
| 36 | 효종대왕과 친인척 | 2001년 3월 26일 | 10,000 | |
| 37 | 현종대왕과 친인척 | 2009년 1월 24일 | 18,000 | |
| 38 | 숙종대왕과 친인척 1 | 2009년 1월 24일 | 15,000 | |
| 39 | 숙종대왕과 친인척 2 | 2009년 1월 24일 | 15,000 | |
| 40 | 숙종대왕과 친인척 3 | 2009년 1월 24일 | 13,000 | |
| 41 | 경종대왕과 친인척 | 2009년 1월 24일 | 13,000 | |
| 42 | 영조대왕과 친인척 1 | 2009년 1월 24일 | 15,000 | |
| 43 | 영조대왕과 친인척 2 | 2009년 1월 24일 | 12,000 | |
| 44 | 영조대왕과 친인척 3 | 2009년 1월 24일 | 15,000 | |
| 45 | 정조대왕과 친인척 1 | 2009년 1월 24일 | 15,000 | |
| 46 | 정조대왕과 친인척 2 | 2009년 1월 24일 | 12,000 | |
| 47 | 순조대왕과 친인척 | 2009년 2월 14일 | 18,000 | |
| 48 | 헌종대왕과 친인척 | 2009년 2월 14일 | 12,000 | |
| 49 | 철종대왕과 친인척 | 2009년 2월 14일 | 13,000 | |
| 50 | 고종황제와 친인척 | 2009년 2월 14일 | 15,000 | |
| 51 | 순종황제와 친인척 | 2009년 2월 14일 | 12,000 | |
| 52 | 부록 - 색인집 | 2009년 2월 27일 | 15,000 | |